문화적 다양성과 소통하기

다문화상담의 이해

패멀라 A. 헤이스 지음

방기연 옮김

한울
아카데미

ADDRESSING CULTURAL COMPLEXITIES IN PRACTICE,

SECOND EDITION

ASSESSMENT, DIAGNOSIS, AND THERAPY

PAMELA A. HAYS, PHD

American Psychological Association
Washington, DC

Second Edition

Addressing Cultural Complexities in Practice

: Assessment, Diagnosis, and Therapy

by Pamela A. Hays

옮긴이 글

1990년대 후반 미국에서 박사학위를 위해 공부하는 동안에 나는 다문화상담이라는 주제를 피해 다녔다. 그 당시 아이오와 대학 상담자교육 및 슈퍼비전(Counselor Education and Supervision) 프로그램 박사과정에 한국인은 나 한 명뿐이었다. 동기들은 모두 백인 미국인이었고, 그들에게 나는 '한국인'의 표상이었다. 그래서 나는 예상치 못한 순간에 "한국은 어때?"라는 질문을 받곤 했는데, 그 질문이 나에게는 큰 짐이었다. 질문을 받으면 내 나름대로 최선을 다해 대답했지만, 돌아서면 찜찜했다. 잘 대답한 걸까? 한국은, 한국인은, 한국문화는 정말 그런 걸까? 나는 왜 이리 내 나라와 문화에 대해 아는 것이 없던지. 친구들은 한국문화 특히 한국 먹을거리를 배우고 즐겼고, 나는 이들의 문화 가이드로 소진되었다.

그러던 차에 2005~2007년 거의 모든 학회가 '다문화사회'라는 주제로 학술대회를 개최했다. 그 시점에 맥길 대학에서 다문화상담을 가르치던 박지선 선배에게서 이 책을 소개받았다. 읽기 시작하자마자 '아, 다문화상담이란 이런 거구나. 개인을 있는 그대로 이해하는 거구나' 하는 깨달음이 왔다. 이 책을 읽으면서 내담자와 수련생을 더 잘 이해하게 되었을 뿐 아니라, 나 자신도 조금 더 잘 이해하게 되었다. 그렇게 이 책을 통해 내가 배운 것을 다른 사람과 나누고 싶어 이 책을 번역하게 되었다. 독자들이 이 책을 읽고 자기 자신과 자신에게 미친 문화의 영향을 이해하게 되었으면 좋겠다. 그리고 독자들이 만나는 사람들을 진정으로 이해하게 되었으면 좋겠다. 그리하여 우리 모두 서로 다른 존재이지만 서로를 존중하며 살아갈 수 있기를 바란다.

이 책을 번역하는 동안 함께 번역원고를 읽고 삶을 나누어준 박운주, 오혜진, 장영임, 전혜경 선생님과 고려사이버대학교 학생들에게 감사드린다. 그리고 한국 독자들이 읽기 쉽도록 원문을 수정해도 좋다고 허락해준 지은이 패멀라 헤이스와 이 책을 소개해준 박지선 선생님, 그리고 도서출판 한울의 관계자들에게 감사드린다.

2010년 5월 계동 연구실에서
방기연

감사의 글

누구보다도 긴스버그(M. Ginsberg)에게 감사한다. 그녀가 'ADDRESSING' 이라는 약어를 제시해주었다. 그리고 레빈(P. Levin)은 토착유산(Indigenous)을 표기할 수 있는 'I'라는 문자를 제시해, 국적뿐 아니라 개인의 다양성을 포함할 수 있게 도와주었다. 레빈은 또한 다문화상담의 새로운 접근에 대해 나와 건설적인 논의를 계속해주었다.

Mary Ann Boyle, Richard Dana, Ned Farley, Karen Ferguson, Paul Gatto, Janice Hoshino, Gwen Jones, Tedd Judd, Kamuela Ka'Ahanui, Crolyn Bereznak Kenny, Lina LePage, Anthony J. Marsella, Bob McCard, John Moritsugu, Karen Sanders, Jan Santora, Isadora Arevalo Won, Lisa Zaidi 그리고 Jawed Zouari의 제안과 격려에 감사한다. 또 미국심리학회의 출판부, 특히 Susan Reynolds, Genevieve Gill, Tiffany Klaff에게, 그리고 이 책을 검토해준 분들에게 감사한다.

마지막으로 이 책에 들어놓은 예는 실제 사례는 아니라는 것을 밝힌다. 모든 예는 여러 사례의 부분을 모아 만들어졌다. 다양한 문화의 이름에 익숙해지는 것도 다문화상담에 중요하기 때문에 의도적으로 사례에 이니셜이 아니라 이름을 사용했다.

차례

제**1**부

도입

제**1**장

숲과 나무
상담에 나타나는 문화적 영향

2005년 미국심리학회 연차학술대회에서 한 젊은 백인 심리학자를 만났다. 그녀는 최근에 명망 있는 대학의 교수로 임용되었다. 심리학과의 다양성(diversity)에 대해 물었더니, 그녀는 심리학과에는 36명의 전임교수가 있고 그중 한 명은 백인이 아니라고 대답했다. 그녀는 자신을 임용한 학과가 여성 교수를 임용하는 데 큰 진전을 보였고, 그중 한 명은 백인이 아니라는 점을 강조했다. 하지만 이 여교수들 중 아직 아무도 정년계약이 된 사람은 없었다. 왜 백인이 아닌 교수가 36명 중 단 한 명밖에 없냐고 묻자, 그녀는 "학과 교수들이 문화적 배경이 다양한 교수를 고용하는 것보다 연구중심 대학원을 만드는 데 주력"하기 때문이라고 대답했다.

이 심리학자의 발언은 연구성과와 다양성이 함께 갈 수 없다는 일반적인 편견을 보여준다. 하지만 나는 다양성이 대학원의 수준을 높여준다고 믿는다. 우수한 교육기관은 다양한 시각과 배경을 지닌 교수진을 확보하고 있으며, 그 교수진은 소속학과를 현재 학계의 흐름보다 한발 앞서게 만들 것이다. 높은 수준의 대학원 과정은 문화적으로 다양한 학생 구성원에게 본보기가 될 다양한 교수와 슈퍼바이저, 그리고 학생이 만나게 될 내담자의 문화에 대해 직접적인 지식을 갖추고 있는 임상교수로 구성된다. 좋은 교육기관은 하나 이상의 언어를 사용할 수 있고 다양한 문화의 심리학 문헌을 읽을 수 있는, 그리고 다양한 문화에 대해 자문을 구할 수 있는 소수집단과 연결되어 있는 교수진을 갖추고 있다.

심리학 분야가 다른 분야에 비해 단일문화적 전통을 가졌기 때문에 다양성을 요구하는 것은 무리일 수 있다. 하지만 큰 진전이 있었다. 심리학과 정신보건 분야의 전문가협회들은 회원들의 다문화적 역량을 높이는 데 헌신하고 있다. 예를 들면 미국심리학회(APA; 2000a, 2000b, 2002a, 2002b, 2004), 미국상담학회(Roysircar et al., 2003), 그리고 사회복지사협회(National Association of Social Workers, 2001)는 예전에는 간과했던 문화의 영향과 관련된 소수집단에 관심을 가지기 시작했고, 소수집단을 위한 가이드라인을 발표했다. 미국과 캐나다에서의 주요한 문화적 요인과 거기에 해당하는 소수집단은 다음과 같다.

- A 나이와 세대 요인(Age and generational influences): 어린이, 청소년, 노인
- D 발달적 장애(Developmental disabilities): 선천적 장애를 가진 사람들
- D 후천적 장애(Disabilities acquired later in life): 후천적으로 장애를 얻게 된 사람들, 예를 들면 뇌졸중으로 인해 척추측만증이나 치매를 겪는 사람들
- R 종교와 영적 지향(Religion and spiritual orientation): 이슬람교, 유대교, 불교, 힌두교, 다른 소수 종교 및 신앙을 가진 사람들
- E 민족적·인종적 정체성(Ethnic and racial identity): 아시아, 남아시아, 태평양 섬, 라틴계, 아프리카계, 미국 흑인, 아랍, 중동 사람들
- S 사회경제적 지위(Socioeconomic status): 직업, 교육, 수입, 도시나 지

방 거주, 가족 배경에 의해 낮은 지위에 놓인 사람들

- **S 성적 경향**(Sexual orientation): 동성애나 양성애 성향을 가진 사람들
- **I 토착유산**(Indigenous heritage): 하와이 원주민, 사모아인 그리고 괌의 차모로족을 포함하는 아메리카 인디언, 알래스카 원주민, 이누이트족, 메티스(metis, 프랑스인과 북아메리카 원주민과의 혼혈인종), 태평양 아메리칸
- **N 국적**(National origin): 이민자, 피난민, 국제학생
- **G 성**(Gender): 여성, 성전환자

문화적 요인의 첫 글자가 'ADDRESSING'이라는 단어를 구성한다. ADDRESSING은 상담자가 상담실제에서 다룰(addressing) 필요가 있는 문화적 요인을 기억하는 데 쓰일 것이다. ADDRESSING 모델은 크게 두 종류로 나뉘는 횡문화적 작업을 개념화하는 데 사용되는 실천지향적 접근이다. 첫 번째 작업은 개인작업(personal work)으로 상담자의 성찰, 자기 탐색 그리고 문화가 자신의 신념체계나 세계관에 미친 영향을 이해하는 것이다. 두 번째 범주인 대인작업(interpersonal work)은 상담자의 문화에 대한 그리고 문화로부터의 배움이다. 이것은 대인관계 경험을 포함하는 경우가 많다. 횡문화적 학습에서 개인 그리고 대인관계적 측면의 중요성은 다문화 문헌에서 계속 강조되고 있다(Arredondo and Perez, 2006).

개정판에서는

2001년에 이 책의 첫 번째 판이 발간된 이후 민족, 이민자, 그리고 다른 소수집단의 삶에 영향을 미치는 정치적 사건들이 일어났다. 그 사건들은 다음과 같다.

- 세계무역센터의 붕괴, 미국의 이라크 공격, 부시 정부의 전쟁정책에 대한 국제적 반대
- 인도네시아의 해일, 파키스탄의 지진, 뉴올리언스의 카트리나 허리케인과 같은 자연재해
- 현재 미국에서 소수민족 중 가장 많은 수를 차지하는 라틴계 인구의 연대가 증가하면서 일어난 이민자 권리증진운동
- 캐나다, 남아프리카 그리고 미국에서는 제일 먼저 매사추세츠 주가 같은 성(same sex)의 결혼을 인정

이런 사건들을 고려해 개정판에서는 아랍이나 모슬렘 전통을 가진 사람들에게 이라크전쟁이 미친 영향과 다양한 문화적 배경을 가진 사람들의 외상(trauma)을 진단·측정하는 내용을 보충했다. 또 다중관계(multiple relationship) 그리고 소수집단 공동체와 관계되는 윤리강령을 보충했다. 소수민족 자녀를 담당하는 상담자에게 제안하는 놀이치료에 대한 정보도 새롭게 추가했다. 증거에 기반을 두는 상담실제에 대한 관심이 증가하는 것을 고려해, 제9장에 인지행동치료의 이론과 실제에 문화적 고려를 통합하는 지침을 제공했다. 향후 CBT(인지행동치료)와 다문화상담은 가장 앞서가는 이론적 배경이 될 것으로 예측된다(Norcross, Hedges, Prochaska, 2002). CBT의 횡문화적 적용에 관한 경험적 연구가 아직 적기는 하지만(다른 주요 상담이론도 마찬가지이지만), 제9장은 임상적 관찰에 근거한 연구와 경험적 연구의 제안을 제공한다. 모든 진단적 정보는 『정신장애의 진단 및 통계편람(DSM)』이 개정됨에 따라 수정했다(American Psychiatric Association, *DSM-IV-TR*, 2000).

ADDRESSING 모델

개인작업

상담자의 세계관에 영향을 주는 다양한 문화적 요인들의 효과를 강조하면서 ADDRESSING 모델을 시작하려 한다. 이러한 요인들은 상담자의 나이와 관련된 세대의 경험, 장애, 종교, 영적 경험 혹은 미경험과 관련된다. 각 문화영역에서 자신이 주류집단(dominant group)에 속해 있음을 인식함으로써, 상담자들은 특히 그들이 구성원으로 속해 있지 않은 소수문화와 관련해 자신의 정체성이 지식기반과 경험을 제한할 수 있다는 것을 더욱 잘 이해하게 될 것이다.

주류집단에 속해 있기 때문에 얻는 특권의 역할에 대해 상담자는 특별한 관심을 기울여야 한다(McIntosh, 1998 참고). 왜냐하면 특권은 한 개인의 비특권집단에 대한 지식과 비특권집단 사람들과의 경험을 제한하기 때문이다. 어떤 개인이 한 영역에서는 주류집단에 속하고 다른 영역에서는 소수집단에 속하더라도 마찬가지이다. 예를 들어 중산층 백인 레즈비언 상담자는 성적으로는 소수집단의 일원이기 때문에, 동성애자와 양성애자 내담자에 대한 미묘한 성차별주의와 이성애적 편견을 더 잘 알아차린다. 그러나 유색인종, 장애인, 또는 사회경제적 지위가 낮은 사람과 관련해 그녀가 자동적으로 더 많은 지식을 가지고 있는 것은 아니다. 그녀의 민족성, 교육 그리고 전문가적 지위와 관련해 가지고 있는 특권은 일반적으로 그러한 특권을 가지고 있지 않은 사람과 그녀를 분리시킨다. 더 나아가 만약 그녀의 친구나 가족이 민족성, 사회적 계층 그리고 장애와 관련해 그녀와 비슷하다면, 그녀는 자신의 가정(assumptions), 편견 그리고 세계관과 일치하지 않는 정보의 원천을 찾아내기 위해 더욱 노력해야 한다.

대인작업

인간은 자기 자신은 복잡한 존재로 생각하지만 다른 사람은 단순한 존재로 생각한다. 즉, 그 사람의 가장 두드러진 특징으로 그 사람의 말, 신념 그리고 행동을 설명한다. 인간 경험의 복잡성을 이해할수록, 타인을 복잡한 존재로 이해할 수 있다(Harper, Jernewall, Zea, 2004; Hinrichsen, 2006; Reid, 2002). ADDRESSING 모델은 내담자가 여러 문화에 어떻게 소속되어 있으며 어떠한 문화적 정체성을 가지고 있는지를 확인할 수 있도록 도움으로써 상담자가 내담자의 신체적 외양, 언어능력 그리고/또는 성(가족명)에 기초해 일반화하지 않도록 돕는다.

예를 들어 ADDRESSING 모델을 사용해 동인도 태생의 노인을 이해하려고 시도하는 상담자는 동인도인에게서 공통적으로 볼 수 있는 가치, 믿음 그리고 행동으로 내담자를 이해하려 하지 말고, 다음과 같은 질문을 던져야 한다.

- 이 내담자의 나이(Age)와 세대의 영향은 무엇인가, 특히 이민 2세대인 그의 지위는 어떠한가?
- 그의 발달적 혹은 후천적 장애(Disability)와 관련한 경험은 무엇인가? 즉, 그는 눈에 띄지 않는 장애가 있거나, 배우자, 부모, 혹은 자녀의 보호자로서 장애의 영향을 경험했는가?
- 그는 어떤 종교적 환경에서(Religious upbringing) 자랐는가? 그리고 그의 현재 신앙과 종교생활은 어떠한가? (그는 힌두교도나 이슬람교, 아니면 시크교도일 수도 있지만, 종교생활을 하고 있지 않을 수도 있다. Almeida, 2005 참고)
- 그를 인도인이 아니라 파키스탄인이나 아랍인이라고 오해하는 지역에서 그의 민족적 정체성(Ethnic identity)은 무엇을 의미하는가?

- 직업, 수입, 교육, 결혼 여부, 성, 민족성, 공동체, 성(가족명)에 의해 정의되는 그의 현재 사회경제적 지위(Socioeconomic status)는 어떠하며, 그의 지위는 이민 전 그의 부모의 지위와 다른가?
- 그의 성적 경향(Sexual orientation)은 어떠한가? 단순히 그가 결혼을 했다고 해서 이성애를 가정하지 말아야 한다.
- 그는 이민 전에 토착유산(Indigenous heritage)을 가지고 있었는가?
- 그의 국적(National identity)은 무엇이며(인도인, 거주하고 있는 나라의 정체성, 둘 다 또는 둘 다 아님), 주로 어떤 언어(힌두어, 영어, 또는 다른 언어)를 사용하는가?
- 마지막으로, 그의 문화적 유산과 정체성에 주어진 성과 관련된 (Gender-related) 어떤 정보(역할, 기대, 관계와 관련하여)가 중요한가(남 아시아인의 다양성과 관련해 Assanand et al., 2005 그리고 Tewari, Inman, Sanhu, 2003 참고)?

현재는 어디에서나 하나 이상의 문화적 정체성을 가진 사람을 쉽게 만날 수 있다. 이중이나 다중의 민족성을 가진 사람은 부모와 조부모가 소속된 소수민족과 자신을 강하게 동일시할 수도 있다(Root, 1996). 토착문화를 가진 사람들은 빈번하게 특수한 모임이나 공동체, 거대한 토착문화, 국가적이면서 토착적이지 않은 사회를 동시에 동일시한다(아메리카 인디언과 알래스카 원주민 사이의 문화적 정체성에 대한 평가와 관련해 Allen, 1998 참고). 예를 들어 하와이 원주민은 토착 원주민으로서의 정체성과 미국인으로서의 정체성을 동시에 가진다(K. Ka'Ahanui, 개인적 대화, 2000.7.1).

많은 사람들에게 정체성은 민족성과 비민족성의 조합을 포함하는 복잡한 현상이다(Reid, 2002; Wang and Sue, 2005). 예를 들어 필리핀 태생의 게이 남성은 이성애적인 필리핀 공동체와 자신을 동일시할 수도 있으며, 정치적으로 적극적인 대다수의 백인 남성 동성애자 공동체에도 소속되어 있을 수도 있다. 자신을 발견하는 특수한 환경에 따라 각자의 정체성은

표 1-1 민족적 · 인종적 소수집단에 대한 참고문헌

분류	저자	제목
아프리카계 미국인	Boyd-Franklin, 2003	Black Families in Therapy
아시아계 미국인	E. Lee, 1997	Working with Asian Americans: A Guide for Clinicians
	Uba, 1994	Asian Americans: Personality Patterns, Identity, and Mental Health
아메리카 인디언과 알래스카 원주민	Dorby, 2000	With the Wind and the Waves: A guide for Non-Native Mental Health Professionals Working with Alaska Native Communities
	Duran, 2006	Healing the Soul Wound
	Herring, 1999	Counseling with Native American Indians and Alaskan Natives
	Swan Reimer, 1999	Counseling the Inupiat Eskimo
	Swinomish Tribal Community, 1991	A Gathering of Wisdoms: Tribal Mental Health: A Cultural Perspective
	Witko, 2006	Mental Health Care for Urban Indians: Clinical Insights from Native Practitioners
라틴계	Falicov, 1998	Latino Families in Therapy
	Santiago-Rivera, Arredondo, Gallardo-Cooper, 2002	Counseling Latinos and ala Familia: A Guide for Practitioners
아랍계와 모슬렘 미국인	Dwairiy, 2006	Counseling and Psychotherapy with Arabs and Muslims
영어 사용 서인도인	Gopaul-McNicol, 1993	Working with West Indian Families

다양하게 나타난다(Chan, 1992).

상담자는 내담자에게 ADDRESSING 모델의 문화적 요인을 모두 묻지는 않을 테지만, 모델은 각 범주와 내담자의 관련성을 고려하도록 도울 것이다. ADDRESSING 모델의 요인을 고려하는 것은 내담자로부터 문화를 배우는 것 이상이다. 사실 내담자가 상담자를 교육시키기를 기대하는 것은 내담자에게는 불공평한 것이다. 더 나아가 한 문화를 이해하는 데

표 1-2 다문화상담 개론서

저자	제목
Aponte and Wohl, 2000	Psychological Intervention and Cultural Diversity
Fong, 2004	Culturally Competent Practice with Immigrant and Refugee Children and Families
Harper and McFadden, 2003	Culture and Counseling: New Approaches
Hoshmand, 2006	Culture, Psychotherapy, and Counseling: Critical and Integrative Perspectives
Ivey, D'Andrea, Ivery, Simek-Morgan, 2001	Counseling and Psychotherapy: A Multicultural Perspective
McGoldrick, Giordano, Garcia-Preto, 2005	Ethnicity and Family Therapy
Paniagua, 2005	Assessing and Treating Culturally Diverse Clients
Pederson et al., 2002	Counseling Across Cultures
Robinson & Howard-Hamilton, 2000	The Convergence of Race, Ethnicity, and Gender: Multiple Identities in Counseling
Roysircar, Sandhu, Bibbins, 2003	Multicultural Competencies: A Guidebook of Practices
Sue and Sue, 2003	Counseling the Culturally Different
Waxler-Morrison et al., 2005	Cross Cultural Caring: A Handbook for Health Professionals

한두 내담자에게 의지하면 결과적으로 시각이 좁아진다. 상담장면 밖의
내담자의 문화를 평생에 걸쳐 배우겠다는 자세로 적극적으로 참여하는

표 1-3 기타 소수자 상담을 위한 참고문헌

분류	저자	제목
게이, 레즈비언, 양성애자를 위한	Martell, Safren, Prince, 2004	Cognitive Behavioral Therapies with Lesbian, Gay, and Bisexual Clients
	Perez, Debord, Bieschke, 2000	Handbook of Counseling and Psychotherapy with Lesbian, Gay, and Bisexual Clients
종교적 · 영적 믿음	Cashwell and Young, 2005	Integrating Spirituality and Religion into Counseling: A Guide to Competent Practice
	Miller, 1999	Integrating Spirituality Into Treatment: Resources for Practitioners
	Richards and Bergin, 2005	A Spiritual Strategy for Counseling and Psychotherapy
	Sperry and Shafranke, 2005	Spiritually Oriented Psychotherapy
노인을 위한	Burlingame, 1999	Ethnogerocounseling: Counseling Ethnic Elders and Their Families
	Duffy, 1999	Handbook of Counseling and Psychotherapy with Older Adults
	Knight, 2004	Psychotherapy with Older Adults
	Nordhus et al., 1998	Clinical Geropsychology
장애를 가진 사람을 위한	Maki, & Riggar, 1997	Rehabilitation Counseling
	Olkin, 1999	What Psychotherapists Should Know about Disability.
농촌지역 사람을 위한	Stamm, 2003	Rural Behavioral Health Care: An Interdisciplinary Guide.
가난한 사람을 위한	Minuchin, Colapinto, Minuchin, 2007	Working with Families of the Poor

것이 상담자가 할 일이다.

다행히 1970년대부터 특정 인구집단에 대한 연구를 포함해(예를 들면, 장애 연구, 게이와 레즈비언의 인권상담, 노년기 심리학, 여성주의 심리학, 다문화심리학 등) 다문화심리학 문헌이 많이 발표되고 있다. 미국에서는 특정 민족적·인종적 소수집단에 속한 내담자를 상담하는 데 도움이 되는 책들이 출간되었다(〈표 1-1〉 참고).

여러 소수집단에 대한 다문화상담 책들도 많이 출간되었다. 2000년 이후에도 〈표 1-2〉와 같은 책들이 출간되었다.

아직 많지는 않지만, 기타 소수집단에게 상담을 제공하는 데 도움이 될 만한 책들도 출간되고 있다. 예를 들면 〈표 1-3〉과 같다.

왜 이 책인가?

도서목록을 보면서 이 책이 다른 책에서 제공하지 않는 무엇을 제공하는지 의아해질 수도 있다. 앞에서 소개한 책들은 대개 한 장(chapter)에 소수집단 하나를 다룬다. 이러한 구성이 미국의 다문화교육에는 효율적일 수 있다. 하지만 다양한 맥락 속의 다양한 정체성을 가진 내담자를 상담하는 데 도움을 얻고자 하는 상담자에게는 그렇지 않을 수 있다. 이 책은 상담실제의 흐름에 따라 구성된다. 즉, 상담자가 문화적으로 더 민감하고 문화적 지식을 얻을 수 있는 제안으로 시작해, 상담관계를 맺고, 진단을 하고, 상담을 수행하는 데 필요한 정보를 제공한다. 그리고 다양한 정체성을 가진 사람들의 사례가 제시된다. 예를 들면 아프리카계 미국 내담자의 민족적·인종적 유산뿐 아니라, 장애·성·노인으로서의 경험 그리고 사회경제적 수준 모두를 다룬다. 그리고 각 장의 마지막 부분에는 다문화적 상담을 가르치는 교수자와 상담자가 사용할 수 있도록 '요약'에 실제적 제안과 전략을 기술했다.

　미국의 소수민족에 대한 문헌은 많기 때문에 미국에서 만나기 어려운 문화나 소수민족의 사례와 정보가 있다. 예를 들면 인도네시아인, 튀니지계 아랍인, 프랑스계 캐나다인, 아이티인, 동인도인, 코스타리카인, 한국인, 그리스 문화 등이 있다. 또한 나이(노인과 어린이), 성적 경향성, 양성애, 정체성, 종교, 장애, 농촌지역 그리고 가난에 대한 주제도 다룬다. 상담사례는 캐나다를 배경으로 한다. 한 나라에서는 소수문화이지만 다른 나라에서는 주류문화인 경우가 많아서, 나라의 배경을 다양화하기는 어려웠다.

이 책의 구성

　제2장과 제3장은 상담자의 문화적 자기 평가(self-assessment)를 촉진하기 위한 구체적인 단계와 연습을 담고 있다. 제2장은 개인의 경험, 가치, 편견을 탐색하는 데 초점을 맞추고 있다. 또 측은지심과 비판적 사고기술을 발달시키고, 내담자와 방어적으로 상호작용을 하지 않기 위한 전략을 담고 있다. 제3장은 세대적 경험, 민족성, 성적 경향, ADDRESSING 모델 요인들의 영향을 포함하는 복잡한 정체성을 가진 상담자의 예를 보여준다. 또한 제3장에는 특권의 역할과 문화적 정체성, 사회문화 상황에 대해 이해하도록 돕기 위해 구체적인 훈련이 제공된다. 제4장에서는 상담자는 자기 평가과정에 전념해야 한다는 가정에서 시작해 상담자가 ADDRESSING 모델을 사용해 내담자의 정체성을 쉽게 이해할 수 있는 질문을 제공한다.

　나머지 장들에서는 평가와 진단, 상담의 구체적인 과제와 과정에서 ADDRESSING 모델을 사용하는 방법을 논의한다. 제5장에서는 라포(rapport)를 형성하고 다양한 정체성을 가진 내담자에게 존중을 표현하는 데 필요한 고려사항들을 설명한다. 제6장은 통역사와 함께 상담하기 위한 지침을 포함해, 문화적으로 적절한 심리평가를 실시하기 위한 구체적인 제안들을 제공한다. 제7장은 정신상태, 지능, 신경심리, 성격평가 등에 대한 표준화된 검사 실시에 초점을 맞춘다. 제8장에서는 진단과정 중 나타나는 문화적 문제를 DSM-IV-TR과 관련해 다룬다. 제9장에서는 토속적이고 전통적인 상담과 문화적으로 관련 있는 상담과 전략들(예, 음악, 미술, 놀이치료 등) 그리고 문화적으로 조금 더 적절한 가족·부부·집단 상담수행에 대해 설명한다. CBT에 문화적 고려를 통합하는 내용을 덧붙인다. 제10장에서는 장애를 가진 한 아프리카계 미국인 노인 여성(아프리카계 미국인 남성 심리학자에게 진료를 받음)의 사례를 통해 앞에서 설명한 내용을 적용한다. 제11장에서는 문화적으로 적절한 심리학자를 양성하기 위한 교육, 훈련, 연구, 향후 과제를 논의한다.

다문화연구의 개념과 범주

현재 미국 국민의 3분의 1은 소수민족이며, 종교적 소수자로는 400만 명의 유대인과 150만 명의 모슬렘, 150만 명의 불교신자와 100만 명의 힌두교신자가 있다(American Religious Identity Survey, 2001). 배우자가 인종이 다른 경우는 기혼자의 6%를 차지하고, 결혼하지 않은 커플의 10~ 12%를 차지한다[같은 성(gender)을 가진 커플을 포함해, U.S. Census Bureau, 2000b]. 미국으로 입양된 외국 아동은 1990년에는 7,000명이었는데, 2000년에는 1만 8,000명으로 증가했다. 그리고 미국 인구증가율의 50%는 이민자 때문이다(U.S. Census Bureau, 2000a, 2000c). 동성애자는 미국 인구의 6~10%를 차지한다(Dew, Myers, Wightman, 2006). 미국인 중 13%는 65세 이상이고(Hinrichsen, 2006), 19%는 장애가 있으며, 미국에서 가장 많이 통용되는 언어는 첫 번째가 영어, 두 번째가 스페인어이고, 세 번째가 수화이다 (Olkin, 1999; Sotnick and Jezewski, 2005).

모든 집단은 자기 집단의 정체성을 고유하게 정의한다. 각 집단이 선호하는 용어가 있다는 것이 그 집단에 속하지 않은 사람에게는 심리적 부담이 되기는 하지만, 상담자는 내담자가 선호하는 용어를 학습해야 한다. 이 지식은 특정 문화에 속한 사람에 대한 알아차림 수준을 높이고, 상담자가 자신이 선호하는 용어를 사용해서 내담자의 마음을 상하게 하는 실수를 줄여준다. 또 이 지식은 상담자에 대해 내담자의 신뢰를 높이고, 따라서 상담관계를 형성하는 데 도움이 된다. 다음은 이러한 용어에 대한 설명이다.

인종

인종(race)은 과학적이거나 생물학적 사실이 아니라 사회적 개념이다 (Sternberg, Grigorenko, Kidd, 2005). 인종 개념은 원래 유럽 과학자들이 지리와 신체적 특성(피부색, 모발 구조, 또는 얼굴의 특징)에 기초해 사람을 유전과 관련된 집단으로 분류하기 위해 사용했다(Spickard, 1992). 수년 동안 연구자들은 피부색에서 민족의 유래, 민족성, 언어, 또는 단순한 소수민족 지위에 이르기까지 다양한 요인을 강조한 분류도식을 개발해왔다 (Thomas and Sillen, 1972). 이러한 많은 도식은 흰 피부를 가진 기독교 유럽인이 가장 위에 있도록 인종이 위계적으로 조직되었다는 가정에 근거한다. 그 시대의 정치와 신앙은 종종 하나의 도식을 선택했고, 그것은 차례로 인종적인 믿음과 법을 강화시켰다. 예를 들어 1967년까지 미국의 많은 주에서 인종 간 결혼은 불법이었고, 그 이유는 '백인 혈통'이 '흑인 혈통'에 의해 오염될 수 있다는 것이었다. 또 미국 9개 주에서는 유럽인의 혈통이 우세하다 하더라도 먼 조상 중 한 명이라도 흑인이 있으면 법적으로

'니그로'로 간주했다(Spickard, 1992).

인류학이나 진화론적 생물학 분야의 연구자들은 인종적 구분이 세 가지 이유 때문에 부적절하다고 이야기한다. 첫째로 인종은 유전적으로 뚜렷한 것이 아니며, 둘째로 측정을 신뢰할 수 없고, 셋째로 과학적으로 의미가 없다(Smedley and Smedley, 2005: 16). 주류집단과 소수집단은 순수한 유전적 형질도 아니고 유전적으로 섞여 있다(Betancourt and Lopez, 1993). 더구나 인종적 구별은 이른바 '인종적 집단' 구성원 사이의 신체적 특징의 다양성을 설명하지 못한다. 예를 들어 자신을 스스로 '백인'이라고 여기는 많은 사람들 중 자신을 '흑인'이라고 여기는 많은 사람들보나 눈에 띄게 피부색이 어두운 경우도 있다.

하지만 아직도 많은 연구자들이 인종을 문화(culture)와 같은 의미를 갖는 독립변인으로 사용하고 있다. 인종 간에 지능의 차이가 있다는 결론을 내리는 식으로 사용된 것처럼, 통계적 연구에서 사용하는 종형곡선(Bell Curve)은 인종을 독립변인으로 사용하는 것의 문제점을 잘 보여주었다(Herrnstein and Murray, 1994). 스턴버그 외(Sternberg et al., 2005)가 지적했듯이, 인종은 과학적 정의와는 상관없는 사회적 요인이기 때문에 그리고 지능이 한 특정 유전자와 관련된 것이 아니기 때문에 인종과 지능을 연결시키는 것은 옳지 않다.

사회적 개념이지만, "인종이라는 개념은 유사성과 차이점의 인식이라는 점에서 실제 존재한다"(Altman, 2007: 15). 상담실제에서 인종은 많은 개인에게 중요한 의미를 가진다는 것을 상담자는 인식해야 한다. 1960년대 이후로, '블랙 프라이드(Black Pride)'가 아프리카계 미국인 사이에서 관심을 받았다(Boyd-Franklin, 2003). '블랙'이라는 용어는 긍정적인 단어로 인식되었다. 그러나 현재 미국에서 흑인 조상을 가진 사람들에게 가장 일반적으로 사용되는 용어가 '아프리카계 미국인(African American)'이며, 이

용어는 인종적이거나 신체적인 특성보다는 민족적·사회적 유전에 기인한다. 언어는 끊임없이 변하기 때문에 상담자는 내담자가 선호하는 용어에 개방적이며 융통성을 보여야 한다. 개인이 인종적 정체성을 사용하거나 사용하지 않거나 간에 인종적 정체성은 그 자체로서 한 개인에 대한 정보를 거의 제공하지 않는다는 사실을 기억해야 한다(Jones, 1987). 그것은 한 개인의 교육수준, 문화상황, 종교교육, 또는 최근의 환경에 대해 아무것도 알려주지 못한다. 인종적 정체성과 관련해 가장 중요한 것은 그 개인을 위해서나(만약 그 사람이 자신의 정체성을 그러한 방법으로 개념화한다면) 상담자를 위해서나 인종적 정체성의 의미를 이해하는 것이다(Wang and Sue, 2005).

민족

내담자와 상담자의 신앙, 가치 그리고 행동을 이해하는 데 민족(ethnicity) 개념은 인종 개념보다 훨씬 더 많은 정보를 제공한다. 맥골드릭과 지오다노(McGoldrick and Giordano, 2005: 1)는 민족을 "개개인이 공유한 가치와 관습을 진화시킨 공통의 조상을 포함하는 집단의 민족의식"으로 정의한다. 민족이 일반적으로 생물학적 유전을 포괄하는 것으로 이해되지만, 개인과 집단 정체성에서 민족의 가장 중요한 측면은 사회적 특성이다(예, 신앙, 규범, 행동 그리고 관습).

민족은 복잡한 개념이다. 첫째, 그 용어는 나라마다 다른 의미로 이해된다. 미국에서는 아메리카 인디언이 아프리카계, 아시아계 그리고 라틴계 미국인과 함께 민족적 소수자로 여겨지며, 토착민이나 원주민이라는 용어로 불린다(토착민이나 원주민 사이에서 Indigenous라는 용어는 종종 Aboriginal과 교차적으로 사용된다. Adelson, 2000; Maracle, 1994). 그러나 원주민이 자신을 차후의 이민자 집단과 구분하는 캐나다와 호주에서 민족적 소수자라는 용어는 오직 이민자의 역사와 함께 문화를 설명하기 위해 사용된다. 캐나다 원주민은 땅에 대한 권리를 강조하기 때문에, 그들은 스스로를 민족적 소수자라고 생각하지 않는다(Elliott and Fleras, 1992). 호주 원주민도 이와 비슷하다(Young, 1995 참고). 캐나다 원주민은 종종 제2의 국민(즉, 식민지 개척자로 온 프랑스인과 영국인), 제3의 국민[캐나다로 온 모든 차후의 이민집단(Elliot and Fleras, 1992)]과 대비되며 캐나다의 제1의 국민으로 언급된다. 그러나 '제1의 국민'이라는 용어는 이누이(inue, 캐나다 북극의 사람들)와 메티스를 포함하지 않기 때문에 더 포괄적인 용어는 토착민이다(www.aaanativearts.com/canadian_tribe_AtoZ.htm).

최근 일본인, 한국인, 중국인, 베트남인, 캄보디아인, 타이인 그리고 심지어 동인도와 파키스탄 계통의 사람에게 아시아인이라는 용어를 사용함으로써 민족이라는 용어가 매우 넓게 이용되는 것도 다시 생각해봐야 한다(Uba, 1994). 유사하게 히스패닉(Hispanic)이라는 용어는 중앙아메리카 인디언, 아프리카와 스페인 계통의 남미인, 멕시코계 미국인, 쿠바계 미국인, 푸에르토리코인 그리고 도미니카인의 다양한 문화를 하나의 민족으로 결합한다(Novas, 1994). 아메리카 인디언이라는 말은 미국의 500개 이상의 문화적 민족을 포괄한다(U.S. Department of the Interior, 2002). 알래스카 인디언은 20개의 인디언과 인디언이 아닌 언어와 문화집단을 포괄한다(11 Athabascan language groups plus Aleut, Alutiiq, Yup'ik, Siberian Yup'ik, Inupiaq, Eyak, Tlingit, Tsimshian, and Haida; Rennick, 1996). 자신을 더 폭넓은 용어로 규정하기를 선호하는 사람도 있지만, 대개의 사람들은 더 구체적인 정체성을 선호한다.

지리적 특성도 민족적 정체성에 변화를 가져온다. 예를 들면 코마스-디아스(Comas-Díaz, 2001)가 말했듯이, 히스패닉이란 용어는 원래 미국의 인구조사에서 스페인에서 온 사람들을 지칭하기 위해 사용되었다. 그런데 히스패닉이란 용어는 토착민의 존재를 인정하지 않으며 스페인 전통을 가지지 않은 남미인에게 적절하지 않기 때문에 어떤 사람들을 불쾌하게 한다. 예를 들면 브라질 사람들은 포르투갈어를 사용한다. 많은 사람들 특히 미국의 북서태평양지역이나 캘리포니아 출신 사람들은 라티나(Latina, 여성)나 라티노(Latino, 남성)라는 용어로 불리기를 바란다. 특히 캘리포니아 사람들은 자신을 치카나(Chicana, 멕시코계 여성 미국인) 혹은 치카노(chicano, 멕시코계 남성 미국인)라고 부르고, 텍사스 사람들은 자신을 히스패닉이라고 부른다. 텍사스 출신의 한 젊은 남성은 "라티노라는 용어는 조직폭력배의 일원인 것처럼 들린다"라고 말하기도 했다.

이러한 복잡성들을 인지하면서, 피니(Phinney, 1996)는 민족을 하나의 분리된 범주적 변인으로 개념화하기 때문에 오해가 지속된다고 했다. 어떤 사람은 이중문화를 가지고 있을 수도 있고, 특정상황에 따라 그리고 발달단계에 따라 시간이 흐르면서 가장 우세한 민족적 정체성이 달라질 수 있다. 예를 들어 부모가 다른 인종인 청소년이 민족적으로 같은 집단으로 구분되는 동료들과 함께 지내기 시작하면서 한 부모 쪽 문화로 자신의 정체성을 발달시킬 수 있다(Kim-Ju and Liem, 2003).

문화

문화(culture)는 가장 총괄적인 용어이자 가장 일반적인 용어이다. 문화에 대한 정의는 다양하지만, 대다수의 문화인류학자들은 문화가 세대에서 다음 세대로 전달되어 내려온 언어와 역사와 같은 생각과 행동의 전통을 포괄한다는 데 동의한다(Smedley and Smedley, 2005; Triandis, 1996). 문화는 인종과 민족과 유사어로 사용되기도 하지만, 가장 일반적으로 수용되는 문화의 정의는 (인종의 개념이 가지는) 생물학적인 연결을 포함하지 않고, 마찬가지로 민족이 다른 사람들을 포괄할 만큼 충분히 넓다(Pope, 1995).

예를 들어 북미에 있는 많은 도시에서 이슬람 종교 공동체는 다양한 민족과 국적의 이민자와 비이민자를 포함한다. 모슬렘 이민자의 국적은 아랍인이 26%, 남아시아인(인도인, 파키스탄인)이 25%, 아랍이 아닌 중동계(이란인)가 10%, 그리고 동아시아인이 6%를 차지한다. 비이민 모슬렘은 24%의 아프리카계 미국인과 11%의 유럽계와 아메리카 인디언이다(Ali, Liu, Humedian, 2004). 여러 다양한 민족집단은 존중, 환영, 가족에 대한 보살핌, 이성, 관용, 교육에 대한 가치를 공유함으로써 공동체라는 느낌을 강화한다(Abu-dabbeh and Hays, 2006; Dwairy, 2006). 모든 모슬렘은 신과 신의 선지자인 마호메트를 믿고, 매일 기도의식을 준수하며, 가난한 사람을 돕고, 라마단이라는 한 달 동안의 금식을 지키고, 가능하다면 메카라는 성지를 방문한다는 이슬람 기본철학 5가지를 공유한다(모슬렘 문화에 대한 것은 제9장 참고). 많은 모슬렘에게 이슬람교 성전은 사회적·재정적·정신적 지지를 제공하면서, 국적이 다른 사람들(이민자와 비이민자)을 묶어주는 문화의 중심으로 기능한다. 또한 북미에서 지배적인 기독교 사회의 편파적인 태도는 많은 모슬렘 사이의 소속감을 강화시켰다[2001년의 세계무역센터 공격 이후에 미국에서 모슬렘에 대한 공격적 범죄는 1,600% 증가했다(Zogby, 2003)].

소수자

소수자(minority)라는 용어는 전통적으로 지배적인 문화에 의해 권한이 제한된 집단을 언급하는 데 사용되어왔다(Wang and Sue, 2005). 소수자라는 용어는 꼭 수가 적다는 것만을 의미하는 것은 아니다. 예를 들면 인종분리정책(apartheid)이 행해지는 동안 남아프리카에는 흑인이 수적으로는 다수였지만, 백인문화가 지배적인 상황에서 흑인은 소수자였다. 이와 유사하게 식민지에서는 지배문화집단의 수보다 지배를 받는 문화집단의 사람 수가 더 많다.

북미에서 소수자라는 용어는 민족적·종교적·국가적·성적 소수자, 노인, 가난한 사람, 학교교육을 덜 받은 사람, 시골 사람이나 토착민, 장애인, 여자와 어린이에게 적용될 수 있다(ADDRESSING 모델이 이야기하는 소수집단). 소수자는 주류 심리학에서 배제되거나 과소평가되거나 오해받아 왔다(유럽의 어린이와 청소년은 비록 더 큰 사회와 관련해서는 소수자로 고려될 수도 있지만, 프로이트의 발달이론을 시작으로 심리학에서 관심의 초점이었다는 점에서 예외적이다).

하지만 소수문화의 일원으로서 겪는 것에는 억압받는 경험 이상의 것이 포함된다. 소수자는 특권에 의해 보호받는 사람의 삶에서 발달하지 않을지도 모르는 '특징과 특질'의 발달을 경험할 수도 있다(McIntosh, 1998: 101). 소수자의 지위는 지식, 인식, 감정적이고 실제적인 지지, 공동체 의식, 의미 있는 방법으로 다른 사람에게 기여할 기회 등 독특한 형태일 수 있다(Newman and Newman, 1999). 상담자는 개인이 속한 집단을 소수문화로 기술하는 것과 그 개인을 소수자라고 언급하는 것과는 다르다는 사실을 알아야 한다. 개인을 소수자로 분류하는 것은 어쩌면 힘을 빼앗는 것일 수도 있다.

다른 용어들

개인에게 적용하는 용어의 선택은 노인, 장애인, 동성애자나 양성애자, 여성 등 모두에게 중요하다. 예를 들어 'elderly, old, old man, old maid'라는 용어와 'elder, older person, senior'라는 용어에는 의미상 미묘한 차이가 있다. 첫 번째 용어들은 보호가 필요한 대상으로, 두 번째 용어들은 존경하는 대상으로 여겨진다.

성적 선호(sexual preference)라는 용어는 한 개인이 게이나 레즈비언이 되는 것을 선택할 수 있으며, 따라서 '되돌릴 수' 있다는 것을 의미하기 때문에 바람직하지 않다. 호모(homosexual)라는 용어도 역사적으로 죄와 병으로 간주되었던 뉘앙스 때문에 문제의 여지가 있다. 또한 이성애가 일반적이고 다른 성적 경향은 일반적이지 않다는 가정을 반영하는 질문은 내담자를 당황하게 한다[예를 들면, 한 내담자에게 왜 그가 게이가 되었는지 이유를 묻는 것. 상담자는 일반적으로 이성애 내담자에게 왜 이성을 좋아하느냐고 묻지 않는다(Martin, 1982)]. 더 긍정적인 표현은 'LGB'라고 하는 레즈비언(lesbian), 게이(gay), 바이섹슈얼(bisexual)이다(Dworkin and Gutierrez, 1992). 하지만 LGB라는 용어가 모든 문화에서 일반적으로 사용되는 것은 아니다. 예를 들면 아프리카계 미국인이나 라틴계 남성 문화에서는 다른 남성과 성관계를 하는 남성을 게이라고 규정하지 않는다. 또 어떤 문화에서는 다른 여성에게 매력을 느끼는 여성을 레즈비언이라고 규정하지 않는다(Balsam, Martell, Safren, 2006). 어떤 아메리카 인디언 문화에서는 LGB 혹은 LGBT (transgender를 포함해)라는 용어 대신에 두 영혼(two-spirit)이라는 용어를 사용한다(Balsam et al., 2004). 성전환자(transgender)라는 용어는 "여성·남성이라는 두 부류로 나누어 말하기 어려운 사람"을 지칭하며(Maguen, Shipherd, Harris, 2005: 479), 태어날 때의 신체적 성으로 자신을 규정하지 않는 사람을 아우른다(APA, 2006).

장애인과 관련해 사람이 우선이고, 그다음이 장애라는 인식은 1970년대부터 시작되었다. 따라서 장애인을 'disabled person'이 아니라 'person with a disability'라는 용어로 지칭하게 되었다. 조금 더 최근에 영국과 미국에서 장애는 사회적 구인(construct, 構因)이고, 이것이 인간의 결함보다는 차별을 의미한다는 논의가 이루어졌다. 억압을 받는 사람이라는 표현을 'a person with oppression'이라기보다는 'oppressed person'이라고 쓰기 때문에 장애인(a disabled person)이라는 용어를 쓰는 것도 괜찮다는 주장도 있다(Olkin, 2002). 하지만 몇몇 저자들이 이야기하듯이 첫 단어를 'disabled'라고 시작하며 사람을 지칭하는 것은 장애가 문화적 정체성을 부여하고, 자신을 'disabled'하다고 이야기하며 자랑스러워하기는 어렵기 때문에 바람직하지 않다(Mona et al., 2006: 200).

　정서적으로 중립적인 용어가 부정적인 의미를 함축한 용어보다 더 선호된다[예를 들면, 희생자, 병약한 자, 고통받는 자, 괴롭힘을 당하는 자, 지체장애인(Maki and Riggar, 1997b)]. 어떤 사람이 휠체어나 다른 보조장치를 '사용한다'라고 말하는 것은 그 사람과 휠체어를 분리할 수 없다는 암시를 피할 수 있다. '휠체어에 의지한다'고 말하는 것은 장애가 되는 환경에 초점을 맞춘 것이 아니라 개인의 어려움에 초점을 맞춘 것이다. 장애를 초래하는 환경을 언급하는 것(예를 들면 '경사로가 설치되지 않았다'고 말하는 것)이 개인의 한계를 강조하는 것(예를 들면 '신체장애가 있다'고 말하는 것)보다 바람직할 것이다(Olkin, 1999). 농(청각장애) 문화(Deaf culture, 자본주의화로 이러한 문화적 범주가 나타났다) 속의 사람들은 그들 스스로 장애를 가지고 있다고 여기지 않고, 오히려 귀로 듣는 세상이 자신들의 언어를 무시한다고 본다. 또한 청력이 손상된 모든 사람이 청각장애인은 아니다. 대개는 '듣는 데 어려움을 겪는다'라고 표현하는 것이 더 적절하다(Leigh, 2003; Vernon, 2006). 또한 장님, 귀머거리라는 단어를 무지함 등과 동의어로 사용하는 것도 언제든 상처를 줄 수 있다(예를 들면, "그는 그의 행동이 다른 사람들에게 미칠 영향에 대해서는 눈뜬장님이었다" 또는 "그들은 마치 그가 장님인 양 그의 물건을 강탈했다", "귀머거리라도 된 듯이 그는 그녀의 울음소리를 못 들은 척했다").

경고와 강조

앞에서 설명했듯이 상담자는 내담자가 일반적으로 사용되는 용어를 수용한다고 가정하지 않아야 한다. 일반적으로 구체적인 용어가(항상 그렇지는 않더라도) 선호되는데, 그 이유는 그러한 용어가 집단의 독특함에 대해 더 많은 의식수준을 보여주기 때문이다. 그러나 정치적으로 민감한 용어는 보수적인 내담자를 기분 나쁘게 하거나 혼란을 가져올 수 있다. 따라서 나는 구체적인 용어를 알고 있을 때라도 일반적으로 그 용어를 사용하기 전에 내담자가 스스로를 어떻게 묘사하는지 들으며 기다린다.

내담자가 스스로를 지칭할 때 특정 용어를 사용하더라도 상담자가 그 용어를 사용하는 것이 괜찮은 것은 아니다. 일부 소수집단은 자신들을 명명하기 위한 권리를 주장하려고, 주류문화의 구성원들에 의해 경멸적으로 사용된 적이 있는 용어를 다시 사용한다[예, 게이나 레즈비언을 '퀴어(queer: 동성애자, 속어. '이상한', '기묘한'이라는 뜻이 있음)'라 칭하는 것, 장애가 있는 사람을 '크립(crip)'이라 칭하는 것]. 주류문화의 용어를 다시 사용해 스스로 자신을 정의하는 행동은 강력한 조치이다(Watt, 1999). 윌리엄스는 혼혈이라는 자신의 정체성과 관련해 다음과 같이 설명했다.

> 개인이 자신의 경험을 정의하고, 개인적 의미를 창조하며, 정체성을 구조화하고, 자신을 특수하게 '나'라고 주장할 권리를 가지고 있다는 생각은 많은 사람들이 가지고 있던 인종에 대한 생각을 뒤흔들었다. 타인의 저항과 판단을 무릅쓰고 자기 자신의 경험을 주장할 수 있는 용기는 나와 같은 혼혈인이 진정한 자기를 내세우는 것을 시작하도록 했다(Williams, 1999a: 34).

특정 집단의 구성원에 의해 사용되던 용어를 자신에게 적용할 때, 이러한 용어는 '비언어적인(in-language)' 형태가 된다. 구성원이 아닌 사람들이 이러한 용어를 사용하는 것이 허용되기는 하지만 그런 경우는 드물다.

ADDRESSING 모델을 설명하는 워크숍에서, 청중 중 누군가가 격앙된 어조로 "패멀라, 우리가 이 모든 것을 기억하기를 기대하십니까?"라고 질문하는 경우가 종종 있다. 내 대답은 "그렇지 않습니다"이다. 적어도 지금 당장은 아니다. 내가 바라는 것은 용어나 이름의 암기가 아니라, 상담자가 자신이 구성원으로 속해 있지 않은 문화에 대한 학습을 시작하는 것이다.

문화와 언어는 항상 변화하기 때문에 나는 학습을 강조한다. 특히 우리가 배워야 하는 것은 계속적인 변화이다. 언어와 관련해서, 이 학습과정을 (a) 용어에 대한 더 넓은 문화적 의미에 대한 정보를 구하고, (b) 집단에 대한 정보를 구하며 ― 용어의 구체적인 의미, (c) 내담자 개인이 사용하는 용어에 귀 기울이고, (d) 적절할 때 간단히 질문할 수 있는 의지를 포함하는 것으로 생각하면 도움이 될 것이다.

결론

이 책에 포함된 요인들이 많고 집단의 범위가 넓어 독자는 자칫 당황할 수도 있겠지만, 나는 심리학이 문화와 민족의 일차원적인 개념화를 넘어 더 넓은 초점을 필요로 한다고 믿는다. 처음에는 문화적 영향의 복잡성을 인지하는 것이 이러한 영향을 무시하거나 단일한 영역으로 단순화하는 것보다는 어려울 터이다. 그러나 긴 안목으로 본다면 이러한 복잡성을 인지해야 내담자와 우리 자신에 대해 훨씬 더 깊이 이해할 수 있다. 문화적 다양성은 문제라기보다는 개인적인 성장, 창의성, 그리고 사람들이 서로 더 깊이 연결될 수 있다는 잠재력을 제공하는 하나의 도전이다. 다음 장에서는 상담자들의 일상과 일을 통해 이 도전의 실제적인 측면을 살펴보겠다.

문화적 요인	소수집단
나이와 세대 요인 Age and generational influences	어린이, 청소년, 노인
발달적 장애 Developmental disabilities	선천적 장애를 가진 사람들
후천적 장애 Disabilities acquired later in life	후천적 장애를 가지게 된 사람들
종교와 영적 지향 Religion and spiritual orientation	종교적 소수자
민족적 · 인종적 정체성 Ethnic and racial identity	민족적 · 인종적 소수자
사회경제적 지위 Socioeconomic status	직업, 교육, 수입, 도시나 지방 거주, 가족 배경에 의해 낮은 지위를 갖는 사람들
성적 경향 Sexual orientation	동성애나 양성애 성향을 가진 사람들
토착유산 Indigenous heritage	토착 원주민
국적 National origin	이민자, 피난민, 국제학생
성 Gender	여성, 성전환자

제 **2**부

자기 평가

제2장

문화적으로 민감한 상담자 되기

스미스(H. Smith)는 세계 주요 종교인 힌두교, 불교, 유교, 도교, 이슬람교, 유대교, 기독교 그리고 호주 원주민의 토착신앙에서 삶을 사는 최상의 지혜를 찾았다. 그는 종교적 전통들이 세 가지 요소 — 그가 '덕(virtues)'이라고 부르는 것 — 를 공유하고 있다고 결론 내렸다. 겸손(humility), 자비(charity) 그리고 정직(veracity)이 그 세 요소이다.

겸손은 자기 비하가 아니다. 겸손은 한 사람으로서, 오직 한 사람으로서, 다른 사람과 함께 자기 자신을 고려하는 능력이다. 자비는 다른 사람의 입장이 되어보는 것이며, 이웃을 자기 자신처럼 여기는 것이다. 정직은 숭고한 객관성으로 진실을 말하는 것을 넘어 사물을 있는 그대로 정확히 보는 능력이다(Smith, 1991: 387).

겸손, 자비, 정직은 문화적으로 적절하게 반응하는 상담자에게도 중요하다. 겸손은 차이를 열등한 것으로 판단하는 것을 막아준다. 연민(compassion) 또는 다른 사람들에 대한 자비의 태도는 나로 하여금 내 신념과 가치에 도전하는 사람들과 함께 일하고 그들에게 감사하도록 도와준다. 그리고 비판적 사고기술(critical thinking skills)은 한 사람을 진실로 이끌 수 있으며, 내가 가진 가정(assumption)에 대해 계속 질문하도록 도와주면서 자명한 것처럼 보이는 것을 뛰어넘는 설명을 찾도록 돕는다.

상담자가 겸손, 자비, 정직을 상담에 적용하기 위해서는 먼저 개인과 사회적 편견, 문화적 가치, 그리고 권력구조 사이의 관계에 대한 지식을 갖추어야 한다. 이 개념들에 대한 이해는 상담과정에서 겸손하고 연민을 느끼며 비판적인 접근을 하는 데 필수적이다. 30대 초반인 유럽계 미국인 상담자인 일레인의 예를 보자.

일레인은 캄보디아인(크메르족) 미망인인 50세의 석 부인을 의뢰받았다. 현재 살고 있는 아파트가 3주 후에 헐릴 예정이라는 사실을 알게 된 후 석 부인은 잠을 제대로 자지 못하며, 너무 울어서 일시적으로 눈이 잘 보이지 않았다. 의사는 일레인에게 석 부인의 통역사인 한 씨의 이름과 전화번호를 주었고, 한 씨는 석 부인과 함께 정신건강센터를 방문할 것이라고 했다.

일레인은 한 씨에게 전화를 걸어 접수면접 일정을 잡았다. 접수면접을 하는 동안, 석 부인은 조용한 목소리로 말했고 일레인과 거의 눈을 마주치지 않았다. 석 부인은 자신의 나이, 사건의 날짜, 그들이 만나고 있는 건물의 이름을 말할 수가 없었다. 한 씨는 석 부인이 모국어로도 읽거나 쓰는 방법을 배운 적이 없기 때문에 '서양식' 달력으로 날짜를 기억하지 못한다고 설명했다. 일레인은 접수면접에서 일반적인 질문(예, 단어의 철자를 거꾸로 말하기, 세 가지 물체를 회상하기, 또는 기하학적인 그림 그리기)을 하는 것이 무의미할 수도 있다는 것을 깨달았다. 대신 일레인은 석 부인의 의학적·사회적 역사에 대해 더 많은 정보를 탐색해야겠다고 생각했다.

한 씨의 통역을 통해 일레인은 석 부인이 1970년대 후반에 캄보디아에서 일어난 전쟁으로 남편을 여의었으며 네 자녀 중 세 명이 죽거나 죽임을 당했다는 사실을 알게 되었다. 석 부인은 태국의 난민촌에서 사는 동안 지금은 어디 사는지도 모르는 남자의 아이를 낳았다. 1980년대 후반에 석 부인과 살아남은 아이 두 명(15, 17세)은 미국으로 이민을 왔으며, 캄보디아인이 많이 살고 있는 아파트에서 살았다. 석 부인 가족은 정부의 지원금과 큰아들이 식당에서 임시직으로 벌어오는 수입에 의존해 가까스로 살아올 수 있었다.

일레인은 정보를 수집하면서, 석 부인의 크메르어 대답보다 한 씨의 영어 통역이 훨씬 더 길다는 사실을 알아차렸다. 일레인은 한 씨에게 혹시 정보를 추가하고 있느냐고 물었다. 한 씨는 자신이 석 부인에 대해 잘 알고 있으며, 석 부인이 빠뜨린 정보를 추가함으로써 일레인을 돕고자 했다고 대답했다. 일레인은 단호한 어조로 한 씨에게 추가하거나 빼지 말고 말하는 것을 그대로 정확히 통역해달라고 했다. 일레인이 정확한 통역이 석 부인에 대해 정확한 판단을 내리는 데 도움이 된다고 말하자, 한 씨는 동의했지만 불편한 표정을 지었다.

석 부인은 과거에 대한 질문에는 감정적인 반응을 하지 않았지만, 아파트에 대해 물었을 때 눈물을 흘렸다. 그녀는 친구들이 그곳에 있고 앞으로 어디로 가야 할지 모르겠다고 말했다. 일레인은 공감했지만 집 문제에 대해서는 더 묻지 않았다. 그 대신 일레인은 석 부인이 전쟁 중에 겪은 경험을 아는 데 집중했다. 접수면접이 끝나고, 일레인은 석 부인에게 자신이 도움이 될 수 있으니 다음 주에 한 씨와 함께 오라고 말했다. 일레인은 석 부인이 잠을 잘 수 있도록 약을 처방해줄 정신과 의사를 만나라고 덧붙였다. 석 부인은 머리를 끄덕이며 동의했다. 다음 주 약속시간에 석 부인과 한 씨는 나타나지 않았고, 전화로 확인하자 한 씨는 석 부인이 상담을 원하지 않는다고 말했다.

이런 경우는 흔하다. 연민을 느끼고 선의를 가진 상담자는 새로운 내담자의 요구를 이해하고자 노력하고 상담이 도움을 줄 수 있다고 설명한다. 동시에 내담자는 상담의 규칙에 대해 이해하고, 이방인인 상담자가 믿을 만한지 그리고 상담자가 역량이 있어 보이는지를 평가하며, 상담에 소요되는 시간, 노력 그리고 당황스러움보다 얻는 것이 많은지를 판단하기 위해 노력한다. 여러 이유로 내담자는 상담이 도움이 되지 않을 것이라고 판단해 다시 상담을 받지 않으려 한다.

석 부인의 입장에서 보면, 일레인은 상담자라는 권위 있는 지위에 비해 어려 보였고, 그녀의 현재 상황에 관심이 없어 보였다. 석 부인의 과거에 대한 일레인의 부담스러운 질문과 일레인이 한 씨에게 한 말이 한 씨를 불편하게 했던 점 때문에 석 부인은 한 씨를 보호해야 하며 일레인은 믿을 수 없다고 판단했다. 석 부인은 상담을 받아본 적이 없으며, 의사와 한 씨가 그녀에게 "상담이 도움이 될 것이다"라고 말했을 때, 일레인이 자신의 가장 절실한 문제인 아파트 철거를 다루어줄 것이라고 기대했다.

일레인은 석 부인과 한 씨의 고국인 캄보디아의 유산에 대해서는 알고 있었지만, 캄보디아 유산의 영향이 상담에서 어떻게 나타날지는 주의 깊게 생각하지 못했다. 만약 일레인이 석 부인의 상황에서 문화의 역할에 대해 체계적으로 고려했더라면, 캄보디아 문화와 피난민 그리고 나이 든 캄보디아 여성(50세면 전쟁에서 살아남은 사람들 중에서는 '나이 든' 축에 든다)과 관련된 자신의 경험과 지식의 부족을 인식했을지도 모른다. 자신의 부족한 부분을 인식했다면 일레인은 한 씨를 보조자로 대하기보다는 캄보디아인에 대한 지식을 인식하고 있는 동료로 대했을 것이다. 그리고 접수면접 전후에 한 씨에게 자문을 구했을지도 모른다. 그러면 한 씨의 신뢰와 존경을 얻고, 간접적으로는 석 부인의 신뢰와 존경을 얻었을 것이다(통역사로부터 받을 수 있는 자문의 중요성에 대해서는 Bradford and Munoz, 1993

를, 그리고 캄보디아인의 거주 관련 경험에 대해서는 Criddle, 1992 참고).

게다가 일레인이 석 부인의 사례를 개념화할 때 자신의 개인적 경험과 전문가로서의 경험이 사례 개념화에 미칠 영향을 체계적으로 검토했더라면 라포 형성이 쉬워졌을 것이다. 외상 후 장애에 대한 일레인의 이론적인 경향과 그녀의 개인적인 믿음이 석 부인의 현재 증상이 과거의 외상 때문이라고 가정하도록 이끌었던 것이다. 그 결과 그녀는 석 부인과 한 씨가 모두 다른 도움을 요청했는데도, 석 부인의 전쟁과 관련된 경험에 초점을 맞추었다. 만약 일레인이 자신이 세운 석 부인에 대한 개념화의 한계를 인식했다면 석 부인이 중요하다고 생각한 아파트 철거에 초점을 맞추었을 것이고, 석 부인은 이해받는다고 느꼈을지도 모른다.

그리고 만약 석 부인이 이해받는다고 느꼈다면 다시 상담을 받으러 왔을지도 모른다. 상담이 진행되면서 과거의 외상이 석 부인의 고통에 기여했다는 사실이 명백해졌을지도 모르며, 이 경우 일레인은 그 주제를 다룰 수 있었을 것이다. 그러나 라포와 신뢰가 형성되지 않았고 석 부인이 다시 오지 않았기 때문에, 내담자를 도울 수 있는 기회는 사라졌다.

편견 이해하기

의도는 좋았지만 일레인은 편견 때문에 실수를 했다. 일레인은 다양한 방법으로 석 부인의 사례를 개념화할 수 있었지만, 자신의 경험과 훈련으로 인해 편향된 방향으로 사례를 개념화했다. 누가 지적했다면 일레인은 자신의 편견을 인정할 만큼 마음이 열려 있었지만, 스스로 그 편견을 인식하지는 못했다. 그녀가 편견을 이분법적인 조건으로(즉, 어떤 사람이 편견을 가졌는지 아닌지) 생각했기 때문이다. 즉, 자신이 편향되었을 가능성은 생각하지 못했다.

편견을 하나의 경향 — 특정 방법으로 생각하고 행동하고 느끼는 경향 — 으로 보는 것이 바람직하다. 어떤 경우에 이 경향은 정확한 가설로 타인을 빨리 이해하도록 도울 수 있다. 하지만 어떤 상황에서 이 경향은 내가 경험했던 것처럼 당황스럽도록 잘못된 가설로 이끌기도 한다. 편견과 관련된 내 경험은 다음과 같다.

나는 시골지역의 작은 유니테리언(Unitarian) 집단을 방문했다. 한 남자를 제외하고 그 모임은 말이 많았고 생기가 있었다. 그는 격자무늬 셔츠에 청바지를 입고 하이킹 부츠를 신었는데, 유럽계 미국인처럼 보였고, 턱수염을 기르고 있었다. 얼굴표정은 침울했으며, 골똘하게 듣고 있는 것처럼 보였지만 말은 한마디도 하지 않았다. '은둔자'라는 단어가 내 머릿속에 떠올랐다. 휴식시간에 나는 그와 시선이 마주치지 않도록 피했다.

집에 가는 길에 나는 친구에게 이 남자에 대해 물었다. 그녀는 "아, 그 사람 아주 재미있는 사람이야. 생물학자이면서 음악 전문가야. 매일 아침 4시에 일어나서 일하러 가기 전에 음악을 연주해. 퀘이커교도라서 예배 중에는 말을 많이 하지 않아. 그렇지만 그 사람이 말을 하면 항상 재미있어"라고 말했다. 이럴 수가.

내 편견은 이 남자에 대한 유용한 가설을 세우지 못했다. 아니 내 편견은 부정확한 가정으로 이끌었으며, 그 후 내가 그 가정을 강화하는 방법으로 행동하도록 이끌었다. 그와 시선이 마주치지 않도록 피함으로써 나는 그에게 가졌던 오해를 풀 기회를 포기했다.

개인 수준에서 편견은 두 가지 인지적 과정이 결합해 나타난다. 두 과정은 범주화와 일반화이다. 새로운 상황에 대한 정보를 범주화하고 이 자료를 일반화하는 능력은 우리로 하여금 매일 직면하는 광대한 정보의 양을 조직하도록 돕는다(Hamilton and Trolier, 1986; Stephan, 1989). 일반적으로 이 인지과정은 우리의 학습과 사회적 상호작용들을 용이하게 하지만,

또한 앞의 예와 같이 부정확한 가정 형성에 기여할 수 있다. 이러한 가정들이 고정되었을 때, 우리는 홀리먼과 로버(Holiman and Lauver, 1987)가 고정관념이라 부르는 것을 발달시킨다. 편견은 사회적 집단과 그 집단의 구성원들에 대한 긍정적 혹은 부정적인 평가를 뜻하는 반면, 고정관념(stereotype)은 사회적 집단과 관련된 지식, 신념 그리고 기대를 포함한다(Sherman et al., 2005: 1).

내담자에 대해 잘못된 가정을 하지 않기 위해, 상담자는 내담자의 문화에 대해 아무것도 가정하지 않는 것이 바람직하다. 그러면 내담자는 자신이 중요하다고 믿는 것을 상담사와 공유할지도 모른다. 그러한 접근이 이상적으로 들리지만, 상담자가 내담자에 대해 아무것도 가정하지 않을 수 있다는 것은 비현실적이다. 한 개인이 집단에 대해 가지고 있는 예상을 '차단'할 수 있다는 것은 매력적이다. 하지만 그러한 통제는 불가능하거나 가능하다 하더라도 아주 어렵다. 가정의 존재를 무시하면 할수록 가정을 하고 있다는 자각은 줄어든다(Pedersen, 1987).

특정 집단과의 경험 부족은 우리 내부의 큰 구멍 혹은 빈 공간이라고 생각하면 도움이 될 것이다(Hays, 2007). 빈 공간은 주변에 있는 것들을 빨아들이는 경향이 있다. 소수집단과 관련해서 주변에 있는 것들은 주류문화가 소수집단에 대해 가지고 있는 메시지들이다. 주류문화가 소수집단에 대해 가지고 있는 메시지는 소수집단의 구성원들의 차이(다른 점)를 결점으로 보게 만든다. 때로 이 과정이 미묘해서 개인은 이 과정을 인식하지도 못한다. 그리고 사람들은 직접적인 경험 없이도 주류문화가 제공하는 정보를 가지고 일반화하고 그 문화의 구성원에 대한 결론을 내린다. 모든 사람이 무지라는 진공주머니를 가지고 다닌다는 것을 인식하면 우리는 겸손해진다. 상담자로서 그리고 인간으로서 우리가 도전해야 할 과제는 이 진공주머니의 존재를 인식하고, 그 주머니를 열고 부정확한 정보를 실제 경험과 직접 학습으로 교체하는 것이다.

만약 초기 면접에서 라포와 신뢰가 형성되었더라면, 내담자는 상담자에게 의문을 가질 수 있는 시간을 주거나 부정확한 가정을 못 본 체하거나 상담자를 용서할 것이다. 그러나 대부분의 초기 면접에서 상담자는 내담자와 견고한 작업동맹을 맺지 못한다. 상담자는 개인이나 가족을 만나자마자 상대적으로 짧은 기간 안에 라포와 신뢰를 형성해야 하거나, 도움을 줄 기회를 잃을 위험을 감수해야 한다. 내담자의 문화에 대한 이해는 상담자가 가정을 형성하고 그 내담자의 실제 경험을 더욱 밀접하게 다룰 수 있는 질문을 하도록 함으로써, 이 초기 관계형성 작업을 용이하게 할 수 있다. 내담자의 문화에 대한 상담자의 지식과 경험이 깊고 넓을수록, 이 가정과 질문이 더욱 정확하고 적절한 것이 된다(S. Sue, 1998). 잘 짜인 가정과 질문은 상담자에 대한 내담자의 신뢰와 자신감을 키워준다.

사회적 편견과 권력

석 부인의 사례는 편견과 고정관념이 발달하도록 만드는 인지구조를 보여주었다. 그러나 개인 수준의 편견은 사회문화적인 영향에 대한 지식 없이는 이해될 수 없다(Gaines and Reed, 1995). 아마도 사회문화적인 편견의 영향을 이해하는 데 가장 중요한 개념은 권력일 것이다(Kivel, 2002).

높은 지위에 있는 집단은 더 많은 권력을 가지고 있기 때문에, 자신의 상황과 자신보다 낮은 지위에 있는 집단의 상황에 더 많은 통제를 가할 수 있다(Lott, 2005). 힘이 있는 집단이 통제를 행사하는 방법 중 하나가 바로 고정관념이다(Fiske, 1993). 고정관념의 두 가지 기능은 다음과 같다. **설명적(descriptive) 고정관념**은 얼마나 많은 사람들이 특정 집단 내에서 어떻게 행동하는지, 그들이 선호하는 것이 무엇인지 그리고 그들의 역량이 무엇인지를 정의한다. 설명적 고정관념은 사람들이 가지는 기대의 시작점이 되기 때문에 통제력을 행사한다. 즉, 고정관념에 의해 이해된 사람은 고정관념이 기대하는 테두리 안에 머무르든지 테두리 밖으로 나가든지 둘 중 하나를 선택해야만 한다. 두 경우 모두에서 고정관념은 그 사람 그리고 그 사람이 다른 사람들과 맺는 상호작용에 부담을 준다(Fiske, 1993).

설명적 고정관념의 영향에 덧붙여서, 처방적(prescriptive) 고정관념은 '특정 집단이 생각하고 느끼고 행동하는 방법'을 정의한다(Fiske, 1993: 623). 예를 들면 처방적 고정관념은 장애를 가진 사람들에 대한 주류문화의 기대를 조성한다. 우리는 장애인들이 불평 없이 장애 없는 세상에 적응하려고 노력해야 한다고 기대한다. 그리고 물리적으로 어려운 환경과 다른 사람들의 두려움과 적대감 때문에 생길 사회적 장애를 극복해야 한다고 기대한다. 게다가 우리는 장애인들이 이 과정을 활기차게 수행하기를 기대한다(Olkin, 2002).

고정관념, 편견, 편향은 권력과 결합되었을 때 '～주의'라고 알려진 특권체계를 형성한다[예, 인종주의, 성차별주의, 계급차별주의, 이성애주의, 연령차별주의, 능력만능주의, 식민지주의(Hays, 1996a)]. 이러한 체계들은 특권이 없는 구성원이 특권을 가지지 못한 사람들과 특권을 가진 사람들을 구분하는 경계를 예리하게 자각하도록 사회화시킨다. 특권이 없는 사람들은 차이와 규칙에 더 많은 주의를 기울일 필요가 있는데, 이는 그들의 삶이 권력을 가진 사람들에 의해서 영향을 많이 받기 때문이다(Fiske, 1993).

그러나 권력을 가진 집단은 그러한 차이와 그 경계를 자각하도록 사회화되지 않는다. 이들은 그럴 필요가 없는데, 억압당하는 사람들의 영향을 거의 받지 않기 때문이다. 예를 들면 다음과 같다.

아프리카계 미국인 아이가 자신을 '흑인으로 행동하기'나 '백인으로 행동하기'로 특징짓는 행동에는 여러 가지가 있으나, 유럽계 미국인 아이가 그러한 이름을 붙일 수 있는 행동은 극히 드물다. 백인 우위의 사회에서 평범한 아프리카계 미국인 아이는 일상에서 이러한 범주화들을 자각하게 된다. 반면 평범한 유럽계 미국인 아이가 이러한 범주화를 자각하는 경우는 거의 없다(Gaines and Reed, 1995: 98).

미국에서 특권과 압박의 체계는 자본주의와 직접 관련된다. 성차별주의와 인종차별주의는 여성과 유색인종을 '잉여노동력', 즉 "현재 경제의 요구(불황, 팽창, 전쟁, 또는 노조에 의한 파업 기간)에 따라서 조절되면서 채용의 안팎으로 밀려날 수 있는 것"으로 간주한다(Blood, Tuttle, Lakey, 1995: 156). 통합 자본주의는 또한 남자를 압박하는데, 만약 남자의 요구가 너무 많으면, 남자 대신에 훨씬 적은 비용이 드는 여자나 유색인종을 고용한다. 미디어, 교육기관 그리고 법체계에 의해 조성된 성과 인종에 대한 고정관념은 이 상황이 공정하며 자연적인 것이라는 믿음을 강화한다(Blood et al. , 1995).

주류집단의 구성원이 특권체계의 존재를 인정하는 것은 고통스러운 경험이다. 왜냐하면 특권체계는 능력 위주의 사회(예, 만약 충분히 열심히 일하면 성공할 것이다)와 민주주의(예, 가장 중요한 규칙은 공정성이다)라는 서구의 가장 기본적인 신념에 위배되기 때문이다(Robinson, 1999). 편견과 차별의 예가 '암적인 존재'인 개인의 실패라는 것을 믿는 것이 더 쉽다. 유럽계 남성으로서 크로토는 다음과 같이 말한다.

나에게 인종차별주의적 태도와 행동은 단지 백인 개인의 도덕적이거나 심리적인 실패 또는 약점이었다. 나에게 인종차별주의는 '나쁜' 백인이 유색인종을 대하는 태도였다. 회상해보면, 내가 인종차별주의에 대해 가졌던 배타적으로 개인주의적이고 평가적인 견해는 내가 인종적 경계선에서 가졌던 모든 대인관계 적인 상호작용에서 내 자아를 유약하게 만들었다. 인종차별주의를 오직 개인주 의의 렌즈를 통해 바라보는 것은 사회적으로 학습된 것이다(Croteau, 1999: 30).

크로토(Croteau, 1999)에 의하면 특권체계는 특권을 가지지 못한 사람들 과 마찬가지로 특권을 가진 사람들에게도 피해를 준다(Locke and Kiselica, 1999). 특권체계는 주류집단의 구성원이 유익한 정보, 지식 그리고 기술을 얻지 못하게 할 수 있다. 예를 들어 구미의 의학과 의학의 영향 아래 포함 되지 못하는 많은 전통치료사들(예를 들면 한국의 침술사)은 세계보건기구 와 유니세프(UNICEF)가 공식적으로 전통적인 개업의들을 인정한 1978년 까지는 우월한 의학 지배체제에 의해 열등한 것으로 평가되었다(Jilek, 1994). 구미의 의사들은 그러한 치료들을 수용하지 않았고, 계속해서 환자 들에게 상대적으로 잘 이용되지 않는다.

개인적인 성장과 발달의 수준에서, 특권은 또한 '소외'의 감정과 함께 '사랑, 신뢰, 동정, 개방에 대한 능력'의 제한으로 귀착되면서, 우월과 엘 리트주의의 감정을 내재화시킬 수도 있다(Hertzberg, 1990: 279). 특권을 가 진 사람은(예를 들면 돈이나 권력적인 사회적 연결을 형성하는 데에서) 특권을 덜 가진 개인들이 살아남기 위해 발달시켜야 하는 대처능력을 발전시키 지 못한다(McIntosh, 1998). 현재 유럽계 백인 노인 남성의 자살률이 미국 에서 가장 높은데, 특권의 부정적인 영향이 유럽계 백인 남성의 높은 자 살률의 이유가 될 수도 있다(Richmond, 1999).

사회적인 편견의 영향에서 완전하게 벗어나는 것은 불가능하겠지만, 편견이 자기 자신과 타인에게 미치는 영향을 인지할 수 있게 하는 인식과 지식기반을 얻는 것은 가능하다. 자각과 지식은 우리의 결정, 신념, 행동 이 의식적이며 교양을 갖출 가능성을 높인다. 요지는 개인이 자신의 경험, 신념, 가치, 지식, 정보의 원천을 평가하는 데 얼마나 노력하는지에 달려 있다(Brown, 1994; Lopez et al., 1989; Williams, 1999). 이제 이 작업의 기초를 제공하는, 앞에서 언급했던 세 가지 요소들인 겸손, 연민 그리고 비판적인 사고기술(앞에서 언급된 정직)을 살펴보자.

비판적으로 사고하면서 겸손하기

전문가로서 나는 다양한 사람들에게 비교문화 작업을 하는 데 가장 중요한 특징이 무엇이냐고 물어왔다. 가장 공통적인 대답은 겸손이었다. 겸손을 뜻하는 humble이라는 단어는 땅·흙을 뜻하는 'humus'라는 라틴어와 관련되어 있다. 땅처럼 자신을 낮추고 사물을 포용한다는 것이다. 겸손하면 다른 관점, 믿음, 행동, 전통이 자기 자신의 것처럼 가치가 있음을 인정한다. 나아가 세상에 접근하는 대안적 방법들을 배우는 것의 유익함을 이해한다. 데이비스가 말했듯이, "진짜 겸손한 사람은 자신이 제공해야 하는 것에 대해서 현실적이고, 그들 자신의 한계를 알며, 다른 사람의 기여를 수용하기 때문에 능률적이다"(Davis, 1993: 55).

비판적(critical)이라는 용어가 부정이나 직면과 동일시되기 때문에 비판적 사고는 겸손과는 반대되는 개념처럼 보인다. 그러나 비판적 사고기술은 가정을 확인하고 그에 도전하며(다른 사람들의 가정뿐 아니라 자신의 가정에), 문맥적인 영향을 검토하고(자기 자신의 사고에 대해서도), 대안을 생각하고 조사하는 능력을 포함하기 때문에 겸손에 꼭 필요하다(Brookfield, 1987).

예를 들어 나는 내 자신을 여성주의자라고 생각한다. 나는 여성주의 철학의 한계를 인식하지만(특히 여성주의 철학의 민족중심주의적인 적용에 대해서), 그래도 여성주의 철학에 동의한다. 나는 여성이 스스로를 경제적으로

부양할 수 있다면 그것이 여성에게 더 좋은 상황이라고 믿는다. 이 믿음은 개인적인 권한과 평등한 관계에 대한 나의 욕구와 관련된다.

20대 중반에 나는 북아프리카의 서로 다른 세 환경 [(a) 세계적인 도시이자 튀니지의 수도인 튀니스, (b) 보수적이고 전통적인 가치를 지닌 중소도시, (c) 유목을 하다가 정착된 농경지 생활을 하게 된 베두인족 공동체]에서 살고 있는 아랍 여성들을 인터뷰하면서 몇 달을 보냈다. 나는 1956년 독립한 튀니지에서 여성의 지위향상을 목표로 하는 법이 제정된 후 여성의 삶이 어떻게 변해왔는지에 대해 알고 싶었다. 나는 적어도 중산층 여성에게 경제적 독립이 훨씬 더 나은 만족과 자유로움으로 나타날 것을 기대했다. 하지만 내가 발견한 것은 더 복잡했다(Hays, 1987; Hays and Zouari, 1995).

도시의 중산층 여성은 대개 직장에 다녔다. 직장에 다니는 것은 일하는 것을 좋아하고, 또한 도시에서는 생활비가 더 들기 때문이라고 했다. 물론 베두인족 여성은 가난했고 항상 집 밖에서 남편 곁에서 일을 해야 했다. 뜨거운 태양 아래서 오랜 시간 동안 허리를 굽혀야 하며, 등에 아이를 업은 채로 하는 노동은 아주 고된 것이었다. 당연히 이러한 종류의 일에서 베두인족 여성은 자신의 삶에 대해 더 큰 만족을 느끼지 못했으며, 오히려 이들은 극심한 좌절감을 표현했다.

나는 농촌 여성들이 집 밖에서 일하는 것이나 개인적인 소득에 대해 무관심한 데 놀랐다. 물론 직업상의 기회는 제한되어 있었지만, 가업이나 바느질 등으로 생긴 개인 소득은 그녀들 자신의 것으로 간주되었다. 한 여성의 말에서 그들의 일반적인 태도를 알 수 있다. "전 이미 집에서 [하나의 직업으로] 일을 해요. 왜 내가 두 가지 일을 해야 하죠?" 그녀는 오후 시간에 자수를 하고, 자매들이나 어머니 그리고 친구들의 집을 방문하면서 시간을 보내는 것을 좋아한다고 덧붙였다. 그녀는 내가 얼마나 열심히 일하는지에 대해 들었을 때 놀랐고, 그녀는 아마도 나를 바보 같다고 생각했을 것이다. 나는 그녀와 다른 여성들과 함께 이야기를 나눈 뒤 여성의 역할, 남성의 역할, 개인적인 권력위임 그리고 관계에 대한 나의 신념에 대해 더욱 비판적으로 생각하게 되었다. 내가 가장 견고하게 지니고 있는 신념과 반대되는 생활양식에 만족하는 여성들을 만난 후 나는 더 겸손해졌다.

이렇게 겸손과 비판적인 사고는 상호적이다. 겸손이 개인을 학습에 대한 새로운 형식과 지식에 대한 다양한 원천에 마음을 열게 하지만, 대체적인 가설에 대한 지속적인 검증과 같은 비판적 사고는 개인이 개방적인 태도를 유지하도록 돕는다(Lopez et al., 1989).

건강한 임상적 판단을 내리기 위해서는 상담자에게 겸손과 비판적 사고 모두가 필요하다. 자기 자신에게 의문을 던지려는 의지는 비언어적인 방법으로 전달되기 때문에 라포 형성을 용이하게 한다. 6, 8, 12세의 세 자녀를 키우는 멕시코계 미국인 여성 내담자를 상담하게 된 유럽계 남성 상담자의 경우를 생각해보자. 이 내담자는 전문대학을 졸업했고, 이혼한 남편에게서 아이들 양육비를 받지 못하고 있으며, 저소득층 아파트로 이사를 가야 했으며, 아이들을 부양할 수 있는 직업을 구해야 했다. 그녀는 6세 아들의 야뇨증에 대해 도움을 얻고자 상담을 받으러 왔다. 상담자는 아이를 돕기 위해 어머니도 함께 상담하기로 했다. 상담이 진행되면서 상담자는 12세인 내담자의 큰딸을 걱정하게 되었다. 그 딸이 '부모 역할을 하는 아동'(즉, 두 어린 동생을 돌보는 데에서 어머니의 가장 절친한 친구이자 동반자 역할을 하는)이라는 생각이 들었던 것이다.

내담자의 큰딸은 학업이나 행동에 문제가 없었기 때문에, 상담자는 이 문제에 대해서 라틴계 상담자에게 자문을 받기로 했다. 자문을 통해, 건강한 아이가 갖춰야 할 요소가 무엇인지에 대해 문화적인 유산이 자신에게 미친 영향을 깨닫기 시작했다. 상담자는 이 가정의 경우 딸의 역할이 병적인 것이 아닐 수도 있다는 가능성을 보기 시작했다. 걱정이 완전히 사라진 것은 아니지만, 상담자는 이 어머니를 존경하게 되었고, 그녀가 아이들을 위해 하는 행동을 더 수용적으로 보기 시작했다(멕시코계 미국인 가정의 자녀양육에 대해 더 많은 정보를 얻으려면 Arroyo, 1997; Falicov, 1998; Santiago-Riviera, Arredondo, Gallardo-Cooper, 2002 참고).

상담자가 성급하게 판단하지 않기 위해 자신에게 물을 수 있는 질문은 다음과 같다.

- 내가 어떻게 이해했는가?
- 이것이 진실이라는 것을 나는 어떻게 알 수 있는가?
- 이 상황에 동등하게 의미 있는 대체적인 설명이나 의견이 있는가?
- 자신의 상황, 예를 들어 나이, 세대적인 경험, 민족적 배경, 사회경제적 지위와 같은 상황(즉, ADDRESSING 요인)이 내담자의 상황을 보는 나의 견해에 어떻게 영향을 미칠 수 있는가?
- 내가 동의하지 않은 견해가 유효하다는 정보들이 있는가?
- 내가 역기능적이거나 건강하지 않다고 판단을 내린 행동, 신념 또는 감정에 대한 긍정적이고 문화적인 동기가 있는가?

이런 질문은 상담자가 임상적인 판단을 하는 것을 방해하지 않는다. 다만 이런 질문은 내담자의 상황에 대한 다양한 생각을 장려함으로써 임상적 판단과정을 더디게 한다. 그리고 이런 질문은 상담자의 가설이 내담자의 실제 경험과 조금 더 밀접하게 관련되도록 한다.

튀니지 여성을 만난 후에도 나는 여전히 여성주의적인 신념을 가지고 있지만, 나의 가치가 나의 정체성, 기회, 상황과 직접 관련되어 있다는 것을 깨닫고 있다. 내 신념을 어떻게 갖게 되었는지에 대해 비판적으로 생각하고자 하는 노력은 내 가치관과 반대되는 가치관을 가진 것처럼 보이는 사람들에게 더욱 개방적이 되도록 도와준다. 개방적이면 개방적일수록 다른 사람들에게 더 많은 연민과 더 많은 이해를 표현할 수 있다. 궁극적으로 더 나은 상담자가 될 수 있도록 도와준다.

연민을 막는 장애물 극복하기

더 건강하고 더 행복한 인간(그리고 상담자)이 되는 것의 중심에 연민이 있다는 것은 티베트 불교도의 영적 지도자인 달라이 라마에 의해 설명된 바 있다.

당신이 연민의 감정, 친절과 사랑하는 마음을 유지하고 있다면, 당신 내면의 문은 자연히 열립니다. 그렇게 해서 다른 사람과 훨씬 더 쉽게 소통할 수 있습니다. 그리고 그러한 따뜻한 감정은 열린 마음을 창조해냅니다. 마음의 문을 열면 어떤 것도 숨길 필요가 없으며, 숨김이 없어지면 두려움, 자기 의심, 불안은 자연히 사라지게 됩니다. 또한 그것은 다른 사람들에게서 신뢰를 얻게 합니다.

노여움, 폭력, 공격은 일어날 수도 있지만, 내 생각에 그것은 피상적인 수준에서 일어납니다. 어떤 면에서 그것들은 우리가 사랑과 애정의 감정을 성취하려고 노력하다 좌절할 때 나타납니다(Dalai Lama and Cutler, 1999: 40, 54~55).

연민의 개념은 불교에만 있는 것은 아니다. 하지만 불교의 사상이 일목요연하고 이해하기 쉽기 때문에, 불교의 개념을 사용해 연민을 설명하고자 했다. 또한 기원전 2세기경의 학자인 파탄잘리(Patanjali)는 자기 성장을 막는 장애물을 두려움, 무지, 회피(aversion, 즉 고통을 회피), 욕구 그리고 이기주의 다섯 가지로 설명했다(Frager and Fadiman, 1998: 501).

아프리카계 미국인 남성과의 (긍정적이든 부정적이든) 경험이 적은데도 아프리카계 미국인남성 내담자를 처음 만날 때 두려움을 경험한 젊은 유럽계 미국인 여성 상담자의 예를 생각해보자. 공포는 상담자가 내담자와의 경험에 젖어들고 공감하는 것을 방해한다. 공포는 경험부족이나 지식부족과 관련된다. 진공주머니 은유가 제시하듯이, 그 주머니가 직접적인 개인 경험으로 채워지지 않는 한 주류문화의 가정(공포와 부정적 시각을 포함하는)으로 채워지기 쉽다.

문화적 문제를 둘러싼 골칫거리가 많이 있으며, 그래서 많은 사람들은 가능한 한 그 골칫거리를 피하려 한다. 이러한 회피는 상담자가 특정 주제를 피하고 마음을 닫게 한다. 예를 들면 장애가 없는 유럽계 남성 상담자는 다른 사람들이 자신에 대해 가지는 가정 — 소수자에게 연민이 부족할 것이라는 가정 — 때문에 마음의 상처를 받는다. 내담자의 시각에서 장애의 의미를 이해하려고 시도할 때마다, 내담자가 자신에게 분노를 느끼는 것을 발견했다. 이때 상담자가 자신의 고통과 분노에 초점을 맞추면 그는 내담자에게서 멀어지고 내담자의 경험에 대해 피상적으로 해석하게 된다(예를 들면 내담자가 과잉반응을 한다는 해석).

장애인 가족을 상담한 경험에 기초해, 헐니크 부부는 다음과 같이 제안했다.

정서적 혼란에는 순서가 있다는 것을 여러 번 관찰했다. 먼저 분노가 나타나고, 분노의 이면에는 상처가 있다. 분노는 우리가 상처를 받을 때 발생하는 반응으로 여겨진다. 그리고 상처의 이면을 보면 항상 보살핌 혹은 돌봄(caring)을 발견할 수 있었다. 보살피고 아끼는 대상이 핍박 받을 때 우리는 상처를 입게 된다. 이러한 일련의 정서적 반응은 상담 효율성을 높이는 전략을 제시해준다. 내담자가 자신의 가장 깊은 상처를 표현할 수 있도록 허용하라. 즉, 상처를 표현하도록 내담자를 적극적으로 독려하라(Hulnick and Hulnick, 1989: 168).

겸손을 막는 네 번째와 다섯 번째 장애물인 욕구(desire)와 이기주의 (egoism)는 특정 이론에 대한 상담자의 애착으로 나타날 수 있다. 불교의 견해에서 보면, 어떤 관점, 개념화 또는 사상에 대한 애착은 종종 불필요한 고통으로 귀결된다(Rao, 1988). 상담 실제에서 내담자의 걱정보다 상담 이론에 대한 애착은 부정확한 평가나 부적합하거나 효과적이지 않은 개입으로 이어질 수도 있다. 예를 들어 다가오는 이사에 대해 불안해하는 내담자와 대화할 때, 현실 지향적이고 인지-행동 이론을 선호하는 상담자는 내담자 가족의 다세대적인 이주 과거에 대한 중요성을 간과할지도 모른다. 또 다른 예로 정신역동 이론을 선호하는 상담자는 직장동료의 인종차별적인 발언 때문에 우울증을 경험하는 내담자의 현재 상황을 다루기보다는 내담자의 초기 양육경험을 과잉해서 강조하는 실수를 저지를지도 모른다.

방어, 두려움, 무지, 고통, 애착은 방어적 상호작용으로 나타난다. 방어는 위협을 당하거나 공격받았다고 느낄 때 발생하는 인지적이고 감정적인 경직으로 볼 수 있다. 방어는 윌리엄스(Williams, 1999a)가 지적했듯이, 인종문제에 대해서 이야기할 때, 상담자들 사이에서 나타나는 빈번한 반응이다(그리고 ADDRESSING 모델이 제시한 요소들을 이야기할 때도 일어나는 반응이다). 상담에서 방어는 상담자가 자신의 사고를 정당화하는 데 집중하고 내담자의 경험에 집중할 수 없게 한다. 상담자의 이런 변화를 내담자는 쉽게 인지하며, 내담자는 그 후 감정적으로 상담자로부터 거리를 두는 것과 같은 방어적인 행동을 할 수 있다.

방어를 하지 않는 것은 아마도 불가능할 것이다. 또한 방어는 적절하지 않은 어떤 것에 대한 단서로 작용하기 때문에, 방어를 하지 않는 것은 바람직하지 않을 수도 있다. 그러나 방어적 행동이 어떤 사람으로 하여금 다른 사람과 그 사람의 염려를 수용하는 것을 방해한다면, 방어적 행동을 하지 못하도록 저지하는 것이 바람직하다.

방어적인 행동 줄이기

내 친구인 밥은 알래스카에 있는 시베리아 유피크인(Siberian Yupiks) 마을에 있는 고등학교의 교장이다. 하루는 유럽계 미국인 남성 교사(교사들 모두 유럽계였다)가 밥을 만나러 왔다. 교사는 학생 중 한 명을 교정 지도하는데, 그 학생이 자신을 비웃는 것 같이 화가 났다. 교사는 아이의 행동을 무례하다고 생각했다. 밥은 학생을 교장실로 데려오도록 했다. 교사가 자신의 불평을 크고 화난 목소리로 반복하자, 소년은 다시 웃기 시작했다. 밥은 교사에게 자리를 피해달라고 했다. 둘만 있게 되었을 때 밥은 학생에게 무슨 일이냐고 물었고, 아이는 눈물을 흘리기 시작했다.

학생은 웃으려는 의도는 없었으며, 다른 학생들이 쳐다보고 있고 선생님은 자신이 잘 이해하지 못하는 영어로 말을 하는데 무슨 말을 하는지 이해할 수 없었던 것이다. 자신을 향한 교사의 노여움에 대해 당황해 웃은 것이다. 교사는 자기 방어에 사로잡혔던 탓에 자신이 소리치면 소리칠수록 소년이 더 많이 웃게 되는 악순환을 멈출 수가 없었던 것이다. 만약 밥이 교사의 견해(주류문화적 견해)를 수용했더라면 실제로 무슨 일이 벌어졌을지는 알 수 없었을 것이다. 밥은 교사의 견해에 대한 대안적인 설명이 있을 수 있다고 가정하고 진실을 찾으려 함으로써 학생에 대해 정확하게 이해할 수 있었다.

마음을 여는 첫 번째 단계는 불교 철학에서 깨어 있는 마음(mindfulness)이라고 알려진 과정이다. 이것은 그 순간에 자신의 경험에 대해 더 많이 인식하는 것이다. 방어적인 감정을 해결하는 데에서 깨어 있는 마음의 중요성에 대해 베트남 수도승 틱낫한은 다음과 같이 설명한다.

속박(족쇄, samyojana)이라는 단어는 내적 형태(internal formation), 구속 또
는 매듭을 의미한다. 누군가가 우리에게 불친절한 말을 했을 때, 왜 그 사람이
그런 말을 했고, 왜 우리가 화나는지에 대해서 이해하지 못한다면, 우리에게 하
나의 매듭이 매어지게 될 것이다. 이해의 부족은 모든 내적 매듭의 기본이 된다.
만약 우리의 마음이 깨어 있다면 우리는 매듭이 묶이는 순간을 알아차리고 그것
을 푸는 방법을 찾아내는 기술을 배울 수 있다. 내적 형태는 아직 느슨하게 묶여
있을 동안인, 그것들이 형성될 때 가장 빠르게 주의를 기울일 필요가 있다. 이는
매듭을 쉽게 풀기 위해서이다. 만약 매듭이 형성되었을 때 바로 풀지 못한다면
매듭은 더 단단해지고 더 강해질 것이다(Thich Nhat Hanh, 1992: 48).

이 '매듭'은 상담자의 방어, 두려움, 고통의 감정과 동반하는 생리적인
느낌으로 경험될 수 있다. 이런 느낌은 상담자가 내담자에게 자기 자신에
게 더 초점을 맞추고 있다는 단서를 제공할 수도 있다. 이런 느낌과 감정
의 선행요인을 확인하면 상담자는 실제 의도(예, 존경심을 전달하고 정확한
평가를 하는 것)와는 반대되는 행동을 줄일 수 있다.

예를 들어 나이 든 내담자와의 면담에서 젊은 상담자는 내담자의 이마
와 등을 보고 긴장을 할 수도 있다. 이런 긴장감은 상담자가 자신보다 훨
씬 나이가 많은 내담자를 상담하는 데 약간 두려움을 느낀다는 점을 인식
하는 단서로 사용할 수도 있다. 이 두려움을 인식할 때 일반적으로 무의
식적으로 하게 되는 행동을 멈출 수 있다. 내담자가 받아들이기에 상담자
가 자랑을 하는 것이라고 느끼도록 자신의 자질을 설명하기보다는, 상담
자가 너무 젊어 내담자의 상황을 이해하는 데 한계가 있을 수도 있다고
솔직하게 의논하라. 후자가 상담자를 취약하게 하고 그의 '인간성'을 전달

하기 때문에, 두 사람의 연결고리가 만들어지기 쉽다(Kiselica, 1998).

불편한 감정과 마주쳤을 때, 깊은 숨을 쉬고 천천히 호흡하며 몇 초 동안 호흡에 집중하는 것이 도움이 된다. 자기 자신을 가다듬는 방법 중 하나로 호흡을 강조하는 것은 이완 훈련과 마찬가지로 요가와 불교의 명상법에 기초를 두고 있다. 호흡에 정신을 집중하면 두 사람의 가정된 욕구가 무엇인지 묻는 것이 가능하다. 즉, 이런 질문이다. 내담자는 상담자와 같은 방법으로 이 상황을 개념화해야 하는가?

또한 자신에게 다른 견해가 있는지 묻는 것도 건설적이라 할 수 있겠다. 다른 견해가 유용할 수 있다는 정보가 있는가? 마지막으로 내담자와 내담자의 상황에 대한 더 넓은 비전과 이해를 이끌 수 있는 정보나 경험을 얻는 것은 가능한가? 이 질문들은 비판적으로 사고하면서 겸손을 유지하는 데 유용하다.

요약하면, 우리는 방어적인 감정을 없앨 수 없다. 그러나 다음과 같은 단계를 통해 방어적인 행동을 줄일 수 있다.

- 방어, 두려움, 고통의 감정과 동반하는 신체적 느낌을 자각하라.
- 가능하다면, 방어적인 행동을 하기 전에 예측할 수 있도록 도와줄 수 있는 느낌과 감정의 촉진요인을 확인하라.
- 신체적인 느낌을 자신이 느끼고 있는 것에 대한 단서로 사용하라.
- 방어적인 느낌이나 감정이 나타나는 것을 느낄 때, 깊은 숨을 쉬고 천천히 호흡하며 몇 초 동안 숨쉬기에 집중하라.
- 방어적인 행동을 중단하라(예, 너무 많이 말하기, 자신의 성취를 강조하기, 정서적 거리감).
- 내담자에 대한 견해와 관련된 당신의 욕구를 탐색하라. 동등하게 유효한 대안적 의견이 있는가?

- 부가적인 정보를 얻고 새로운 경험을 해야 할 필요성을 인식하라.
- 적절하다면 자신이 가진 지식과 경험의 한계를 내담자에게 개방하라.

유머 감각 유지하기

유머는 짧은 순간일지라도 일상적 사고의 틀 밖으로 나올 수 있는 기회를 제공한다(Mahrer and Gervaise, 1994). 이러한 변화는 한 개인이 새로운 견해를 이해하거나 자신과 상반되는 신념을 지니고 있는 다른 사람을 인정하도록 한다(Lemma, 2000). 나는 유머 감각이 사람들을 서로 연결시켜 줄 수 있는 방법임을 매일매일의 경험에서 확인한다.

몇 해 전에 나는 우울함과 인지의 어려움에 대한 문제들 때문에 70대의 스미스 씨를 만났다. 병실 가까이 갔을 때 스미스 씨가 의사와 다투는 것 같은 소리가 들렸다.

의사: 조지, 이제 제 말을 들으셔야 해요. 그렇지 않으면 더 큰 문제가 생길 겁니다. 제 말 듣고 계세요?
스미스: 괴롭힐 만한 다른 사람을 찾아보지 그러나?

안의 상황에 약간 겁이 났지만, 나는 열려 있는 문에 노크를 하고 안으로 들어갔다. 스미스 씨는 휠체어에 앉아 링거를 맞고 있었다. 그는 (골다 공중, 아니면 우울, 아니면 단지 화가 나서 바닥을 보고 있었는지 모르겠지만) 등을 구부리고 있었다. 의사는 따뜻한 미소를 지으며 내게 말했다. "자, 조지 씨, 헤이스 박사와 이야기를 나눌 수 있다니 운이 좋으시네요. 그럼 전 나가보겠습니다." 스미스 씨는 뭐라고 중얼거렸다. 나는 그의 얼굴을 볼 수 없었다. 바로 그때, 의사가 차트에 기록을 하려고 돌아섰다. 그 순간

스미스 씨는 머리를 들어 나에게 윙크를 했다. 그러고는 다시 고개를 숙였다. 나는 바로 안심했고, 문에 다가섰을 때부터 생겼던 부정적인 기대나 방어적인 감정이 사라졌다.

진행 중인 딜레마

앞에서 소개한 여러 제안들을 통합한 상담자라도 좋은 해결책을 찾기 어려운 상황에 직면한다. 그러한 딜레마 중 하나는 내담자가 일반적으로 인종차별주의나 유사한 공격적인 발언을 하는 경우이다. 만약 그 말이 핵심주제이며 의도적으로 경멸적이라면 직접적으로 다루어질 수 있다. 예를 들어 내담자에게 동성애를 혐오하는지 묻는 것은 그가 자신에게 부당한 처사를 행한 고용주를 묘사하기 위해 동성애를 비하하는지를 확인하는 방법이다.

그러나 만약 내담자의 표현이 의도적이지 않으며, 특정 대상에 대한 경멸을 나타내려던 것이 아니라면, 상담자가 어떻게 또는 얼마나 개입해야 하는지를 결정하기가 어렵다. 왜냐하면 상담자의 개입을 내담자는 공격으로 인식할 수 있으며, 이로 인해 내담자와의 관계는 악화될 수 있다. 그리고 상담자의 개입은 상담자의 감정을 우선시하기 때문이다. 예를 들어 아들이 군인으로 걸프전에 참전하고 있는 어머니 내담자가 아랍인을 비하하는 언급을 했다. 그녀의 발언은 의도적이지 않았고, 나는 그녀가 말한 것이 공격적이라고 생각하지 않았다. 그 당시 나는 아랍 남성과 결혼한 상태였고, 우리는 그 전쟁에 반대했다. 나는 그녀의 발언에 반응하는 여러 강한 감정들을 가지고 있었지만, 말하지 않기로 했다. 무언가를 말한다는 것은 내담자가 아닌 나의 문제로 주의를 돌리는 것 같았기 때문이다. 또한 이 대화는 접수면접 동안 발생했고, 나는 아직 그 여성과 서로 신뢰하는 관계를 만들지 못했다. 하지만 인종차별적이고 공격적인 태도에 대항해야 한다는 나의 가치관이 나의 내부에서 말하라고 압력을 가했다.

상담자의 자기 개방에 대한 결정은 상담자나 내담자에게 도움이 되는지에 따라 달라진다(존중 관계에 대해서는 제5장 참고). 내담자의 비의도적인 발언에 반응하는 것은 상담자의 욕구충족 쪽에 가깝다. 나는 개인적인 상황을 개방하지 않고 그 여성의 발언을 다룰 수도 있었다. 그러면 나의 개입이 개인적인 반응이 아니며 사회정의를 추구하는 개입처럼 여겨질 것이다. 그리고 내담자는 자신이 언어로 다른 사람들을 공격하고 있다는 사실을 알게 되는 기회를 가질 수도 있다. 왜냐하면 궁극적으로 인종차별적 태도는 그 태도를 가진 사람을 다치게 하고 여러 의미 있는 경험을 제한하기 때문이다(Hertzberg, 1990). 치료관계와 상담자의 정체성이 고려사항이라는 사실을 알리는 것은 중요하다. 예를 들어 만약 내가 아랍 사람이고, 그 내담자가 이것을 알면서도 그러한 경멸적인 발언을 했다면, 나는 그 이유(예, 그녀가 나에게 화났다는 것을 표현하는 것인지, 아니면 단지 그녀는 내가 그녀에게 반대되는 편견을 가졌다고 생각하는 것인지)를 알고자 했을 것이다(Chin, 1994; Perez Foster, 1996 참고).

이와 같은 딜레마의 복잡성은 해결책이 상황에 따라 다르다는 것을 의미한다. 최선의 결정을 내리기 위한 첫 단계는 진행 중인 문화적 자기 평가의 일부로 그러한 문제에 대해 미리 생각해보는 것이다(Greene, 1994). (이 과정과 함께 상담자의 가치와 상담수행의 관계는 제3장에서 탐색되며, 문화적 전이와 역전이에 대한 더욱 자세한 논의는 제4장에서 다룬다.) 일단 자기 평가과정에 참여한다면, 어려운 딜레마가 발생했을 때 방어적인 행동과 관련된 이전의 지침(호흡에 집중하기 등)을 사용하는 것이 도움이 될 것이다. 그리고 가능하면 언제라도 어려움을 경험했던 집단에 속하는 동료에게 자문을 구한다. 동료의 피드백에서 무엇을 배우기에는 너무 늦었더라도.

또한, 개인적으로 공격받고 있다고 느끼는 그 순간은 말하는 이의 의도에 주의를 기울이도록 도와준다. 만약 상대가 좋은 의도에서 한 말이라면 나는 그냥 지나간다. 그러나 내가 실수했을 때는 다른 사람이 나에게 관대해지길 바란다. 이것이 작가 벨 훅스(Bell Hooks)가 '비판적 의식으로 향하는 과정'이라고 설명한 것이다.

> 우리가 이제까지의 사고하고 존재하는 방법을 포기하고, 우리의 패러다임을 바꾸며, 우리가 알지 못하는 누군가, 친숙하지 않은 누군가에게 자신을 개방하는 것은 어렵고 '노력이 필요한' 과정이다. 이 과정에서 우리는 개방하려고 노력하는 것이 의미하는 것을 배울 것이고, 이러한 노력으로 우리는 혁명적인 변화에 따르는 위엄(dignity)과 통합(integrity)을 경험할 것이다(Hooks, 1998: 584).

결론

겸손과 연민, 비판적 사고기술은 상담자와 내담자에게 미치는 다양한 문화적인 영향에 대해 더욱 많은 것을 배우는 기본자세이다. 그러나 이 태도가 문화적으로 반응적인 실체로 꼭 나타나는 것은 아니다. 여전히 상담자는 자신이 알고 있는 지식의 차이와 편견의 영역에 대해 인식해야 할 필요가 있다. 이 주제는 다음 장에서 다룬다.

문화적으로 민감한 상담자 되기

1. 편견은 가끔은 우리를 더 정확한 가설로 이끌어주기도 한다. 또 그렇지 않을 때도 있다. 다만 편견은 우리가 생각하고 행동하고 느끼는 특정 경향이라고 할 수 있다.
2. 편견이 주류집단과 사회적인 구조에 의해 강화되었을 때, 특권과 압박의 체계가 형성된다(인종차별주의, 성차별주의, 계급차별주의, 이성애주의, 능력주의, 연령차별주의, 식민주의).
3. 이러한 체계에서 특권을 갖지 못한 구성원은 권력을 가지고 있는 사람들이 자신의 삶에 미치는 영향이 크기 때문에, 특권을 가지지 못한 사람들과 특권을 가진 사람들의 경계를 정확하게 알도록 사회화된다.
4. 특권을 가진 구성원은 특권과 관련된 경계와 차별을 자각하도록 사회화되지 않는다.
5. 겸손, 연민, 비판적 사고기술은 상담자가 특권과 억압의 경계를 넘어 작업하도록 돕는 자질이다.
6. 연민을 막는 다섯 가지 장애물은 두려움, 무지, 고통 회피, 특정 이론에 대한 애착(욕구와 이기주의)이다.
7. 비록 방어적인 감정을 없앨 수는 없을지라도, 방어적인 행동은 상담자와 내담자 사이의 감정적 차이를 발생시키는 단서로 도움이 될 수도 있다.
8. 방어적인 행동을 최소화하기 위해 취해진 단계들에는 한 사람의 방어적인 감정에 동반하는 생리적인 느낌에 대해 깨어 있는 것, 그 순간의 호흡에 집중하는 것, 내담자에게 상담자와 같은 방법으로 사물을 볼 것을 요구하는 것은 아닌지 의문을 던지는 것 등이 있다.
9. 다른 문화적 배경을 가진 내담자를 상담하는 것은 어려운 딜레마들과 씨름하는 것이다. 한 사람의 상황에 대한 최선의 해결책이 다른 사람에게는 최선이 아닐 수도 있다.
10. 다문화상담에서 실수나 오해가 있었다면, 언급된 문화집단에 속하는 동료에게 자문을 구하는 것이 도움이 된다.

제3장
거울 들여다보기
문화적 자기 평가

나에게 당신의 친구가 누구인지 말하라. 그러면 나는 당신이 누구인지 말할 것이다.

_ 스페인 격언

영적 성장 집단에 속해 있던 내 친구는 집단구성원들과 매우 가까웠다. 이들은 기쁨과 고통을 함께 나누며 따뜻한 마음으로 서로에게 지원을 아끼지 않았다. 내 친구와 그녀의 남편을 제외하고는 모두 백인이었지만, 내 친구가 그 집단 밖에서 누군가에게서 인종차별적인 발언을 듣고 경험한 고통을 나누기 전까지는 인종의 다름이 문제되지 않았다. 집단은 그녀의 경험을 인정하지 않고, 왜 그 사람이 그러한 발언을 했는지를 질문했다. 집단은 인종차별적 발언을 정당화하려는 것처럼 보였으며, 그녀가 과잉반응을 했다는 것을 암시했다. 긴장감이 형성되었을 때, 한 구성원이 "당신들도 알다시피, 여기는 영적 성장 집단입니다. 인종차별 반대주의자 모임이 아니에요"라고 말했다. 친구는 "그러나 인종차별주의는 저에게 영적인 문제예요"라고 대답했지만, 집단구성원들은 이 상황을 그렇게 보지 못했다. 이 사건 후 친구와 그녀의 남편은 그 집단에 참석하지 않았다.

사전에 의하면 **특권**(privilege)은 개인에게 장점이나 이익을 주는 '권리 또는 면제'이다. 반대로 억압(oppressed)은 영적으로 또는 정신적으로 부담을 받은 상태 또는 권력의 남용에 의해 억눌리거나 압도된 상태로 설명된다(Merriam-Webster, 1983). 매킨토시(McIntosh, 1998)는 백인의 특권을 백인이 삶을 더 쉽게 영위하기 위해 의존할 수 있는 보이지 않는 배낭에 비유했다. 예를 들어 백인은 원할 때 백인이 많은 회사에 입사하고, 자신의 인종을 대변할 것을 요구받지도 않으며, 인종 문제 때문에 집을 구할 때 어려움을 겪지 않는다.

그러나 특권은 유용할 수 있고 삶을 풍요롭게 할 수 있는 특정 소수집단과 관련된 정보나 경험을 가로막음으로써 특권을 누리는 사람들을 고립시킨다. 내 친구의 예에서 보면, 그 집단에서 백인의 특권은 그들로 하여금 인종차별주의가 문제가 아니라고 믿게 했으며, 그들이 모두 동의했기 때문에 그들의 '올바름'의 위치가 확실해졌다. 그들이 자신의 믿음에 반박해야 했던 유일한 정보는 내 친구와 그녀의 남편에 의해 제공되었고, 내 친구 부부의 견해는 그들이 소수자이기 때문에 무시되었다.

사람은 누구나 자신만의 독특한 정체성과 경험을 가지고 있으며, 특권영역은 지속적으로 변화한다. 특권영역은 일반적으로 개인이 최소한으로 자각하는 영역이다. 특권영역을 확인하고 부족한 지식을 채우기 위해 요구되는 작업이 우리가 해야 할 일이다(Akamatsu, 1998). 이 목표를 향해서 상담자가 자각(awareness)과 지식을 증가시키기 위해 취할 수 있는 실제적인 단계의 예는 다음과 같다.

- 자신의 문화적 유산을 조사하기
- 문화적 문제에 대한 이해, 더 나아가 상담에서 특권의 영향에 주의를 기울이기
- 다양한 정보의 원천을 통해 자신을 교육시키기
- 다양한 관계와 사회문화적인 맥락이 끼치는 영향의 이해를 높이기

각 단계의 작업은 ADDRESSING 모델을 이용함으로써 촉진될 수 있다.

문화적 유산을 조사하기

다양한 문화적 요인이 미친 영향에 대해 생각하기 위해 다음 활동을 해 보자. 첫째, 줄이 쳐진 종이 한 장을 준비한다. 각 문자의 오른쪽과 아래에는 공간을 남겨두면서 왼쪽에 ADDRESSING이라고 수직으로 쓴다. 그런 다음에 각 범주에 당신에게 두드러졌다고 생각되는 요인에 대해 간단한 설명을 기입한다. 만약 현재의 요인이 당신이 성장하는 데 영향을 주었던 요인과 다르다면, 먼저 당신의 양육(성장)과 관련해, 그다음에는 당신의 현재 상황과 관련해 두드러진 영향과 정체성을 기록한다. 모든 범주를 채운다. 당신이 주류문화의 정체성을 가지고 있다 하더라도 그것 역시 유의미한 정보이다. 각 영역은 상호 배제적이지 않다. 만약 당신이 아메리카 인디언이라면, 인종 항목과 토착유산 항목에 적을 수 있다. 비슷하게 유대계 유산은 인종과 종교 항목에 해당된다.

〈표 3-1〉은 상담자인 올리비아의 예이다. 나이와 세대 요인 항목 아래에 올리비아는 "52세. 미국 이민 3세. 캘리포니아에 있는 치카노와 치카나의 정치적으로 활발한 세대의 구성원. 1970년대 공민권 후의 교육과 채용 기회에 의해 영향을 받은 첫 번째 세대"라고 기록한다. 장애에 대해 그녀는 "다양한 수술을 포함해 성인 초기 이후 만성적인 무릎 통증 경험. 때때로 걷기 위해 목발 사용"이라고 기입한다. 그녀는 목록을 통해 범주들 사이에 중복되는 영역이 있음을 알 수 있다. 그리고 두드러진 소수와 주류문화적 영향과 정체성의 일반적인 밑그림을 그릴 수 있다.

이 활동은 개인이 이러한 영향과 정체성의 탐구를 얼마나 깊이 있게 하느냐에 따라 유용도가 달라진다. 예를 들어 첫 번째 영역인 나이와 세대

표 3-1 상담자의 문화적 자기 평가 : 올리비아의 사례

문화적 요인	올리비아의 자기 평가
A 나이와 세대 요인*	52세. 미국 이민 3세. 캘리포니아에 있는 치카노와 치카나의 정치적으로 활발한 세대의 구성원. 1970년대 공민권 후의 교육과 채용 기회에 의해 영향을 받은 첫 번째 세대
D 발달적 장애와 D 후천적인 장애	발달장애는 없음(선천적 장애는 없음). 다양한 수술을 포함해 성인 초기 이후 만성적인 무릎 통증 경험. 때때로 걷기 위해 목발 사용
R 종교와 영적 지향*	어머니는 성당에 다님. 아버지는 교회에 가지는 않지만 개신교 장로교인이고, 나의 신앙은 현재 가톨릭교와 무교의 혼합. 미사에는 참석하지 않음
E 민족적·인종적 정체성	어머니와 아버지는 모두 멕시코계 혼혈(스페인계 멕시코 인디언). 둘 다 미국 출생. 나는 치카나. 스페인어를 말할 수 있지만 주요 언어는 영어임
S 사회경제적 지위*	부모는 도시의 민족적 소수문화의 노동자. 낮은 중산계층. 그러나 나는 대학교육을 받은 치카나. 내 직업과 수입은 중산층이지만 나는 나 자신을 노동자계층과 동일시함
S 성적 경향*	이성애. 레즈비언 친구가 한 명 있음
I 토착유산	외할머니는 멕시코 인디언이었고 젊은 나이에 외할아버지와 함께 멕시코에서 미국으로 이주. 이 부분에 대해 내가 아는 것은 내 토착유산이 그녀로부터 왔다는 것이지만 외할머니는 내가 10살 때 사망
N 국적*	미국, 그러나 조부모의 이주 경험을 이해하고 있음
G 성	여성. 치카나. 이혼한 두 아이의 어머니

* 주류문화적 정체성

요인에서 단순히 나이를 확인하는 것은 특별한 의미는 없다. 그러나 나이와 발달단계와 관련된 역사적이고 사회문화적인 상황을 포함하는 세대적인 영향을 조사하는 것은 이러한 영향과 정체성의 의미와 관련된 풍부한 자료를 제공한다(Rogler, 2002).

  다음은 상담자가 자기 평가 동안에 나이와 세대의 영향에서 의미를 도

출해내는 질문이다.

- 내가 태어났을 때, 나와 같은 정체성을 가진 개인에게 사회는 무엇을 기대했나?
- 십대였을 때, 가족 내에서, 또래 속에서, 내가 속한 문화에서, 주류문화에서 지지된 규준과 가치, 성적 역할은 무엇이었나?
- 십대 때 사회운동에 의해 만들어진 나의 세계관은 어떠한가?
- 성인 초기에 나에게 유효한 교육적 · 직업적 기회는 무엇이었나? 그리고 지금은?
- 어떤 세대적 역할이 나의 주요 정체성을 이루는가(예, 고모, 아버지, 정신적으로 어른이 안 된 사람, 조부모)?

이 질문들에 대한 대답은 상담자 개인의 특수한 정체성, 경험, 상황에 따라 다르다. 앞에서 소개한 올리비아의 예로 돌아와서, 그녀가 던질 수 있는 질문은 다음과 같다.

- 내가 태어났을 때(1955년) 사회는 캘리포니아에서 자라는 치카나에 대해 무엇을 기대했나?
- 내가 십대였을 때(1960년대 후반에서 1970년대 초), 나의 가족 내에서, 내 또래 내에서, 치카나 문화 그리고 주류문화에서 지지된 규준, 가치, 성 역할은 무엇이었나?
- 나의 십대 때 사회운동에 의해 만들어진 나의 세계관은 어떠한가(예를 들면, 치카노 농장 노동자의 저항, 시민권리운동, 여성해방운동, 베트남 전쟁)?
- 성인 초기에(1970년대), 나에게 유효한 교육적 · 직업적 기회는 무엇

이었나?

- 최근에 미국 내 라티노 인구의 증가와 결속, 캘리포니아에서의 이민
반대운동(2000년부터)은 정체성과 기회에 어떤 영향을 가져왔는가?

이 작업의 시작은 개인적이지만, 다양한 영향의 의미를 조사하는 것을
목표로 한 질문은 자각을 증가시키는 집단에 참여함으로써 촉진될 수 있
다(비교문화 훈련에서 집단들의 중요성과 관련해 Aponte, 1994 참고). 참가자가
많으면 나는 참가자를 세 집단으로 나눈다. 나누어진 집단에서 서로가 질
문을 탐구하는 것을 돕는다. 그런 다음에 큰 집단으로 돌아가서 그들의
통찰을 공유하고 피드백을 얻는다.

특권과 문화가 상담활동에 미치는 영향

문화적인 자기 평가를 진행하면서 개인이 자신의 정체성과 기회에 관
련된 특권의 역할을 이해하는 것이 필요하다. 다음 활동은 특권이 당신에
게 영향을 미치는 방법에 대해 인식하는 것을 도와줄 수 있다. 상담자의
특권영역은 자신이 덜 자각하고 있는 영역이라는 사실을 알아냈기 때문
에, 나는 (억압보다는) 특권에 초점을 맞출 것이다. 사람들은 보통 그들이
억압받고 있는 영역에 대해서 잘 알고 있는데, 억압 경험에 대해서 생각
하며 많은 시간을 보냈기 때문이다.

다음 단계를 위해 ADDRESSING 모델로 돌아가자. 각각의 범주를 다시
살펴보자. 주류문화의 정체성을 가지고 있는 영역 옆에는 작은 별표(*)가
있다(〈표 3-1〉의 올리비아의 주류문화적 요인에 별표가 있음을 참고하라). 예를
들어 당신이 30세와 60세 사이에 있다면, 나이와 세대 요인 옆에 별표를
하라. 만약 장애를 가지고 있지 않다면, 선천적이거나 후천적인 장애 옆

에 별표를 하라. 만약 무교 또는 기독교 가정에서 자랐다면, 종교 옆에 표시하라. 계속 목록 아래로 내려와서, 백인이라면 민족적 · 인종적 정체성에 표시하라. 만약 당신이 중산층 또는 상위계층 가정에서 자랐다면, 또는 현재 중산층이거나 상위계층이라면 사회경제적 지위에 별표하고, 이성애자라면 성적인 경향성에 별표, 토착유산을 가지고 있지 않다면 토착유산에 별표, 당신이 태어나고 자란 나라에서 살고 있다면 국적에, 그리고 남성이라면 성에 표시하라.

이제 별표에 주의를 기울이며 ADDRESSING 모델이 보여주는 당신에 대한 설명을 보자. 모든 개인은 서로 다른 별자리(constellation)를 가진다. 북미의 상담자 대다수는 주류적인 민족적 · 교육적 · 사회경제적인 집단의 구성원이다[예, 상담자 중 인종적 소수자는 8%뿐이다(Puryear Keita, 2000b; Hammond and Yung, 1993)]. 미국이나 캐나다에서 이 활동을 하면, 사람들은 종종 자신이 가지고 있는 별표의 개수 ─ 즉, 그들이 얼마나 많은 특권을 가지고 있는지 ─ 에 놀란다. 심지어 소수민족의 정체성을 가지고 있지만 다른 영역에서 다양한 특권(예를 들면 세대적인 지위, 교육수준, 사회경제적 지위, 성적 경향, 또는 신체적 장애)을 가지고 있어 놀라기도 한다.

그러나 특권영역을 인식하기는 쉽지 않다. 특권은 시간이 흐르면서 변한다. 예를 들면 어린 시절에 가난했던 사람도 현재는 중산층에 포함될 수 있다. 또 특권은 더 큰 사회문화 상황에 달려 있다. 예를 들어 캐나다의 브리티시컬럼비아 주에서 중산층인 65세의 중국계 남성은 나이와 민족적 유산 때문에 영국계 미국인이나 프랑스계 캐나다인의 시선에서는 낮은 지위일지도 모른다. 그러나 밴쿠버의 중국계 캐나다인 공동체 내에서 이 사람의 나이, 성, 사회경제적 지위는 상당한 특권일 수도 있다. 그는 특정 공동체 내에서 권위를 인정받을 수도 있다.

한 개인이 자신의 특권을 인식하는 것은 자신이 내리는 가정(assumption)을 보는 것만큼이나 어려울 수 있다. 아카마쓰는 다음과 같이 기록했다.

잠재적 이중성 — 한 개인이 특권을 가진 목표가 되는 지위의 공존 — 은 감정적으로 이해하기가 쉽지 않다. 따라서 장점과 단점의 모순된 경험들은 조화되지 않은 층을 형성하기 때문에, 잠재적 이중성을 이해하는 데에는 정체성에 대한 더욱 복잡한 견해가 필요하다. '반대편을 수용하는' 능력에 의존하는 '양극을' 보유하는 태도가 요구된다(Akamatsu, 1998: 138).

가치

현재 상태를 유지하려고 하는 특권계층의 노력으로 인해, 특권계층은 자신들의 가치를 강화시킨다. 심리학은 특권을 가진 분야이기 때문에, 심리학 분야의 가치는 주류문화의 가치와 일치한다(Moghaddam, 1990). 많은 상담자들은 편견이 문화 안에서 발생한다는 것을 인식하지만, 자신의 이론적 경향은 가치로부터 자유롭다고 생각한다(Kantrowitz and Ballou, 1992). 상담이론이 주류문화의 가치를 반영한다는 것을 인식하지 못한 상담자는 편향된 가정을 하기 쉽다. 정치적·사회적 가치가 '치유요인'이라고 믿는 상담자도 있다. 이런 상담자가 사회적 역할과 개인적 도덕성에 관련된 자신의 관점을 '치료적으로 옳은 건강기능을 위한 표준'이라고 믿을 때 문제가 발생한다(Aponte, 1994: 170).

상담자의 개인적인 신념과 생활양식은 상담과 관련된 가치를 반영한다. 한 연구에 의하면 신앙심이 깊은 상담자는 그렇지 않은 상담자보다 종교적 가치를 정신건강의 중요한 요인으로 평가했다(Jensen and Bergin, 1988). 결혼한 상담자는 결혼의 가치를 더욱 높이 평가한다. 정신과 의사들과 나이 든 상담자는 "의사가 아니거나 나이 어린 전문가보다 자기 관리와 육체적 건강을 더 가치 있게 여긴다". 그리고 심리역동적 이론을 선호하는 수련의는 "행동주의자들보다 자각(awareness)과 성장가치들이 정신건강과 심리치료에 더욱 중요한 것"이라고 믿는다(Bergin, Payne, Richards, 1996: 306).

그러나 상담분야에는 백인 상담자들이 많기 때문에, 백인의 가치가 문화의 가치들 중 하나라고 인식되지 않는다. 개인주의의 예를 들어보자. 무작위 표집에서 심리학자 229명 중 96%(모두 백인)가 개인주의적 가치를 높게 평가했다(Fowers, Tredinnick, Applegate, 1997: 214). 개인주의의 강소는 다른 문화의 상호의존, 집단응집 그리고 조화로운 관계의 중요성과 대조된다(Kim, 1985; Matheson, 1986).

더 나아가 개인주의적 가치는 심지어 상담에서의 성공을 측정하기 위해 사용되는 개념 - 예를 들어 '자각, 자기 충족 그리고 자기 발견' - 에도 영향을 미친다(Pedersen, 1987: 18). 가족체계 이론이 개인주의에 잠재적인 해결책을 제시하더라도, 그것 역시 서구인의 편견에 의해 고통을 받는다. 예를 들어 개인주의를 중요하게 여기는 상담자가 동인도의 가족을 '서로 뒤엉켜 있다(enmeshed)'라고 진단할 수도 있다. 인도의 문화상황에서는 평범함으로 비춰질 수 있는 행위인데도 말이다(Rastogi and Wampler, 1998).

자기 개방과 감정 표현은 가치 있게 여겨지고 상담에서의 진전을 위한 중심활동으로 보인다. 그러나 많은 내담자들은 개인적인 정보를 공개하는 데 조심스럽다. 아시아계 미국인 사이에서 유보하는 태도는 병적인 저항이라기보다는 성숙과 자기 통제 등 문화적으로 적절한 징후로 여겨진다(S. C. Kim, 1985). 아랍계 이슬람인의 경우 자기 개방을 하지 않는 것이 개인보다 가족을 가치 있게 여기고, 가족의 명성을 보호하고자 하는 욕구일 수 있다(Abudabbeh and Hays, 2006; Ali, Lius, Humedian, 2004). 유사하게 정통 유대인에게 자기 개방 회피는 가족을 나쁘게 말하는 것을 피하려는 문화적으로 적절한 시도이다(Paradis, Cukor, Friedman, 2006). 나이 든 동성 애자는 자신의 성적 경향을 밝히는 것을 피하는데, 예전에는 동성애자가 신체적 공격을 받았기 때문이다(Baron and Cramer, 2000).

행동변화가 상담목표이긴 하지만 소수문화나 종교를 가진 내담자들(그리고 심지어 주류문화에 속한 내담자들도)은 감정적인 지지를 얻고 인내를 증진하는 것이 상담목표가 될 수 있다. 사건을 통제해야 한다는 필요로부터 해방시키도록 내담자를 돕는 것은 권위주의적인 지시에 대한 수동성, 체념, 의존성이나 일부 지도자에 대한 복종의 과정이 아니다. 그것은 오히려 통제 불가능하고, 통제가 불필요한 느슨함(a turning loose)은 인생의 긍정적인 영적 활력, 현실에서의 치료적이고 삶의 발전적인 과정을 가지고 한 사람의 자원에 참여하는 것이다(Kelly, 1995: 221).

이런 과정에 상담자를 참여시키기 위해, 나는 세 사람으로 구성된 집단에게 질문한다. "당신이 가치 있다고 여기는 것은 무엇입니까?" 상담자의 일반적인 대답은 근면, 교육, 가족관계, 공동체, 정직, 삶에의 영적 지향이다. 당신은 이러한 가치를 공유할지도 모르지만, 또한 당신의 특수한 문화적 정체성, 가족 그리고 경험과 관련된 다른 가치를 수용하고 있을 것이다. 나는 스칸디나비아 배경을 가진 세 명의 여성으로 구성된 집단에게 질문한 것을 기억한다. 그들은 모두 "힘들게 일하는 것, 돈을 아끼는 것, 경제적 여유를 즐기지 않는 것"을 배웠다고 말하면서 웃었다. 재미있는 대답이다. 어떤 상황에서는 그 태도가 도움이 되지만, 다른 상황에서는 도움이 되지 않는 심각함과 스토아 철학이 그들의 삶에 어떻게 영향을 미쳤는지에 대해서 그들은 계속 이야기했다.

상담자의 가치를 탐색하기 위해 이들에게 논의해달라고 요청한 두 번째 질문은 "어떻게 특정 가치가 이 가치를 공유하지 않을지도 모르는 내담자와의 작업에 영향을 미칩니까?"이다. 상담에 필수적인 판단과 판단 경향의 차이에 주의를 기울이자. 이 질문은 가치차이를 덜 판단적으로 보도록, 그리고 자신과 타인을 이해하는 것에 대해 관심을 보일 것을 요구한다. 예를 들어 많은 상담자들이 (학교와 직장에서) 열심히 일하는 것(근면)에 가치를 둔다. 그러나 일자리를 구하기 어렵고, 임금이 낮으며, 향상을 위한 기회가 없는 극히 가혹한 환경의 내담자의 문화에서 그러한 가치는 보상받지 못할 수도 있다(Aponte, 1994; Boyd-Franklin, 1989). 게다가 그런 환경에서 힘들게 일하는 사람은 주류문화와 자신을 동일시하는 것으로 보이고, 원래 소속된 집단으로부터 자신을 분리시키려고 하는 것처럼 보일 수 있다.

상담자와 내담자 사이의 가치대립은 어떤 것이 높이 평가되는지에 대한 정도의 차이와 관련되어 있다. 예를 들어 부부를 상담하면서 상담자가 던져야 하는 일반적인 질문은 "무엇을 더 가치 있다고 여기는가?"이다. 즉, 개인의 행복과 가족의 응집 중 어느 것이 더 중요한가이다. 대다수의 가정에서는 두 가지 모두 중요하다. 가치의 공유된 부분(즉, 중간 지점)을 인식하는 것은 서로 다른 신념체계를 가진 상담자와 내담자가 효과적으로 함께 작업하는 것을 도울 수 있다. 덧붙여서 차이에 대한 자신의 잠재적인 부정적 가정에 대해 생각하는 것도 도움이 된다.

동인도 가족의 예로 돌아가서, 상담자는 속으로 이렇게 생각할 수 있다. '나는 독립과 평등한 관계를 가치 있다고 생각하지만, 이 가족은 그렇지 않다. 이 가족은 밀착되어 있고 권위적이고 가부장적이다.' 이와 같은 흑백논리적 개념화는 차이를 부정적으로 해석한다. 또 이 논리는 이 가족이 독립과 평등을 중요하게 여길 가능성을 고려하지 않았고, 이 가족이 우선순위를 두게 되는 다른 가치를 탐색하지도 않았다. 더 개방적이고 정확한 표현은 다음과 같다. "나는 상호의존보다 독립을 더 가치 있게 여긴다. 그리고 나는 대개의 경우 권위자에 대한 존경보다는 평등한 관계에 우선순위를 둔다. 이 가족은 연장자의 지혜와 결정을 존중하는 것을 더 중요하게 여긴다. 그리고 이 가족은 상호의존, 가족 응집 그리고 문화적·종교적 전통을 보존하는 것을 가치 있게 여긴다." 이 후자의 대안이 포함하고 있는 긍정적 의미를 살펴보자(남아시아 가족의 가치에 대해서는 Tewari, Inmna, Sadhu, 2003 참고).

다음은 판단적 발언을 긍정적 표현으로 바꾼 예이다.

- 판단적: 나는 개방적이고, 그녀는 폐쇄적이다.
- 긍정적: 나는 감정이나 개인 정보에 관해서 더 개방적이다. 그녀는 조금 더 과묵하다.

- 판단적: 나는 근면하고, 그는 게으르다.
- 긍정적: 나는 일에 우선순위를 두고, 그는 인생을 즐기는 데 우선순위를 둔다.

- 판단적: 나는 자유선택을 중요하게 여긴다. 그녀는 운명을 믿는다.
- 긍정적: 나에게는 자유선택이 중요하다. 그녀는 인내와 수용에 우선순위를 둔다.

- 판단적: 나는 변화를 중시한다. 그는 변화에 저항적이다.
- 긍정적: 나는 행동변화에 우선순위를 둔다. 그는 변화에 조심스럽고, 그리고 그에게는 인내를 선호할 만한 이유가 있다.

- 판단적: 나는 정직하다. 그녀는 정직하지 않다.

■ 긍정적: 나는 내 감정과 의견에 관련되어 개방적이고 정직하다. 그녀는 감정억제를 자기 통제와 성숙으로 생각하며, 다른 사람을 마음 상하게 할지도 모를 자기 개방보다는 사람들 간의 조화를 더 중요시한다.

사례

상담자의 자기 탐색과정이 어떻게 이루어질 수 있는지를 보여주는 다음 예를 보자. 돈은 중년이자 중산층이며 백인으로 보이지만, ADDRESSING 모델을 통해 보았을 때 훨씬 더 복잡하다. 그의 사례는 문화적인 요인들이 복잡한 방법으로 우리 모두에게 영향을 미친다는 점을 설명한다.

〈표 3-2〉는 돈의 삶에 대한 ADDRESSING 요인을 요약한 것이다. 다음의 인터뷰 내용이 〈표 3-2〉를 이해하는 데 도움이 될 것이다.

■ 면접자: 이러한 문화적인 요인이 당신 자신이 누구인지에 어떻게 영향을 미쳤나요? 당신은 자신을 어떻게 보며, 내담자들은 당신을 어떻게 보는지요?
■ 돈: 글쎄요, 나에게 큰 영향을 미쳤어요. 나는 내 인생에서 가장 중요한 요인이 아마도 …… 입양되었던 것이라고 생각합니다. 말하기가 꺼려지네요. 입양이란 단어는 내게 '버려졌다'는 생각을 갖게 하기 때문에 그리고 버려지는 일이 아주 큰일이라고 믿기 때문에 그것이 내 인생에서 중요한 부분일 것이라고 생각합니다.

나는 생후 10개월에 아일랜드계 가톨릭 가족에게 입양되었어요. 내 누이도 입양되었지만, 그 애는 100% 아일랜드 혈통입니다. 난 일생동안 내가 입양되었다는 사실을 알고 있었지만, 고등학교에 들어

표 3-2 상담자의 문화적 자기 평가 : 돈의 사례

문화적 요인	돈의 자기 평가
A 나이와 세대 요인*	40대 중반. 제2차 세계대전 후 태어난 베이비붐 세대. 나의 세대의 희망과(버클리 근처에서 자람) 초기 성인기에 공유된 정치적이고 사회적인 융기의 역사를 동일시함
D 발달적 장애와 D 후천적인 장애	현재 장애는 없음. 그러나 예전에 양쪽 눈에 백내장이 있었고 그 때문에 1년 동안 일을 못했음. 부모 모두 50대에 심장병과 심장마비가 있었음
R 종교와 　영적 지향*	매우 신앙이 깊은 아일랜드계 로마 가톨릭 가정에서 자람. 최근에는 강한 영적 감각을 느낌. 가톨릭 신자. 윤회에 대한 믿음. 불교철학, 지구 기반의 영혼성을 함께 가지고 있음
E 민족적·인종적 　정체성*	1/2 아일랜드 계통, 1/4 프랑스계 캐나다인, 1/4 세네카족 인디언. 태어나자마자 입양되어 아일랜드계 미국인에 의해 길러짐. 성인이 되어 법적 조사, 학문적 연구, 전문가로서의 활동과 사회적 관계를 통해 원래의 혈통을 찾음
S 사회경제적 　지위*	상위 중산층에 속하려 하는 중산층 가정에 입양됨. 현재는 상위 중산층
S 성적 경향	양성애 성향을 가진 동성애자. 20대 초반에 여성과 결혼했고 아이가 하나 있음. 이혼함. 현재는 한 남성과 함께 살고 있으며 동성애 공동체에서 정치적으로 활발하게 활동 중임
I 토착유산	위의 민족적·인종적 정체성 참고
N 국적*	미국에서 태어나 자람. 영어가 모국어
G 성*	남성, 아들, 남동생(오빠) 그리고 배우자 역할

* 주류문화적 정체성

가서야 비로소 내 배경에 대해 더 많이 알게 되었습니다. 법적 조사를 했어요. 친부모와 연락을 하려고 한 것이 아니라, 나의 문화적인 정체성과 내가 누구인지 알고 싶었어요. 그리고 프랑스계 캐나다인과 세네카족 관련 정보를 알게 되었죠.

그것은 축복이기도 하고 그렇지 않기도 하죠. 그 사실을 알게 되었을 때 나는 성인으로서 이미 교육을 통해 다양성에 대한 관심이 있었던 터라, 처음에는 내 자신이 가지고 있는 편견에 놀랐어요. 내 자신이 얼마나 많은 고정관념을 가지고 있었는지를 깨달았기 때문에 고통을 느꼈죠. 편견이 심한 아버지와 훨씬 덜한 어머니와 함께 살았고, 어머니의 문화에 영향을 받고 있어요. 나는 동부 연안과 서부, 남부 그리고 캘리포니아에서 특권을 가진 백인 중산층 환경에서 자랐어요. 오클랜드에 있는 중학교와 고등학교를 다녔는데, 그곳에는 매우 다양한 인종이 있었죠. 학생 중 60% 정도가 유색인종이었어요. 그것은 나에게 훨씬 더 많은 것을 알게 해주었죠. 그러나 난 여전히 백인 마을에서 살고 있죠.

나의 민족적 혈통에 대해 많이 알게 되면서, 회피적인 행동을 했고, 특히 아메리카 인디언을 회피했어요. 내가 동부와 중서부 지방에서 자랐기 때문이죠. 캘리포니아에서조차도 그들을 본 적이 없었어요. 아메리카 인디언은 그리 눈에 띄지 않았어요. 시애틀은 내가 살았던 지역 중에서 아메리카 인디언이 많았던 최초의 도시였어요. 나는 그들이 게으르고 술에 취해 살며 아이를 잘 돌보지 않는 사람들이라고 생각했던 내재화된 고정관념을 고통스럽게 자각했죠. 내가 그러한 집단에 속한다는 것을 인정하는 것은 정말 어려웠고, 지금도 그렇습니다.

나는 지금까지 입양된 가족의 일부라고 느껴본 적이 없습니다. 그래서 지금은 어느 정도까지는 내가 나의 민족적 혈통과 더 많은 관련이 있다고 느끼고 있습니다. 그러나 나는 여전히 한 공동체로부터 매우 고립되어 있다고 여기고 있어요. 나를 입양한 가족을 통해 켈트(Celt) 혈통에 연결될 수 있지만, 여전히 다른 반쪽이 남게 되죠. 나는 더욱 유의미한 방법으로 그것에 연결되려 하고 있습니다. 이방인이라는 감정과 싸우고 있죠. 기본적으로 그것이 바로 나 자신이기 때문이에요. 나는 세네카족에 대한 반응을 살펴왔습니다. 그들은 이로쿼이(북아메리카 원주민) 국가에서 집단 살해를 당한 부족 중 하나예요. 주로 뉴욕 주 상부, 온타리오, 쿼벡에 살고 있습니다. 그들은 삶의 터전을 잃었고 실제로 땅을 가지고 있지도 않습니다.

또한 나는 시애틀 공동체 내에서 인맥을 형성했습니다. 아메리카 원주민의 정신건강 전문가 자격증을 땄고, 시애틀 인디언건강위원회에서 활동했죠. 또한 많은 시간을 멕시코 시골지역에서 보냈습니다. 특히 사포텍 인디언(Zapotec Indian)과 함께 말이죠. 학위논문의 일환으로 통역사들과 함께 연구하면서 주술사들을 관찰했어요.

내 혈통을 구체적으로 알기 전에도 난 이러한 것들에 관심이 있었어요. 그렇지만 내 혈통을 알아가는 게 매우 고통스럽습니다. 여전히 인디언을 회피할 때가 있어요. 내가 다른 곳에 있을 때는 이것이 문제가 되지 않아요. 그런데 내가 나 자신의 공동체 안에 있을 때, 나는 정말 그것을 변화시키기 위해 내 자신을 밀어붙여야 합니다. 연결되어 있다는 기분을 느끼고자 하지만, 또한 사기꾼 같은 기분을 느낀다는 점에서 그것은 여전히 하나의 투쟁이죠. 그건 내가 정체성을 가지고 자라지 못했기 때문이에요. 그리고 나는 백인처럼 보입니다.

■ 면접자: 이러한 영향이 어떤 집단 내에서의 당신의 편안함 수준과 특정 내담자에 대한 당신의 감정에 어떻게 영향을 주나요?

■ 돈: 양날인 칼 같습니다. 한쪽은 모르는 사람들과 함께 있을 때 나를 아주 편안하게 느끼도록 해줍니다. 내가 진도를 나가기 전에 처음에는 조용한 관찰자가 될 수 있게 다시 도움을 청합니다. 그러나 가장 잘 연결될 수 있는 방법에 대해서 내가 매우 내성적(자기 반성적)이고

의식적이어서 유효한 기회들을 얻게 된다는 것이죠. 그것은 사기와 같아요. 나는 어떤 사람이나 집단이 내가 그들을 마음대로 이용하거나 그들의 일부분이 되기 위해 잘못된 이유를 모두 시도하고 있다고 생각하는 것은 싫습니다.

■ 면접자: 당신의 겉으로 드러나는 정체성과 당신의 자아 개념 사이의 관계는 어떤가요?

■ 돈: 요즘은 훨씬 더 일치하지요. 그렇지만 예전에는 내재적으로 나 자신을 다르게 경험할 때, 실제로는 자신이 없는데도 자신감 있는 것처럼 행동했죠.

■ 면접자: 당신의 자아 개념이 당신의 문화상황에 의해 어떤 영향을 받았나요?

■ 돈: 많이 받았습니다. 내가 생각하기에 입양되어 자란다는 것에는 여러 문화적인 요소가 작용합니다. 그것은 백인 남성의 특권과 때때로 특권을 느낄 때 얼마나 불편한지를 깨닫는 나의 일부에서 비롯됩니다. 심지어 내가 그걸 깨달을 때에도 통제하는 건 불가능하죠. 그리고 내가 그 모든 것을 가지고 있다는 인식에 그것을 더하는 것과, 그러고 나서 내가 정말 어떤 수준에 있는 것이 아니라는 것, 또는 내 자신 전부가 아니라는 점도 알게 되죠. 정확하게는 난 백인 중산층 남성이 아니라는 겁니다. 그리고 우리가 언급하지 않았던 동성애라는 측면이 있죠.

■ 면접자: 당신이 동성애자라는 사실을 알기 시작했을 때와 민족적 정체성을 알기 시작했을 때 당신은 비슷하게 반응했나요?

■ 돈: 동성애 부분이 훨씬 더 일찍 나타났어요. 나는 동성애라는 걸 알고 있었지만 아무에게도 말하지는 않았죠. 대략 6세에서 8세 무렵에 다른 남자아이들에게 끌린다는 것을 알게 되었어요. 하지만 문화적으로, 내 가족뿐 아니라 나를 둘러싼 세상이 그렇지 않았잖아요. 대학에 들어가고 나서야 동성애자가 많다는 걸 알게 되었어요. 사회와 가정의 상호작용에 대해 말해주는 거죠. 내 말은, 이곳으로 이사 오기 전까지는 동성애자를 접할 수 없었다는 거예요. 그리고 난 샌프란시스코에서 많은 시간을 보냈고, 거기서도 그랬죠. 난 도대체 어디에 있는 거죠? 모르겠네요. 여자와 데이트를 했지만 남자에게 매력을 느꼈어요. 내가 동성애라는 사실에는 편안하지만, 그것에 대해 말할 수는 없었죠.

지금 겪는 어려움은, 내가 훨씬 더 많은 일치감을 느끼지만 진정한 내가 되고자 하는 갈망과 반대로 행동할 때를 더 잘 인식한다는 겁니다. 나는 내 자신을 숨길 필요가 없으며 숨기기를 원하지도 않죠. 내 자신을 숨기는 ─ 안전을 위해 내 입을 막아야 하는 것이 분명해 보이는 ─ 것을 직면하게 되는 상황이 있어요. 그러나 이제는 의식적으로 거짓말을 하지 않아요. 안전함을 느끼기 위한 창조적인 방법을 찾을 수 있을 겁니다. 여전히 더 의식적이 되는 것은 나의 불안에 대해 더 잘 알게 되는 것을 의미하죠.

현재도 그렇고 아마도 지난 10년에서 15년 동안은 그랬던 것 같아요. 그전에는 전쟁이었죠. 전쟁을 피하는 방법을 찾게 돼요. 거짓말을 하고 싶지 않았지만 문제를 일으키고 싶지도 않았고, 정말로 잘 통과할 수도 있었죠. 이것이 내 인생이라는 것과 그것이 나에게 어떻게 영향을 미쳤는지가 아니고, 다른 사람들이 농담이나 결점을 만들어낼 때 내가 어떠한 말도 하지 않는다는 점에서는 명백합니다.

그리고 지금 나는 내가 아무것도 말하지 않았다는 점 — 누군가에 대해서, 내가 더는 그럴 마음이 없었다는 것 — 에서 수치심을 느낍니다. 그리고 민족적 정체성에 대해서도 마찬가지입니다. 지금 내 마음에 걸리는 것, 그것은 바로 내가 견뎌내면서 '괜찮지 않아'라고 말하지 않았던 그 긴 세월일 겁니다.

- 면접자: 당신의 가시적인 정체성, 사회문화적 환경에 기초해 내담자가 당신에 대해 가지기 쉬운 가정은 무엇인가요? 그리고 당신은 내담자에게 어떤 정보를 개방하나요?
- 돈: 내담자들은 진실해진 나를 경험하며, 내 경험에 대해서 개방적으로 이야기 나누고 싶기 때문에 나에게 끌린다고 생각합니다. 그리고 동시에, 나는 기꺼이 내 문화적 요소에 대해서 더 배울 필요가 있다고 말하죠. 그래서 나와는 다른 경험을 한 내담자에게 내가 그 경험을 모른다는 사실을 개방하며, 실제로 이해하고 싶습니다. 내 생각에 그래서 내가 다양한 내담자에게 효과적인 상담을 제공할 수 있었던 것 같습니다.

- 면접자: 내담자가 처음 당신을 만났을 때 그리고 당신에 대해 아무것도 모를 때, 그들이 당신을 어떻게 인식하고 있는지 알고 있나요?
- 돈: 그들은 나를 중년이라고 짐작합니다. 아, 중년 백인이라는 단어는 말하기 싫죠. 그리고 이성애자로 가정할 거예요. 그러나 잠시 동안 이야기를 나누고 나면, 그들은 나에 대해서 더 깊은 감정을 갖게 되죠. 나의 외양이 변하는 것이 아니라, 나의 존재에 대한 그들의 생각이 변합니다.

■ **면접자**: 당신의 특권영역은 상담활동(예, 당신의 임상적 판단, 선호하는 이론, 내담자를 보는 관점, 건강관리에 대한 신념)에 어떻게 영향을 미칩니까?

■ **돈**: 그런 것들을 의식하려고 노력합니다만, 내가 요즘 신경 쓰는 부분은 바로 내 인생에 주어진 것에서 비롯한 편견입니다. 그것은 내가 사람들에 대해서 갖는 기대라는 점에서, 내가 항상 주의를 기울여야 할 그러한 것이죠. 다시 말해서 누군가가 나와 명확하게 다를 때, 나는 그것에 대해 더욱 의식적이라고 생각하기 때문에 내 편견에서 벗어나는 것이 훨씬 더 쉽습니다. 나와 비슷해 보이는 사람들이 더 어렵습니다. 내가 그들에 대해 가정을 하고, 그 가정 때문에 그들의 경험을 이해하지 못할 수도 있어요. 그 후에는 내가 그들의 기대에 미치지 못한다는 가정을 더 만들기 쉽기 때문이죠. 나는 내 자신이 정말로 우리 모두가 원하는 일을 할 수 있는 능력을 가지고 있다고 믿습니다. 그리고 역사와 우리가 이야기하는 이러한 모든 '이즘(주의)들'에 근거한 거대한 장애도 있다고 생각합니다.

그러나 나는 우리 모두는 스스로를 초월할 수 있다는 것을 믿습니다. 심지어 그것이 단지 우리의 태도일 뿐이라도 말이죠. 그렇기 때문에 이따금씩은 일어났던 장애물을 간과하지 않으려고 조심합니다. 이러한 가정들을 하지 않기 위해서 나 자신을 다잡아야 하죠.

관심을 기울여야 하는 다른 것은 바로 특수한 배경을 가진 사람들과의 가치 차이입니다. 나는 집단의 가치와 개인의 가치 사이에서 고민했습니다. 개인적인 가치에만 중요성을 두지 않기 위해 주의를 하죠. 또 개개인이 길을 잃을 수 있는, 집단이 중요시되는 상황도 겪어봤습니다. 그건 옳고 그름의 문제가 아니라 단지 우선순위와 관련된 것이었죠.

- 면접자: 당신은 어떤 상담이론을 선호하나요?
- 돈: 내가 서부 문화 내에서 백인 남성으로서 길러졌다는 건 어쩔 수 없습니다. 인지행동주의적인 훈련 프로그램이 합리적이기 때문에 매력을 느낀다는 걸 예전부터 확실히 알고 있었죠. 그것은 사고를 변화시키는 것이었고 이치에 합당했어요. 인지-행동적 이론의 기법을 잘 활용하지 못할지라도 그 이론은 내 안에 있어요.

    최근에 실존주의에 매력을 느낀 건 서부 문화에 의해 영향을 받았던 것입니다. 서부 문화는 집단보다는 개인에 더욱더 많은 가치를 부여했죠. 그리고 이유는 모르겠지만 선종 불교에 매료되었습니다. 선종 불교는 매우 합리적이고 개인주의적이며 또한 그것보다는 더욱 크다고 생각합니다. 그것은 집단상황 내에서의 개인과 관련된 것이죠. 불교문화에서 자란 사람들과 이야기를 나누어보면, 그들은 내가 가진 것과 매우 다른 경향을 가지고 있어요. 그렇지만 이것은 나에게 이러한 관점의 유용성을 감소시키지는 않아요.

    나는 또한 내가 가지고 있는 이러한 이론적인 학습이 확대되어야 한다는 신념을 가지고 있습니다. 각 이론은 개인만이 아니라 사회와 집단을 다루며 각각의 요소들을 가지고 있습니다. 그러나 당신과 관련된 어떤 것에 의식적이 되어야 하며, 그것이 지금 내가 가장 하고자 노력하는 작업입니다. 나는 여전히 내 경험의 영향을 받고 있다는 건 명확하고, 그걸 바꿀 수는 없습니다.

    그리고 내가 깨달은 다른 면도 있습니다. 난 내 상황을 배제할 수 없습니다. 그렇다면 그것을 어떻게 받아들여야 할까요? 요즘은 '나쁘다'는 이유로 그것을 버리고자 하는 경향이 있지만 나는 그럴 수 없습니다. 서양 사람들이 상황을 진실하게 이해하지 않고 동양의 사상을 마음대로 사용하려고 얼마나 많이 시도했는지를 보고 있습니다. 그 과정에서 동양의 것은 좋고 서양의 것은 나쁘다는 서구식의 이분법적인 분류가 반복되고 있습니다.

내가 그렇게 생각하는 것을 바꿀 수는 있지만, 나 자신을 바꿀 수는 없습니다. 그래서 나는 유럽의/백인의 기독교 문화를 모두 버리고 자신이 아닌 어떤 것이 되려고 노력하는 사람들과 함께 어려운 시간을 보내고 있습니다. 내 생각에 우리는 많은 다른 것들을 배울 수 있지만, 하지만 우리는 항상 서구의 방식으로 해석하게 될 겁니다. 수년 동안을 다른 나라에서 살더라도 우리가 사물을 인지하는 방식도 여전히 그러할 겁니다. 내가 생각하기에 선종 불교와 실존주의가 나에게 많은 것을 제공해주는 이유 중 하나가 바로 그러한 것이죠. 선종 불교는 역설적입니다. 나에게 그것은 매우 중요합니다. 그것은 하나를 남겨두고 다른 하나로 이동하려는 것에 대한 것이 아닙니다. 그것은 둘 다와 관련된 것입니다.

돈은 이미 자신에게 미친 문화적인 영향에 대해 깊이 생각했던 사람이다. 그러나 다양한 영역에서 경험을 많이 했을 때 더 성장할 수 있다. 이러한 질문들을 스스로 던지고 대답해봐야 한다. 그리고 당신의 대답을 친구 또는 문화적으로 다양한 집단의 사람들에게 이야기해볼 수 있다면 가장 좋다.

질문들

- 내가 누구이고, 내가 나를 어떻게 인식하고 그리고 내담자가 나를 인식하는 데 문화적 배경이 어떻게 영향을 미치는가?
- 이러한 문화적 영향이 특정 집단에서 나의 편안함 정도에 그리고 특정 내담자에 대한 나의 감정에 어떤 영향을 미치는가?

- 나의 눈에 보이는 정체성과 나의 실제 정체성의 관계는 어떠한가? 그리고 그 관계에 나의 문화적 맥락은 어떻게 영향을 미치는가?
- 나의 눈에 보이는 정체성, 나의 사회경제적 맥락에 근거해서 내담자는 어떤 가정을 하는가? 나는 어떤 정보를 공개하기로 결정하는가?
- 내가 가진 특권은 나의 상담수행(예, 나의 임상적 판단, 선호하는 이론, 건강에 대한 생각)에 어떻게 영향을 미치는가? (특정 내담자에 대한 역전이는 제4장 참고.)

새롭고 다양한 정보 탐색하기

지금까지 소개된 질문들과 생각들을 고려한 후, 당신은 특정 집단과 관련해 당신의 경험과 지식 사이의 주요한 차이를 인식하게 되었을 것이다. 다음 단계는 당신이 만나보지 못했던 문화집단들에 대해 당신을 교육시킬 수 있는 정보를 탐색하는 것이다. 이러한 탐색은 책, 잡지, 신문, 영화, 연극, 워크숍 그리고 특정 문화공동체의 행사들로 이어진다. 물론 우리 대다수는 이미 이러한 정보의 원천을 사용하고 있다. 하지만 그것을 구체적인 문화학습 기회로 변화시키는 것은 우리가 그것에 대해 생각하는 방식과 묻는 질문들, 즉 비판적 사고이다.

정보의 원천에 대한 비판적 사고는 정보 그 자체에 도전하고 동시에 개인의 인식, 믿음 그리고 태도를 확장시키는 질문을 포함한다(Brookfield, 1987). 예를 들어 당신은 민족공동체 문화에 대한 신문기사를 읽을 때, 필자의 정체성과 정치적 지향에 대한 정보를 드러내는 행간의 의미를 읽는가? 소수집단 문화에 대한 많은 문헌들이 주류집단의 구성원에 의해 쓰이거나, 논의되는 집단의 구성원들로부터의 논평 없이 쓰이는가? 소수집단 구성원이 쓴 문헌이라 하더라도 저자의 의견이 그 집단 전체의 의견을 반영하는가? 다음 질문은 당신이 정보의 출처에 대해 비판적으로 사고하도록 도와줄 것이다.

- 이 정보의 저자, 제작자, 또는 편집자는 누구인가? 그들의 정체성, 정치적 지향, 소속(alignments)은 어떠한가?
- 소수자의 정체성과 관점이 드러나는가?
- 이러한 정보가 소수집단의 사람에게서 직접 얻은 것인가, 아니면 단지 그들에 대한 것인가?
- 더욱 직접적이거나 대안적인 출처에서 정보를 얻을 수 있을까?

소수문화 사람들의 관점과 경험은 주류 미디어에서 배제되어왔다. 장애인의 러브스토리, 힌두교를 믿는 영웅, 혹은 소수민족 노인의 삶을 다룬 유명한 영화의 수를 세어보라. 소수집단이 논의될 때, 그것은 종종 주류 문화의 구성원들의 견해에 기초하는 경우가 많다. 예를 들어 베트남전쟁에 대한 영화는 많지만, 베트남인에 의해 쓰이거나 감독된 영화를 아직 본 적이 없다.

이런 불균형에 맞서기 위해, 소수공동체들은 그들만의 신문을 출판한다(예, *Mouth Magazine*, www.mouthmag.com; *Able*, ablenews.com; *The American Association of Retired Persons Magazine*; *The Advocate*; *National Public Radio/ Alaska Public Radio Network Program Native News*). 신문 가판대나 서점에서는 다양한 나라의 (종종 미국 기자들이 무시한) 사건들에 대한 뉴스와 견해를 제공하는 잡지와 신문을 판매한다. 비디오 가게에서는 아시아, 라틴아메리카, 인도 영화를 접할 수 있다. 우리의 또 다른 자원은 다양한 소수집단에 대한 심리학 문헌이다.

상담자들은 비교문화적으로 정보, 즉 다양한 소수집단 사람들에 기반을 둔 정보원을 통해 성장을 시도했다. 그러나 격차(gap)는 계속되고 있고, 사회적 계층과 경제적 지위가 낮은 사람에 관한 정보 부족은 명백하다(Robinson and Howard-Hamilton, 2000). 정보 부족에는 여러 가지 이유가 있다. 사회경제적인 지위가 낮은 사람들이 공통적으로 상담에 대한 예후가 좋지 않은 후보로 명명된 것이다(Jones, 1974). 상담자들이 이런 고정관념을 조사하고 그들을 위한 접근을 고려하는 데 관심이 적은 것은 가난한 사람들에 대한 주류문화의 믿음과 관련 있다. 로트(Lott, 2002)가 지적했듯 가난한 사람들은 성격, 동기, 잠재력이 적은 것으로 평가된다. 이러한 믿음이 가난한 사람들에 대한 배제나 분리, 저가치화를 정당화하고 있다.

게다가 상담자들은 교육과 직업, 소득이 중산층 또는 상위 중산층에 속하며, 일반적으로 그들의 지위와 일치하는 가치를 가지고 있다(Acosta et al., 1982; Robinson and Howard-Hamilton, 2000). 아폰테가 언급했듯이, 상담 모델은 "지성과 학문의 세계를 반영하는" 강한 사회적 메시지와 철학을 전달한다. 따라서 사회경제적 지위가 낮은 내담자들이 가진 "전통적인 관습, 생활양식, 종교적 신앙"(Aponte, 1994: 246)과 날카롭게 대비된다. 따라서 상담자들이 사회경제적 지위가 낮은 내담자들을 이해하고 효과적으로 돕는 것은 어렵다(Acosta et al., 1982).

빈곤과 가난한 사람들에게 관심이 필요하다는 것을 인식하고, 미국심리학회(APA, 2006)는 「가난과 사회경제적 지위에 대한 결의(Resolution on Poverty and Socioeconomic Status)」를 발표했다. 최근에는 상담자에게 도움이 될 문헌과 책이 발간되었다(Campbell, Richie, Hargrove, 2003; Lott, 2002; Minuchin, Colapinto, Minuchin, 2007; Payne, 2003; Smith, 2005). 이 주제에 대한 폭넓은 정보를 얻기 위해서는 심리학 분야뿐 아니라 정치학, 역사, 사회학, 인류학, 사회복지 등의 문헌을 활용해야 한다. 문헌은 빈곤한 사람들의 경험에 대한 풍부한 묘사를 담고 있기 때문에 유용한 정보원이다.

다양한 소수집단의 사람에 대해 아는 것이 아니라 그들로부터 배우기 위해서는 관련기관을 아는 것도 중요하다. 상담자에게 유용한 자원으로는 종교기관(이슬람 사원, 유대교의 예배당, 교회, 사원 그리고 집회 가정), 지지집단, 교육기관 그리고 노인이나 장애가 있는 사람과 그들의 가족을 위한 레크리에이션 센터, 특정 언어를 사용하는 사회봉사기관, 동성애자와 양성애자 상담서비스기관과 정치적 집단, 대학이나 공동체의 여성센터, 공동체 지지집단과 부모와 자녀를 위한 활동 등이 있다. 또한 다음과 같은 모임이 있다.

- The Association of Multiethnic Americans(www.ameasite.org)
- The Biracial Family Network(www.bfnchicago.org)
- The National Family Caregivers Support Program(www.aoa.gov/prof/aoaprog/caregiver/caregiver.asp)
- Parents and Friends of Lesbian & Gays(www.pflag.org)
- The American Association of People with Disabilities(www.aapd-dc.org)

사회문화적 상황과 그 영향

심리학은 개인적인 작업을 지향하는 분야이다. 그러나 한 개인의 문화적 역량을 증가시키기 위해서 개인적으로 지향된 작업(예, 자기 성찰, 자기 의문, 독서, 연구 등)은 필요하지만 충분하지는 않다(Pedersen, Fukuyama, Heath, 1989). 다양한 정체성을 가진 사람들과의 관계와 우리 사회 네트워크에 있는 사람들이 우리에게 어떻게 영향을 미치는지를 이해하는 것이 필요하다(Kim-Ju and Liem, 2003). 대인관계는 우리의 한계와 편견의 자각에 기여한다. 그러나 만약 우리 주변에 있는 사람들이 유사한 정체성을 가지고 있고 유사한 특권을 공유한다면, 우리는 좀처럼 우리의 신념에 대한 '보편적인 천성'을 질문할 수 없고, 렌(Wrenn, 1962)이 '문화적 캡슐 속에 갇힌 상담자'라고 언급한 상담자가 된다.

상담자 역할은 권위와 권한을 포함하기 때문에(Holiman and Lauver, 1987), 상담실제 – 심지어 다양한 정체성을 가진 내담자들과 – 가 반드시 상담자의 자각을 증가시키지는 않는다. 상담자는 상담실 밖에서 자신과 다르고 자기 평가과정을 촉진시킬 수 있는 개인이나 집단과의 만남을 시도해야 한다.

당신이 많은 시간을 함께 보내는 사람에 대해 생각해보는 시간을 가져보자. 주변 사람(예, 당신의 파트너, 배우자, 친구, 동료, 동료 학생 그리고 가족 구성원들)의 목록을 만드는 것이 유용할 수 있다. 이제 ADDRESSING 모델의·개요와 당신의 특권영역이 보여주는 문화적 영향으로 되돌아가보자. 당신과 절친한 사람에 대해 생각하고 당신 자신에게 물어보라. 특권영역에서 나와 친한 사람들 중 나와 내 친구는 얼마나 다른가(〈표 3-3〉)? 예를 들어 만약 당신이 30대라면, 60대의 절친한 친구가 있는가? 만약 당신이 장애를 가지고 있지 않다면, 장애를 가진 사람과 절친한 관계를 유지하고 있는가? 만약 당신이 기독교나 무교 가정에서 자랐다면, 모슬렘이나 불교도, 또는 유대인 친구가 있는가? 만약 당신이 이성애자라면, 당신과 가까운 사람들 중에 동성애자나 양성애자가 있는가? 만약 당신이 백인이라면, 소수문화에 속한 절친한 친구가 있는가?

이 활동은 사회적 집단의 동질성을 보여준다. 이 동질성은 개인이 주류 집단에 속할 때 특히 일반적이다. 게다가 연구결과에 의하면 사람들은(특히 배우자와 관련해서) 자신과 유사하다고 인지하는 사람에게 매력을 느낀다고 한다(Kail and Cavanaugh, 2000). 인종이 다른 배우자와의 결혼이 증가했지만, 다른 인종과 결혼한 커플은 전체 인구의 6%이고, 10~12%가 동성애 커플이다(U.S. Census Bureau, 2000b). 소수민족자는 백인 미국인보다는

표 3-3 사회문화적 영향 인식하기

문화적 요인: 친구는 나와 얼마나 다른가?	절친한 친구의 이름				
	장	하비브	맥스	호세	나디아
A 나이와 세대 요인					
D 발달적 장애와 D 후천적인 장애					
R 종교와 영적 지향					
E 민족적 · 인종적 정체성					
S 사회경제적 지위					
S 성적 경향					
I 토착유산					
N 국적					
G 성					

타민족 사람과 결혼을 많이 한다. 예를 들면 1990년대까지 54%에서 80%의 아시아계 미국인 여성은 아시아계가 아닌 사람과 결혼했다(Kintano, Fjino, Takahashi cited in Hall, 2003). 수가 적기 때문에 소수자는 자신과 다른 사람과의 관계를 발전시킬 수밖에 없다. 그러나 다수집단의 사람은 수가 많기 때문에 자신의 문화 안의 사람 중에서 친구와 배우자를 찾기가 쉽다(McIntoshi, 1998).

자신과 문화적으로 다른 사람과의 직접적인 경험은 문화적인 민감성과 이해를 얻는 데 꼭 필요하다(Mio, 1989). 그러나 그것은 단순히 다양한 배경을 가진 사람들 주변에 있는 것으로는 충분하지 않다. 다른 나라를 여행하고 토속음식점에서 식사하고 문화행사에 참여하는 것은 상호작용을 위한 무대를 설정할 수 있지만, 더 깊은 학습은 오랜 시간 동안 유지된 대인관계를 통해 나타난다.

그리고 권력차이가 대인관계에서 무엇을 공유하고 얼마만큼 공유할지에 영향을 줄 수 있다는 사실을 기억해야 한다. 자신보다 권력을 덜 가진 사람(예, 내담자, 학생, 직원)과의 관계가 학습을 동반할 수는 있지만, 권력차이로 인해 더 취약한 위치에 있는 사람은 자유롭게 말할 수 없다. 우리는 솔직하게 그리고 안전하게 그들의 감정과 생각을 공유할 수 있는 충분한 권력을 지닌 동료, 절친한 관계로부터 더 잘 배울 수 있다.

그러한 관계의 발전은 지금까지 설명한 작업의 자연스러운 부산물이다. 그러나 만약 주류문화의 정체성을 가진 구성원이 자신의 문화적 요인을 이해하는 노력을 하지 않는다면, 소수자의 정체성을 가진 사람과의 관계 맺기를 시도해도 실패하기 쉽다. 즉, 그녀 또는 그가 특정 정체성을 가지고 있기 때문에 친구로 선택하는 것은 그 사람 자체보다 그 사람의 문화에 더 큰 관심을 가지는 것이기 때문에 무례한 것이다.

결론

문화적으로 민감한 상담은 문화적으로 다양한 사람의 문화와 생애과정에 대한 평생 학습과정에 참여하겠다는 상담자의 결심에서 시작된다. 이 과정의 첫 단계는 자신의 신념, 견해, 가치, 문화적 유산의 영향을 조사하는 것이다. 특히 특권이 경험과 지식기반을 제한할 수 있다는 것을 인식하는 것이 필요하다. 상담자가 단순히 소수문화의 사람에 대해 아는 것이 아닌, 그들로부터 그리고 그들과 함께 학습하는 것을 가능하게 하는 정보의 새로운 원천을 찾으려는 의지가 중요하다. 다양한 정체성을 가진 사람과 절친한 관계를 형성하는 것은 이 학습에서 중요하다. 이런 노력을 하면 내담자에 대한 더 깊은 이해, 다양한 사람들의 경험에 대한 풍부한 감상 그리고 더욱 효과적이고 문화적으로 민감한 정신건강 서비스를 제공하는 역량을 갖출 수 있다.

요약

자기 문화 평가하기

1. 자신의 문화유산을 조사하는 데 유용한 첫 번째 단계는 삶에 미치는 ADDRESSING 요인을 인식하는 것이다.
2. 특권영역을 인식하는 것은 상담에 특권이 미치는 영향의 결과를 이해하는 데 중요하다.
3. 특권은 상황적이다. 한 문화상황에서 특권을 얻게 한 요소가 다른 상황에서는 특권을 얻지 못하게 할 수도 있다.
4. 특권은 사람들을 소수집단의 정보와 경험에서 분리시키는 경향이 있기 때문에, 특권을 보유하고 있는 영역들은 우리가 거의 인식하지 못한다.
5. 심리학은 주류문화의 가치를 강화시키는 특권을 가진 분야이다.
6. 상담자의 개인적 신념과 생활양식은 종종 상담과 관련된 가치에 반영된다.
7. 개인적으로 지향된 작업(예를 들면 자기 반성, 자기 성찰, 독서, 연구의 일부 형태)은 필요하지만 문화적 역량을 증가시키는 데 충분하지는 않다.
8. 문화학습 기회가 되는 정보의 주 원천은 우리가 스스로에 대해 생각하고 자신에게 질문을 하는 방식, 즉 비판적 사고이다.
9. 다양한 정체성을 가진 사람과의 동료 수준의 절친한 관계는 문화적 학습의 풍부한 원천이다.
10. 유머는 문화적인 관계와 상호작용에서 발생하는 갈등을 줄이는 데 매우 귀중한 도구이다.

제 **3** 부

내담자와 관계 맺기

제4장

타인의 세계에 입문하기
내담자의 정체성과 환경 이해하기

로라는 두 문화가 공존하는 가정에서 자란 45세의 중년 여성이다. 유럽계 미국인인 아버지는 제2차 세계대전 직후 일본에서 일본인 여성과 결혼했다. 그들은 하와이에 정착했는데, 당시 하와이는 국제결혼에 대해 수용적이었다. 로라와 여동생은 공립학교에 다녔고, 그 학교에는 두 문화 가정에서 자란 아이들이 많았다. 그녀는 어린 시절에 사람들이 자신을 하파(hapa, 아시아계와 혼혈인 미국인)라고 불렀다고 회상했다. 'hapa'는 영어의 'part'에 해당하는 하와이어로, 절반은 일본인이라는 의미이다. 하지만 십대에 접어들며 그녀는 자신이 하와이에서 나고 자란 '현지인'이라고 생각하게 되었고, 이것은 다문화가정의 친구들과 지내는 데 위안이 되었다.

고등학교를 졸업한 후 로라는 하와이를 떠나 미국 본토에 있는 대학에 입학했다. 대학은 유색인종이 거의 없는 시골에 위치해 있었다. 그녀는 어디 출신이냐는 질문을 받았고, 그때마다 그것이 '어떤 주'를 의미하는 것인지 '어떤 나라'를 의미하는 것인지 의심스러웠다. 그냥 보아도 혼혈이라는 것을 알 수 있다고 생각했는데, 사람들은 모두 그녀가 아시아인이라고 생각하는 듯했다. 그때부터 그녀는 자신을 일본계 미국인으로 생각하기 시작했고, 당시 캠퍼스에 얼마 되지 않았던 일본계 미국인과 아시아계 미국인과 어울리게 되었다.

대학을 졸업하고 로라는 큰 은행에 취직해 샌프란시스코로 이사했다. 그리고 중국계 미국인 댄과 결혼했다. 대가족인 시집식구와의 생활은 그녀의 직장에 널리 퍼져 있던 백인 문화와 대조적이었고, 그녀가 아시아계 미국인이라는 점을 더 분명히 느끼게 해주었다. 하지만 시집식구와 함께 있을 때면 자신에게 일본인의 피가 흐르고 있음을 강하게 느꼈다.

30대 후반에 로라는 둘째 아이를 가졌는데, 이때 뇌동맥류로 뇌졸중을 앓게 되었다. 인지능력 장애와 신체능력 장애 그리고 오른쪽 팔과 다리가 마비되면서 일을 그만두어야 했고, 친정어머니가 함께 살며 아이들을 돌보아주었다. 시집식구는 매일 먹을 것을 가져다주었다.

한 달 후쯤 인지능력은 회복했지만 오른쪽 팔과 다리는 여전히 마비 상태였고, 이 기간 동안 로라는 우울증과 불안에 시달렸다. 자신이 예전처럼 움직일 수 있을지 그리고 아이들을 키울 수 있을지 걱정되었다. 상해보험금을 받긴 했지만 예전 월급에는 미치지 못했기 때문에 경제상황도 걱정되었다. 남편 또한 주 55시간을 근무하며 가정을 돌보는 것 때문에 스트레스를 받고 있었다. 장애는 그녀의 삶 전체를 엉망으로 만들었다.

로라는 6개월 동안의 재활 프로그램을 통해 집단상담과 개인상담을 받았다. 이 기간 동안 오른쪽 팔은 회복됐지만 오른쪽 다리는 회복되지 않았다. 프로그램을 시작한 지 3개월 후, 우울증이 치료되기 시작했다. 이전 능력을 회복하기 시작했으며, 삶을 보는 새로운 눈이 생겼다. 상담을 통해 그녀는 자신의 인생에서 빠진 큰 부분이 영적 훈련이라는 것을 깨달았다. 개신교 가정에서 자란 로라는 대학 시절 '더 깊은 문제'에 관심이 많았다. 하지만 직장생활을 시작하면서 이 문제를 잊어버렸다. 직장과 육아, 결혼생활 그리고 가족관계라는 '바쁜 생활 속에 갇혀서' 이것들이 자신에게 어떤 의미를 갖는지 생각할 여유가 없었다.

1년 후 로라는 지팡이에 의지해 걷게 되었다. 파트타임으로 일하고, 생활비를 줄이기 위해 더 작은 집으로 이사했다. 남편 댄의 형제가 다니는 교회에서 적극적으로 활동했다. 교회 사람들과 새로운 관계를 맺으며 그녀는 자신의 인생에서 목적과 의미라는 특별한 가치를 알게 되었다. 가족의 수입은 줄어들고 걷는 데 어려움은 있었지만, 로라는 자신이 행복한 사람이라고 생각한다.

로라는 자신의 내부에 다양한 정체성이 공존하고, 상황에 따라 두드러져 보이는 정체성이 다름을 경험했다. 그녀는 계속 자신이 '현지인(즉, 하와이에서 나고 자란 사람)'이라고 마음속 깊이 생각했다. 그러나 시집식구와 함께 있을 때면 중국 문화와 대조를 이루면서 그녀가 일본인이라는 것이 가장 두드러지게 나타났다. 장애를 가진 친구들(그들 중 대다수는 유럽계 미국인이었다)과 있을 때는 아시아계 미국 여성이라는 생각을 더하게 되었다. 반면 문화적 배경이 다양한 교회 사람들과 함께 있을 때에는 장애인으로 자신을 보게 되었다. 로라는 이 모든 정체성이 어우러진 자신이 영적 존재라는 것을 자각하게 되었다.

다양한 정체성

지난 20년 동안 심리학자들은 정체성 발달을 설명하는 데 상당한 관심을 기울였다. 초기 연구에서는 인종을 바탕으로 한 미국 내 '흑인'과 '백인'에 초점을 맞추었지만(Cross, 1991; Helms, 1995), 곧 후속 연구들은 민족성(Sue and Sue, 2003), 성(Downing and Roush, 1985; Kimmel and Messner, 1992; Wade, 1998), 성적 경향(Cass, 1979; McCarn and Fassinger, 1996; Troiden, 1979), 장애(Olkin, 1999) 그리고 일반적인 소수집단의 지위(Atkinson, Morten,

Sue, 1993)와 관련된 정체성 발달을 포함하게 된다.

이 새로운 학문분야는 주류 심리학의 관심 밖이었고 심리학으로 인해 사회적으로 소홀히 여겨졌던 개인과 집단에 대한 인식을 부각시켰다. 하지만 존재하지 않는 특정 집단 내에서의 문화적 균등성을 가정했다(예를 들어 게이와 레즈비언 연구는 유럽계 미국인에게, 장애 연구는 장애를 갖고 있는 유럽계 미국인에게, 다문화상담은 이성애자이고 장애가 없는 소수집단에게 초점을 맞추었다). 정체성에 대한 이러한 일차원적 개념화는 한 개인이 소수집단이든가 소수집단이 아니라는 주류문화의 가정을 반영한 것이다. 대부분의 사람들에게 해당되는 다양한 정체성에 초점을 맞추기 시작한 것은 불과 몇 년 전이다.

다민족정체성을 가진 사람들과 관련해 루트(Root, 1996)는 자아 정체성을 이해하기 위한 이론을 제안했다. '인종 경계선(racial borders)'에 대한 안잘두아(Anzaldua, 1987)의 생각에 따라, 루트는 두 민족이 만나 태어난 사람들은 다음 네 가지 방식 중 한 가지로 자신의 정체성을 확립할 가능성이 있다고 했다.

- 두 집단과 철저히 자신을 동일시하면서, 동시에 다양한 관점을 유지하고 융합할 가능성이 있다.
- 사회문화적 환경에 따라 자신의 정체성에서 전경에서 배경으로의 변화를 경험할 수 있다. 다시 말해 어떤 환경에서는 특정 정체성이 주가 되지만, 다른 환경에서는 다른 정체성이 주가 될 가능성이 있다.
- 자신을 본래 두 인종이 결합된 사람 또는 다민족이 결합된 사람으로 동일시해, '인종 사이의 경계선(border between race)'을 중심 기준점으로 사용할 가능성이 있다.
- 자신을 본래 어떤 한 집단과 동일시하지만, 오랜 시간이 지나면서 많

은 다른 집단과 일체감을 느낄 가능성이 있다.

　민족이 다른 부모를 둔 사람과 다양한 민족을 조상으로 둔 사람(지금부터는 '다민족'으로 지칭)에 대한 초기 연구(1980년대 이전)에서는 다양한 민족의 조상으로부터 물려받은 문화유산이 가진 부정적인 영향력을 찾으려 했고 그리고 찾았다. 하지만 더 최근의 연구를 보면, 다민족 배경을 가진 사람의 자존감이 긍정적이거나 단일민족 배경을 가진 사람의 자존감과 비슷하며, 다민족 배경을 가진 사람이 점차 자신을 두 민족이 결합해 태어난 사람으로 혹은 다양한 민족이 자신의 조상인 것을 인정하는 것을 볼 수 있다(Hall, 2003). 이러한 변화는 다민족 사람의 수와 권력 그리고 지위 변화를 반영한 것으로 보인다. 다른 민족 사이의 결혼이 늘어남에 따라, 다민족가정에서 태어난 아이들의 수도 증가했다. 그들은 자신을 지지하는 네트워크를 형성하고 사회적인 행동집단을 만들었으며, 미국 정부를 상대로 한 로비를 통해 2000년 미국 인구조사에 개인이 한 가지 이상의 민족범주를 선택할 수 있도록 했다(Hall, 2003).

　로라의 예에서 알 수 있듯이, 민족과 인종 정체성은 다른 자아 정체성과 복잡하게 작용한다. 초기에 로라는 주로 사회적 환경(예를 들어 하와이) 때문에 자신을 두 민족이 결합된 사람이라고 생각했는데, 그녀가 자란 그곳에서는 다민족정체성이 평범했다. 하지만 유럽계 미국인이 지배적인 대학 환경에서 그녀는 자신을 더 이분법적(아시아계 미국인 대 유럽계 미국인)으로 생각하게 되었다. 중국계 혈통을 가진 남자와 결혼하면서 그녀는 자신의 일본계 혈통과 시집식구의 중국계 혈통 사이의 차이를 점차 인식하게 되었다. 그러다가 뇌졸중과 장애를 겪으면서 장애를 가진 사람들과 종교공동체 사람들과의 일체감을 포함해, 또 다른 복잡한 정체성을 경험했다. 다시 말해 로라가 자신에게서 경험한 이 각기 다른 정체성은 그녀가 어떤 사회적 환경에 있고 어떤 개인적 · 세대적 경험을 하느냐에 따라 그 모습이 두드러지게 나타났던 것이다.

진단에서 정체성의 의미

내담자가 경험하는 다양한 정체성을 인식하는 것이 왜 중요할까? 내담자에게서 두드러지는 정체성을 알게 되면 내담자가 세상을 어떻게 보는지, 그들에게 어떤 가치가 중요한지, 그들이 특정 환경에서 어떻게 행동할 것인지 그리고 다른 사람들이 그들을 어떻게 대우하는지를 이해할 수 있기 때문이다. 상담자가 특정 내담자의 문화와 그 안에서의 변형에 대해 더 많이 알수록, 상담자가 세운 추론과 가설은 내담자의 실제 모습에 더 근접할 것이다(Lopez et al., 1989). 그리고 상담자의 가정과 질문이 내담자의 실제상황에 근접할수록 상담자로서의 실력과 정확도, 내담자로부터의 신뢰가 커진다.

다른 예를 보도록 하자. 한 아프리카계 미국인 여성 상담자가 최근 케냐에서 가족을 데리고 미국으로 이민을 온 30대 기혼 남성을 상담했다. 진단회기와 두 번의 상담회기는 성공적이었고, 상담자는 자신과 내담자 사이에 서로 존중하는 마음이 있다고 생각했다. 상담자와 내담자 둘 다 아프리카 문화를 공유하기 때문에, 내담자가 미국에서 겪는 경험을 깊이 이해하고 있다고 생각했다. 하지만 내담자가 회기들 사이에 두 차례 전화를 걸어 상담회기 동안 서로 논의하고 분명히 합의했거나 해결한 내용들에 대해 묻자 상담자는 점점 짜증이 나기 시작했다. 이러한 행동만으로 내담자가 강박관념에 사로잡혀 있다고 말할 수는 없었고, 내담자가 자신을 신뢰하지 않기 때문에 확인하는 것이라는 생각이 들었다.

세 번째 회기에서 상담자는 내담자에게 전화를 걸 필요가 있었는지 물었다. 내담자는 케냐에서는 약속을 확인해야만 했다고 설명했다. 특히 정부나 기관에서 일하는 사람들에게는 더욱 그러했다고 했다. 일이 천천히 이루어지기 때문에, 무언가를 원하면 반드시 계속 확인을 해야 한다고 덧붙였다. 상담자는 자신이 한 번도 미국 밖으로 나가본 적이 없기 때문에 자신의 가정이 미국 내 협회와 기관을 상대로 한 자신의 경험을 바탕으로 한 것이었음을 깨달았다. 미국과 같은 환경에 있는 사람은 대개 자신이 해야 할 일을 하며, 혹 잘못되더라도 대개는 다른 대안이 있었다. 서로가 가지고 있던 다른 기대에 대해 솔직하게 이야기를 나누면서 상담자가 느꼈던 짜증은 없어졌다.

진단회기 초기에 내담자의 정체성을 알아내는 가장 간단한 방법은 그냥 물어보는 것이다. 하지만 때로는 내담자의 정체성을 묻는 것이 어려울 수 있다. 북미의 나라에서는 인종, 사회계층, 성적 경향, 나이 또는 특정한 장애에 대해 이야기하는 것이 여전히 실례가 되거나 심지어 위험하기까지 하다. 첫 회기에 내담자는 상담자가 주류문화의 편견을 가졌다고 생각할지도 모른다. 힌리치센(Hinrichsen, 2006)은 일리노이 주 시골에서 태어나 가톨릭 집안에서 자란 젊은 상담자인데, 자신보다 나이가 많은 유대인 여성에게서 "유대인 대학살에 대해 들어본 적 있으세요?"라고 점잖게 질문을 받은 경험을 예로 들었다.

더구나 상담자가 정체성과 관련된 질문을 하는 방식은 내담자의 대답에 미묘한 변화를 가져올 수 있다. 상황에 따라 "어느 민족입니까?"라는 질문은 내담자 생각에 한눈에 답을 알 수 있기 때문에 터무니없거나 이상할 수 있다. 하지만 내담자의 민족정체성이 겉으로 드러나지 않을 때는 공격적으로 느껴질 수 있다. 왜냐하면 주류문화에서 정체성에 대한 질문은 역사적으로 볼 때 어떤 대접을 받게 될 것인가를 결정하는 질문이기 때문이다(Root, 1996). 소수집단과 혼혈인은 주류문화에 속하는 듯 보이는 상담자에게서 그런 질문을 받을 때 특히 민감할 수 있다.

"당신의 문화유산 혹은 배경에 대해 말씀해주시겠어요?"와 같은 간접적인 질문은 공격적으로 받아들여지지 않고 유용한 정보를 더 많이 이끌어낼 것이다. 이와 유사하게 내담자에게 그들의 '종교적 배경'에 대해 말해달라고 요청한 다음 '현재의 종교생활은 어떤지'를 물어보면 단순하게 "종교가 무엇입니까?"라고 묻는 것보다 더 많은 정보를 얻게 된다. 이것은 문화유산이 일차원적인 정적 현상이 아니며, 내담자가 특정 문화나 집단에서 성장했을지 모르지만 현재는 또 다른 문화나 집단에서 일치감을 느낄지도 모른다는 것을 암시한다. 게다가 더 구체적인 질문(예를 들어 "아프리카계 미국인으로서 학교에서는 어떻습니까?")과 달리 이런 질문에서는 내담자가 가지고 있지 않은 정체성을 상담자가 가정하지 않는다.

장애를 가진 사람을 상담할 때, 올킨(Olkin, 1999)은 "뭐가 잘못되었나요?"나 "무슨 일이 일어났나요?"와 같은 질문을 피하라고 충고한다. 첫 번째 질문은 장애가 없는 사람만이 정상이라고 가정하는 것으로 여겨지고, 두 번째 질문은 비난할 무엇이나 누군가를 찾는 것 같은 인상을 주기 때문이다. 이와 비슷하게 공격적으로 받아들여지는 질문으로 "만약 지금의 심신장애가 없었다면 어떻게 달랐을 것 같습니까?"가 있는데, 이는 그들에게 남자, 아프리카계 미국인, 유대인 등이 아니었더라면 무엇이 되었을 것 같으냐고 묻는 것과 같다. 이때는 "당신이 겪고 있는 장애에는 어떤 특징이 있습니까?"라는 질문이 더 적합하고, 내담자가 당면문제와 현재 상황을 이야기하며 장애에 대해 이야기를 꺼내지 않았다면 "당신의 장애가 당면문제의 일부라고 생각되는 점이 있습니까?"라고 질문할 수 있다 (Olkin, 1999: 167).

이성애자나 레즈비언, 게이, 양성애자 그리고 성전환자(총칭해 LGBT) 내담자와 상담할 때, 상담자는 개인의 성적 경향과 지금까지 어떤 사람들과 관계가 있었는지 알기를 원한다. 하지만 이 주제에 대해 상담자가 얼마나 직접적으로 물어볼 수 있느냐는 상담환경과 내담자에 따라 다르다. 예를 들어 시골 보건소에서 개인의 성적 경향을 직접적으로 묻는 상담자는 환자를 난처하게 하거나 공격적이거나, 주제넘게 나선다고 여겨질 수 있다. 동성애 혐오증을 가진 이성애자는 상담자가 자신을 게이로 착각한 거라고 생각해서 이 질문에 과도한 방어 반응을 보일 수 있다. 나이가 많은 내담자는 성적 경향을 묻는 직접적인 질문을 불쾌하게 생각할 수 있다. 그리고 LGBT인 내담자는 그러한 정보를 드러내는 것에 위협을 느낄 수도 있다. 그러한 환경에서는 내담자가 어떤 사람들과 관계가 있었는지를 묻는 질문을 통해 간접적으로 정보를 얻는 것이 도움이 될 수 있다. 이때는 내담자가 이성애자라는 가정이 질문을 통해 드러나지 않도록 하는 것(예를 들어 남편 혹은 아내라는 표현보다는 파트너라는 표현을 사용하고, "결혼하셨나요?"와 같은 질문 피하기)이 중요하다.

LGBT 내담자와 상담을 할 때, 상담자는 성적 경향에 대해 직접적인 질문을 할 수 있다. 어떻게 언제 다른 사람들에게 알렸는지 그리고 그 과정에서 중요한 사건은 무엇인지, 내담자가 어떻게 자신의 성적 경향을 알게 되었는지, 내담자가 속한 사회적인 환경에서 차별이나 괴로움, 희생에 대해 얼마나 일반적으로 받아들여진다고 느끼는지 등이 그것이다(Balsam, Martell, Safren, 2006). 이러한 질문이 중요한 이유는 내담자의 성적 경향이 현재 문제에서 어떤 역할을 하고 있는지를 평가하는 데 도움이 되기 때문이다. 어떤 경우에는 그것이 초점이 될 수 있지만, 어떤 경우에는 당면문제와 관련이 없을 수도 있다(Balsam et al., 2006).

상담자는 또한 LGBT 사이의 성적 경향과 성 정체성에 대한 심리학 문헌에 유럽계 미국인의 문화적 가정이 미친 영향력을 인식할 필요가 있다. 예를 들어 LGBT가 커밍아웃하는 과정에 대한 어떤 연구물에서는 (a) 그것이 특정 단계에서 점차적으로 나타나고, (b) 한 사람의 일생에서 단 한 번만[즉, '드러내'거나 아니면 '계속 비밀로 간직'하기] 일어나며, (c) 대개 결과가 긍정적[즉, 자기수용과 자신감의 증가(Smith, 1997)]이라고 한다. 하지만 커밍아웃 과정은 유색인종에게 매우 다른 문제일 수 있다. 한 개인의 성적 경향을 공개한 것이 개인과 가족의 비밀에 대한 문화적 규범과 상반될 수 있으며, 그가 속한 문화집단으로부터의 지지를 상실하는 결과를 낳을 수 있다. 또한 또 다른 형태의 억압요인이 될 수 있으며, 이것은 인종차별과 어쩌면 성차별을 이미 겪었을 한 개인에게 감당할 수 없는 짐이 된다 (Greene, 1994). 그러한 환경에서 한 개인이 자신의 성 정체성을 드러내기를 꺼려하는 것은 현실에 적응하고 자신을 보호하기 위한 것일 수 있다 (Smith, 1997). (American Psychological Association, 2000a, "Guidelines for Psychotherapy With Lesbian, Gay, and Bisexual Clients"와 American Psychological Association, 2006 중 성전환자에 대한 정보 참고.)

내담자의 정체성에 대한 직적접인 질문은 또한 내담자가 정체성을 자신의 현재 사건과 무관한 추상적인 것으로 받아들일 때 부적절할 수 있다. 사실 정체성은 추상적인 개념이다. 정체성은 상담자에게 유용한 정보이지만 그렇다고 내담자에게도 반드시 그런 것은 아니다. 석 부인(이 책의 제2장에서 다룬 캄보디아인 여성)의 사례를 기억하기 바란다. 그녀는 자신이 받은 질문과 정체성에 대한 논의가 당면한 어려움(아파트 철거)과 관련이 없다고 생각했다.

일반적으로 내담자가 현재 상황에서 자신과 자신이 속한 문화의 정체성을 탐색하고 싶어하지 않는다면 그것을 존중하는 것이 현명하다. 신뢰관계가 형성되기 전이라면 특히 그러하다. 하지만 초기에 이 문제를 다루지 않았다고, 상담자와 내담자가 서로를 존중하는 마음이 분명해진 다음에도 정체성을 논의하지 말아야 한다는 것은 아니다. 내담자의 정체성을

1. 자신을 어떻게 설명하십니까?
2. 문화유산 혹은 배경에 대해 이야기해주시겠습니까? (잇따라 민족성, 인종, 출신국가, 그곳의 고유한 전통 그리고 제1언어를 묻는다.)
3. 어린 시절 종교교육은 어떠했습니까? 지금도 종교나 영적인 의식을 수행하십니까?
4. 성장하면서 가족의 경제상황은 어떠했습니까?
5. 장애를 경험해보거나 그런 사람을 돌보아준 적이 있습니까?
6. 당신의 장애가 당면문제의 일부라고 생각되는 점이 있습니까?(Olkin, 1999)
7. 당신의 문화와 가족에서 여자아이(또는 남자아이)로 자란다는 것은 어떤 의미였습니까?(Brown, 1990)
8. 현재 당신에게 파트너가 있습니까? 지금까지 경험했던 의미 있는 친밀한 관계에 대해 말씀해주시겠습니까?

이해하고(Comas-Diaz and Greene, 1994a), 상담자 자신의 정체성과 내담자의 정체성 사이의 상호작용을 고려하게 되면(Foster, 1996) 진단과 상담은 쉬워지게 마련이다. 〈예시 4-1〉은 내담자의 문화적 요인에 대해 알아보는 데 유용한 질문을 정리했다. 그리고 〈예시 4-2〉는 직접적으로 묻지 않더라도 상담자가 고려할 수 있는 질문을 소개한다.

가정을 가설과 질문으로 바꾸기

어떤 진단이라도 처음에는 내담자의 정체성과 상황에 대한 정보를 대개 상담 의뢰서 혹은 신청서에서 얻게 된다[예를 들어 '챙 부인, 55세, 미망인, 아시아계 미국인 여성……']. 이러한 정보를 이용해, 상담자는 "내담자에 대한 가설을 세우고 가설 검증을 반복한다. 세워진 가설은 다른 사실들이 수집되면서 확인되거나 반박된다"(Anastasi, 1992: 611).

1. 내담자에게 영향을 미치는 것들이 무엇일까(즉, 나이와 세대 요인, 발달장애, 후천적 장애 등)?
2. 각 영향과 관련지어 내담자에게서 보이는 두드러진 정체성은 무엇인가? 주류문화에서, 내담자가 속한 소수집단 문화에서 그리고 내담자에 대한 개인적인 관점에서 볼 때, 이 정체성에 가능한 의미는 무엇인가?
3. 내게서 두드러지는 정체성이 내담자의 정체성과 어떻게 상호작용하는가?
   a. 눈에 보이는 나의 정체성을 바탕으로, 나는 내담자에게 어떻게 이해되고 있는가?
   b. 나는 내담자가 일체감을 느끼는 집단에 대해 얼마나 아는가?
   c. 나의 정체성과 관련된 경험, 가치, 믿음이 내가 내담자를 이해하는 것을 어떤 식으로 제한할 수 있는가?

예를 들어 아시아계 미국인을 상담한 경험이 있는 상담자라면 쳉 부인의 성(surname)을 보고 그녀가 중국인이라는 것을 바로 알 것이다. 이는 곧 내담자의 문화적 환경이 실용적일 가능성이 더 있다는 가설(즉, 그 지역에 살고 있는 남편을 잃은 중국계 미국인 여성과 관련된 가설) 형성으로 이어질 것이다. 동시에, 상담자는 이전 경험을 통해 이름을 봐서는 중국인이지만 내담자가 중국계 미국인이 아닐 가능성이 있다는 것을 포함해, 내담자의 인생에 영향을 미쳤을 다양한 것들을 관찰하게 된다.

물론 상담자가 내담자를 만나게 되면, 내담자의 정체성에 대한 정보를 더 많이 얻게 된다. 내담자의 언어 유창성, 그 나라 사람 혹은 그 지역 사람의 억양, 신체적 외형, 몸짓, 사람들과 함께 있을 때 선호하는 신체 거리, 언어나 동작, 의복, 몸단장, 그리고 겉으로 보이는 나이, 이것들이 모두 내담자의 가능한 정체성에 대해 상담자가 가설을 세우는 단서가 된다. 이러한 정보가 얼마나 유용하게 사용될 수 있느냐는 상담자의 지식과 경험에 달려 있다.

챙 부인이 베트남에서 태어나 30세에 남편과 아이들과 함께 미국에 왔다는 기록을 보고 상대적으로 경험이 적은 상담자의 추론을 예측해보자. 초보 상담자는 이 정보를 바탕으로 내담자의 이주 경험과 베트남전쟁 경험에 대해 의문을 가지게 될 것이고, 그것은 합리적이다. 하지만 아시아인의 이름과 사람에 대해 잘 모르는 상담자는 챙 부인이 베트남에서 태어났다는 진술과 그녀가 아시아인처럼 보인다는 자신의 의견을 바탕으로 내담자가 베트남 민족이라고 추측할지 모른다. 이런 상황에서, 베트남에 중국 소수집단 문화가 존재한다는 것을 모르는 상담자는 무관하거나 부적절한(예를 들어 중국 전통을 가진 사람에게 부정적인 태도를 가지고 있는 베트남 인과의 상담) 질문이나 가설, 중재를 초래할 수 있다(중국의 베트남인 피난민에 대한 정보는 Rumbaut, 1985 참고).

내담자의 문화에 따라 다양한 서비스를 제공할 때, 특정 문화에 한정된 지식과 경험을 대체할 수 있는 것은 없다. 또한 우리는 상담자가 자신의 문화적 정체감, 경험, 상황에 한정되고 그에 의지한다는 것을 알아야 한다. 예를 들어 게이인 아프리카계 미국인 내담자와 효과적으로 상담하기 위해 게이인 유럽계 미국인 상담자는 이성애자인 아프리카계 미국인 상담자가 사용했을 방법과는 다른 방식으로 자신의 지식과 경험을 넓힐 필요가 있다.

ADDRESSING 모델이 어떻게 도움이 될까?

다문화학습과정에 참여하는 상담자에게 내담자의 가능한 정체성을 고려하는 것은 초기 진단에서 가장 기본적으로 보여줄 수 있는 수준의 관심에 해당한다. ADDRESSING 모델은 이 과정에 도움이 될 수 있다. 왜냐하면 ADDRESSING 모델의 요인 각각에 상응하는 내담자가 속한 소수집단의 정체성과 주류집단의 정체성 목록을 기억하기 쉽기 때문이다. 다음 예에서 ADDRESSING 모델의 효과를 체계적으로 살펴보고 내담자의 정체성을 살펴보도록 하자.

장(Jean)은 35세 아이티 남자로, 13세에 자녀가 없는 삼촌 부부와 함께 캐나다 퀘벡으로 이민을 왔다. 장은 몬트리올에서 대학을 마쳤지만 정치학 학위로 일자리를 찾기 어려웠다. 여러 달이 지난 후, 그는 전국에 체인점이 있는 호텔에 부지배인으로 취직했다. 이어 같은 프랑스계 캐나다인 직장동료와 결혼했다. 그들에게는 아들이 있었지만, 결혼한 지 2년 후에 이혼했고, 장은 "집사람이 제 가족들을 무시했어요"라고 말했다.

의사는 장의 습관적인 편두통이 의학적인 문제라고 보지 않았기 때문에 상담자를 만나보라고 했다. 상담자를 만나기 6개월 전, 장은 매니저로 승진했다. 하지만 일이 많아 3개월간 주말에도 쉴 수 없었고 여러 번 호텔에서 밤을 새워야 했다. 그의 전처는 장이 8개월 된 아들을 자주 삼촌 댁에 맡긴다는 것을 알기 때문에 공동 친권합의 내용을 바꿀 것을 계속 요구했다. 장은 심한 두통으로 며칠 동안 출근하지 못했고, 이 일로 직장을 잃을까 걱정한다.

초기 진단에서 40세의 프랑스계 캐나다 여성인 상담자 마리는 처음 몇 분 동안 장과 가벼운 이야기를 나누었다. 그녀는 장에게 자신이 프랑스어를 쓰는 섬 중 한 곳(산마르틴 섬)에 가본 적이 있다고 말했고, 이 이야기를 들은 장은 자신이 살던 아이티와 어떤 점이 같고 다른지 이야기했다. 마리는 퀘벡 사람들이 아이티 사람들에게 편견을 갖고 있다는 것을 알고 있었기 때문에 자신이 퀘벡 사람으로서 장을 동등하게 존중한다는 것을 빨리 입증할 필요가 있다고 생각했다. 그녀는 장이 대학을 나왔다는 것을 알고 있었기 때문에 어떤 공부를 했는지 물어보며 그가 고등교육을 받은 사람임을 인정한다는 것을 자연스럽게 나타냈다. 그녀의 파트너역시 이민문제를 집중적으로 연구하며 정치학을 공부했기 때문에, 그녀는 장의 반응을 보며 두 사람 사이에 연결고리를 찾아낼 수 있었다. 이런 대화 속에서 마리는 동등한 한 사람으로서 자신이 장을 어떻게 보는지 이야기했다.

어느 정도의 신뢰감이 확립되자, 마리는 진단회기의 목적을 설명했고 그에게 상담을 계속 진행해도 괜찮은지 물어보았다. 장은 동의했고 마리는 "제가 알고 있으면 당신의 현재 상황을 더 잘 이해하는 데 도움이 될 만한 정보는 무엇이든" 포함해서 본인이 어떤 사람인지 이야기해줄 것을 요청했다. 그는 다음과 같이 대답했다.

> 아버지는 포르토프랭스(Port-au-Prince)에서 성공한 사업가세요. 어머니는 교사이셨는데 은퇴하셨고요. 누이가 한 명 있는데 교사이고, 남동생 둘은 아버지 사업을 돕고 있어요. 남동생들도 몬트리올에서 대학을 다녔는데, 가족에게 돌아갔죠. 대가족이에요. 고모, 삼촌, 그리고 사촌들도 많죠. 조부모님도 아직 살아계시고. 전 아들 때문에 여기에 남아 있습니다.

ADDRESSING 모델을 머릿속으로 되새기면서, 마리는 장이 자신의 정체성에 대한 이야기를 하며 무엇에 관한 정보를 주었는지에 주목했다. 그는 시종일관 가족에 초점을 맞추어 이야기를 했다. 게다가 부모의 직업, 누이가 교사라는 것, 형제들이 모두 대학교육을 받았다는 이야기에서 그의 세대가 처한 위치와 사회경제적 위치를 알 수 있었다. 관찰된 다른 단서(예를 들어 그의 신체, 옷, 언어능력, 사회성 기술 등)뿐 아니라 이런 간단한 내용을 통해 상담자는 장의 정체성이 가족과 밀접한 관계가 있고, 자신을 중산층이라고 여기며, 국적이 그의 정체성에서 핵심적인 부분을 차지하고 있다는 가설을 세웠다. 이 가설들은 장이 제공한 정보를 반영한 것이기 때문에 정확했다.

표 4-1 내담자의 문화적 영향과 정체성 다루기: 장의 사례

문화적 요인	장의 정보
A 나이와 세대 요인	35세. 1972년생. 압제적인 뒤발리에 정권하에서 자람(1957~ 1986년)
D 발달적 장애와 D 후천적인 장애	기록되지 않거나 보이지 않음 기록되지 않거나 보이지 않음
R 종교와 영적 지향	본인이 가톨릭이라고 함. 상담자가 부두교 혹은 관행에 대해 묻지도 않고 내담자가 언급하지도 않음
E 민족적·인종적 정체성	아이티 사람. 이민자 지위(즉, 영주권)를 가지고 있지만 "캐나다 사람이라고 생각하지 않아요"라고 말함
S 사회경제적 지위	중산층 부모. 대학교육을 받음. 능력 이하의 일을 하고 있으며 차별 때문일 가능성이 있음. 프랑스어를 유창하게 함(계층과 관련된 능력)
S 성적 경향	이성애자로 여겨짐
I 토착유산	없음
N 국적	아이티인. 아이티 프랑스어와 프랑스어가 유창함. 1985년 캐나다 퀘벡 몬트리올로 이주함
G 성	남성. 싱글(이혼남). 아들이 한 명. 형제와 삼촌이 있음

마리는 또한 장이 종교 또는 종교적인 입장, 자신의 성적 경향, 성, 또는 장애를 언급하지 않았다는 점에 주목했다. 그녀는 그가 언급하지 않은 것은 그것들이 굳이 말하지 않아도 알 수 있다고 생각했기 때문이라는 가설을 세웠다. 그녀는 또한 그가 주류문화[즉, 연구결과 아이티인에게 동성 사이의 성적인 행동은 "게이 혹은 이성애자라는 정체감과 관련이 없다"(Bibb and Casimir, 1996: 103)]와 같은 방식으로 성적 경향을 개념화하지 않을 수도 있다는 것을 인정했다. 그녀는 그에게 이혼 이후 '파트너'가 있었는지 물어보았고, 그는 몇 번 여자들과 데이트를 했지만 누구와도 깊은 관계로 발전하지는 못했다고 했다. 마리는 초기 진단에서 더는 질문을 하지 않았지

만 장이 게이나 양성애자일 가능성 또한 고려했다. 후에 그에 대해 더 많이 알게 되면서 이 가능성은 배제됐다.

마리는 여전히 종교가 장의 삶에 어떤 영향을 미쳤는지 알아볼 필요가 있었다. 왜냐하면 종교는 지지원이 되고 긍정적인 대응행동의 자원이 될 수 있기 때문이다. 그녀는 "어떤 종교교육을 받으셨나요?"라고 질문했고, 장은 자신이 가톨릭이긴 하지만 '지금처럼 힘들 때' 기도하는 것을 빼면 (아이티에 있는) 집에 있을 때에만 미사에 참석했다고 답했다. 마리는 많은 아이티 사람들이 부두교 의식을 기독교에 접목시키며 그러한 의식들에서 그가 느끼고 있던 삶의 무게를 어느 정도 벗어날 수 있다면 그것들이 그에게 도움이 될지 모른다는 것을 인식했다. 하지만 그녀는 어떤 사람들이 부두교를 하급 사회계층과 결부시키기 때문에 장이 이것을 그의 사회적 계층을 간접적으로 확인하는 질문으로 해석할 수 있다는 것을 알았다(Bibb and Casimir, 1996). 그래서 마리는 장에게 무엇 때문에 편두통이 생긴다고 생각하는지, 그리고 그러한 요인을 바꾸거나 고통을 줄이기 위해 무엇을 해봤는지 물어봤다. 그는 부두교를 믿는다는 말이나 그와 관련된 의식에 관한 이야기를 전혀 하지 않았고, 그녀는 이에 대해 구체적으로 묻지 않았다(아이티 민족의 병과 징후와 관련해 Nicolas et al., 2006 참고).

정체성의 의미를 이해하기

상담자가 내담자의 정체성에 대해 명료하더라도, 그렇다고 반드시 내담자에 대해 깊이 이해할 수 있는 것은 아니다. 중요한 것은 정체성이 어떤 의미를 갖는지 아는 것이다(Brown, 1990). 기준점에 따라 같은 정체성이더라도 한 가지 이상으로 해석될 수 있다. 즉, 특정 정체성이 주류문화에서 특정한 의미를 가질 수 있지만, 소수문화에서는 다른 의미일 수 있고, 어떤 개인에게는 특별한 의미를 가질 수도 있다.

개인에게 한정되는 정체성의 의미에 대한 정보는 간접적으로(내담자에 의해 공유된 정보와 관점을 통해) 또는 직접적인 질문(예를 들어 장에 대해 "아이티 남자라는 정체성이 현재 상황에서 당신에게 어떤 의미입니까?")에 대한 답으로 내담자에게서 나온다. 하지만 이렇게 개인에게 한정되는 정체성의 의미를 이해하기 위해서는 그들 문화에서 그 정체성이 갖는 의미를 이해하는 것이 중요하다.

캐나다에 사는 아이티 남자라는 장의 정체성이 어떤 의미인지 이해하려면 적어도 아이티 문화와 역사에 관한 일반적인 내용을 알아야 한다. 아이티는 1804년 노예들이 프랑스 식민지 개척자를 타도할 때 세계 최초로 독립한 흑인 공화국이었다. 1915~1934년에 아이티는 미국에 점령되었고, 아이티 사람들이 처음으로 미국으로 이주했다. 그들 중 많은 사람들이 할렘에 정착했고, 아프리카계 미국인 공동체에 흡수되었다(Menos, 2005). 1957~1986년에 아이티 사람들은 뒤발리에(PaPa Doc Duvalier)와 그 아들 베이비 덕(Baby Doc)의 압제정권 밑에서 고통을 받았다. 비밀 군대 경찰조직인 통통 마쿠트(Tonton Macoutes)는 분개하는 교수와 정치인, 학생을 고문하고 박해했다. 미국에 두 번째로 이주민이 몰려든 것이 이 기간이었고, 교육을 잘 받은 상위층과 중산층이 주를 이루었기 때문에 아이티는 많은 전문인을 잃었다. 하지만 1960년대 중반부터 1971년까지, 그리고 1980년대 동안 미국에 이주한 아이티 사람들은 대개 중산층이거나 가난한 사람들이었다. 1990년대 초반에 6만 5,000명의 아이티 사람들이 죽음을 무릅쓰고 정치적 박해와 경제적 궁핍을 피해 탈출했지만 모두 돌려보내라는 미국의 정책에 따라 해안경비대에게 제지당했다(망명자 지위에 대해 Menos, 2005 참고). 1980~2001년에는 아이티 사람 수천 명이 캐나다로 이주했다. 2001년에는 캐나다 국민 중 약 8만 2,000명이 아이티 사람이었는데, 대다수가 몬트리올, 토론토, 밴쿠버에 거주했다(International

Policy Coordination, Citizenship and Immigration, 2004).

더 최근에 아이티는 무장폭동(2004년 민주적으로 선출된 장 베르트랑 아리스티드의 축출), 외국의 간섭(2006년까지 미국이 보호하던 정부), 자연재해(1998년 허리케인 조지로 140명 사망, 16만 명 강제이주, 2004년 홍수로 1,000명 사망, 2,400명 실종 및 사망), 그리고 질병[인구의 약 4%가 에이즈 감염(World Almanac Education Group, 2007)]으로 계속 고통을 겪고 있다. 오늘날 아이티는 서반구에서 가장 가난한 국가이다. 아이티인 사이의 계층 차이는 나라 안팎으로 심하다. 만약 어떤 아이티인이 프랑스어를 유창하게 구사하고 피부색이 비교적 밝다면(조상 중 누군가가 프랑스인과의 결혼을 통해 지위를 높인 것), 그 사람은 분명 높은 사회계급에 속한다(밴쿠버나 토론토 또는 미국에서 영어를 배워야 하는 아이티인과 비교하면). 퀘벡에서 아이티인이 프랑스어를 유창하게 구사한다는 것은 힘이 된다. 하지만 그렇다고 해서 그들이 프랑스어를 하는 유럽 출신 사람들과 똑같이 대접받는 것은 아니다. 피부색을 이유로 직장에서 차별을 받는 경우도 흔하다(Bibb and Casimir, 1996; Glasgow and Adaskin, 1990).

장은 프랑스어를 유창하게 하고, 피부색이 밝은 아이티인이고, 학사학위를 가지고 있으며, 중산층 가정 출신이다. 아이티에서 그는 특권과 지위를 가지고 있었다. 하지만 똑같은 문화적 정체성이 캐나다에서는 다른 의미였다. 아이티인이라는 것(즉, 캐나다의 주류문화에서 봤을 때 그가 흑인이라는 점)은 그가 이민자이며 외국인이라는 의미로 받아들여졌다. 아이티에서 가장 두드러졌던 그의 성과 사회계급 정체성이 캐나다에서는 민족 정체성에 가려 아무런 힘이 되지 못했고, 그것은 대다수의 캐나다 사람들과 그를 눈으로 구분할 수 있는 기준이 되었다.

상담자가 장에게 퀘벡에서 아이티인으로 살면서 개인적으로 경험한 것을 물어보는 것이 어떤 측면에서는 적절할지 몰라도, 장이 자신의 정체성이 갖는 일반적인 의미에 대해 직접적으로 가르쳐주길 기대하는 것은 적절하지 않다. 그리고 현명하지도 않다. 내담자를 통해서만 어떤 문화의 전체를 보다보면 얻을 수 있는 정보가 상당히 제한되기 때문이다. 따라서 이러한 종류의 정보는 상담자가 개인적으로 학습해야 할 부분이며, 학습은 주로 상담회기 밖에서 이루어져야 한다.

유사한 예로 해리장애를 앓고 있는 사람과 직접적인 경험이 없는 상담자의 예를 보자. 그녀는 해리장애를 보이는 첫 번째 내담자에게서 해리장애의 일반적인 특징을 배울 수 있다고 기대하지 않았다. 그래서 상담회기와는 별도로 직접 정보를 구했고, 진단회기 시간을 활용해 해리장애와 관련된 내담자의 개인적인 경험을 연구했다.

장에 관해서는, 만약 상담자가 아이티의 일반 역사와 문화, 장이 살아온 세대에 정치적 사건들이 미친 영향 그리고 캐나다에서 프랑스어를 구사하는 '눈에 보이는 소수문화'의 입장을 알지 못한다면, 상담자는 이 차이들을 인정함으로써 적어도 그녀 자신에게 그리고 상황에 따라 장에게 자신의 신용을 지켰을 것이다. 자신의 내담자를 위해 그녀는 지식을 넓히려고 노력할 수 있었다. 이러한 노력을 통해 그녀는 상담실 밖에서 정보와 경험을 찾고 그것들이 일반적으로 가지는 의미를 배웠을 것이다. 장의 정체성에 대한 그녀의 가설은 그저 가설이지만, 지식과 경험이 많아질수록 이러한 가설과 거기서 나온 질문들은 그의 실제 삶과 훨씬 더 가까워졌을 것이다.

내담자와 상담자의 상호작용: 전통적 전이를 넘어서

초기 정신분석학적 접근법에서는 상담자의 역할을 어버이의 모습이 투영될 수 있는 빈 서판이나 거울로서 강조했다. 전이로 알려진 상담자에 대한 내담자의 정서적인 반응을 "과거 경험을 바탕으로 한 경험과 왜곡의 투영"으로 보았다(Chin, 1994: 207). 하지만 문화의 개념을 상담자와 내담자 사이의 상호작용 분석에 도입할 때, 상담자에 대한 내담자의 정서적인 반응, 그리고 그 반대의 경우는 종종 실제 세상에서의 차이와 힘의 불균형을 반영한다.

포스터가 지적하듯이, "분석자는 중립적인 입장도 아니고 전이가 일어나게 하는 흙으로 된 존재도 아니다. 사실 그들은 종종 강한 편견을 가지고 있는 무시무시한 사람이다"(Foster, 1996: 15). 또 다른 문화 정체성을 가진 상담자에 대한 내담자의 반응은 상담자가 속한 문화권 사람들 사이에서 내담자가 겪은 일상적인 경험과 관련되는 반면, 내담자가 부모에게 느끼는 감정과 관련이 적다. 이러한 현실을 인정하면서, 정신역동 이론가들은 전이와 역전이의 정의를 문화적 영향력을 고려하는 방향으로 확장시켰다(Chin, 1994; Muran, 2007). 예를 들어 자기심리학의 관점에서 허츠버그(Hertzberg, 1990: 276)는 소수자의 정체성을 가진 사람들이 가진 내적 표상에는 "더 큰, 주류문화의 이방인으로서의 자기 경험뿐 아니라 특정 하위문화 안에서의 자기 경험이 모두" 포함된다고 한다.

자신보다 훨씬 젊은 유럽계 미국 여성 상담자에게 보내진 과테말라 혈통인 60세 기혼 여성의 예를 살펴보자. 내담자는 자신과 가장 친밀하고 오랜 관계를 유지한 사람이 남편과 자녀들이었기 때문에, 그리고 자신이 상담자보다 나이가 많았기 때문에 상담자를 딸로 봤을지도 모른다. 상담자 역시 이 내담자를 보며 자신의 어머니나 할머니를 연상했을지 모른다(자신보다 나이가 많은 내담자와의 전이와 역전이에 대한 더 자세한 내용은 Newton and Jacobowitz, 1999 참고). 하지만 내담자와 상담자가 서로에 대해 보이는 반응은 단순히 나이 때문이라고 보는 것보다는 더 복잡할지 모른다. 예를 들어 상담자가 교육을 잘 받은 중산층 출신이고 내담자가 가난한 시골 사람이었다면 어땠을까? 상담자는 내담자를 보면 자신의 집안일과 아이들을 돌봐주는 가정부가 생각나고, 내담자는 상담자를 보면 과테말라에서 스페인어로 말하는 요구사항이 많은 고용주가 생각날지 모른다. 내담자의 불신을 단순한 감정으로 해석하는 것은 내담자의 과거와 상담자가 속한 문화 구성원들에게 내담자가 매일 겪은 심한 차별(과테말라의 억압적 민주주의의 정치사회적 역사와 그 안에서의 미국의 역할에 대해 Gleave, Chambers, Manes, 2005 참고)을 간과하는 것이다.

상담과 관련이 있는 것처럼 보인다면 그것이 부정적인 감정이라도 하더라도 상담자는 문화 이야기(인종과 다른 차이점을 포함)를 꺼내야 한다. 예를 들어 흑인 가정에 대해 유럽계 미국인 상담자가 직접적으로 묻는 것(예를 들어 "백인 상담자와 상담하는 것은 어떠세요?")은 모두의 머릿속에 이미 떠올랐을지 모를 논의를 필요하게 한다(Boyd-Franklin, 1989). 물론 상담자가 이 주제를 거론할 때는 "그것의 관련성을 진지하게 충분히 생각"하는 것이 가장 중요하다(Boyd-Franklin, 1989: 25). 만약 그렇지 않다면, 이 질문은 생색내는 것처럼 들릴 수 있다(Greene, 1994). 게다가 백인 상담자는 이 질문이 분노를 불러일으킬 수 있으며, 심지어 내담자의 가족 중 누군가가 백인 상담자와 상담하는 것이 별로라고 말할 가능성에 대해 대비해야 한다. 상담자가 가족과 이 문제에 대해 논의하면서 방어적이지 않고 변명하지 않는 태도로 임할수록 치료적 친밀감이 생길 가능성이 커진다(Boyd-Franklin, 1989: 102).

내담자에게 이런 질문을 하기 전에 다양한 정체성을 가진 사람들에게 자문을 받고 슈퍼비전을 받는 것이 도움이 된다. 윌리엄스는 인종에 대해 다음과 같이 언급했다.

백인 상담자를 훈련시킬 때 할 일은 인종에 대한 자신의 감정을 이야기하는 작업에 익숙해지도록 하는 것이다. 반면에 유색인종인 상담자와 훈련생에게 이 작업은 용이하다. 그들이 경험한 것 중 많은 부분들이 …… 다른 유색인종 사람과 인종문제에 대해 자주 그리고 활발히 토론을 하면서 두드러졌다. 하지만 백인은 보통 이런 토론을 경험하지 못한다. 그로 인해 상담자 교육현장이나 전문인을 상대로 하는 워크숍은 모든 사람의 성장을 위한 기회가 많았지만 경험해보지 못한 사람을 위한 포럼이 된다(Williams, 1999: 34~35).

어떤 내담자에게는 신뢰감이 제대로 생기기 전에 이 주제를 꺼내는 것이 적절하지 않을지 모른다. 주류문화와 소수문화 출신의 많은 어른들이 자랄 때 인종, 사회계층, 성적 경향, 그리고 심신의 자유와 관련된 차이점을 숨기거나 최소화하도록 교육받았다(Sang, 1992). 게다가 많은 사람들은 다른 사람의 능력이나 한계에 대해 직접적으로 이야기하는 것을 불편해한다. 또 그러한 이야기를 하는 것이 상담자의 무능을 암시하는 것일까봐 걱정한다. 앞서 언급한 석 부인의 사례처럼 어떤 내담자는 상담자의 정체성이나 자신의 정체성과의 관련성을 알지 못하고, 감정적 유대가 확립되기 전에 그것을 문제 삼는 것을 부자연스럽게 느낄지 모른다.

상담자에 대한 내담자의 감정이 상담자가 속한 문화의 구성원들과 관련된 자신의 경험에서 기원할 수 있는 것처럼, 상담자 또한 내담자가 속한 문화권과 관련된 자신의 경험에 영향을 받는다. 친은 소수민족과 주류민족의 정체성을 가진 상담자에게서 보이는 역전이의 일반적인 모습에 대해 이야기했다(Chin, 1994). 상담자가 유색인종일 때, 역전이는 내담자의 경험과 지나치게 동일시해 그것이 드러날 때 정신병리를 과소진단하거나 최소화하는 결과를 낳을 수 있다. 유사한 현상이 내담자와 같은 소수집단에 속하는 상담자에게도 일어날 수 있다[예를 들어 레즈비언 상담자는 아직 커밍아웃을 하지 않은 레즈비언 내담자와 자신 사이에 비슷한 점이 당연히 있을 것이라고 생각할지 모른다(Morrow, 2000)]. 친은 유색인종인 상담자들에게 "내담자의 문화적 역할이나 성 역할이 아닌 것에 관해서 개인적인 변화를 위한 행동강령을 만드는 개입"을 하는 데 주의해야 한다고 충고했다(Chin, 1994: 212). 하지만 내담자와 유색인종 상담자가 갖는 강한 일체감은 치료적 관계를 촉진시킨다.

대조적으로 유럽계 미국인 상담자가 경험한 역전이에는 종종 힘과 차이점에 관련한 문제들이 포함된다(Chin, 1994). 유색인종 내담자와 공통점을 만들기 위해 유럽계 미국인 상담자는 문화적 차이를 최소화할 수 있다(Quinones, 2007). 그리고 지식 부족으로 존재하지 않는 유사점을 가정할지 모른다. 그 결과 내담자는 오해를 받고 있거나 소외당한다고 느낄지 모른다. 하지만 상담자가 내담자의 문화가 다르다는 것과 자신의 지식이 부족하다는 것을 인정하고 도움이 되고자 하며 배우려는 의지를 강하게 갖는다면 역전이는 치료적 관계를 촉진한다(Chin, 1994: 212~213).

상담자 자신의 정체성과 장의 정체성 사이의 상호작용을 이해하게 되면 진단평가는 쉬워질 수 있다. 상담자는 ADDRESSING 모델을 사용해 장과 다른, 그로 인해 상담장면에서 가장 두드러지는 자신의 정체성 — 여기에는 종교, 민족성, 국적, 성을 포함 — 이 무엇인지 알 수 있었다. 상담자는 캐나다 퀘벡 출신에 여성주의자로서의 자신의 정체성을 인식하고 있다. 하지만 상담자는 아이티 사람을 만나본 적이 없다는 점이 어떻게 아이티 남자의 주류문화 가정에 대한 감수성(susceptibility)에 영향을 미치는지를 생각하기를 원했을 것이다. 그녀는 유럽계 미국인 여성주의 철학이 편견으로 작용했을 가능성을 고려하기를 원했을 것이다(〈예시 4-2〉 참고).

상담자는 여성으로서 그리고 프랑스계 캐나다인으로서 자신이 갖는 소수집단의 지위 때문에, 또 다른 소수집단의 구성원인 장의 경험과 자신의 경험을 동일시했을지 모른다. 그러나 유사점을 가정하는 것에 신중하길 원했을 것이다. 캐나다 전체를 놓고 보았을 때, 프랑스계 캐나다인이라는 그녀의 민족성은 분명 소수집단의 지위에 해당한다. 프랑스계 캐나다인은 3,300만 캐나다 전체 인구 중 약 23%를 차지하며, 하나의 집단으로 보았을 때 전통적으로 대다수를 차지하는 영어 사용자와 비교해 상대적으로 지위가 낮았다(World Almanac Education Group, 2007). 하지만 퀘벡에서 프랑스어는 공용어이고 프랑스계 캐나다인은 영향력 있는 다수를 구성한다. 따라서 장과 비교할 때 그리고 퀘벡이라는 환경에서, 상담자는 주류 문화의 구성원이다.

1962년 차별적인 이민법 수정안이 발표된 후 캐나다로 이주해오는 유럽계 이민자 비율이 감소하고 있다(Elliott and Fleras, 1992). 1991~2001년 사이 캐나다 이민자 비율을 보면, 3%는 미국, 58%는 아시아와 중동아시아, 20%는 중부 유럽과 동부 유럽, 11%는 라틴아메리카와 카리브해 그리고 8%는 아프리카에서 온 것을 알 수 있다(International Policy Coordination, Citizenship and Immigration, 2004). 미국과 유럽이 아닌 다른 곳 출신 이민자들은 캐나다에서 '눈에 띄는 소수집단'이라 불리며, 언어와 고용, 자금 조달, 사회복지의 사무절차나 의료, 입국심사 시스템과 관련된 문제를 보통 경험한다(Waxler-Morrison and Anderson, 2005). 미국과 유럽에서 이주해 온 사람들 역시 이러한 문제를 겪기는 하지만, 신체적으로 영국계 캐나다인이나 프랑스계 캐나다인과 닮은 그들의 자녀에게 이 장벽은 상대적으로 높지 않다.

이러한 배경정보와 함께, 마리가 자신의 눈에 보이는 정체성을 인식한 것은 상담장면에서 장의 행동을 이해하는 데 도움이 되었을 것이다. 장이 초기에 방어적인 태도를 보인다면, 마리는 그것을 퀘벡 사람이라는 자신의 눈에 보이는 정체성에 대한 반응일 가능성으로 고려할 수 있다. 장이 그녀의 문화 구성원들에게서 경험했던 편견과 차별을 생각한다면, 마리에게 보이는 자기 방어적 태도는 놀랄 일이 아니다. 하지만 장의 반응은 상담자 마리의 여자라는 정체성과 좀 더 관련이 있을지도 모른다. 그가 방어적으로 보인 것이 사실은 여성 또는 주류문화에 속하는 여성과 자신의 특정 문제를 나누는 것에 대한 불쾌감일 수 있다. 어떤 쪽이 사실이든 자신의 정체성과 장의 정체성에 대해 더 잘 알수록, 마리는 그의 반응을 더 잘 이해하고 그들 사이의 상호작용을 쉽게 하는 데 도움이 되는 방향으로 행동할 수 있을 것이다. 도움이 되는 행동에 대해서는 제5장에서 더 자세하게 다룬다.

결론

정체성은 집단적 의미와 개인적 의미를 모두 포함하는 복잡한 현상이다. 정체성의 개념이 내담자에게 항상 관심거리가 되지는 않지만, 자신의 내담자를 더 깊이 이해하길 원하는 상담자에게는 도움이 될 수 있다. 내담자의 정체성에 대해 알게 되면 상담자는 어떤 문화적 힘이 내담자의 인생에 중요한 영향을 미쳤는지 더 정확하게 추론할 수 있다. 또한 상담자가 내담자의 현실에 근접한 가설을 세우고 질문을 하는 데 도움이 된다.

자신의 문화권에서 겪은 내담자의 개인적인 경험에 대한 정보는 대개 내담자에게서 나온다. 하지만 내담자가 자신의 정체성의 더 넓은 문화적 의미에 대해 상담자에게 가르쳐주길 기대하는 것은 옳지 않다. 그것은 상담자의 몫이며 종종 상담장면 밖의 활동을 수반한다. 상담자가 외부활동에 헌신적일수록, 이 배경정보를 내담자의 개인 경험을 이해하고 진단과 상담과정을 쉽게 하는 데 사용할 수 있을 것이다.

내담자의 정체성과 환경 이해하기

1. 정체성은 문화, 환경, 시간에 따라 달라지는 다차원 현상이다.

2. 내담자의 두드러진 정체성에 대한 지식은 내담자가 세상을 보는 방식, 그들이 가치 있게 여기는 것, 특정 상황에서 예상되는 그들의 행동방식, 다른 사람들이 그들을 대하는 태도에 대해 상담자가 알 수 있는 단서가 된다.

3. 초기 진단에서 ADDRESSING 모델을 사용하면 내담자의 삶에서 두드러질지 모를 소수집단의 정체성과 주류집단의 정체성 리스트를 기억하기 쉽기 때문에 도움이 될 수 있다.

4. 내담자가 개인의 정체성과 문화적 정체성이 자신의 현재 상황과 어떤 관계가 있는 지 알고 싶어하지 않더라도, 상담자가 자신의 정체성과 내담자의 정체성 사이의 상호작용을 포함해 정체성 문제를 고려하는 것은 중요하다.

5. 어떤 특정 정체성이 주류문화에서는 한 가지 의미일지 몰라도 소수문화에서는 다른 의미를 가질 수 있으며, 한 개인에게는 자신에게만 해당하는 특정한 의미를 가질 수 있다.

6. 특정 개인에게 한정되는 정체성의 의미에 대한 정보는 대개 내담자에게서 나온다. 하지만 특정 문화에 한정되는 정체성의 의미는 상담자가 개인적으로 학습해야 할 부분이고, 이러한 학습은 상담실 밖에서 주로 일어나야 한다.

7. 내담자와 상담자의 상호작용(전이와 역전이)은 종종 실제 세상에서의 문화적 관계, 갈등, 힘의 불균형을 반영한다.

8. 개인의 문화적 정체성에 대한 인식은 상담에서 문화적 전이와 역전이를 이해하는 데 필수적이다.

9. 상담자와 내담자 사이의 문화적 차이점에 대한 논의에 내담자가 솔직하게 임한다 면, 이러한 논의는 상담관계를 촉진한다.

10. 자문, 슈퍼비전, 계속적인 자기 평가는 상담자가 자신감을 가지고 경험을 쌓고 내 담자와의 문화차이를 논의하는 데 중요한 단계이다.

제5장
의미 있는 관계 맺기
존중과 신뢰감 형성하기

오르테가 씨는 32세의 남성으로 코스타리카 출신이다. 코스타리카 억양은 좀 있지만 영어를 유창하게 구사하며, 지난 다섯 달 동안 위에 통증이 있었으며 잘 먹지 못하고 몸무게가 20파운드 줄었다고 말했다. 의사는 60대의 유럽계 미국인으로, 오르테가 씨를 면밀히 진찰한 다음 스트레스가 있는지 물어보았다. 그는 아내가 친정식구를 보러 딸과 함께 코스타리카에 돌아가 있는 상태이고, 혹시 돌아오지 않으면 어쩌나 싶어 걱정이라고 했다. 의사는 그가 스트레스를 많이 받고 있으며, 그의 문제는 가슴앓이(heart burn)로 보이고, 스트레스로 인해 악화될 수 있다고 했다. 처방전을 쓰면서, 의사는 잠시 '정신보건간호사(nurse practitioner therapist)'를 만나 '스트레스와 식이요법에 대한 이야기를 나누고 건강과 기분이 좋아질 수 있는 방법에 대해 몇 가지 제안을 들을 의향이 있는지' 물어보았다. 오르테가 씨는 그러겠다고 했고, 의사는 정신보건간호사인 샤론을 소개해 주고 두 사람이 이야기할 수 있도록 자리를 피해주었다.

샤론은 38세의 이탈리아계 미국인으로, 오르테가 씨와 악수로 인사를 나눈 후 그가 사는 곳과 자신이 사는 곳의 교통이 얼마나 복잡해졌는지에 대해 편안하게 이야기를 나누었다. 샤론은 친절했고, 그녀는 자신의 아이들이 다니는 어린이집을 오가는 길의 교통체증이 얼마나 심각한지 이야기했다. 이는 자연스럽게 오르테가 씨의 두 살배기 딸 이야기로 이어졌고, 딸 이야기를 하며 오르테가 씨는 자신의 이름이 마누엘이라고 알려주었다. 샤론은 그가 말끔하게 차려입었고 어두운 색깔의 테를 두른 안경을 끼고 있다는 것에 주목했다. 얼굴표정과 자세는 불안해 보였지만, 그는 다양한 반응을 보였고 우호적이었다.

가벼운 대화를 나눈 후 샤론은 자신을 정신보건간호사이면서 동시에 스트레스와 관련된 문제를 가지고 있는 사람들을 상담하는 상담사라고 소개하며, 상담의 공식적인 부분인 평가를 시작했다. 샤론이 절충적인 상담접근법을 설명하고 과거에 사람들에게 어떻게 도움을 주었는지 몇 가지 예를 들자, 마누엘의 표정이 점차 굳었다. 그는 샤론에게 이 면담의 목적을 '단순히 간호사와 이야기를 나누며 건강에 도움이 되는 몇 가지 정보를 얻는 것이고, 저를 도와주실 분은 의사 선생님'이라고 생각했다고 말했다. 상담을 받아야 할지도 모른다는 생각 때문에 그가 당황했다는 것을 샤론은 알 수 있었다. 그녀 또한 당혹스럽고 화가 나기는 마찬가지였다. 자신이 어떤 방식으로 도움을 줄 수 있는지 그가 이해하지 못하는 것이 당혹스러웠고, 자신이 남자였더라도 그가 똑같은 반응을 보였을까 싶어서 화가 났고 자존심이 상했다.

마음을 진정시킨 후, 샤론은 상담목적을 제대로 설명하지 못한 데 대해 사과했다. 그리고 그가 당황하는 것은 당연하며 자신이 상황을 충분히 설명하지 못했다고 했다. 그러자 어느 정도 긴장감이 해소된 듯 보였다. 샤론은 건강의 문제는 몸과 마음의 문제인 경우가 많으며, 그 때문에 자신과 내과의사가 서로 협력하며 일하고 있다고 설명했다. 그녀는 두통, 복통 그리고 몸의 다른 통증과 같은 '신체적인' 문제가 종종 어떻게 스트레스 − 예를 들어 일자리를 잃는다거나 중요한 일이 생기거나 가족 간에 불화가 있거나 − 와 관련되어 있는지에 대해 이야기했다. 또한 내담자들이 걱정을 줄일 수 있도록 도와주어 결국 신체적인 증상까지 줄어든 몇 가지 상담사례를 들려주었다. 마누엘은 여전히 긴장한 듯 보였지만 귀담아들었다. 샤론은 내담자에게서 자신에 대한 신뢰감을 확립할 필요를 느꼈고, 이를 위해 잠시 동안 내과의사가 동석해줄 것을 요청하고 싶다고 말했다.

샤론은 의사를 데려왔다. 의사는 마누엘이 오해한 상황에 대해 사과했다. 또한 환자들이 건강에 영향을 미칠 수 있는 문제는 그것이 무엇이든 해결하도록 도와주는 것이 병원의 목적이라고 다시 설명했다. 그와 샤론은 환자들에게 최선의 진료를 제공하기 위해 함께 일하고 있으며, 마누엘이 샤론과 더 이야기를 나눌 의향이 있다면 위 통증을 다스리고 가슴앓이를 더는 데 유용한 몇 가지 아이디어를 분명히 줄 수 있을 것이라고 말했다. 긴장감은 많이 해소되었고 의사는 자리를 떠났다. 마누엘은 30분 정도 더 머물면서 샤론이 제안하는 것을 '고려'하겠다고 의사표시를 했다. 그들은 다시 얼마 동안 편안하게 이야기를 했고, 이어 다시 진단과정을 시작했다.

이 경우에서 알 수 있듯이, 의미 있는 관계를 확립하는 것은 진단과정에서 첫 번째 필수단계이다. 내담자와의 관계를 통해 상담자는 정보를 계속 모을 수 있다. 만약 의미 있는 관계를 형성하지 못하면 기본적인 정보조차 방어적인 태도 때문에 무의미해질 수 있다. 처음에 샤론은 마누엘과 사교적인 이야기를 나누며 상담에 실제로 도움이 되는 관계의 기초를 쌓았다. 친근하고 개인적인 접근법(personolismo, 이 개념에 대한 더 자세한 내용은 이 장의 뒷부분에서 다룸)과 존중(respect)이 마누엘이 초기 갈등을 경험했을 때 그가 상담에 남아 있을 가능성을 높인 것이다. 갈등이 생겼을 때 상담자는 본능적으로 자신을 방어하려는 태도를 통제할 수 있었고, 그 덕분에 내담자의 마음을 편안하게 해주는 데 필요한 것이 무엇인지를 헤아릴 수 있었다. 샤론은 마누엘이 자신보다는 나이가 많은 남자 의사를 더 인정할지 모른다고 생각했고, 그 때문에 부정적인 감정에 휩싸였음에도 마누엘의 치료를 위해 의사를 상담과정에 합류시키기로 결정했다(코스타리카 출신 내담자와의 더 많은 상담내용은 Hernandez, 2005 참고).

상담관계 맺기

상담관계를 발전시킬 수 있는 행동에 대한 많은 연구가 수행되었다. 초기 연구들은 언어기술(예를 들어 바꾸어 말하기, 개방 질문하기, 감정 반영하기)과 비언어기술(예를 들어 시선 맞추기, 자세)을 포함해 특정한 조력기술(helping skill)의 발달에 초점을 맞추었다. 이 연구들 중 많은 것들이 유럽 중심의 참고 틀(Ivey, Ivey, Simek-Morgan, 1993)을 사용했다. 예를 들어 다른 사람의 이야기에 집중하고 듣고 있다는 것을 보여주기 위해 사용하는 기술들(예를 들어 내담자가 걱정스러운 정보를 공유할 때조차 눈을 계속해서 맞추고 내담자 쪽으로 몸을 숙여 관심을 표현하고 중간 톤으로 이야기하기)은 유럽계 미국인 문화에서 일반적으로 중요시되는 것들이었다. 그뿐 아니라 지배문화의 규범은 적절한 접촉과 상담자의 자기 개방(self-disclosure), 내담자에 대한 호칭, 시간제약에 대한 예상 그리고 상담회기 사이 상담자의 접근가능성(availability)에 대한 생각에도 깊이 영향을 미쳤다(Brown, 1994).

최근 몇 년 동안 조력기술 훈련에 대한 연구는 두드러지게 감소했다(Hill and Lent, 2006). 부분적으로는 상담에 도움이 되는 행동들이 문화마다 다르다는 인식이 확산되고 있고, 이러한 행동들을 가르치는 것이 복잡하기 때문일 것이다. 다음에서 다문화 연구들이 중요하다고 본 언어적 그리고 비언어적 관계 맺는 기술들을 중점적으로 소개한다. 연구들은 비언어적 관계 맺기 기술들이 소수문화에서 특히 중요하다고 보았다. 행동의 차이는 문화와 문화 사이에서 보이는 것만큼 한 문화 안에서도 크기 때문에, 이러한 많은 접근법들은 주류문화 구성원에게 실제적으로 중요할 것이다. 특정 문화에 대한 정보가 있다고 해서 그 문화에 속하는 모든 구성원의 행동을 설명할 수 있는 것은 아니지만, 상담자가 자칫 무시하고 넘어갔을지 모를 것을 새롭게 가정하도록 하는 데에는 도움이 된다.

존중의 중요성

유럽계 미국 문화는 관계에서의 평등을 굉장히 중요하게 여긴다. 개인 간의 상호작용에서 사회계층, 민족, 장애 등과 관련된 힘의 차이는 간과된다. 동료 지향적인 대화를 선호하며 다른 사람을 '얕보거나' 생색내듯이 대하는 것은 바람직하게 여기지 않는다. 이것이 정신건강 분야의 연구들이 존중보다는 신뢰감을 쌓는 행동(라포 형성)을 중점적으로 다룬 이유일지 모른다.

하지만 존중의 개념은 라틴아메리카인, 아프리카계 미국인, 아시아인, 아랍인 그리고 많은 토착문화에서 신뢰감의 개념만큼 중요하다(Abudabbeh, 2005; Iwamasa, Hsia, Hinto, 2006; Kelly, 2006; Organista, 2007; Swinomish Tribal Community, 1991). 그러나 그렇다고 해서 존중의 개념이 유럽계 미국인에게 중요하지 않고 신뢰감의 개념이 다른 문화에서 중요하지 않다는 이야기는 아니다. 다만 관계에서 중요하게 여기는 것이 개인이나 가족마다 차이가 있듯이 문화마다 다를 수 있다는 것을 이야기하는 것이다.

존중은 (a) 세상에 대한 내적인 태도(즉, 태도 혹은 세계관)와 (b) 눈에 보이는 행동, 두 가지로 이해하는 것이 도움이 될 수 있다. 매테슨은 존중에 대해 잘 정의했다. 그녀는 미국계 인도인의 관점에서, 존중의 내적 태도를 다음과 같이 설명했다.

개인의 성격적 특징, 그/그녀의 심장이나 척추처럼 변함없는 것…… 특정한 행동이나 상태에 대한 반응으로 야기된 반동 현상이 아니라…… 개인과 그를 둘러싼 세상 사이의…… 의식적이고 적극적인 인식(Matheson, 1986: 116).

내가 이 정의를 좋아하는 것은 존중받기를 기다리기보다 다른 사람을 존중함으로써 시작하기 때문이다.

때로 존중의 중요성은 권위를 가진 사람을 존경해야 한다는 전통적인 믿음을 강조한다(Iwamasa et al., 2006). 예를 들어 아랍 문화에서 존중은 나이, 직업, 가족배경, 사회경제적인 위치를 포함한 많은 상호작용 요인들에 의해 결정된다. 특히 나이가 많은 사람일수록, 교육수준이 높은 사람일수록, 인격적으로 훌륭하다고 평판이 난 사람[예를 들어 여러 세대 동안 그 지역에 살아온 가족들, 자선행위나 종교적인 실천 때문에 평판이 좋은 가족들(Abudabbeh and Hays, 2006; Barakat, 1993)]일수록 더 높은 지위를 얻고 더 많은 존중을 받는다.

멕시코 가정에서 'respeto'는 부모와 자녀 사이의 핵심가치로, 영어의 존중(respect)보다 '더 많은 정서적인 의존과 의무'를 내포하고 있다(Falicov, 2005). 이민과 사회변동으로 라틴아메리카 사람의 결혼체계와 가족생활은 다방면에 걸쳐 변화했지만, 아직도 'respeto'는 여자와 아이에 대한 남자의 권위를 강화하는 데 이용되고 있다(Bernal and Shapiro, 1996; Falicov, 1996; Martinez, 1999).

존중하는 마음을 가지고 있다고 할 때, 그것을 어떻게 행동으로 표현하는가? 존중하는 마음을 표현하는 가장 기본적인 행동 중 하나는 처음 만났을 때 사용하는 호칭으로 나타난다. 하지만 존중하는 마음을 나타내는 호칭은 문화마다 다를 뿐 아니라 한 문화 안에서도 차이가 있다. 주류문화에 속하는 구성원은 사람들 사이의 사회적인 거리감을 줄이기 위해 종종 이름을 부른다(Pauwels, 1995). 하지만 많은 소수민족과 유럽계 미국인 혈통을 가진 사람들, 특히 나이가 많은 사람들은 그러한 호칭이 무례하다고 생각한다(Morales, 1999). 예를 들어 아프리카계 미국인 성인은 사전 동의 없이 이름만 부르는 것은 상대의 품위를 손상시키는 행동이라고 생각하기 때문에 무례하다고 느낄지 모른다. 왜냐하면 그것이 노예제도가 시행되던 때부터 유럽계 미국인이 "진짜 이름을 부르지 않고 천한 신분이 드러나도록 아프리카계 미국인을 다른 이름(예를 들어 boy)으로 불렀던 것"(Hines and Boyd-Franklin, 1996: 79)을 연상시키기 때문이다. 한 문화에서조차 호칭방법은 다양하기 때문에 내가 활용하는 규칙은 다음과 같다. (a) 처음에는 모든 문화권의 나이 든 사람에게 쓰는 격식을 차린 호칭을 사용한다. (b) 내담자가 속한 문화의 규범을 알고 있다면 통상적으로 그것에 따른다. (c) 의심스러울 때는 내담자에게 직접 어떤 호칭을 선호하는지 처음 만나는 자리에서 물어본다.

만성질환이나 장애를 가진 아이의 부모와 상담할 때, 데이비스는 그들에게 집중함으로써 존중한다는 것을 보여주었다. 설사 의견이 다를지라도 함께 있는 동안에는 "자유롭게 말할 수 있도록 해주고 말하는 것을 들어주고 그것을 중요하게 여겼다". 그는 이때 내담자에게 도움이 될 만한 모든 지식과 기술을 동원하되, "변화가 이루어지는 과정에서 내담자를 대신한다거나 그들의 역할을 무시하는 태도"를 취해서는 안 된다고 지적했다(Davis, 1993: 54).

상담자의 부정확한 가정은 문제가 될 수 있다. 왜냐하면 내담자가 상담자를 무례하다고 생각할 수 있기 때문이다. 예를 들어 아프리카계 미국인 여성은 상담자가 아프리카계 미국인 문화에 대한 일반적인 지식만으로 자신의 가족을 이해한다고 판단하면 상담자가 무례하다고 생각할 수 있다(Boyd-Franklin, 1989). 내담자나 그녀의 가족을 제대로 알지도 못한 상태에서 내담자를 이해하고 있다고 생각할 경우, 다시 말해 틀에 박힌 사고를 하게 될 경우, 상담자는 아프리카계 미국인 문화 안의 엄청난 다양성을 인식하지 못할 수 있다. 이런 상황에서 상담자는 아프리카계 미국인 문화에 대한 자신의 일반적인 지식과 내담자 개인에 한정되고 그 가족에 한정되는 경험 사이의 차이를 구분할 필요가 있다. 내담자가 자신의 정체성이 갖는 일반적인 문화의 의미에 대해 가르쳐주기를 기대할 수는 없을지라도 상담자는 내담자로부터 그의 개인적인 경험과 가족과 관련된 경험에 대해 배울 필요를 인식하게 되었을 것이다.

상담자와 내담자의 민족적 유사성

소수민족에 속하는 사람들이 상담 서비스를 잘 이용하지 않는 이유를 알아내기 위해 연구자들은 내담자들이 민족적으로 유사한 상담자들을 더 좋아하고 그들에게 상담받았을 때 결과가 더 좋은지 조사했다(Kearney, Draper, Baron, 2005). 간단한 질문(예를 들어 "당신은 민족적 배경이 다른 상담자보다 민족적 배경이 비슷한 상담자를 선호합니까?")을 사용했던 초기 연구에서는 사람들이 민족적 배경이 비슷한 상담자를 선호한다고 응답했다. 하지만 조금 더 구체적으로 응답해야 하는 질문(예를 들어 "민족 유사성, 비슷한 태도와 가치관, 교육을 더 많이 받은 상담자, 나이가 더 많은 상담자, 비슷한 성격을 가진 사람, 사회경제적인 위치, 혹은 성별 중 무엇이 더 중요합니까?")이 제시되자, 사람들은 민족적 유사성보다 다른 요인들이 중요하다고 평가했다(Atkinson et al., 1998: 103).

민족 매칭에 대한 문헌을 개관한 최근의 한 연구에서는 "민족적 유사성이 상담결과에 영향을 미치지 않는다는 것을 대부분의 연구에서 알 수 있다"(Karlsson, 2005: 124)라고 결론을 내렸다. 오히려 문화적 유사성, 즉 가치관, 태도, 믿음, 세계관의 유사성을 더 중요한 것으로 보는 듯하다 (Kim, Ng, Anh, 2005; Maramba and Hall, 2002). 상담자가 내담자의 다른 관점을 이해하고 존중하며 수용할 수 있다면, 상담자가 다른 민족 출신이라도 내담자에게 문화적으로 적절한 상담을 해줄 수 있을 것이다(Maramba and Hall, 2002).

어떤 내담자는 특정 부분에서 자신과 다른 상담자를 특별히 선호할지도 모른다. 그러나 소수자로서의 정체성을 가진 내담자에게 주류문화에 속하는 상담자는 상담자(와 내재화된 인종차별)에 대한 부정적인 감정전이를 초래할 수 있다. 예를 들어 상담자가 여자이거나 유색인종이기 때문에 민족에 사로잡혀 있거나 능력이 떨어질 것이라고 믿는 것이다(Chin, 1994; Comas-Díaz, 2007). 다른 경우로는, 내담자가 속한 민족공동체가 작고 상담자가 자신과의 상담내용을 비밀에 붙일 것이라는 것을 충분히 알지 못하거나 믿지 못해서 다른 민족의 상담자를 선호하는 경우도 있을 수 있다(Tseng, 1999).

다양한 의사소통 유형

사회적인 상호작용이 평가와 같은 공식적인 절차보다 우선할 것이라는 기대감은 많은 문화와 다른 소수집단에게서 공통적으로 발견된다. 일상적 상호작용을 라틴아메리카 문화에서는 'personalism'이라고 한다[샤론과 마누엘 사이의 긍정적인 상호작용을 참고(Organista, 2007)]. 이는 또한 나이 든 여성들 사이의 **상호의존성**[mutuality(Greenberg and Motenko, 1994)], 아프리카계 미국인들 사이의 일대일 연결[a person-to-person connection(Boyd-Franklin, 1989)] 그리고 아메리카 인디언들 사이의 존경과 **상호성**[respect and reciprocity(Matheson, 1986)]으로 설명되었다. 종종 이런 기대는 서로 아는 사람을

(who-you-know) 확인하는 형태로 이루어진다. 상대방에게 누구누구를 아는지 물어보며, 나와 그 사람 사이의 연결고리를 찾고 그 사람의 주변에 대해 알려고 한다. 이는 일반적으로 자신에게 힘이 있다는 인상을 주거나 그것을 보강하려는 의도로 이루어지는 것이 아니라는 점에서 '저명인사를 친한 사람처럼 언급하는(name dropping)' 유럽계 미국인들의 관행과는 구분된다.

친구이자 대학 동료인 아프리카계 미국인 여성 그웬과 아메리카 원주민 남성이 처음 만났을 때 나누던 대화가 연결고리 찾기에 해당한다. 그들은 둘 다 오랫동안 시애틀에서 살았고, 정신건강 분야에서 일하는 아메리카 원주민들을 많이 알고 있었다. 그들이 나눈 대화는 다음과 같았다.

"안티오크(Antioch)에 계시는군요. 그럼 S를 아세요?"

"아니요, 하지만 그 사람 ＿＿에서 일했었나요?"

"네."

"아. 거기서 2년 동안 일했던 친구가 한 명 있어요. 그 사람 아세요?"

"아니요, 하지만 그 사람의 남편을 알아요. ＿＿에 있잖아요."

이 둘의 대화는 두 사람 모두가 아는 사람을 몇 명 찾아낸 데서 끝났다. 그러고 나서 그들은 상담에 관한 이야기를 나누기 시작했다.

혼비(Hornby)는 라코타 사람들 사이에서 이루어지는 이러한 유형의 초기 상호작용을 공통 기초 쌓기(common basing)라고 설명했다(Allen, 1998에서 인용). 그것은 서로가 "사람들 간의 관계를 고립된 것으로 보지 않고 상호연관된 공동체의 부분들"(Allen, 1998: 34)로 이해할 때 발생한다. 사람들은 만나자마자 서로에게 공통되는 모임, 활동, 혹은 사람들을 언급하며 일상적 대화에 참여한다(Allen, 1998). 토착유산을 가진 사람들끼리는 종종 가족의 혈통과 출신지역을 바탕으로 서로의 연결고리를 찾는다. 서로의 연결고리를 찾는 것은 이민자들과 지방에 사는 사람들 사이에서도 보편적이다.

하지만 이러한 연결고리를 인정한다는 것은 상담자와 제3자 사이에 치료적 관계가 있다는 것을 암시할 수 있기 때문에 간단하지 않다. 작은 공동체에서는 이것이 별로 문제가 되지 않을 수 있다. 왜냐하면 모든 사람이 어떤 식으로든 다른 사람들을 알고 있고, 그렇기 때문에 여기에는 치료적 관계라는 것이 필연적으로 가정되지 않는다. 그러나 다른 경우라면 내담자가 상담자와의 연결고리를 원할 때 사람보다는 공통되는 사건과 장소에 초점을 맞추고 이야기를 나누는 것이 도움이 될지 모른다. 그러고 나서 필요하다면 내담자가 걱정하지 않도록 어느 선까지 비밀유지가 되는지 사실대로 설명하는 것이 도움이 될 수 있다. 여하튼 나는 연결고리 찾기가 많은 사람들에게 아주 중요한 의사소통 형태이고, 상담자가 그 가능성을 알고 준비해야 한다고 생각하기 때문에 이것을 언급한다.

직접성(directness)은 주류문화에서 중요하게 여기는 또 다른 형태의 의사소통 방식이다. 개인적인 문화와 집단적인 문화를 비교하는 연구에서는 집단적인 문화에서 다른 사람들을 당황하게 하는 것을 피하기 위해, 특히 갈등의 소지가 있는 상황에서 좀 더 간접적인 화법이 사용된다(Smith and Bond, 1999 참고). '간접성(indirectness)'을 '공손함(politeness)'으로 바꾸는 것이 더 정확하고, 내담자의 반응에 대해 상담자가 주관적인 판단을 하지 않도록 하는 데에도 도움이 될 수 있다.

상담자는 내담자에게 심리학에서 쓰는 전문용어를 최대한 사용하지 않도록 해야 한다. 영어를 제2언어로 사용하는 내담자와 만날 때는 더욱 그러하다(Holiman and Lauver, 1987). 예를 들어 특정 패턴의 가족 간 상호작용을 설명하기 위해 역기능(dysfunctional)이라는 용어를 사용한다고 하자. 이 용어의 의미를 추측하는 것은 가능하지만, 기능(functionality)을 정의하는 문화규범을 설명하는 것은 쉽지 않다. 하지만 가족체계 이론에서 기능적이라고 정의되는 믿음이 반드시 아프리카계 미국인 가정과 유럽계 미국인 가정에서 기능적인 것은 아니다. 예를 들어 가족치료 이론은 기능적인 의사소통을 개방적이고 직접적인 것으로 보았다. 그러나 이 주류문화의 정의는 아프리카계 미국인 가정과 유럽계 미국인 가정에서 똑같이 타당하다고 보는 "의사소통에는 말할 시간과 조용히 있어야 할 시간이 필요하다"는 믿음에 의해 반박된다(Westbrooks, 1995: 141).

내담자가 사용하는 언어 이면의 의미를 파악하기 위해, 내담자에게 용어를 설명해달라고 부탁(예를 들어 "'기능직인' 가정이나 '역기능적인' 가성을 어떤 의미로 말한 것인지 말해주세요")할 필요가 있을지도 모른다. 상담자가 같은 질문을 스스로에게 던져보는 것 또한 중요하다. 상담자의 이론을 바탕으로 하는 용어나 개념[예를 들어 '용기를 제공하기(providing a container)', '우연성 찾기 (outlining contingencies)', 혹은 '인지 왜곡(cognitive distortions)']은 상담자에게는 익숙하고 편안하지만 내담자에게는 생소한 것이다. 자신의 감정과 만나기, 개인적 걱정을 나누기 그리고 자신을 있는 그대로 수용하는 것을 배우기 ('감정과 접촉하기', '개인적인 주제 나누기', '자신 전체를 수용하는 것을 배우기') 와 같은 용어 역시 내담자가 이해하기 어렵다.

상담자나 내담자가 — 누가 이론을 바탕으로 한 용어와 관용어를 사용하든 — 용어 이면에 있는 가정을 생각해보는 것[예를 들어 "being in touch with one's feeling은 무슨 뜻이고, 내가 그런지 안 그런지 어떻게 알지?"(Holiman and Lauver, 1987)]은 중요하다. 상담자가 "무슨 의미죠?" 그리고 "제가 어떻게 알죠?"라고 질문을 하는 것도 도움이 된다.

내담자를 설명하기 위해 교묘하게 조정적인(manipulative)이라는 용어를 사용했을 때, 내 슈퍼바이저는 어떤 의미로 그 단어를 사용했는지 물었다. 나는 '자신의 필요를 충족하기 위해 노력하면서 그 과정에서 자신이 다른 사람의 무언가를 뺏고 있을지도 모른다는 것을 고려하지 않는다'는 의미로 그것을 말했다. 하지만 그는 우리는 모두 각자 충족하려고 노력할 필요가 있다고 말하며, 어떤 사람들은 교육을 덜 받거나, 사교기술이 덜 뛰어나거나, 두뇌에 결함이 있거나, 아니면 다른 사람들의 권리를 침해하지 않고 자신의 필요를 충족시킬 수 있는 능력을 저하시키는 특정 환경에서 살고 있다고 지적했다. '조정적'이라는 단어가 가진 주관적 판단 어조는 내담자를 이해하고 측은히 여기는 데 긍정적인 영향을 주지는 않았다.

상담자의 자기 개방

상담자의 자기 개방은 사적인 관계와 전문가 행동을 구분한다. 전통적으로 상담자가 자신에 대한 정보를 공개하는 것은 초기 정신분석적 가정에서는 전이와 역전이 과정과 관련되어 있다고 여겨졌다. 포스터가 지적하듯이 "대부분의 분석작업에서는 역전이 환경 밖에서 상담자에 대한 내담자의 관점을 탐색하지 않는다"(Foster, 1996: 15).

정신분석학적 입장을 가진 슈퍼바이저에게 상담실로 걸어오면서 신경과민인 85세의 여성 내담자와 날씨에 대해 이야기했다고 심하게 혼난 적이 있다. 그는 내가 말한 모든 것이 치료의 소재이기 때문에 기다렸다가 상담실에서 내담자에게 말해줘야 했다고 지적했다. 정신분석학적 관점에서 슈퍼바이저가 왜 그런 말을 했는지 이해할 수는 있었지만, 내 내담자는 그런 생각을 하고 있지 않았고 나와 좀 더 깊은 개인적인 연결고리가 필요한 듯 보였다.

내담자 역시 첫 회기에 상담자를 평가한다(예를 들어 석 부인은 상담자가 자신을 도울 수 없을 것이라고 평가했다). 상담자가 자신에 대해 무엇을 그리고 얼마나 내담자에게 공개할 것인가를 생각할 때, 자문해볼 수 있는 유용한 질문은 '어떤 식으로 개인적인 정보를 공유해야 내담자를 존중하고 상담에 도움이 될 수 있을까?'이다. 앞서 소개한 마누엘의 사례를 보면, 샤론은 아이들이 어린이집을 오가는 길의 교통 이야기를 하면서 자신에게 아이가 있다는 정보 – 그녀와 마누엘의 공통점 – 를 자연스럽게 개방했다. 물론 그녀는 이 정보를 모든 내담자와 공유하지는 않는다. 하지만 마누엘은 클리닉의 정기적인 환자이고 치료를 위탁한 회사의 장기 근로자였기 때문에, 샤론은 그와 이러한 정보를 공유하는 것을 걱정할 필요가 없었다. 자신에 대한 무언가를 공유하려는 의지가 있었기 때문에 샤론은 마누엘과 조금 더 개인적인 상호작용을 할 수 있었다(Organista, 2007).

상담자의 자기 개방 기회는 상담과정에서도 생긴다. 내담자가 자신의 어떤 행동이나 감정이 정상적인가를 걱정하며 "전에 이런 경험 있으세요?"라고 상담자에게 흔히 물어본다. 이는 종종 내담자가 중요하게 생각하는 '규범'과 관련해서 자신의 행동이 특별할 것이 없다는 것을 단순히 확인받고자 하기 때문이다. 만약 상담자가 이 질문을 내담자에게 다시 넘긴다면(예를 들어 "그것을 아는 것이 당신에게 중요한 이유를 이야기해볼까요?") 내담자는 그것을 모욕이나 상담자의 생색내기, 또는 상담자가 별것 아닌 일을 심각하게 생각하는 것으로 받아들일지 모른다.

하지만 내담자가 부담 없이 상담자의 질문을 받아들일 수 있다면, 자신이 던진 질문의 의미를 직접 생각해볼 수 있다. 로빈저(Lovinger, 1996)는 종교를 가진 내담자, 특히 "당신은 구원받으셨습니까?"라고 묻는 기독교인 내담자와 상담할 때, 이 접근법을 사용해보라고 권한다. 하지만 내담자가 상담자의 질문이 어떤 의미인지 알지 못한다면, 내담자의 질문에 직접적으로 대답해주라고 조언한다.

상담자가 어떤 정보를 개방할 것인지는 상담자가 어떤 사람이고 어떤 상황에서 그것이 이루어지는지에 따라 상당히 다를 수 있다. 예를 들어 여성주의 상담이 상담자의 전문분야임을 밝히는 것은 소비자 중심에서 유래한 것일 수 있다. 상담자가 어느 정도까지 자신의 정보를 내담자에게 개방할 것인지는 사생활을 경계 짓는 방식과 관련된다.

어떤 여성주의 상담자는 근친상간을 당한 내담자를 상담할 수 있는 이유는 자신이 근친상간의 피해자였기 때문이라고 생각하고 그것을 내담자에게 개방할 수 있다. 그러나 다른 상담자는 이러한 수준의 정보를 공유하는 것을 전문성을 저해하는 것이라고 생각할 수도 있다(Brown, 1994: 214).

상담자가 내담자의 경험과 유사한 자신의 개인적인 경험을 나누는 것은 내담자에게 공감을 표현하려는 의도일 것이다. 하지만 어떤 사람은 상담자의 행동이 내담자의 경험을 일반적인 경험으로 만들어버릴 수도 있다고 생각한다. 어떤 내담자는 더 격식을 차린 접근을 선호하고, 상담자의 자기 개방을 '주제넘게 나서는' 것으로 생각할 수 있다(Ivey et al., 1993: 58). 또 어떤 경우에는 자기 보호 차원에서 상담자로 하여금 개인적인 정보를 거의 공유하지 않게 하는 내담자도 있다(어쩌면 위험할지 모르거나 개인적인 경계선을 잘 지키지 못하는 내담자).

다양한 관계와 민족적인 경계

앞에서 살펴본 자기 개방은 상담자가 개인적인 정보를 공개할 것인지 그렇지 않을 것인지 선택할 수 있다는 것을 가정한다. 하지만 작은 공동체에서 일하는 상담자는 선택의 여지가 없다. 내가 사는 알래스카의 작은 마을에서는 은행이나 식료품점, 우체국, 식당 그리고 사람들이 모이는 다른 장소에서 우연히 내담자를 만나는 일이 흔하다. 내 부모는 이 지역에서 30년 넘게 살았고, 내담자들 중 많은 사람들은 내 부모를 알고 때로는 식구나 친구의 소개로 찾아오기도 한다.

(나를 포함하여) 많은 상담자들이 내담자와 다양한 관계를 맺을 가능성을 피하기 위해, 그러한 접촉을 하지 말아야 한다고 교육을 받았다. 하지만 최근에는 다양한 환경에서 일하고 있는 상담자들(그들 중 많은 사람들이 그들이 섬기고 있는 소수집단의 구성원)이 경우에 따라 내담자와 다양한 관계를 피할 수 없다고 인정하게 되었다(Lazarus and Zur, 2002; Younggren and Gottlieb, 2004). 게다가 공동체에 적극적으로 참여하다보면 내담자와 다양한 관계를 맺게 될 가능성이 높아질 뿐 아니라 상담사의 효율성 역시 향상된다. 시골지역에서 상담자의 신뢰와 능력은 공동체 참여와 기여에 의해 평가될 수 있다(Schank and Skovholt, 2006). 레즈비언과 게이, 양성애자, 성전환자, 청각장애자, 소수민족 그리고 다른 공동체 안에서 그 구성원으로 일하는 상담자들은 유사한 상황을 경험할지 모른다(Guthman and Sandberg, 2002; Kertesz, 2002; Kessler and Waehler, 2005).

'심리학자의 윤리적인 원리와 실천 규약'[APA, 2002a; www.apa.org/ethics/code2002.html 참고. 이하 윤리강령(Ethics Code)]에서는 내담자와 상담자 사이의 성적 관계와 착취적인 관계가 비윤리적이라고 분명히 명시하고 있다. 하지만 윤리강령은 성과 무관한 관계에 대해서는 분명하지 않다. 상담자가 내담자에게 전문적인 역할과 함께 부가적인 역할을 하고 있거나, 내담자와 밀접하게 관련된 사람과 관계가 있거나, 혹은 내담자나 그와 밀접하게 관련된 누군가와 부가적인 관계를 시작하려고 할 때, 상담자가 내담자와 다양한 관계에 있다고 말할 수 있다. '윤리강령 3.05'에서는 "손상(impairment)을 야기하거나 착취나 해를 무릅쓰지 않아도 되는 다양한 관계는 비윤리적이지 않다"(APA, 2002a: 1065)라고 진술하고 있다.

상담자와 내담자 사이의 관계가 윤리적인가 아닌가를 판단할 때, 케슬

러와 웨일러(Kessler and Waehler, 2005)는 LGBT 내담자에 관해 다음과 같이 제안하는데, 이는 다른 작은 공동체에도 적용될 수 있다.

1. 내담자와 다양한 관계를 맺을 가능성이 존재한다면, 그것이 일어날 가능성과 그러한 상황의 장단점, 상담에 미칠 수 있는 잠재적인 영향, 사생활과의 경계라는 주제에 대해 솔직하게 이야기하라.

2. 당신의 행동에 대해 합리적으로 분명히 설명하라. 집단으로 내담자나 내담자의 친구들과 사회적으로 관계를 맺는 것은 작은 마을에서 불가피한 일이지만, 나는 내담자나 이전 내담자와 개인적인 관계를 맺어 우정으로 발전시키지는 않는다. 이 원칙은 상담이 끝나고 2~3년이 지났을 때 내담자가 다시 상담을 받으러 돌아올 가능성을 열어 놓는다. 나는 알래스카에 돌아온 지 7년이 되었고, 예전에 상담을 끝마쳤던 내담자가 다시 상담을 시작하는 경우를 자주 경험한다.

3. 윤리적 의사결정 모델을 학습하라(Ridley et al., 2001). 모델은 상담관계의 유형과 기간, 종료시점, 내담자가 당면한 문제의 유형과 심각성을 고려한다(Schank and Skovholt, 2006).

생크와 스코브홀트는 시골과 다른 작은 공동체에 대해 덧붙여 충고하고 있다.

4. 내담자와 다양한 관계를 맺기 위해 무엇이든 결정해야 할 때 거기에 포함된 윤리적인 문제를 주의 깊게 기술한 문서를 작성하라. 어떠한 윤리적 문제에서든 내담자의 필요(요구)가 항상 우선시되어야 한다.

5. 약점과 취약점을 포함해 자기 자신에 대해 알아야 한다. 내담자나 당신 자신의 필요 중 누구의 필요가 부가적인 관계에 의해 충족되고

있는지 자신에게 물어보라. 당신이 정한 경계선을 벗어나고 있다는 단서 - 예를 들어 수면 부족, 병, 자기 개방의 증가, 또는 내담자와의 지나친 동일시 - 가 일어나는지 경계하라(Schank and Skovholt, 2006: 187).

비언어적 의사소통

상담자의 자기 개방은 언어적인 형태뿐 아니라 비언어적인 형태로도 이루어질 수 있다(Pauwels, 1995). 다른 문화에 대해 상담자가 아는 것이 많고 편안하게 느낄수록, 상담자는 자신이 의사소통하는 비언어적 방식과 다른 문화 사람들이 기대하는 미묘한 정보유형을 더 많이 인식할 것이다.

상담 초기에 상담자는 내담자와의 악수를 통해 많은 정보를 얻을 수 있다. 예를 들어 유럽계 미국인 문화에서 악수를 할 때 손을 단단히 잡는 것은 자기 확신이나 누군가를 다시 만나게 된 것에 대한 진심 어린 행복함 혹은 (너무 세게 잡는다면) 우월한 태도의 전달로 해석된다. 대조적으로 아메리카 인디언과 알래스카 원주민은 악수를 할 때 부드럽게 하며, 그들은 악수를 통해 상대방에 대한 정보를 받아들인다고 생각한다(Hays, 2006a; Swinomish Tribal Community, 1991). 이것을 깨닫지 못하면 인디언이 일반인의 악수를 공격적이거나 무례하다고 해석할 수 있는 반면, 일반인은 인디언의 악수를 약하거나 비우호적이라고 생각할지 모른다. 게다가 인디언 내담자는 악수를 통해 상담자가 인디언에 대한 지식이 있는지, 상담 경험이 있는지를 평가할 수 있다. 다시 말해 "일반인이 인디언에게 일반적인 방식으로 악수를 건넬 때, 인디언은 그가 인디언의 문화를 잘 모른다는 것을 안다"(Swinomish Tribal Community, 1991: 190).

비언어적 의사소통으로는 신체적인 움직임, 물리적 거리에 대한 선호도 그리고 얼굴표정이 있을 수 있다(Berry et al., 1992). 신체적인 움직임은 문화마다 상당히 차이가 있다(Smith and Bond, 1999). 장애를 가진 사람들은 구어나 수화의 단어 수를 늘리기 위해 종종 얼굴표정과 몸짓의 도움을 받는다. 예를 들어 유죄(guilt)라는 손짓 언어를 하면서 눈을 이리저리 움직이게 되면 편집증(paranoia)이라는 뜻으로 바뀐다(Olkin, 1999: 194).

유럽계 미국인 문화에서 눈을 똑바로 맞추는 것은 보통 자신감이나 건강한 심리상태로 여겨진다. 상담에서 눈을 맞추지 않는다면 수줍어하거나 자기주장이 부족하거나 속이고 있거나 혹은 의기소침한 것으로 해석된다(Sue and Sue, 1999). 하지만 많은 문화에서 눈을 똑바로 맞추지 않는 것은 일반적일 뿐 아니라 상대가 권위가 있는 사람이라면 적절하고 심지어 존경을 표하는 행동으로 여겨진다[예를 들어 교수에게 말하고 있는 나바호족 학생(Griffin-Pierce, 1997)].

초기 연구는 아랍과 라틴아메리카 그리고 남부 유럽 문화 사람들(다시말해 지중해 연안에 뿌리를 둔 사람들)은 같이 있을 때 거의 거리를 두지 않는 것을 선호한다고 보고했다(Hall, 1966). 하지만 뒤이은 연구에서는 사회계층과 상황적인 결정요소를 바탕으로 문화 안에서 중요한 차이를 발견했다. 일본인 학생들은 일본어로 이야기할 때 베네수엘라 학생들이 스페인어로 이야기할 때보다 더 멀리 떨어져 앉는다. 하지만 일본인 학생과 베네수엘라 학생 모두 영어로 이야기할 때는 미국 학생들과 비슷한 거리를 두고 앉는다(Berry et al., 1992; Sussman and Rosenfeld, 1982).

장애를 가진 사람들과 있을 때 허락을 구하지 않고 그들의 보조장치(예를 들어 보행보조기, 휠체어, 인공기관)를 만지는 것은 적절하지 않다. 보조장치는 그 사람의 신체 한 부분이다. 올킨이 지적하듯이, "휠체어는 그 사람의 다리와 같다. 당신은 내담자의 다리를 만지지는 않을 것이다"(Olkin, 1999: 194). 따라서 동의도 구하지 않고 누군가의 휠체어를 만져서는 안 된다.

물리적인 거리는 문화마다 선호하는 정도가 다를 뿐 아니라 개인마다 그리고 가족마다 차이를 보이기 때문에 일반화하기 어렵다. 상담자가 내담자의 특정 문화집단과 경험이 없다면, 오해가 생기지 않도록 차이가 있다는 것을 인식해야 한다. 의자를 얼마나 가깝게 배치해야 하는지, 누가 어디에 앉을 것인지와 같이 사무실 가구배치를 고려하고, 내담자와 가족이 편한 위치로 조정해서 쉽게 앉을 수 있는 의자를 준비하는 것이 도움이 될 수 있다(Sue and Sue, 1999: 78).

비언어적 의사소통은 침묵(silence)의 형태로도 시도된다. 유럽계 미국인 문화에서 침묵은 종종 분노나 화자가 말을 마쳤으므로 다음 사람이 말을 시작해도 된다는 신호로 받아들여진다. 중국과 일본, 알래스카 원주민과 아메리카 인디언 문화에서 침묵은 종종 방금 말해진 것이나 화자(즉, 연장자)에게 존중을 표하는 것으로 해석된다. 또한 누군가가 생각을 정리하거나 말해도 된다는 신호를 기다리는 것으로 이용될 수 있다(Allen, 1998; Sutton and Broken Nose, 1996). 내담자의 침묵을 잘못 해석하는 일이 없도록, 내담자에게 침묵의 의미가 무엇인지 물어보는 것도 도움이 된다.

침묵과 관련된 것으로 대화에서 화자교체 현상(turn-taking)이 있다. "언제 말하고 언제 조용히 있거나 잠시 쉬어야 하는지, 얼마나 오래 이야기하고 이야기를 하고 싶을 때 어떻게 표시할 것인지 알기"는 관계맺기의 중요한 요소이다(Pauwels, 1995: 20). 먼저 말을 하던 사람이 말을 마치기도 전에 다음 사람이 말을 시작해서 서로 말이 겹치게 되는 일(overlapping speech)은 많은 가족들과 문화에서 일반적이다. 하지만 그것은 많은 사람들에게 불쾌한 일이고, "자신의 이야기를 방해한 것"으로 해석된다(Pauwels, 1995). 상대를 불쾌하게 하는 일을 피하기 위해서는 내담자가 대화속도를 조정할 수 있도록 해주어야 한다(Brown, 1997; Trimble and Fleming, 1989).

마지막으로 언급할 두 가지 비언어적 행동은 다음과 같다. 하나는 상담회기 중 상담자가 메모하는 것이다. 아메리카 인디언 내담자나 알래스카 원주민 내담자와 상담을 하면서 기록을 하게 되면 내담자는 상담자가 자신의 이야기를 주의 깊게 듣는 것으로 오해할 수 있다(Herring, 1999: 37). 평가에서, 특히 정신건강센터에서는 기록을 하는 것이 필수적이지만, 나는 가능한 한 내담자에게 집중하려고 노력하고, 내담자가 정서적인 이야기를 할 때는 받아쓰기를 미루기도 한다. 다른 비언어적 행동은 선물이다. 많은 문화에서 선물을 주는 것은 고마움의 표시이다. 내담자가 주는 작은 선물을 거절하는 것은 불필요하게 내담자의 마음을 상하게 할 수 있으므로 나는 선물을 거절하는 것을 권하지 않는다(Abudabbeh and Hays, 2006; Morales, 1999).

환경적인 단서

환경적인 단서를 통해 비언어적 의사소통이 이루어질 수 있다. 상담자의 문화적 관계에 대한 정보는 그의 사무실의 위치와 접근 용이성에 의해 전달될 수 있다. 상담자의 사무실이 계단을 올라가야 한다면, 상담자는 특정 장애가 있는 내담자를 맞을 수가 없다.

상담자의 사무실에서 대기실의 잡지, 특정 언어로 된 달력, 컴퓨터의 바탕화면, 벽에 거는 장식품, 선반 위의 책들은 모두 상담자가 어디에 관심이 있고 무엇을 중요하게 생각하는지 알려준다. 자신의 문화배경에 대해 인식하고 있는 상담자를 찾고 있을지 모를 내담자의 범위를 생각한다면, ADDRESSING을 사용해 스스로에게 질문하는 것이 도움이 될 수 있다. "내 사무실은 다른 연령대의 사람들과 장애를 가진 사람들, 종교가 있거나 영적으로 무언가를 중요시하는 사람들, 다양한 민족성을 가진 사람들, 게이, 레즈비언, 양성애자, 혹은 성전환자 등 사람들에 대해 내가 인식하고 있고 관심이 있다는 것을 어떻게 전달하고 있는가?"

시간

시간에 대해 유럽계 미국인은 좀 더 미래지향적이고, 토착문화, 라틴아
메리카 문화, 아랍 문화 사람들은 좀 더 과거 혹은 현재 지향적이라고 여
겨진다. 미국과 유럽계 미국인의 미래지향성은 클룩콘과 스트로베크
(Kluckhohn and Strodtbeck, 1961)의 초기 연구에서 어느 정도 뒷받침하는
자료를 찾을 수 있다. 이 연구에서는 다섯 개 문화의 가치태도를 비교했
다. 하지만 그 이후에 이루어진 연구에서 더 복잡한 상황이 제시되었다.
유럽계 미국인이 미래지향적이라고 하지만 '천연자원을 대량으로 침해'
하는 것을 보면 그들이 미래세대를 고려하지 않는다고 반박할 수 있다
(Robinson and Howard-Hamilton, 2000: 30).

같은 문화 안에서도 나이에 따라 시간을 다르게 느낄 수 있다. 똑같은 한
주(week)라 하더라도 어린아이가 느끼는 시간의 길이와 중년의 성인이 느
끼는 길이 그리고 더 나이 든 사람이 느끼는 길이는 다를지 모른다(Dator,
1979). 시간에 관한 사람들의 경험과 시간에 부여하는 의미는 장애 유무나
사회경제적인 지위, 직업, 종교적인 문화, 혹은 그 순간 무엇을 하고 있느냐
에 따라 다를 수 있다(Dator, 1979; Gonzales and Zimbardo, 1985).

상담은 시간에 상대적으로 엄격한 편인데, 주류문화의 개념에 바탕을
두기 때문이다. 내담자와 상담자는 약속시간을 지켜야 하고 정해진 시간
동안 만나야 한다(Holiman and Lauver, 1987). 내담자가 시간규칙을 지키지
않을 때, 상담자는 내담자가 변하기 위해 노력하고 있지 않다고 생각할지
모른다. 하지만 내담자는 상담자가 자신을 채근한다고 느낄지 모른다
(Sue and Sue, 1999).

내담자가 약속을 지키지 못하는 데에는 많은 이유가 있다. 자동차가 없는 저소득 내담자라면 대중교통을 이용할 가능성이 높은데, 대중교통이 항상 정시에 운행되는 것은 아니다. 어린아이나 나이 든 부모를 맡길 탁아소나 노인복지센터가 없거나 전화를 하기가 쉽지 않아서 약속을 취소하지 못할 수도 있다. 건강의 문제나 가족에게 닥친 위기는 당연히 상담자와의 약속보다 중요하다(Acosta et al., 1982; Aponte, 1994). 장애가 있는 내담자라면 외출준비를 위해 시간과 싸워야 한다. 장애가 있다면 이동하는 데 더 많은 시간을 들여야 하기 때문이다[예를 들어 휠체어나 스쿠터를 주문하고 구입하기, 그것을 관리하고 유지하기, 이용 가능한 서비스와 출구 찾기(Olkin, 1999)].

시간에 대한 다양한 태도를 고려하면, 내담자가 상담에 주어진 시간제약을 어떻게 이해할 것인가에 대해 일반화하는 것은 어렵다. 하지만 차이가 있을 수 있다는 것을 염두에 두고 내담자에게 당신이 얼마나 유연하게 조정할 수 있는지 분명하게 설명하면 오해가 줄어든다.

결론

다양한 정체성을 가진 내담자를 상담할 때 의미 있는 연결고리를 만드는 것은 쉽지 않다. 다양한 영역의 관계를 맺는 행동과 태도에 대해 잘 알아야 하기 때문이다. 다양한 의사소통 방식과 선호하는 표현법, 가치체계를 존중하고 반응할 수 있는 상담자의 능력은 특히 중요하다. 내담자는 존중받고 인정받고 있다고 느낄 때, 적절하고 정확한 정보를 공유하고 치료적 간섭에 관대할 가능성이 더 크다. 의미 있는 연결고리가 평가의 정확성과 상담의 효과를 보장하는 것은 아니지만, 중요한 요소임은 분명하다.

존중과 신뢰감 확립을 위한 지침서

1. 상담할 때, 많은 문화에서 갖는 존중의 핵심을 잊지 않도록 한다.

2. 내담자를 어떻게 부를지를 추측하지 말고 어떤 호칭으로 불리기를 원하는지 직접 물어본다(예를 들어 ~ 씨, ~ 님, ~ 아주머니, ~ 선생님, 성이나 이름).

3. 내담자의 문화에 대해서 어느 정도 알고 있더라도 그 문화와 정체성에 관한 내담자의 개인적인 경험을 안다고 생각하지 마라. 한 집단 안에서도 차이가 있을 수 있음을 ADDRESSING 모델을 이용해 스스로에게 상기시켜라.

4. 내담자와 다양한 관계를 맺는 것에 따른 윤리적인 문제에 대해서 윤리적 의사결정 모델을 적용하고, 당신의 행동에 대해 합리적으로 분명히 설명하고, 상담하고, 당신이 결정을 내리는 과정을 면밀하게 문서로 기록하고, 당신 자신의 약점과 취약점을 파악하라.

5. 신체적 제스처, 눈 맞추기, 침묵, 그 밖의 다른 형태의 비언어적 의사소통의 다양한 의미를 인식하라.

6. 자신을 포함해 사람마다 선호하는 물리적 거리가 다르다는 점을 인식하고, 가능하다면 내담자가 선호하는 거리를 유지할 수 있도록 이동이 쉬운 가구를 사용하라.

7. 장애가 있는 사람의 보조기구(예를 들어 보행기, 휠체어, 인공기관)를 허락 없이 만지지 마라.

8. 당신의 사무실 위치, 접근 용이성, 가구배치가 다양한 연령의 사람들과 장애가 있는 사람들, 종교가 있거나 영성을 중요하게 여기는 사람들, 다양한 민족성을 가진 사람들, LGBT에 속하는 사람들 등에게 무엇을 전달하는지 ADDRESSING를 사용해 곰곰이 생각해보라.

9. 상담 전문용어 사용을 피하고, 내담자가 전문용어를 사용한다면 어떤 의미로 사용했는지 물어보라.

10. 언어적 의사소통과 비언어적 의사소통을 포함해 내담자의 의사소통 방식과 비교해 당신 자신의 가정을 평가하는 비판적 사고능력을 끊임없이 사용하라.

제 **4** 부

문화적으로 적절한 평가와 진단

제6장

문화적으로 적절한 평가

1980년대와 1990년대에 킴은 텍사스의 리오그란데 강 부근에 있는 '더 밸리(The Valley)'[안잘두아(Anzaldua)가 1987년에 쓴 소설 『국경지역(Border-land / La Frontera)』에 나오는 지역 이름]로 알려진 지역에서 초등학교 4학년을 가르쳤다. 이곳은 정치적으로 보수적이고 가난한 지역이다. 킴의 학급에 있는 아이들 대다수는 영어를 제2언어로 사용했다. 학생들 중 일부는 추수 기간 동안 워싱턴과 오리건 같은 북부로 이사해 농작물을 수확하는 노동자의 자녀였다. 그들은 뜨거운 태양 아래서 힘들게 노동하고 낮은 임금을 받았다. 또 종종 수도가 나오지 않는 주거지에 살고, 농약에 노출되고, 병가나 건강/장애 보험이 지급되지 않는 근무조건을 감수했다. 게다가 이 일에 종사하는 사람들의 대부분은(53%) 미국에서 일하는 것이 허용되지 않기 때문에, 착취나 열악한 작업환경이나 생활조건에 대해 항의하지 못했다(Mapes, 1998; Department of Labor, Employment and Training Administration, 2002).

킴이 더 밸리에 사는 12년 동안 마약과 폭력조직들이 그곳에 들어왔다. 이사를 많이 다녔기 때문에 학력이 낮을 것으로 여겨지는 '이주민 아이들'

에게 더 벨리는 자라기 어려운 지역이 되었다. 그러나 킴에 의하면 사실은 정반대였다. 이주민 가정의 아이들은 가장 성실한 학생이었고 가장 의욕적이었다. 이들의 가정은 아이들에게 노동윤리, 교육에 대한 존중 그리고 가장 중요한 희망을 가르쳤다. 이 아이들은 북부에 있는 학교에서 오랜 시간을 보냈기 때문에 다른 학생들보다 영어가 유창했다. 어떤 학생은 대학에 갔으며, 학생들의 어려움을 이해하는 이중언어 교사가 되어 자신이 자란 지역으로 되돌아와 공동체에 기여했다.

주류문화는 소수자의 정체성을 가진 사람에게는 최악을 가정하기 때문에, 상담자가 적극적으로 내담자의 장점을 찾아내는 것이 중요하다. 진단평가에서 이러한 초점의 중요성은 긍정심리학의 새로운 영역에서 강조되며(Lopez and Snyder, 2003) 적어도 세 가지 목적에 이바지한다. 첫째, 장점지향 접근은 내담자의 가족적 문화상황에서의 개인에 대한 충분한 그림을 제공함으로써 내담자에 대한 상담자의 이해를 더해준다. 둘째, 차이를 나쁘게 받아들이는 주류문화 개념과는 대조적으로 다양성의 긍정적인 측면을 인정한다. 셋째, 문화는 종종 상담과 자기 도움을 위한 자원이 된다(Cross, 2003). 상담자는 해결 중심과 인지행동 치료의 기초원리로, 이미 작업 중인 내담자 삶의 여러 측면들을 토대로 하는 개입으로 문화적으로 관련된 장점과 지지를 이용할지도 모른다.

제5장에서 언급했던 문화적으로 적절한 평가를 위한 여러 단계와 과정들은 다음과 같다.

- 자신의 문화에 대한 평가와 다른 문화에 대한 학습 진행
- 내담자의 인생에서 다양한 문화적 정체성과 영향에 대한 중요성 인식
- 상담자와 내담자의 정체성 사이에서 일어나는 상호작용 고려
- 내담자와의 유의미한 관계 구축

이런 초기조건이 충족되었을 때, 상담자는 진단과정에 효과성과 정확성을 증가시키기 위한 구체적인 행동에 주의를 돌릴 수 있다. 이 장에서는 영어를 모국어로 사용하는 내담자와 그렇지 않은 내담자를 가정하며 이러한 행동을 기술한다. 그리고 상담자가 개인 내에서 그리고 개인 외부의 지지에서 활발하게 찾고 있는 문화적으로 관련된 장점지향 접근에 초점을 맞춘다.

내담자의 역사

진단의 첫 번째 주요한 과제는 정보를 수집하는 것이다. 만약 내담자가 주류문화의 기대대로라면 — 즉, 연속적인 질문에 대해 직접 빠르게 반응하고, 간단하며, 명확하게 표현된 대답을 제공한다면 — 아주 간단한 절차일 수 있다. 그러나 모든 내담자가 이렇게 대답하는 것은 아니다. 연장자들, 영어를 제2언어로 사용하는 사람들, 말문 열기를 어려워하거나 언어장애를 가진 사람들, 말을 잘 하지 않는 사람들, 자세한 얘기를 하면서 중요한 정보를 누락시키는 사람들이 이 부류에 속한다.

예를 들어 알래스카 원주민 연장자들은 이야기체로 말을 하며 대답을 끌어내는 질문들이 무례하게 비추어질 수도 있다(D. Dillard, 개인적 의사소통, 2003.9.15, Hays, 2006a에서 인용). 그런 상황에서 내담자의 기분을 상하지 않게 하면서 정보를 얻는 한 가지 방법은 그들이 중요하다고 여기는 정보를 제공하도록 허용하는 것이다. 이 접근으로는 표준화된 질문에 대한 답을 충분히 얻지 못할 수도 있다. 그러나 만약 내담자가 질문을 너무 많이 받고 있다고 느낀다면, 아마도 상담실로 돌아오지 않을 것이고 도움을 받을 기회를 잃을 수도 있다. 내담자가 정보를 자발적으로 제공하도록 할 때, 상담자는 관찰과 경청을 통해 많은 정보를 얻을 수 있다. 라포가 한 번 형성되면 상담자는 그 다음에 빈칸을 채울 수 있는 질문을 할 수가 있다. 아니면 중요한 타인으로부터 부가적인 정보를 얻을 수 있다.

또 문화적인 이유로 인해 내담자가 특정 질문에 대답하기를 꺼리는 경우도 어려운 상황이다. 파라디스, 쿠코와 프리드먼(Paradis, Cukor, Friedman, 2006)은 아버지의 우울증을 언급하면 아버지의 명예를 더럽힌다고 두려워해 아버지의 정신건강에 대한 질문에 대답하는 것을 원치 않았던 한 의기소침한 젊은 정통 유대교인 남성의 사례를 기술했다. 상담자는 부모에 대해 나쁘게 말하는 것을 금지하는 문화적 규범을 인정하고 존중했으며 그것을 문제 삼지 않았다. 상담자를 믿게 된 후 내담자는 아버지에 대한 정보가 자신의 우울증에 기여하는 가족역동을 이해하는 데 도움이 될 것이라는 것을 이해하고는, 아버지의 정신건강에 대해 기꺼이 이야기했다.

영성(靈性)과 종교에 대한 질문도 어떤 내담자에게는 주제넘게 참견하는 것으로 여겨질 수 있다. 예를 들어 아메리카 인디언의 영적인 지식이나 신앙에 대한 개방 정도는 개인마다 다르다. 정보는 특수한 개인이나 집단 또는 정보의 종류에 따라 공적으로도 사적으로도 여겨질 수 있다. 영적인 생활을 개방하지 않으려는 이유는 다음과 같다.

- 영적인 존재와의 특별한 관계를 보호하려고
- 영적인 힘의 손실을 피하려고
- 영적인 지식의 잠재적 오용을 피하려고
- 인디언이 아닌 사람들로부터 받는 조롱과 박해를 피하려고
- 존경을 보이려고(Swinomish Tribal Community, 1991: 131)

인디언이 아닌 사람들(심지어 일부 인디언인 사람들)에 의한 영적 의식, 개념, 또는 상징의 사용은 신성을 더럽히는 것으로 여겨질지도 모른다.

상담자는 인디언의 영성에 대해 연구할 때 주의를 기울여야 한다. 가장 좋은 접근법은 내담자가 선택하는 때에 그들이 선택하는 내용을 공유하는 것을 허용하면서, 질문을 거의 하지 않는 "간섭처럼 보이지 않는 조용한 관심"이다(Swinomish Tribal Community, 1991: 132).

체계적 관점

내담자의 보고가 유일한 정보인 경우, 내담자가 걱정거리가 있어서 그 자신의 상황에 대해 편협하게 생각하고 있다면 위험할 수 있다. 이런 이유로 문화적으로 적절한 진단평가는 내담자의 인생과 관련된 체세에 대한 학습에 의해 용이해진다. 이러한 체계는 확대가족과 친척이 없는 상황, 문화적이고 정치적인 상황, 물리적이고 자연적인 환경을 포함한다.

어린이와 노인 내담자를 만나는 상담자는 특히 평가에서 다중 관점의 필요에 익숙해진다. 어린이에 대한 종합적인 평가는 문화적으로 관련된 정보와 더불어 "학교, 부모, 중요한 가족구성원, 내담자 당사자"로부터의 정보를 요구한다(Johnson-Powell, 1997: 350). 유사하게 노인에 대한 평가는 여러 방법으로(예를 들면 임상면담, 표준화검사, 행동 관찰, 건강보호 제공자들과의 팀 회의) 얻어진 복합적인 출처(예를 들면 노인 내담자, 가족구성원, 다른 관계된 사람들)와 노인의 여러 활동영역[예를 들면 일상활동, 사회기술, 물리적이고 정신적인 건강, 영성, 재정상태, 환경적인 스트레스 요인과 지지 요인(APA, 2004)]에서 얻은 정보를 포함한다. 이런 접근은 각각 다른 나이집단의 다양한 내담자와의 상담 역시 향상시킨다.

여러 사례에서 보면 내담자는 가족구성원과 함께 초기 평가과정에 참석한다. 예를 들어 어린이는 부모와, 그리고 노인은 배우자나 성인 자녀와 동반하는 경우가 많다. 타인으로부터 정보를 얻을 때는 내담자에 대한 존중을 고려해야 한다. 특히 가족구성원이 내담자에 대해 불평할 때 그렇다. 예를 들어 기억상실증 노인은 아내의 염려에 대해 방어적일 수도 있다(Hays, 1996c). 한 사람 이상이 초기 평가회기에 참석했을 때, 나는 가족을 먼저 만나고 나서 가족의 구성과 그 문제의 유형에 따라 각각의 사람을 만나본다. 뒤이어 마지막으로 모든 사람들과 짧게 만난다.

누구와 먼저 만날지(혹은 이야기할지) 선택하는 것은 중요하며, 문화적 정체성과 참여자의 나이를 고려해 상담자가 결정해야 한다(Rastogi and Wampler, 1998 참고). 킴(Kim, 1985)은 상담자들이 가족의 현재 위계적 배열 ─ 존경의 표시로 내가 주로 초기에 사용하는 생각 ─ 을 따를 것을 충고했다. 소수민족문화의 내담자에게 이러한 전략은 일반적으로 노인을 먼저 만나거나, 어린아이의 경우에는 부모를 먼저 만나는 것이다. 주로 내담자 당사자를 만나고 가족구성원은 초기 평가에만 참여한다면, 비밀유지에 대한 문제를 명확히 하고 필요할 때 정보를 공개할 권리를 얻을 것이다.

가족구성원을 상담과정에 포함시키는 것이 부적절할 경우도 있다. 특히 이혼하기 위해 상담을 통해 자아 존중감과 장점을 발달시키고자 하는 경우에, 내담자에게 그녀를 학대하는 남편을 데리고 오라고 요청하지는 않을 것이다(그러나 심지어 이러한 경우도 문화적으로 소수집단에 속하는 여성에게는 복잡한 문제이다. 제9장에서 이 문제에 대해 더 다룬다). 또한 가족구성원이 따로 면담을 해야 하는지에 대해서는 문화적으로 관련된 이유가 있을 수도 있다. 예를 들어 아시아계 부모는 자녀 앞에서 걱정거리를 의논하는 것은 부적절하다고 생각한다(Hong, 1988).

여러 출처로부터 내담자의 정보를 얻는 것이 가능하지 않거나 적절하지 않을 때도 있지만, 이러한 노력을 하면 내담자의 문제를 다차원적으로 보는 관점을 가질 수 있다. 더 많은 '공개적' 작업이 포함되지만(예를 들면 정보를 공개해도 좋다는 허락, 전화통화 하기 등), 장기적으로 보면 투자한 시간은 보상을 받는다. 첫째, 한 가지 이상의 정보원이 고려되었을 때 그 평가에 대한 신뢰가 증가한다. 둘째, 상담자가 내담자에게 중요한 사람들과 기꺼이 연락을 취할 때, 내담자와의 라포 형성이 용이해진다. 셋째, 다른 사람들의 참여가 치료적 개입을 강화하는 데 사용될 수 있기 때문에, 상담의 효과를 높일 수 있다.

역사적 · 문화적 상황에서의 개인사

다음은 스쿤메이커라는 필명을 사용하는 노년 여성의 글이다.

제2차 세계대전이 끝날 무렵 나는 18세였다. 전쟁에 나갔던 남자들이 돌아오면서 사회에서의 '정당한' 위치, 즉 지배적인 위치의 반환을 요구하던 때였다. 남자들은 여자들이 다시 이전의 역할로 돌아가기를 기대하면서, 전쟁 시기 동안 여자들이 맡았던 직업을 되찾았다. 그리고 동성애 혐오의 물결이 나라를 휩쓸었다. 대학은 레즈비언이라는 이유로 학생들을 내쫓았으며 내가 다니던 학교도 예외는 아니었다. ⋯⋯ 친구들로부터 나 자신을 고립시켰고, 레즈비언이라는 것이 밝혀져 의대에서 퇴학당할까봐 겁을 먹었다. 심지어 동성애라는 단어가 내 앞에서 사용되기라도 하면 입 안이 마르고 심장이 두방망이질을 쳤다. 동료들과의 대화에서 조심스럽게 내 인생에 대한 자취를 지워나갔고, 모든 사교 초대를 거절했다. 수치심 때문에 나는 계속 혼자였다(Schoonmaker, 1993: 27).

진단평가에서 내담자의 개인사는 주로 교육, 가정교육, 중요한 관계들, 직업경험, 약물사용을 포함한 의학적 및 정신과 정보, 그리고 상담과 관련된 정보를 포함하는 발달적이고 사회적인 역사로 구성된다. 이런 범주의 정보를 이끌어내는 질문들은 전형적으로 내담자의 문화배경에 대한 수동적인 자세를 가정한다. 그러나 스쿤메이커의 경험에서 묘사되듯이, 내담자의 인생에서 일어난 역사적 · 문화적 사건에 대한 이해는 한 사람에 대한 상담자의 이해에 깊이를 더한다(Rogler, 2002). 역사적이고 문화적인 상황을 한 사람의 역사에 맞추어진 하나의 서식 – 개인에 대한 이해를 깊게 하는 – 이라 생각하는 것이 도움이 된다.

또 다른 사례로 대학교육을 받은 기혼인 72세의 일본계 미국인 남성의 경우를 보자. 내담자가 태어난 날짜를 계산하면 곧 역사적인 사건과 관련된 내담자의 개인역사에 대한 질문이 생긴다. 제2차 세계대전 동안 일본계 미국인에 대한 주류문화의 태도에 관한 일반적인 지식, 내담자 가족의 억류 가능성(수용시설 거주), 전쟁 후 일본계 미국인의 사회경제적 손실은 상담자로 하여금 노년의 유럽계 미국인 내담자와는 다른 전쟁의 영향에 대해 가정하게 했다.

내담자의 문화에서 중요한 역사적 사건에 대한 상담자의 지식이 크면 클수록 관련된 질문을 더 많이 할 수 있다. 이 일본계 미국인 내담자는 한국전쟁 휴전 몇 달 전에 18세가 되었다. 그가 군에 복무했을까? 만약 그렇다면 눈에 띄는 아시아계 미국인 남성으로서 그는 어떤 경험을 했을까? 1940년대 후반과 1950년대의 동화정책은 그에게 어떤 영향을 끼쳤을까? 그는 1964년 시민권법(Civil Right Act)이 법제화되었을 때 젊은 청년이었다. 이 사건이 그의 취업기회에 영향을 미쳤을까? 아시아계 미국인으로서 베트남전쟁과 관련해 그는 무엇을 경험했을까? 1967년까지 많은 주에서는 다른 인종과의 결혼이 불법이었다(Root, 1996). 그는 일본계 미국인과 결혼했을까? 주류문화의 여성운동이 그의 결혼에서 의미하는 것은 무엇일까? 이 질문들은 상담자의 문화적 자기 평가 질문과 유사하다. 이 모든 질문을 내담자에게 직접 묻는 것은 적절하지 않을지도 모르지만, 그것들에 대한 상담자의 고려는 내담자에 대한 가설을 확장시킨다.

이러한 질문에 대한 대답은 내담자, 그의 부모 또는 그의 조부모가 태어나고 자란 곳을 포함하는 내담자의 이민역사와 관련된다. 내담자의 특수한 역사는 다음의 질문을 이끌어낸다. 그가 자신을 잇세이[issei(一世), 일본계 미국인 이민 1세대]로 보는가 아니면 니세이[nisei(二世), 2세대이면서 미국에서 태어난 첫 번째 세대]로 보는가? 아니면 자신을 미국에서 태어난 니세이의 부분집합으로 교육을 위해 일본으로 보내졌으며 다시 미국으로 되돌아간 키베이[kibei, (니세이와 구별해서) 미국에서 태어나 일본에서 교육을 받은 일계인(日系人)]로 보는가(Matsui, 1996; Takaki, 1993)? 만약 그가 하와이에서 자랐다면 1930년대에 하와이에 살던 다른 많은 일본인들처럼 그의 부모도 사탕수수 밭에서 일했을까? 아니면 1906년 샌프란시스코의 차별 명령과 외국인토지소유금지법이 일본인 이민자로 하여금 땅을 사는 것을 금지하고, 1924년 일본인의 미국 이민을 금지했던 이민법이 시행되는 등 미국에 반일본 감정이 나타날 때 미국 본토로 이민했는가(Matsui, 1996)? 마지막으로 상담자는 일본인, 일본계 미국인, 유럽계 미국인의 문화가 노화를 대하는 태도가 각각 다르다는 것을 기억하면서, 내담자가 가족 내에서 어떻게 노년의 정체성을 형성했는지에 대해 생각하고 탐색할 수 있어야 한다.

상담자는 다음에 언급될 구체적인 사건을 모두 알기는 어렵지만 그 시대의 문화적인 사건들에 대한 느낌을 얻기 위해 역사책에서 특정 시대를 찾아 조사할 수 있다. 미국 내 소수민족집단의 역사에 대한 다카키(Takaki, 1993)와 지네(Zine, 2005)의 책이 훌륭한 참고서가 될 것이다. 캐나다와 관련해서는, 앨리어트와 플러라스(Elliott and Fleras, 1992)가 쓴 『불평등한 관계: 캐나다의 인종과 민족 역학 개론(Unequal Relations: An Introduction to Race and Ethnic Dynamics in Canada)』을 추천한다. 다른 나라에서 성장하는 사람들에 대해서는, 매년 발간되는 『세계연감(World Almanac)』(2007)이 세계의 언어, 종교, 교육조건, 민족적 동일시, 정치적인 사건에 대한 정보원이 될 것이다. 다양한 종교에 대한 실제적 설명은 스미스(Smith, 1997)

그림 6-1 일본계 미국인 노년 남성의 일대기

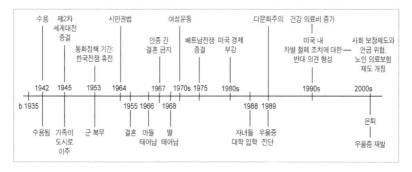

의 『세계의 종교(The World's Religions)』에서 얻을 수 있다.

내담자의 인생에 영향을 미친 역사에 주의를 환기시키는 방법으로 개인사건에 덧붙여 사회문화적 사건들을 기록한 일대기를 작성할 수 있다. 〈그림 6-1〉은 그 예이다. 수평선 위에 표시된 교차점은 중요한 날짜를 나타낸다. 일대기에서 개인적인 사건들은 선 아래에 쓰고, 역사적이고 문화적인 사건들은 선 위에 쓴다. 상담자와 함께 일대기를 작성하는 것을 좋아하는 내담자들도 있다. A4 종이나 플립 차트를 사용하면 편리하다. 내담자의 문화적 역사(즉, 연대표의 윗부분)에 대한 질문들은 직접적으로 물어보지 않는 것이 바람직하다. 상담자는 진단평가회기 밖에서 그러한 정보를 얻으려고 노력해야 한다.

기타 건강의료정보

다른 건강의료 제공자(의사, 간호사, 물리치료사, 임상병리사, 청각장애 특수교사, 언어치료사)와 내담자와 같은 공동체에 있는 사람들[종교지도자, 전통적 치료사, 또는 교사(Weissman et al., 2005)]은 내담자에 대한 정보를 얻을 수 있는 유용한 자원이다. 의료 관계자와의 자문이 특히 중요한 경우가 있는데, 이는 내담자의 신체적 불편함을 존중하는 것이고, 상담자는 내담자의 요구를 더 잘 이해할 기회일 수 있다(Sanders et al., 1999). 노인은 건 강상의 이유로 약을 복용할 가능성이 크기 때문에, 의학적 정보는 내담자 의 정신건강과 인지기능에 미치는 신체적 질병, 장애, 약의 영향을 명료화 하기 위해 중요하다(Gatz, 1994 참고). 이런 이유로 나는 모든 연령의 내담 자들의 의료자료를 확인한다.

내담자의 의료적·정신적·심리적 이력에 대한 정보를 수집할 때 질 병, 건강, 장애 개념의 역사적 변화를 기억하는 것이 중요하다(Westermeyer and Janca, 1997). 주류문화에서 초기 몇 십 년 동안 정상적이라고 보이거 나 멍한(bemused) 상태라고 관용적으로 다루어진 어떤 행동들(예, 알코올 남용과 중독)은 현재 심각한 문제로 여겨진다. 반대로 수년 동안 병적이라 고 간주된 어떤 행동들(예를 들면 동성애)은 현재 정상인 것으로 여겨진다.

상담자는 역사적 변화뿐 아니라 건강과 질병, 장애의 개념에 대한 문화적 차이에 대해서도 알고 있어야 한다. 이러한 개념들[클라인만(Kleinman, 1980) 이 설명적 모형들이라고 부른 것]을 이해하는 것이 중요한데, 이는 상담자가 문제라고 보는 것이 내담자의 견해로는 그렇지 않을 수도 있기 때문이 다. 내담자는 상담자가 보기에 쓸모없거나, 심지어 위험한 특정 건강유 지 방법을 사용할지도 모른다. 그렇지만 상담자가 지나치게 병리적으로 보는 것을 피하기 위해서 이러한 치료법의 잠재적 기능을 인식하는 것이 중요하다.

예를 들어 무에케는 두통과 근육통, 기침을 포함하는 넓은 범위의 문제 에 대해 캄보디아인과 베트남 사람들 사이에서 주로 행해지는 부황을 설 명했다.

피부를 잡아당기면서 두 손가락으로 피부의 표피와 진피부분을 꼬집거나, 동전 의 모서리, 수저, 또는 대나무 조각으로 기름을 바른 피부를 문지르거나, 컵을 올려

두어 산소가 병에 걸린 부위를 15분에서 30분 동안 태운 타박상이다. 컵 안의 공기가 차가워지면, 피부를 잡아당기며 '공기'가 응축되어 피부에 반상출혈을 남긴다 (Muecke, 1983b: 838).

이 치료법은 건강이 몸의 균형을 유지하는 것이고 음(냉)과 양(열)이 이런 균형을 유지하는 역할을 한다고 보는 동양의 철학을 반영한다. 상담자가 이 치료법의 효능을 믿든 믿지 않든 간에 이런 자가 치료법은 내담자로 하여금 영양물이 공급되고 더욱 통제가 가능해지는 상태(즉, 질병에 대해서 무언가를 할 수 있다는)가 된다고 느끼게 해준다. 그리고 이런 치료법은 어떠한 영구적인 피해도 끼치지 않는다(Muecke, 1983a). 게다가 서양의학으로는 이해가 되지 않는다고 해도 그 사람들에게는 이런 치료법이 효과가 있다는 것을 인정해야 한다.

심지어 구미 문화권 내에서도 건강과 장애의 의미는 다르다. 장애를 가진 사람으로서, 위버는 스쿠터(전동 휠체어)를 이용하는 것과 관련해 자신과 가족 그리고 더 큰 문화가 가지는 건강과 장애의 의미의 다양성에 대해 이야기했다.

우리는 아무리 비뚤어지고 힘이 들더라도 의자를 사용하는 것보다는 걷는 것이 훨씬 더 고결하다고 배웁니다. 왜냐하면 그것이 '정상'에 더 가깝기 때문이죠. 아무리 마사지를 해도 풀리지 않을 만큼 근육을 꼬이게 하는 저의 소아마비 걸음은 중요하지 않아요. 걷는 것이라 말할 수 없는, 40년 동안 목발을 사용한 탓에 내 어깨와 두 손이 망가지게 되는 것은 중요하지 않아요.

…… 내가 스쿠터를 사용하자 우리 가족은 걱정했습니다. 사람들은 어찌되었든 간에 제가 걷는 것을 포기하는 것은 저 자신을 포기하는 것이라며 두려워하죠! 가족과 사회는 저에게 씩씩한 행동을 하도록 요구하고, 제가 스쿠터에 의지

하게 되는 것은 건강이 나빠지는 것이라고 생각합니다.

…… 저는 이동의 편의를 위해 스쿠터를 사용하기 시작했습니다. 이것이 바로 자유 – 그리고 저항 – 의 행위였죠! 저는 그것을 사용하고 처음으로 새장 밖으로 나온 새와 같다는 느낌을 받았습니다! 어디에든 갈 수 있었고 지치지도 않았죠! 회의에서도 그냥 바보처럼 출석만 하는 것이 아니라 활발하게 참여할 수 있게 되었죠(Weeber, 1999: 22).

상담자와 내담자가 상황이나 문제를 어떻게 보는지에 대해 동의할 때 조차도, 문제의 원인을 무엇으로 보는지에 따라 선호하는 해결책은 다를 수도 있다. 불안이 명백한 문제인 경우에도 상담자와 내담자는 불안의 원인을 (a) 죄 많은 생각이나 행동, (b) 가난, 해고, 또는 억압적인 작업환경과 같은 외부적인 스트레스, (c) 나쁜 영혼이나 초자연적인 힘, (d) 내담자의 성격 결함, (e) 과로, (f) 부실한 대처능력, (g) 사회적 지지 부족, (h) 까다로운 양육, (i) 더 많은 육체적 활동이나 운동의 필요, (j) 약물의 부작용 중 하나로 볼 수 있다. 원인이 무엇이든지 간에 원인에 따라 상담 개인이 달라지는 것은 당연하다. 상담자와 내담자가 공통의 목표를 향해 함께 작업할 가능성을 키우기 위해, 상담자가 내담자의 이해나 그들의 건강에 대해 묻는 것은 중요하다. 상담자와 내담자가 항상 원인이 무엇인지에 동의해야 하는 것은 아니다. 하지만 나중의 오해를 피하려면 시작부터 이 사실을 알아야 한다.

외상장애 평가

외상장애에 대한 초기 연구나 임상작업은 외상경험의 정의를 전쟁 참전 군인들에게 집중했다. 여성주의 상담자들은 여성의 삶에서 일어나는 신체적 · 성적 학대, 가정폭력 그리고 성폭행과 전쟁외상의 공통성을 지적합으로써 이 정의에 의문을 제기했다(Brown, 2004). 이런 비판으로 외상장애의 정의는 확장되었고, 복합 외상 후 스트레스 장애[complex posttraumatic stress disorder(복합성 PTSD)]의 개념에 대한 관심이 증가했다(Herman, 1992).

복합성 PTSD는 "구체적인 관계와 상황에서 오랜 시간에 걸쳐 반복적이고 상습적으로 발생한 외상장애의 한 종류"로 정의 내릴 수 있다(Courtois, 2004: 412). 분쟁과 관련된 외상경험, 전쟁포로로서의 경험, 자연재해, 강제이주나 대량학살, 인신매매, 매춘, 고문, 에이즈와 같은 심각한 질병의 진단 그리고 폭력과 생명을 위협하는 사건에 대한 증인과 마찬가지로, 아동학대와 다른 유형의 가정폭력은 PTSD의 원인이다.

이러한 넓은 정의와 PTSD가 다양한 원인에 의해 일어날 수 있다는 사회적 인식이 있지만, 연구는 여전히 서양의 산업국가의 사람에게 초점을 맞춘다(Foa, Keane, Friedman, 2000). 영어로 된 심리검사 사용, 특정 범주들에는 맞지 않는 증후군을 간과하는 전통적인 진단범주, 작은 표본 크기(규모), 그리고 소수민족문화를 더 큰 민족집단으로 한데 묶어버리는 문제점[예를 들면 베트남 난민을 제3 또는 4세대 아시아계 미국인으로 결합시키는 것(Norris and Alegria, 2006: 323)]이 이 연구의 제한점이다.

외상사건을 경험하는 모든 사람이 PTSD를 경험하는 것은 아니다. 그러나 어린 시절의 신체적·성적 학대로 인한 외상장애를 경험한 사람들과 함께 분쟁, 전쟁, 자연재해와 관련된 외상장애를 경험한 많은 수의 사람들을 고려할 때 상담자는 내담자의 PTSD의 가능성에 대비해야 한다.

같은 외상사건에 대해서도 소수문화의 사람이 주류문화의 사람보다 더 많은 고통을 겪는다는 보고가 있다. 소수문화 지위에서는 자원에 접근하기 어렵고 정치적인 권력이 더 적게 주어지기 때문일 것이다. 소수문화에 외상장애와 관련된 손실은 본질적으로 영적이고 문화적일 수 있다. 예를 들어 엑슨발데즈 호 기름유출 이후 원주민이 아닌 사람보다 알래스카 원주민에게서 우울, 일반화된 불안, PTSD가 더 높은 비율로 나타났다(Palinkas et al., 2006: 323에서 인용). 높은 PTSD 발병률은 원주민의 생계 활동 방해(중단)와 그들의 정체성과 공동체를 정의하는 문화적 전통을 잃는 두려움으로 가장 잘 설명된다.

소수문화집단 구성원의 외상장애 경험을 이해하려는 시도에서, 루트(Root, 1992)는 잠행성 외상장애(insidious trauma), 즉 주류문화(인종, 성, 성적 지향, 장애 등)에 의해 평가 절하된 개인의 정체성의 특징과 관련된 외상장애 개념을 강조했다. 잠행성 외상장애는 사회문화적인 상황을 이해할 심리적 능력이 없는 생애 초기에 시작된다(예를 들면, 아동이 주류문화의 피부색을 가지고 있지 않거나 바른 사회적 계층에 속하지 않을 때 또는 신체적인 장애가 있을 때 놀이로부터 제외된다). 개인의 일생에서 부당하고 차별적인 입장이라는 외상 후 스트레스 요인에 일상적으로 노출될 때 특정한 취약성이 나타나게 된다[비록 개인이 특수한 대처전략과 회복력(resilience)을 발달시킬 수도 있지만(L. S. Brown, 2004)].

잠행성 외상장애는 누적되며, 생명에 위협이 되지 않는 사건(예, 성희롱이나 인종차별)에조차 내담자가 생명에 위협을 느낄 수 있을 정도로 잠행적으로 누적된 외상장애로 연결될 수도 있다. 또한 잠행성 외상장애는 조상의 외상경험의 결과로 "해결되지 않은 외상장애와 부수적인 방어적 행동 그리고/또는 무기력함"의 세대 간 전달을 포함할 수도 있다(Root, 1992: 241). 유대인 대학살, 캄보디아의 폴 포트 정권에 의한 강제 노역, 아프리카 일부 국가에서 에이즈로 인한 가족과 더 큰 공동체의 죽음 그리고 원주민 사이에서 전염병과 신성시되는 땅과 전통의 손실로부터 살아남은 자들의 후손에게 전달되는 외상장애가 그 예이다.

다음의 제안은 외상장애의 가능성을 평가할 때, 특히 소수자의 지위를 가진 사람에게 도움이 될 것이다.

1. 개인의 가족과 문화적 역사를 전적으로 이해하기 전까지는 외상경
   험을 구성하는 경험에 대한 판단을 늦추라. 생명에 위협적이지 않은
   사건도 잠행성 외상장애 이력을 가진 사람에게는 생명의 위협처럼
   느껴질 수 있다는 것을 기억하라.

2. 내담자의 외상사건과 관련된 관점, 특히 분쟁과 관련된 사람들의 견
   해는 주류문화의 견해에 따라 달라질 수 있다는 점을 명심하라. 예
   를 들어 2001년 9월 11일 발생한 세계무역센터 공격 후, 유색인종이
   백인보다 사건의 원인을 태만 행동(act of omission)으로 여길 가능성
   이 높다는 연구결과도 있다[예, 미국의 열악한 이민법과 '절대로 미국에
   서는 테러가 일어나지 않을 것'이라는 믿음과 같은 안전 불감증이나 거만함
   으로 인해 시민을 보호하는 데 실패함(Walker and Chesnet, 2003)].

3. 심리사회적 평가를 위해 외상장애를 탐색할 때, 내담자가 비밀을 털
   어놓을 것이라고 가정하지 마라. 많은 사람들은 상담자를 확실하게
   믿기 전까지는 그러한 정보를 공유하는 것을 꺼린다.

4. 만약 내담자가 탐색적 질문에 기꺼이 대답하려고 하지만 질문을 진
   행할수록 보상작용이 상실되기 시작한다면, 내담자를 압도하는 것
   을 피하기 위해 질문을 멈추거나 정정하라(Courtois, 2004). 이 조치는
   내담자를 보호하기 위한 것이다.

5. 내담자의 내적·외적 장점과 자원을 신중하게 찾아라. 이 전략은 내
   담자에게 힘을 부여하며, 상담자에게 내담자에 대한 더 충분하고 더
   욱 현실적인 이해를 용이하게 해준다. 라이베리아(Liberia)와 시에라
   리온(Sierra Leone) 고문 생존자를 위한 집단상담 프로그램은 참가자
   가 사랑하는 사람의 죽음과 고문에 의한 외상장애를 이겨내는 것을

돕는 데 이 견해를 적용했다(Stepakoff et al., 2006). 집단 참가자는 사랑하는 사람의 긍정적이고 구원적인(life-affirming) 이미지를 구축하기 위해 그들의 삶에 대해 가능한 한 많은 것을 기억해내도록 독려되었고, 그것은 사랑하는 사람들의 죽음의 끔찍한 이미지에 대한 견제로 작용했다(이 장에서 나중에 설명하는 문화적으로 관련된 장점을 찾는 방법).

6. 외상장애의 감정적인 고통이 정상적임을 인지하고 개인을 병리화하지 마라. 대신 치유와 성장에 대한 내담자의 능력을 강화하라.

7. 경험을 개념화하고 표현하는 심리적 · 언어적 능력이 부족한 어린 이들은 외상경험[예를 들면 그들이 목격한 성적 학대나 폭력(American Psychiatric Association, 2000)]을 재연하는 반복적인 행위를 함으로써 외상장애를 다시 경험할 수 있다는 사실을 기억하라.

8. 외상장애 평가를 개인에게만 국한하지 마라. 내담자의 문화와 공동체와 관련된 외상장애를 고려하라. 혼합된 종교와 민족성을 지닌 가족들을 뿔뿔이 흩어지게 하는 내전, 공동체를 파괴하는 자연재해, 경제적 기회를 찾아 공동체를 떠나게 만드는 극심한 가난, 또는 조상의 땅에 손실을 가하면서 지어지는 댐이 있는 지역에 살고 있는 원주민 공동체의 문화적 전통과 연결의 손실에 의해 발생한 외상장애를 고려해야 한다.

이 장의 앞부분에서 언급했듯이, 이런 정보는 개인과 가족의 구체적인 정보가 (인지적으로) 놓일 수 있는 서식(template)으로 작용할 수 있다. 상황 정보를 수월하게 모으기 위해, 내담자와 함께 역사적인(과거의) 외상 일대기를 작성하는 것이 도움이 된다. 일대기는 내담자의 외상장애가 세대를 걸쳐 어떻게 전해 내려왔는지를 시각화하는 데 도움을 준다. 발삼

외(Balsam et al., 2004)는 세대 간 외상장애를 경험한 '두 영혼을 가진 사람들'과 함께 작업할 때 역사적 외상장애 일대기를 사용했다(아메리카 인디언, 캐나다 원주민 그리고 알래스카 원주민에 의해 사용된, 두 영혼(two-spirit)은 다양한 성과 성적 경향을 가진 한 사람 내에 함께 존재하는 여성과 남성 영혼을 의미하는 용어이다. 심리학적 가계도를 그리는 것도 좋은 방법이다(심리학적 가계도에 대해서는 McGoldrick and Gerson, 1985 참고, 그리고 예에 대해서는 제10장 〈예제 10-1〉 참고).

통역사와 함께 상담하기

나는 한동안 스페인어를 배웠다. 나의 스페인어 선생은 아르헨티나 여성으로 영어가 유창했지만 영어의 까다로운 점들에 대해서 도와주기를 원했기에 우리는 서로의 언어를 가르쳤다. 수업 중 한번은, 그녀에게 일어났던 스트레스가 되는 일련의 사건들에 대해 이야기했다. 그녀는 자신의 일에 대해 (영어로) 묘사하면서, "저랬다가 이랬다가(going forth and back)" 하는 것 같다는 감정을 이야기했다. 나는 영어로 그 표현은 "이랬다가 저랬다가(going back and forth)"라고 말하며 끼어들었다. 그녀는 이것에 화가 났고, "그러니까, 스페인어로는, 'para adelante y para atras'가 '앞으로 갔다가 뒤로 간다'는 것을 의미하는데, 사람들이 앞으로 가지도 않고 뒤로 갈 수는 없잖아요!"라고 말했다. 나는 그녀가 말하고자 하는 점을 이해했다. 그녀는 영어의 비논리성에 짜증이 났던 것이다.

내담자가 상담에서 제2언어를 사용해야 할 때, 정서적 불편함은 스트레스적이거나 외상상황을 정확하게 묘사하는 능력에 영향을 미칠 수 있다(Bradford and Munoz, 1993; Westermeyer and Janca, 1997). 또 오해를 일으킬 가능성을 높인다(Westermeyer, 1987). 두 가지 언어를 사용하는 사람들에게 일부 기억은 제2언어로 복구될 수 없다는 증거가 있으며, 이는 억압 때문이 아니라 제1언어(모국어)로 부호화하고 나서는 오직 제1 언어의 사용을 통해서만 기억에 접근할 수 있기 때문이다(Santiago-Rivera and Altarriba, 2002). 영어로 된 지필 검사도구를 사용해도 언어 문제는 해결되지 않는다. 내담자들이 읽을 시간이 충분하더라도, 검사결과의 평가 구인(construct)은 언어능력에 영향을 받는다(Geisinger, 1992; Kaufert and Shapiro, 1996; Wilgosh and Gibson, 1994).

상담자가 내담자의 모국어를 구사하지 못할 때 이상적인 해결책은 그 언어로 말할 수 있는 상담자에게 내담자를 의뢰하는 것이다. 그러나 그런 상담자를 찾기 어려울 때 통역사와 함께 상담을 진행할 필요가 있다. 미국과 캐나다에서는 공적 부조(생활보호, 정부보조)를 받는 내담자들은 그들의 통역사로 사례 관리사(case manager)의 도움을 받을 수 있다.

미국의 1964년 시민권법의 6장(Title VI of the Civil Rights Act of 1964)은 연방기금(저소득층 국민의료보조, 의료보험을 포함하는)을 받는 모든 개인과 기관은 제한적인 영어 능력을 지닌 개인에게 의미 있는 접근방법을 제공해야 한다고 명시했다(Snowden, Masland, Guerrero, 2007). 의미 있는 접근방법은 유능한 통역 서비스와 문서의 번역에 대한 조항을 포함한다. 건강의료와 관련된 통역사의 역량을 평가하는 규정을 명시한 주는 거의 없지만, 건강의료에대한국가통역위원회(the National Council on Interpreting in Health Care: NCIHC)는 국가기준을 만들었다(www.ncihc.org 참고). 대학 그리고 병원 기반의 통역사 양성 프로그램들 ─ 예를 들어 애리조나 대학의 통역사 기관(the National Center for Interpretation at the University of Arizona, nci.arizona.edu 참고) ─ 이 있으며, 다문화 건강의료 프로그램(Cross Cultural Health Care Program)은 격차 줄이기(Bridging the Gap)라는 훈련 프로그램을 제공한다(www.xculture.org 참고). 청각장애인을 위한 통역사에 대한 정보는 청각장애인을 위한 통역사 등록정보(the National Registry of Interpreters for the Deaf)를 통해 얻을 수 있으며, 그곳에서는 또한 유능한 통역사에게 자격을 제공한다(www.rid.org 참고).

통역에는 두 가지 주요한 유형이 있다. (a) 동시통역(simultaneous): 내담자가 말하는 대로 내담자의 언어를 통역하면서, 내담자와 동시에 말하는 통역사, (b) 연속통역(consecutive): 통역을 하기 전에 내담자나 상담자가 말하는 것을 중단하는 것을 기다리는 통역사(수화통역사는 다른 용어를 사용하기 때문에 연속통역이라고 표현하지 않는다). 동시통역은 유엔에서 선호되는 방식이며, 상담실제에서도 효과가 있는 것으로 보인다(Bradford and Munoz, 1993). 그러나 정신건강에 대한 전문지식을 갖춘 통역사는 많지 않다. 연속통역은 통역사가 내담자가 방금 말한 것을 통역하는 동안 상담자에게 생각하거나 내담자를 관찰할 시간 여유를 제공하는 장점이 있다.

통역사와 함께 작업하는 데 유용한 제안은 다음과 같다. 첫째, 누구를 통역사로 선택할지 고려한다. 비밀을 유지하기 위해서 통역사가 내담자와 사회적 관계를 맺지 않은 것이 중요하다. 가족구성원을 통역사로 쓰는 것은 적절하지 않은데, 이는 통역사인 사람에게 불공평한 부담을 주기 때문이다(Ho, 1987). 그것은 또한 나이 든 가족구성원에게 불쾌감을 주기도 하는데, 자녀나 손자녀가 통역할 때 나이 든 가족구성원은 자신의 지위가 낮아진다고 느낄 수 있다(Itai and McRae, 1994). 그리고 가족구성원의 통역은 위험할 수도 있다. 예를 들어 가정폭력의 경우, 가해자가 피해자인 배우자; 아이, 또는 노인의 통역사 역할을 할 수도 있기 때문이다.

둘째, 상담자가 친밀한 관계(라포)를 형성하고 기대와 목표를 논의하기 위해 통역사와 예비평가 만남을 계획한다(Bradford and Munoz, 1993). 이상적으로 상담회기 하루나 이틀 정도 전에 면 대 면 방식으로 하는 것이 바람직하다. 통역사와 이런 만남을 따로 하면, 실제 진단평가회기 초기에 상담자가 내담자 없이 통역사를 만날 필요가 없다. 상담자와 통역사가 진단평가회기 초기에 내담자를 제외시키는 시간을 가지면, 내담자는 상담자와 통역사가 자신에게만 알려주지 않은 무엇인가가 있는 것은 아닌지 의심할 수 있다. 이상적인 통역사는 정신건강이나 의학문제에 대한 훈련을 받은 사람이지만, 이 만남은 통역사가 익숙하지 않거나 알지 못하는 개념이나 어휘를 정리할 기회를 준다.

평가회기 전에 통역사의 배경에 대해 알 수 있다면 더 좋다. 적절한 관심에서 비롯된다면, 통역사 개인에 대한 질문이 친밀함을 증가시키고 통역사의 전문지식에 대해 존경을 표현하는 데 도움이 될 것이다. 동시에 그러한 정보는 통역사와 특정 내담자와의 작업을 방해할 수 있는 문화적 · 사회적 계층, 또는 정치적 차이점에 대한 상담자의 이해를 증가시킨다(Sundberg and Sue, 1989). 이것이 상담실 밖에서 상담자가 개인적으로 학습하고 정보를 모아야 하는 중요한 이유이다. 예를 들어 베트남 공동체의 지도자에게서 얻은 자문에 의하면, 베트남에는 두 개의 주요한 정치 집단이 있으며, 한 집단에 가담한 사람은 다른 집단에 가담한 통역사와는 함께 작업하지 않는다. 그리고 만약 내가 한 집단과 멀게라도 연결된 통역사를 고용한다면, 그렇지 않은 통역사도 고용해야 한다는 조언을 들었다.

또한 통역사의 성별도 중요하다. 남성 통역사는 특히 상담자가 여성일 경우에 치료적인 노력에 권위를 더해줄지도 모른다. 그러나 일반적으로 상담자나 통역사 둘 중 한 사람이 남성이라면, 여성 내담자가 친밀한 관계나 신체적 건강에 대해 자세하게 이야기할 것이라고 기대하지 마라(캄보디아, 라오스, 베트남, 이란, 중미 그리고 다른 문화권에서 건강의료 제공자들의 성별 선호도에 대해서는 Waxler-Morrison et al., 2005 참고).

또한 예비만남은 통역사가 비밀보장의 약속을 이해하고 있는지를 상담자가 확인할 수 있는 좋은 기회이다(Bradford and Munoz, 1993). 통역사가 내담자의 문화상황에 대해 제공하는 어떠한 정보든지 도움이 된다.

내담자가 참석한 초기 평가회기 동안에 여분의 시간을 계획하는 것은 중요하다(Paniagua, 1998). 이 여분의 시간은 통역사와 내담자 사이의 친해질 수 있는 대화를 포함하는데, 이는 내담자의 불안을 줄이는 데 도움을 줄 수 있다.

통역을 할 때 의자의 위치는 중요하다. 내담자와 상담자 사이의 직접적인 상호작용을 쉽게 하기 위해서 상담자는 내담자의 맞은편에 앉으며, 통역사는 눈에 보이긴 하지만 옆 한쪽에 자리 잡는다. 내담자가 참석해 있을 때 상담자는 통역사와 의논하는 것을 피해야 한다. 상담자가 이해하지 못한 개념이나 사상을 통역사가 설명할 필요가 있을 때, 상담자는 내담자에게 무엇이 의논되고 있는지를 알려야 한다. 그렇지 않으면 내담자는 왜 상담자가 특정 질문에 대한 내담자의 반응에 대해 그렇게 많이 이야기하는지를 궁금해할 것이다. 일반적으로는 오해나 개념적 불일치에 대해 논의하기 위해 상담자는 통역사와 회기 후에 논의하는 시간을 가지는 것이 좋다.

공식적인 평가회기가 시작되었을 때, 상담자와 통역사 모두 비밀유지의 약속과 제한에 대해 내담자 앞에서 다시 진술하는 것이 바람직하다. 통역사는 짧은 문장을 사용하고 복잡한 문장이나 용어의 사용을 피해야 한다(Paniagua, 1998; Struwe, 1994). 단순 질문은 복합 질문들보다 통역하고 대답하기가 더 쉽다(Pauwels, 1995). 예를 들어 "얼마나 자주 이러한 현기증을 경험하셨나요? 그리고 언제부터 시작됐습니까?"는 두 개의 분리된 질문으로 하면 이해하기가 더 쉽다. 연속통역에서는 각 요지를 설명한 후 통역사에게 통역할 시간을 주기 위해 잠시 멈추는 것이 중요하다.

통역사는 말하는 사람과 똑같은 대명사를 사용해야 한다. 예를 들어 상담자가 "저는 이것을 추천합니다"라고 말할 때, 통역사도 "저는 이것을 추천합니다"("그녀는 이것을 추천합니다"가 아닌)라고 말해야 한다는 것이다. 혼란을 피하기 위해서 능숙한 통역사는 자신을 제3자로 언급한다. 예를 들어 만약 상담자가 "저는 통역사가 당신을 위해 약물 복용에 대한 문서를 작성할 것을 추천합니다"라고 말한다면, 통역사는 이 언어를 "저는 통역사가 당신을 위해 약물 복용에 대한 문서를 작성할 것을 추천합니다"라고 말해야 한다. 이 예는 또한 상담자가 내담자에게 직접적으로 말해야 한다는 것을 보여준다(즉, 통역사에게 "그에게 약물 복용에 대한 문서를 작성하라고 말하세요" 하는 것이 아닌).

선의라 하더라도 상담자가 내담자의 언어에 유창하지 않으면 통역사 없이 내담자의 언어로 작업하려는 시도를 하지 않는 것이 좋다(Westermeyer, 1987). 어설프게 내담자 언어를 사용하는 것은 내담자를 어색한 상황에 놓이게 할 수 있다. 내담자는 통역사가 필요하다고 제안하면 상담자에게 모욕을 주는 것은 아닐까 염려한다.

제2언어 사용의 복잡성은 미국식 수화(American Sign Language: ASL)와 관련해 폴라드에 의해 강조되었다. ASL은 그것 자체의 어휘, 문법 그리고 담화 유형을 지닌 개념 기반 언어라고 언급하면서, 폴라드는 다음과 같이 말했다.

독일어처럼 ASL 동사는 문장 끝에 온다. 스페인어처럼 ASL 형용사는 수식하는 명사 앞에 나온다. 히브리어처럼 ASL은 'to be'('장래의, 미래의') 동사와 같은 어떠한 유형도 쓰지 않는다. 일본어처럼 ASL에서도 청자로부터 오는 피드백 신호가 기대된다. 불어처럼 ASL 문장과 담화에서도 반추(reflection)가 있다.

…… 너무 많은 사람들(그리고 프로그램 관리자들)이 '수화(신호, 손짓)'를 조금만 배우면 ASL의 주요 사용자와 대화를 할 수 있다는, 아니면 더 심하게는 통역할 수 있다는 잘못된 생각을 하고 있다(Pollard, 1996: 391).

나는 일본인 대학원생을 가르친 적이 있다. 이 학생은 일본어와 영어를 통역해본 경험이 있는데, 그녀의 말에 의하면 통역은 어려운 일이다 (P. Nagasaka, 개인적 대화, 1999년 1월). 따라서 통역 서비스에 대해 보수를 지불하지 않으면서 이중언어가 가능한 사람이 필요에 따라 기관과 병원에서 통역하는 것을 기대하는 것은 공정하지 못하다. 통역에 대한 비공식적 접근은 소수문화에 속한 사람이 주류문화가 그들을 교육시키는 것에 실패하는 동안 여분의 일을 할 것을 기대하는 또 다른 방법이다 (〈예시 6-1〉 참고).

장점과 자원 찾기

나는 평가회기 마지막에 가서 내담자에게 자신의 장점과 자원에 대해 물어본다. 내담자가 어떠한 것도 대답할 수 없어도, 함께한 시간 때문에 내가 관찰하거나 들은 어떤 것을 언급할 수 있을 만큼 내가 그들에 대해서 충분히 알게 되어 질문을 할 수 있다. 또한 이런 질문은 나로 하여금 내담자의 장점을 적극적으로 찾도록 한다. 아시아, 아메리카 인디언 그리고 알래스카 원주민 문화는 겸손을 강조해 개인의 장점에 대해 언급하는 것을 꺼린다. 따라서 내가 관찰하거나 그들로부터 듣고 나서, 긍정적인 어떤 것을 진술하고 그들이 동의하는지를 살핀다. 개인에게 "당신의 어머니[또는 아들, 친한 친구 아니면 배우자]가 당신에 대해 어떤 점이 좋다고 말할 것 같습니까?"라고 물을 수도 있다.

대다수의 상담자는 내담자의 인생에서 긍정적인 것을 인식하는 것의 유용성을 인지하고 있다. 하지만 상담자가 내담자와 문화적으로 다르면, 문화적으로 관련된 장점이나 자원을 인식하거나 심지어는 생각하는 것도 어려울 수 있다. 문화적 장점이나 자원은 세 범주로 개념화할 수 있다(〈표

1. 진단을 위해 여분의 시간을 계획하라.
2. 만약 통역사가 내담자의 사례 관리자(case manager)가 아니라면(그들이 이전에 전문적 관계를 가지지 않는다면)
   (a) 통역사가 (내담자의 언어만이 아니라) 내담자의 방언을 사용할 수 있는지 확인하라.
   (b) 통역사가 자격이 있고 유능한지 확인하라.
   (c) 내담자의 신뢰를 높이고 불안을 줄이기 위해서, 통역사와 내담자가 평가회기가 시작되기 전에 함께 이야기할 시간을 가져라.
3. 가족구성원이나 사회적 친분이 있는 사람을 통역사로 쓰지 마라.
4. 통역사와 진단평가회기 이전에 만남을 가져라.
   (a) 기대와 비밀보장을 논의하기 위해
   (b) 통역사에게 (가능하다면 최대한) 직역하고, 개념적이거나 언어적인 어려움으로 내담자를 제대로 이해하지 못할 때 말해줄 것을 부탁하기 위해
   (c) 만약 통역사가 내담자를 알고 있다면 내담자의 특수한 상황에 대한 정보(적용 가능한 정보)를 얻기 위해
5. 상담자와 내담자 사이의 직접적인 상호작용을 쉽게 하기 위해, 상담자와 내담자가 직접 마주 보도록 의자를 배치하고, 통역사는 옆에 앉는다.
6. 당신과 통역사가 함께 참석했을 때 비밀보장과 비밀보장의 한계에 대해 내담자에게 다시 설명하라.
7. 회기 동안 당신과 통역사 사이의 논의는 피하라. 필요할 경우 내담자에게 당신이 개념적이거나 언어적인 차이에 대해 통역사와 논의하고 있음을 알려라.
8. 복잡한 구절(예: 복합 질문)과 통역하기 어려운 언어의 사용을 피하라.
9. 연속 통역에서 말을 한 후 통역사에게 통역할 시간을 주기 위해 잠시 멈추어라.
10. 통역사의 작업에 영향을 미칠 수 있는 통역사와 내담자 사이의 문화적·계층적·정치적 차이에 대해 인식하라.

6-1)). 첫 번째 범주는 개인적 강점이며, 이는 개인의 성격과 믿음, 그리고 능력, 즉 자신이 속한 문화에 대한 자부심, 유머 감각, 미적·음악적·언어

표 6-1 문화적 강점과 자원

강점의 유형	예
개인 강점	자신의 문화에 대한 자부심 종교적 신념과 영성 미적·음악적 능력 이중언어사용과 다중언어사용 기술 특정 집단에 잘 적용되는 사회적 기술 유머 감각 문화적으로 관련된 지식과 실용적 기술(예, 낚시, 사냥, 농사, 약초 사용) 대처능력을 증진하는 문화특수적인 믿음(예, 인종주의, 편견, 차별에 대처하도록) 자연환경을 존중하는 태도 자신이 속한 집단을 돕는 데 헌신(즉, 사회적 행동을 통해) 경험을 통한 지혜
대인관계 자원	혈연이 아닌 친족을 포함하는 확대가족 문화적 또는 집단 특수적 네트워크 종교적 공동체 전통적인 의식과 종교의식 오락, 놀이활동 의미를 만들고 집단의 역사를 전달하는 구전 활동 정치적 또는 사회적 활동집단 참여 학교에서 뛰어난 수행
환경 자원	가정에 고인이 된 가족구성원과 조상을 기리는 제단 기도와 명상을 위한 공간 문화특수적 예술과 음악 요리와 식사에 대한 문화적 선호와 관련된 음식 동물 애호 정원 손질 생계수단 활동이나 오락을 위한 낚시, 사냥, 또는 농사 아니면 밤하늘의 별이나 별자리를 관찰하는 것과 같은 야외활동 위치 선정이나 계획에 의한 사회적 상호작용을 용이하게 하는 공동체

적 능력을 포함한다. 강점은 소수자 지위에 대처하는 능력도 포함한다. 매킨토시는 다음과 같이 말했다.

주어진 우위에 의존하지 않는 사람은 그것에 의존하는 사람은 절대 가질 수 없는 강점을 가지게 된다. …… 지배를 받아온 사람은 노력 없이 얻은 이익을 소유하지 않음으로써 강해지며, 이것은 그들에게 다른 사람을 가르칠 만한 많은 것을 준다(McIntosh, 1998: 101).

강점들을 찾을 때 나는 내담자에게 강점의 원인이 되는 종교나 영적 믿음(자연과의 어떠한 강한 연결을 포함하는)을 가지고 있는지를 묻는다. 영적 믿음과 종교적 공동체로부터 받는 지지는 내담자에게 의미와 목적, 그리고 그들 자신보다 더 크고 더 위대한 어떤 것에의 연결을 제공하면서 큰 도움이 될 수 있다(Royce-Davis, 2000).

두 번째 범주는 대인관계 자원이다. 이 범주에는 가족, 친구, 집단만의 네트워크, 문화적 집단을 포함하는 활동들(전통적인 의식, 정치적이거나 사회적인 활동집단, 오락활동 등)이 포함된다. 학교에서 뛰어난 어린이는 가족에게 자랑이 된다. 그리고 가족은 혈족으로 연결된 가족이라는 전통적인 정의보다 더 넓은 관계일 수 있다(Hines and Boyd-Franklin, 1996). 사회적 지지에서 만족감이 낮으면 우울증과 일반적인 심리적 병리(Fiore et al., 1986)를 경험하기 쉽기 때문에 내담자의 사회적 자원에 대한 지식은 그들의 정신건강을 이해하는 데 꼭 필요하다. 하지만 상담자는 유색인종이나 소수민족의 정체성을 지닌 사람이 좋은 네트워크를 가지고 있다고 가정하지 말아야 한다. 소수자의 지위에 따르는 스트레스 요인은 가깝고 안정적인 관계에 대한 정보에 부작용으로 작용할 수 있다. 매카두(McAdoo, 1978)에 의하면 사회경제적인 지위가 낮은 아프리카계 미국인이 사회경제적 지위가 높은 아프리카계 미국인보다 가족 네트워크를 활용하지 않았다.

세 번째 범주는 내담자의 물리적이고 자연적인 환경에서의 자원과 장점의 요인을 포함한다. 이러한 요인으로는 가정에 위치한 조상을 기리기 위한 제단, 기도나 명상을 위한 공간, 음악, 예술, 또는 음식이나 약초가 자라는 정원이 될 수 있다. 게다가 문화적 만남과 선호, 특정 문화의 음식 또한 건강을 돕는 요인으로 작용할 수 있다(Marsella, Kaplan, Suarez, 2002).

다른 자원들은 자연세계에 대한 내담자의 공간감각과 연결될 수 있다(예를 들면, 알래스카 원주민 노인들 사이의 장소의 중요성에 대해 풍부하게 묘사된 1인칭 기술은 Cruikshank, 1990 그리고 McMlanahan, 1986 참고). 시골에서 태어나 자랐거나 토착유산을 가진 내담자에게는 동물, 식물, 산, 강이나 바다와 근접한 것이 영적 자원이 될 수 있다(Sutton and Broken Nose, 1996).

그리핀-피어스(Griffin-Pierce, 1997)는 나바호족 사람들이 대학이나 의학적 치료를 위해 본토를 떠나면서 경험하는 감정적인 외상장애를 기술하면서 나바호족 사람들에게서 위치의 중요성을 강조했다. 그녀는 외상장애가 땅을 떠남으로써 "보편성에 대한 도덕적 규범을 침해하는 무의식감각에 기초하기 때문에 단순한 향수 이상으로 나타나"며, 그것이 '하나의 중요한 영적 자원'으로 고려된다고 지적했다(Griffin-Pierce, 1997: 1). 호주 토착민을 이해하려면 토지로부터의 이동 때문에 나타나는 상실과 관련된 건강과 질병을 이해해야 한다(Acklin et al., 1999: 9).

민턴과 소울(Minton and Soule, 1990)은 알래스카 원주민에게 전통적인 활동(사냥, 딸기 따기)과 전통적이지 않은 활동(눈 치우는 기계작동)을 포함하는 야외활동의 중요성은, "무엇이 당신을 행복하게 합니까?"라는 질문에 가장 일반적인 대답이 이러한 활동이라는 사실을 밝혔다. 환경적인 변화(오염, 산업화, 사유재산화) 때문에 이러한 활동이 불가능할 때는, 상담자와 내담자가 이 욕구를 충족시킬 만한 대체방안(공원 산책하기, 새 모이통 설치하기, 낚시를 하거나 아니면 밤에 별을 볼 새로운 장소를 찾기)에 대해서 창의적으로 생각할 필요가 있다.

해결 중심의 상담자가 지적하기 좋아하는 것처럼 해결책이 문제와 직접 관련이 없어 보이더라도 단순히 내담자의 삶의 장점과 자원을 증가시키고 문제에 대한 내담자의 관점에 긍정적인 영향을 미치며 내담자의 기분이 나아지도록 돕는다(deShazer, 1985). 최근 긍정심리학 연구들은 의미, 통제 그리고 낙천주의는 정신건강과 마찬가지로 한 사람의 신체 건강을 돕는다고 보고했다(Taylor et al., 2000).

일반적이지 않은 경험 평가하기

문화적으로 적절한 평가에서 가장 어려운 과제 중 하나는 주류(그리고 때때로 소수)문화 내에서 일반적이지 않지만 어떠한 상황[예, 초자연적인 것에 대한 믿음, 영혼과의 소통, 혼수상태(최면) 경험]에서는 긍정적이고 건강한 것으로 보이는 믿음과 행동에 대한 평가이다. 웨스트메이어는 행동과 믿음이 병리적이지 않다고 판단하는 몇 가지 기준을 제공했다.

(a) 공동체와 가족의 지지
(b) 몇 시간에서 며칠까지 제한된 시간 동안 유지
(c) 그 경험 전후로 사회적으로 적절하고 생산적인 대처 행동
(d) 결과적으로 자존감과 사회적 특권 획득
(e) 병리적인 신호와 증상의 부재
(f) 문화적으로 일치하는 시각이나 청각적인 경험(Westermeyer, 1987: 473)

내담자의 표현이 항상 이 목록에 맞는 것은 아니지만(기준의 일부가 믿음에 적용되고, 일부는 행동에 그리고 다른 일부는 경험에 적용되기 때문에), 기

준은 일반적인 안내로서 유용하다. 매일매일 하느님이 말을 걸어온다고 이야기하는 기독교 신자의 예를 들어보자. 이 남성은 성경을 하느님의 진짜 말씀이라고 해석하는 근본주의 교회의 일원이었다. 그와 하느님과의 직접적인 소통 경험은 가족과 교회공동체에 의해 지지되었고, 그 소통은 다른 활동을 방해하지 않았다. 게다가 그 소통의 내용은 건설적이었고 도움이 되는 것이었다. 비록 내담자가 불안과 우울증을 경험하고 있었지만, 그의 영적 경험은 부적응 반응이 아니라 자원으로 보였다. 내담자의 표현을 문화적 측면으로 해석해 상담자는 내담자의 경험을 병리적인 것으로 해석하는 실수를 하지 않았다.

상담자가 익숙하지 않은 문화의 내담자를 병리화하거나 과잉 진단하는 것은 위험하다. 상담자는 내담자의 믿음, 행동, 경험을 문화적인 것으로 해석해 무조건 수용하거나 과소 진단하는 것도 위험하다(Paniagua, 1998). 이런 실수는 나이 많은 필리핀 여성이 '우울증 가능성'으로 상담을 시작했을 때 일어났다. 그 여성은 "죽은 사람들의 영혼과 대화한다"라고 기록되어 있었지만, 접수면접을 담당한 간호사는 "아시아 문화에서, 사람들은 죽은 친척들과 대화를 하는" 경우가 있다는 것을 알기 때문에 병리적인 환각은 아니라고 판단했다.

그러나 간호사의 판단은 틀렸다. 내담자의 행동이나 경험을 자세히 살펴보면 그녀가 이러한 '대화들'에 의해 고통받고 있다는 것, 그녀가 대화들 전후에 모두 형편없이 대처했으며, 목소리들은 그녀가 자신을 돌볼 능력과 가족과 보호자들과 함께하는 것을 방해했다는 것을 보여주었다. 또한 목소리들은 그녀의 문화와 가톨릭 신앙과 일치하지 않는 파괴적인 행동을 하라고 말하고 있었다.

내담자는 환청과 우울한 분위기에 영향을 미치는 치매와 청각장애를 가지고 있다는 것이 발견되었다. 항우울증 약물을 복용하자 그녀의 기분은 나아졌고 목소리들은 사라졌다. 내담자는 보청기를 착용하는 것을 거부했으나, 그녀의 장애는 그녀가 더 많은 청각적 자극(즉, 그녀 주변에 많은 사람들이 큰 소리로 이야기를 하는)을 받는 양로원에 들어가도록 하는 결과를 초래했다.

켐프와 말린크로트(Kemp and Mallinckrodt, 1996)는 임상진단평가에서 (a) 간과(omission)의 실수(즉, 내담자 삶에서 중요한 측면에 대한 질문을 간과)와 (b) 위임(commission)의 실수(즉, 상담자가 중요하다고 믿어서 내담자에게 중요하지 않은 문제에 초점을 맞추는 것)를 논의했다. 장애를 가진 내담자에게 성(성적 관심)에 대해 질문하지 않는 것은 간과이다. 상담사는 상애자가 성적 친밀에 대해서는 관심이 없거나 성 기능에 문제가 있을 것이라고 잘못 가정할 수도 있다. 장애가 내담자의 현재 문제가 아닐 때 장애에 주로 초점을 두는 것은 위임이다(Kemp and Mallinckrodt, 1996: 378).

마지막으로 강조하려는 점은 어린이를 진단할 때 발달과정의 영향을 고려하는 것의 중요성이다. 어린이는 무가치함이나 죄의식 감정을 표현하는 언어기술이나 죽음 또는 자살 사고를 이해하거나 기술하는 지적 능력이 부족할 수도 있다(Yamamoto et al., 1997). 또한 사회적이고 언어적인 기술이 발달하는 나이는 문화적인 맥락에 따라 다르게 나타날 수 있다.

결론

효과적이고 정확한 평가는 역사적이고 문화적인 맥락에서의 개인에 대한 통합적인 이해를 포함한다. 역사적이고 문화적인 정보는 상담장면 밖에서 가장 잘 얻을 수 있으며 개인과 가족의 구체적인 사항을 이해하기 위한 하나의 서식을 제공한다. 지속적으로 자기 계발에 힘쓰는 상담자를 위해서 제6장은 여러 영역에서 다양한 정보원으로부터 다양한 방법으로 정보를 얻는 방법을 소개했다. 그리고 상담자가 평가 동안 취할 수 있는 구체적인 단계에 초점을 맞추었다. 상담자가 적절한 질문과 반응양식과 관련해 다양한 문화적 규준들을 허용할 수 있는 면담방식을 기꺼이 받아들이느냐 하는 것은 중요하다. 내담자가 선호하는 언어의 사용이 권고되지만, 이것이 가능하지 않을 때 통역사와의 작업을 쉽게 하기 위한 많은 전략들을 소개했다. 마지막으로, 문화적으로 적절한 평가는 개인적·대인관계적·환경적 수준에서 상담자가 신중하게 찾고, 문화적으로 관련된 장점과 자원을 통합시키는 장점 지향적 접근법을 가정한다. 이러한 작업은 모두 다음 장의 주제인 표준화된 질문과 문화적으로 적절한 심리검사 사용을 위한 토대를 제공한다.

요약

문화적으로 적절한 평가를 위한 전략

1. 내담자가 특정 질문이나 특정 방식으로 제시된 질문에 대답하지 못하게 하는 문화적 규준에 대해 인식하라.
2. 내담자의 의사소통 전략에 맞는 면담방식이나 속도를 받아들여라.
3. 체계적으로 생각하며, 가능하다면 다양한 영역과 관련해 다양한 방법으로 정보를 얻을 수 있는 다양한 출처를 찾아내라.
4. 내담자에 대한 이해를 높이기 위해 문화적 역사를 특정 개인과 가족의 정보가 위치할 수 있는 인지적 서식으로 사용하라.
5. 질병, 건강, 장애와 관련된 개념과 문화적 차이는 시간이 지남에 따라 변할 수 있다는 것을 기억하라.
6. 내담자의 문제, 상황, 건강관리(자신을 보살피는 것을 포함하는) 방식의 개념에 대해 질문하라.
7. 외상장애를 평가할 때, 내담자의 가족, 공동체, 문화적 역사에 대해 충분히 이해하

기 전까지는 무엇이 외상경험을 구성하는지 판단하지 마라.

8. 내담자가 선호하는 언어를 사용하라. 필요하다면 다른 상담자에게 의뢰하거나 유능한 통역사를 참여시켜라.

9. 개인적·대인관계적·환경적 수준에서 문화적 강점과 자원을 찾아라.

10. 병리적인 것과 그렇지 않은 행동이나 믿음을 구별하라. 병리적이지 않은 행동이나 믿음은 주로 훌륭한 대처능력에 선행하거나 뒤따르며, 고취된 자존감을 이끌고, 가족과 공동체의 지지를 받는다는 사실을 기억하라.

제7장
문화적으로 적절하게 심리검사 실시하기
표준화검사 재고

1980년대 중반에 하와이 대학에서 박사과정을 이수하면서 심리검사를 실시할 때 문화적 배경을 고려해야 한다는 것을 처음으로 인식했다. 임상심리학의 문화적 주제에 초점을 맞추면서 강의와 독서를 통해 지능의 정의가 합의되지 않았다는 것을 알게 되었다. 문화마다 다른 기술과 지식에 가치를 부여하기 때문에 문화에 따라 지능의 정의가 다르다(Berry, 2004; Sternberg and Grigorenko, 2004). 예를 들어 전통적인 아프리카 문화에서 인지적으로 우수하지만 사회적 책임이 부족한 사람은 지적이라고 평가되지 않는다(Serpell and Haynes, 2004). 심지어 한 문화 내에서도 높이 평가되는 기술과 지식은 역사 속에서 그리고 한 개인의 인생사에서도 변화할 수 있다(Anastasi, 1992).

각 문화에 대한 깊은 지식을 가지고 그러한 기술과 지식을 묘사하는 것이 가능할지라도, 가장 일반적으로 사용되는 지능검사는 미국이나 영국의 것으로 산업화된 도시사회와 관련된 지식과 역량을 측정한다(Poortinga and Van De Vijver, 2004).

나는 박사과정 중 1년 동안 실습과정으로 하와이 공립학교 어린이들에게 심리검사를 실시했다. 대부분의 어린이는 아시아, 태평양 섬, 또는 혼합 문화 출신이었다. 슈퍼바이저는 일본계 미국 여성이었다. 실습을 시작하고 처음 몇 달이 지나서, 나는 슈퍼바이저에게 유럽계 미국인이 아닌 어린이들에게 유럽 중심의 검사를 실시하는 것이 윤리적인지 물었다. 그녀는 이 세상은 이상적인 곳이 아니며, 이 어린이들이 어디에서 살든, 먼저 유럽계 미국인 중심의 학교체계에서 성공해야 한다고 대답했다. 그녀는 우리가 실시하는 검사결과가 어린이들이 필요로 하는 도움을 제공할 수 있도록 구체적인 학습요구를 보여주는 데 도움이 된다고 설명해주었다. 그녀의 대답은 소수문화 사람들에 대한 심리검사의 사용이 간단하지 않다는 것을 강조한다.

이 장에서는 심리검사 문헌에서 제시되어온 유럽 중심적 편견을 감소시키는 일반적인 접근법 네 가지를 소개한다. 제안들은 지능검사, 정신상태(mental status), 신경정신기능(neuropsychological functioning), 성격검사를 포함하는 표준화검사를 문화적으로 적절하게 사용하기 위한 구체적인 전략에 대한 비평들을 넘어선다. 아버지의 기억력 장애를 염려한 딸에게 이끌려 검사를 받으러 온 한국인 남성 노인의 사례를 소개한다.

검사 편향(test bias) 줄이기

표준화검사는 대개 유럽계 미국인이 개발하고 실시과정의 기준을 설정한 경우가 많다. 따라서 검사항목은 일반적으로 유럽계 미국인의 관점을 지닌 전문가집단의 논리적 분석과 판단에 의해 선택되었다(Rogler, 1999). 그리고 검사는 유럽계 미국 문화의 관점에 기초한 다른 검사들과의 상관관계를 통해 유효성이 입증되었다(Pace et al., 2006). 표준화된 검사는 검사가 제공하는 문항에 대해 피검사자가 반응을 해야 하기 때문에, 피검사자의 선택의 자유를 제한한다(Pace et al., 2006).

검사 편향 문제에 대한 가장 일반적인 접근 중 하나는 재표준화된 도구를 사용하는 것이다. 재표준화는 검사가 실시될 집단의 실제를 반영하는 더 큰 표본으로부터 규준자료를 포함하는 복잡한 과정이다. 그것은 비교문화적으로 유효하지 않은 검사항목을 삭제하거나 수정하고, 비교문화적으로 더욱 유효한 검사항목을 추가하는 것을 포함하면서 원래 검사를 수정하는 것이다. 또한 재표준화는 새로운 척도와 하위검사의 개발을 포함한다. 이 접근은 다문화 상황에서의 심리검사 사용의 시작점이며, 그 시작점은 최소한 하나의 집단(예를 들면, 유럽계 미국인)에게는 도움이 되었다. 물론 주류문화에서 발달된 도구가 다른 문화에도 잘 적용될 수도 있다. 예를 들어 재표준화된 웩슬러 성인 지능척도(Wechsler, 1981, 1997)와 MMPI-2[Minnesota Multiphasic Personality Inventory-2(Butcher et al., 1989)]가 일부 소수민족집단에 유용하다는 연구가 발표되었다(Hall, Bansal, Lopez, 1999; Suzuki and Kugler, 1995). 그러나 재표준화는 모든 잠재적인 형태, 특히 검사가 영어에서 다른 언어로 번역되었을 때 생기는 편향을 바로잡지는 못한다(Butcher et al., 2006 그리고 Geisinger, 1992 참고. 비교문화 평가를 위한 영어로 작성된 교육적·심리적 검사를 사용하는 것에 대한 국제검사위원회 지침의 자세한 설명을 위해 Hambleton, Merenda, Spielberger, 1996 참고).

검사 편향에 대한 두 번째 해결책은 소수문화의 가치체계에서 나온 새로운 검사를 만드는 것이다. 이 접근법은 그 문화의 구성원이 익숙한 검사방법(a test medium)의 사용을 포함한다. 예를 들어 잠비아 어린이의 문화 특유적 지능발달 측정에서, 카수리아와 서펠(Kathuria and Serpell, 1998)은 종이와 연필을 사용해 같은 패턴을 재현해낼 때 영국 어린이가 또래의 잠비아 어린이보다 잘하는 반면, 잠비아 어린이는 또래의 영국인 어린이보다 꼬인 철사끈을 사용한 패턴을 더 정확하게 재현해냈다는 것을 보여주었다. 카수리아와 서펠에 의해 팡가문수(Panga Munthu) 검사가 개발되었으며, 이 검사는 어린이에게 사람의 모형을 보여주고 나서, 점토를 이용해 사람 모델(munthu)을 만들어(panga)보라고 한다. 이 검사는 시골에서 자란 잠비아 어린이의 일상에서 길러진 일련의 기술들을 활용하기 위해 고안되었다. 특히 제작자들은 서구 사회에서의 그림 활동에 비교할 만한 사람이나 동물, 그리고 도자기나 그릇과 같은 집안 물건의 모형을 만들 수 있는 것은 발달기능을 뒷받침한다고 주장했다.

문화 특유적 접근법을 발달시킬 수 있는 이 두 번째 해결책은 또한 우울증과 같은 정서적인 구성요소의 평가도구를 개발하는 것이나(Geisinger, 1992). 히스패닉(라틴아메리카인) 스트레스 척도[the Hispanic Stress Inventory (Cervantes, Padilla, Salgado de Snyder, 1990)], 베트남인 우울증 척도[the Vietnames Depression Scale(Kinzie et al., 1982)] 그리고 흑인 인구의 검사와 측정을 위한 핸드북[the Handbook of Tests and Measurements for Black Populations(Jones, 1996)] 등이 좋은 예이다.

세 번째 해결책은 문화교정 색인[index of correction for culture: ICC (Cuéllar, 2000)]을 사용하는 것이다. 문화교정 색인은 검사결과와 문화적응(acculturation)의 상관계수(correlation)로 결정된다. 즉, 개인의 검사점수는 상관계수에 의해 수정된다. 피검사자와 표준화 표본 사이의 문화적 차이가 크면 클수록 ICC가 커진다. 교정의 방향은 그 민족집단에 대한 '문화적응과 검사결과 사이의 상관관계의 방향에 의해' 결정된다(Cuéllar, 2000: 124). 그러나 쿠엘라가 지적했듯이, ICC를 사용하는 표준화된 절차들은 아직 만들어지지 않았다. 추가적인 문제는 복합하고 다양한 형태로 진행되는 적응(adaptation)을 선형적인 과정으로 개념화하는 것이다(Roysircar, 2004b).

검사 편향의 네 번째 해결책은 표준화된 절차들에 특정 전략을 추가해 더욱 유연하고 역동적으로 검사를 실시하는 것이다. 이 전략은 내담자의 검사수행의 충분한 이해를 돕는 '피험자에 대한 추가적인 질적 자료'를 모으는 것을 목표로 한다(Cuéllar, 1998: 76). 이 전략은 면담을 통해 정보 얻기, 적극적으로 듣기, 직접 관찰하기, 정보자 조사하기, 그리고 문화 특유적 검사와 마찬가지로 '한계 확인하기'(이 장의 뒷부분에서 다룸)라고 알려진 많은 절차들을 포함한다. 이 해결책을 적용할 때, 검사 선택이 임의적이지 않고, 검사와 절차에 대한 선택을 위한 명확한 이론적 근거를 포함한다는 사실을 유념하는 것이 중요하다.

지능검사 재고하기

소수문화의 사람들이 지능검사에서 점수를 잘 받지 못하면서 이들의 지능이 낮다고 해석되었다. 하지만 이때 사용된 문화의 개념은 피험자의 교육수준과 경험을 분리하지 않은 상태였다. 예를 들어 라틴아메리카의 시골에서 온 이민자는 영어를 잘 읽지 못하고, 학교에서 배우는 절차와 기술에 익숙하지 않다. 그것은 그들의 미국 지능검사 결과에 부정적인 영향을 미친다. 그러나 이 이민자는 외국 — 종종 적대적인 새 나라 — 에서 직업을 구하고, 운전면허를 따고, 집을 사며, 가족이 미국에 올 수 있도록 후원하는 것 등 살아남고 번영할 수 있는 유연성과 지적 능력을 요구하는 활동을 할 수 있다(Perez-Arce and Puente, 1996).

최근의 인지발달 연구는 학술적 지능(academic intelligence, 학술적인 문제를 푸는 데 사용되거나 전형적으로 양적 검사지들에 의해 측정된)과 실제적 지능[practical intelligence, 실제 상황에서 일상의 문제와 수행을 해결하는 데 사용되는(Sternberg and Grigorenko, 2004; Sternberg et al., 1995)] 사이의 차이를 이야기한다. 학술적 지능이 학술적 지식습득에 의해 증가하는 반면, 실제적 지능은 개인의 **암묵적 지식**(tacit knowledge)이나 상식에 의해 증가한다.

암묵적 지식은 행위 지향적이고(즉, 그것은 어떻게 하는 것인지를 아는 것을 포함한다) 실용적이며(종종 사람의 일상생활과는 관련이 없는 학술적 지식과는 대조적이다), 일반적으로 다른 사람의 도움 없이 습득된다. 그것은 종종 말로 전해지지 않으며 명확하게 설명되지 않는다[학술적인 환경과 주류문화에 의해 실행되고 강화되는 학술적 지식과는 다르다(Sternberg et al., 1995)]. 또한 직업수행과 학교수행과 관련 있는 암묵적 지식의 측정을 발전시키는 것이 가능하다는 연구가 있다(Sternberg, Wagner, Okagaki, 1993).

같은 맥락에서 데이비슨(Davidson, 1995)은 호주 원주민의 일상생활 기능을 평가하는 데 필요한 것은 표의적인 접근(ideographic approach)이라고 제안했다. 표의적인 접근은 내담자의 기능을 평가하는 데 사용되는 기술과 지식이 내담자에게도 중요한 것이어야 하며, 그 사람이 속한 집단의 일반적 특징과 관련되어 측정되어야 한다고 주장한다. 따라서 내담자마다 달라질 수 있다.

인지적 평가의 결과가 객관적일 수 있다는 개념을 가지고 억지스러운 변명을 하는 사람들은 심리학자가 "이 두 사람 중 누가 더 정신분열증적입니까?"라고 질문할 가능성을 고려할지도 모른다. 임상진단에 관해 말하자면, 우리는 한 개인이 다른 사람보다 더욱 정신병리적인지 아닌지를 염려하기보다는 두 사람이 모두 일상 상황에서 문제없이 활동하는지에 대해 더욱 염려한다. 인지적 평가에서의 질문은, 특수한 상황에서 개인은 어느 정도까지 인지적으로 기능할까가 되어야 하며, 둘 중 누가 더 인지적으로 유능한가가 되어서는 안 된다(Davidson, 1995: 32).

앞에서 소개한 해결법은 검사가 사용되는 목적의 다양성에 포함되어 있는 모든 문제들을 다루지는 않는다. 예를 들어 슈퍼바이저가 지적했듯이, 어린이는 미래의 기회에 접근하기 위해서 주류 교육체계에서 어느 정도는 학업을 수행할 수 있어야 한다. 따라서 주류 교육과정과 관련지어 어린이의 수행을 평가할 필요가 있다. 그러나 실제적인 지능에 대한 강조는 어린이의 장점에 주의를 기울이고, 병리화를 피하며, 어린이의 기능을 수적으로 평가하는 것 이상을 생각하도록 도울 수 있다.

　과거에는 IQ에 대한 잘못된 인식 때문에 많은 아프리카계, 라틴계 그리고 아메리카 원주민계의 어린이가 정신적으로 발달이 뒤지거나 학습장애아로 오해받았다(Suzuki and Valencia, 1997). 심리학자들과 교육자들은 현재 분류와 등급(IQ 점수에 의해 예시된)에 초점을 두는 방식을 넘어서서 이해와 지도, 또는 기술(description)과 처방을 강조하는 접근 방식으로 이동할 필요가 있다고 강조하고 있다(Samuda, 1998: 173). 후자의 접근은 과제를 수행할 수 있는지 아닌지를 단순히 평가하는 것 이상을 포함한다. 오히려 사람들을 돕기 위해 권장사항을 제공할 목적을 가지고 수행의 원인을 이해하는 것에 초점을 맞춘다.

　지능검사와 관련해 이 접근은 IQ 개념을 포기하는 것을 포함한다. 즉, IQ는 오직 과제의 다양성에 대해 개인이 얻은 점수의 복합체를 대표하는 것이다. 그 대신에 구체적인 하위검사의 결과는 개인이 할 수 있는 것과 할 수 없는 것, 도움을 받으면 할 수 있을지도 모르는 것에 대한 구체적인 정보를 얻기 위해 사용될 수 있다. 이 접근은 한 사람의 검사수행과 기능에 미치는 문화적인 영향을 고려하는 것을 포함한다. 예를 들어 미국에서 제작된 심리검사는 반응 속도와 도움 없이 과제를 완성하는 것을 강조하고, 이는 유럽계 미국인이 중요하게 여기는 인지적 속도, 독립적 태도, 경쟁을 반영한다(Perez-Arce and Puente, 1996). 대조적으로 신중함이나 타인과의 협동에 더 높은 가치를 둔 문화도 많다. 그 가치들은 그들의 검사수행에 부정적으로 영향을 미칠지도 모르지만 사는 환경에서 적절하게 기능하도록 돕는다.

유럽계 미국인 문화에서 제작된 도구들이 많은 국가에 수출되었고 그곳에서 사용되기 때문에, 인지심리 연구자들은 계속해서 다양한 문화를 포괄하는 지능검사의 다양성을 증가시킬 만한 방법들을 찾아야 한다. 과거에 많은 식민지 국가들에서 (미국의 역사에서와 마찬가지로) 지능검사는 주로 선발 목적, 즉 토착민을 열등하다고 인식시키거나 그들을 교육체제에서 의도적으로 탈락시키기 위해 사용되었다. 불행히도 배제가 더는 목적이 아닌데도, 표준화된 검사가 다음 학년이나 다음 단계로의 진급을 결정하는 데 사용될 때 그것은 여전히 같은 결과를 가져올 수 있다. 서펠과 하인스(Serpell and Haynes, 2004)가 아프리카 국가들과 관련지어 언급했듯이, 사회적으로 더욱 생산적이고 문화적으로는 억압적이지 않은 접근이 선발기능을 넘어선 평가기능을 강조 – 기술과 처방 강조 – 하는 것이 바람직하다.

웡 외(Wong et al., 2000)는 다른 문화에서 신경심리검사를 사용하기 위한 제안을 다음과 같이 제시했다. 제안은 대개 검사 실시 상황과 관련된다.

1. 검사가 실시되는 환경을 문화적으로 민감하게 만들어라. 물리적 공간, 의자의 배열, 호칭 등과 관련해 5장에서 기술한 많은 제안들이 적용 가능하다. 추가로 검사자는 내담자가 검사하는 것을 불편해하고, 익숙해하지 않으며 심지어 두려워할 수 있다는 사실을 염두에 두면서, 검사 목적이 무엇인지를 알 수 있도록 검사 실시 절차에 대해 충분히 설명해야 한다.
2. 검사와 함께 철저한 임상면담을 진행하라. 면담은 검사자로 하여금

검사점수에 영향을 끼칠 수도 있는 만큼 내담자가 받는 문화적 영향과 관련된 정보를 얻을 수 있도록 해준다. 예를 들어 교육수준은 검사결과에 상당한 영향을 미친다. 어느 수준까지 교육을 받았는지를 확인해야 할 뿐 아니라 내담자 문화에서의 교육과 관련된 특성과 구조, 기대를 이해하는 것이 중요하다. 교육의 질 또한 고려해야 한다. 예를 들어 아프리카계 미국인은 같은 나라에 살더라도 유럽계 미국인보다 적절한 교육을 받지 못했을 확률이 높다(Nabors, Evans, Strickland, 2000).

3. 타당성과 신뢰성이 명확하게 수립되지 않는다면 검사를 번역해서 사용하지 마라. 일반적으로 표준화검사(특히 지능검사와 신경심리검사)는 내담자의 언어를 사용하는 검사자(즉, 번역사가 아닌)가 진행해야 하며, 그 이유는 내담자 언어의 뉘앙스와 미묘한 행동을 이해하는 것이 정확한 해석의 열쇠이기 때문이다.

4. 보고서에 검사와 검사자, 그리고 보고서 작성자들의 해석에서 나타날 수 있는 잠재적인 문화적 편견에 대한 정보를 포함시켜라.

정신상태평가(Mental Status Evaluation)

소수문화의 정체성과 경험을 가진 내담자에게 표준화된 정신상태평가에 포함된 질문들은 기능을 측정하는 지표가 아닐 수 있음을 인식하는 것이 중요하다(Paniagua, 1998). 예를 들어 캐나다의 매니토바 주에 사는 원주민과 비원주민 노인에 대한 한 연구를 보자. 원주민 노인의 45%는 학교교육을 받은 적이 없고, 달력의 날짜는 사냥과 낚시철의 시작과 같은 행사보다 중요하지 않았다(Kaufert and Shapiro, 1996). 원주민 노인은 현재와 과거 캐나다 수상의 이름을 몰랐다(Kahn et al., 1996에 의해 개발되고 개정된 정신상태 설문지에 있는 질문들). 그 노인들에게 몇 년도에 그들이 투표권을 얻었는지와 마을에 언제 처음 전기가 들어왔는지를 물었을 때, 첫 번째 질문에 상대적으로 적은 이들이 대답할 수 있었지만, 더 많은 사람들이 두 번째 질문에 정확하게 대답했다(Kaufert and Shapiro, 1996). 연구자들은 이 결과를 전기가 들어온 것의 문화적·생태학적 중요성으로 해석했다. 전기를 만들어내는 수력발전 댐은 사냥과 덫, 낚시구역의 범람을 가져왔고, 그것은 결과적으로 공동체(마을) 구성원의 자기 충족감이 줄어들고 구성원들이 소외감을 느끼는 데 일조했다.

정신상태를 평가하기 위해 가장 일반적으로 사용되는 질문지는 간이 정신상태검사[Mini Mental Status Exam: MMSE(Folstein et al., 1985)]이다. MMSE는 적격심사(Screening) 검사일 뿐, 북미에서 학교교육을 받지 못한 사람을 평가하는 데는 적당하지 않다. 예를 들어 이 검사는 공간·시간에 관한 인지적 어려움을 측정하기 위해 기하학적인 도안을 그리도록 요구한다. 일반적인 공간 시각적 능력을 지녔지만 문맹인 사람은 연필을 사용해본 적이 별로 없어서 이 과제를 어렵다고 느낄 수도 있다. 어떤 질문은 시계나 기독교 달력을 사용하지 않는 내담자나 구조화된 일상 습관을 따르지 않는 내담자를 잘못 인도할 수도 있다(Jewell, 1989). 스페인어를 사용하는 사람들은 "계절에 대해 제게 말씀해주실 수 있습니까?"와 "어느 주에 살고 계시나요?"와 같은 단순한 질문에 대해 오답을 하는 경우가 많다(Escobar et al., 1986). 스페인어를 사용하는 사람들은 사계절의 온난기 후가 아닌 건기와 우기 두 계절만 있는 열대성 지역과 아열대성 지역 출신이 많다. 그리고 주(state)라는 용어는 한 나라 또는 한 나라 안의 구역이라는 두 가지 의미로 해석될 수 있다(Ardila, Rosselli, Puente, 1994).

내담자의 문화적 역사와 상황에 대한 지식은 표준화된 질문에 대한 내담자의 반응을 정확하게 해석하는 데 중요하다. 신앙이 깊은 농부였으며,

아내가 죽고 나서 아들과 살기 위해 미국으로 건너온 모리타니(Mauritanie, 서부 아프리카의 이슬람교 국가) 출신의 노인 남성의 사례를 보자. 그 남성은 뇌졸중을 경험했고, 심리학자는 그의 인지기능을 평가해야 했다.

그 남성이 5년 동안 학교교육을 받은 적이 있다는 사실을 알고 나서, 그 심리학자는 5년 동안의 교육을 낮은 수준의 교육으로 보는 유럽계 미국인의 관점에 기초해, 노인의 발병 전 기능을 쉽게 과소평가할 수 있었다. 그러나 그 심리학자는 모리타니에 대해 충분히 검토했고, 1930년대에 모리타니에서 태어난 남성이 5년 동안 엄격한 코란 학교(코란의 암기와 암송)에 다닌 것은 매우 높게 평가받는다는 걸 알았다. 심리학자는 내담자의 아들로부터 내담자가 농부였지만 많은 사람들에게 조언을 해주는 이맘(imam, 이슬람교 사원에서 예배를 인도하는 자)이었다는 사실을 알게 되었다. 이 정보 덕분에 심리학자는 (아들과 문화 자문가의 도움을 통해) 내담자의 정신상태를 정확하게 평가할 만한 질문들을 생각해낼 수 있었다.

이 사례가 보여주듯이, 유럽계 미국인의 학교체계에서 교육을 받지 않은 이민자 내담자를 돕는 또 다른 전략(문화적 역사에 대해 아는 것에 추가하여)은 내담자의 문화에 대한 상세한 지식을 가진 가족구성원이나 제3자(즉, 자문가)의 도움을 받는 것이다. 어떤 경우, 자문가는 내담자를 알지 못하는 상담자가 될 수도 있다. 이때 자문가에게 내담자를 확인할 수 있는 사적인 정보는 주어지지 않는다. 다른 경우, 자문가는 내담자의 사례 관리자 또는 통역사가 될 수 있으며, 정보를 공개할 필요가 있을 수도 있다. 만약 자문가가 가족구성원이 아니라면, 추가로 가족구성원을 포함시키는 것이 도움이 된다. 가족구성원이 자문가가 모르는 개인적인 상세정보를 제공할 수 있기 때문이다.

표준화된 절차와 검사가 문화적으로 매우 부적합하거나 관련이 없을 때, 내담자의 정신상태와 일반적인 기능을 가능하면 정확하게 평가하기 위한 방안을 모색하기 위해, 자문가와 평가회기 전에 만나는 것이 도움이 된다. 제2장에서 기술한 캄보디아인 여성인 석 부인의 사례로 돌아가보자. 자문가와 만나기 전에, 상담자는 석 부인 세대의 문맹 여성에게 일반적인 경험(예, 농장일, 모성애, 전쟁 중 수용소에서의 강제 노동, 난민과 이민자가 되는 경험)을 포함해 그녀의 문화에 대해 스스로 알아볼 수 있다. 그러고 나서 평가 전 만남에서 상담자는 자문가에게 그녀가 석 부인의 삶의 과정을 넘어 캄보디아인 사회에서 가치 있게 여겨지는 구체적인 기술이나 지식 그리고 석 부인이 상담자에게 기대하는 것을 잘 이해하도록 도울 수 있는 질문을 할 수 있었다.

상담자는 초기에 관련 질문을 생각해내기 위해 경향, 관심, 말(speech), 언어, 장·단기 기억, 공간 시각 능력, 운동기능, 실행기능에 대한 표준 정신상태 항목을 사용할 수 있을 것이다. 그러나 이러한 질문내용은 상담자의 것이 아닌 석 부인의 사회문화적 교육과 환경을 반영해야 한다. 게다가 상담자는 내담자 문화의 가치를 반영하는 질문을 포함시켜야 한다(예를 들면, 좋은 사회적 판단을 평가하는 질문). 말하는(인지적 처리와 반응의) 속도가 석 부인의 문화에서는 유럽계 미국인 문화에서처럼 중요하지 않을 수도 있다는 사실을 염두에 둘 필요가 있다.

또한 상담자가 답변의 정확성을 확인하기 위해서는 질문의 표현을 달리할 필요가 있다. 장기 기억장애를 감별하기 위해 석 부인에게 그녀 자신이나 자녀들의 생일을 묻는 것은 도움이 되지 않을 수도 있는데, 이는 석 부인이 어쩌면 이러한 정보를 모를 수도 있으며, 유럽식 달력을 사용하지 않을 수도 있기 때문이다. 대안으로, 아버지의 여자 형제들의 이름을 묻는 것은 그녀의 장기 기억능력에 대한 지표가 될 수도 있지만, 이 정보들이 가족구성원에 의해 확인될 수 있을 때뿐이다. 석 부인의 기억에 대한 일부 지표를 더 흔한 정보에서 확인할 수 있다. 즉, 그녀가 살았던 캄보디아의 지역 이름, 이민 전에 살았던 수용소의 이름, 크메르족 고유의 식사를 준비할 때 사용하는 식재료와 요리방법을 묻는 것이다. 자문가와 가족구성원이 정보의 정확도를 확인해줄 수 있다.

그러나 석 부인에게 일련의 질문들(비록 문화적으로 관련이 있기는 하지만)을 단순하게 질문하는 데는 한 가지 문제가 있는데, 그것은 석 부인의 기능적 능력이 언어적 능력(이름 대기, 유창성, 단어생성, 언어적 기억 등)에 의해 달리 평가될 수 있다는 점이다. 즉, 그녀가 전통적인 크메르족의 식사를 어떻게 준비하는지는 알고 있고 설명할 수 있지만, 그것을 준비하는 것에 포함되는 구체적인 과제를 수행할 수는 없을지도 모른다. 혹은 매일 요리하지만 요리방법을 설명할 수 없을지도 모른다. 아니면 그녀가 요리 단계나 구성요소를 묘사하는 것이 캄보디아인이 아닌 상담자에게는 순서가 뒤죽박죽이거나 혼란스럽게 들릴지도 모른다. 상담자는 또한 석 부인이 식사준비를 묘사하는 것이 캄보디아인이 아닌 사람에게 설명하는 듯이 하는지 아니면 또 다른 캄보디아인에게 설명하듯이 하는지를 고려할 필요가 있다. 만약 후자라면, 석 부인은 듣는 사람이 일반적인 기초지식을 가지고 있다고 가정하고는 자세한 설명을 하지 않을 수도 있다.

이러한 모든 이유 때문에 가정방문이 유용할 수 있다. 가정방문을 통해 상담자는 석 부인의 활동을 직접 관찰하기 때문에 석 부인의 환경에서 그녀가 어떻게 기능하는지를 더 충분히 평가할 수 있다. 상담자는 여전히 문화적으로 관련 있는 질문을 포함시킬지도 모르지만 정신상태를 감별하는 데 단순히 석 부인의 언어적 응답에만 의존하지는 않을 것이다.

유럽계 미국인의 시간규준을 사용하지 않는 내담자에게, 메이슨과 클라인만(Mason and Kleinman, 1998)은 내담자의 증상과 날짜가 아닌 중대한 사건과 연관된 일대기 사용을 제안했다. 내담자는 사건을 선택하고, 선택은 사적인 이유(예를 들면, "남편이 죽은 해에 시작된 우울")나 더 큰 사회문화적 이유(예를 들면, "지난 추수 바로 전에 느꼈던 것 같은 첫 번째 감정을 기억합니다")에 의해 이루어질 것이다. 시각적 기호나 사진이 문맹인 내담자에게 일대기를 이해시키는 데 사용될 수 있다. 이 책의 제6장에 설명된 일대기를 적절히 수정해 이러한 생각을 통합시키기 위해 쓸 수 있다.

리 외(Leigh et al., 1996)는 청각장애를 가진 내담자의 정신상태를 평가하기 위한 몇 가지 방법을 제안했다. 글자 사용(예를 들면, 통역사들을 즉시 이용할 수 없는 응급실에서)은 합리적인 접근처럼 보이지만 임상적 판단에 심각한 문제를 이끌어낼 수도 있다. "ASL의 문법적 구조는 영어와 다르기 때문에, 청각장애 수화사용자에 의한 문어체 의사소통은 의사에게는 실어증이거나 정신이상처럼 보일 수 있다"(Leigh et al., 1996: 367). 유사하게 영어로 쓰인 지능검사는 내담자의 영어능력에 의해 영향을 받기 때문에 내담자의 인지 능력을 정확하게 반영하지 않을 수도 있다. 이 문제를 줄이기 위해, 리 외는 개정된 웩슬러 성인지능척도(Wechsler Adult Intelligence Sale-Revised: WAIS-R)의 수행척도(Wechsler, 1981)와 지능평가를 위한 STM [Standard Progressive Matrices(Raven, 1960)]을 사용할 것을 권장했다. 그러나 이러한 척도들도[개정된 웩슬러 성인지능척도-3 (WAIS-3)과 Wechsler, 1997을 포함] 문화적 편견에서 자유롭지는 못하다(Samuda, 1998).

오해와 부정확한 진단을 피하기 위해, 올킨은 "청각장애 내담자들은 청각장애 공동체에서 청각장애 상담자들에 의해 가장 훌륭하게 도움을 받을 수 있다"고 충고했다(Olkin, 1999: 4). 현재 청각장애 내담자들에게 도움을 제공하는 상담자들이 대개 수화 통역사를 요구하고 있기 때문에 이것은 논쟁의 여지가 많은 문제이다(Williams and Abeles, 2004). 상담자가 청각장애 내담자의 경험과 행동을 모든 청각장애인으로 과잉 일반화시키는 경향을 줄이기 위해서, 정상 청력을 가진 상담자가 상담실 장면 밖에서도 청각장애를 가진 사람과 어울리는 경험을 보내는 것이 중요하다

(Williams and Abeles, 2004).

　소수민족 노인의 일반적인 인지 기능은 풀드 객체기억평가[Fuld Object Memory Evaluation: FOME(Fuld, 1977)] 사용을 통해 측정될 수 있다. FOME는 아프리카계 미국인 노인의 알츠하이머 질병을 진단하는 효과적인 검사도구이며(Mast et al., 2001), 다른 민족집단에서의 치매 가능성을 평가하는 데 유용하다고 알려졌다(Fuld et al., 1988). FOME는 노인에게 작은 물건들(예를 들면 열쇠, 컵, 반지 등)이 10개 들어 있는 주머니에 손을 넣으라고 한 다음에 그것을 꺼내 보기 전에 느끼는 대로 그 물건의 이름을 대도록 하는 것(또는 노인이 물건의 이름을 맞히지 못할 경우, 그 물건을 꺼내서 보고 그 물건의 이름을 맞히도록 하는 것)을 포함한다. 노인은 모든 물건의 이름을 이런 식으로 맞히고 나서, 혼동 과제(단어생성)를 수행한다. 즉, 기억할 수 있는 가능한 한 많은 물건들의 이름을 대는 것이다. 평가자는 내담자가 잊어버린 물건들을 말해주며, 또 다른 10개의 물건들의 회상을 요청한 다음에, 또 다시 혼동 과제를 준다. 이 절차는 다섯 번 반복되며, 혼동 과제를 통한 언어적 유창성 측정과 함께, 연습시간에 따른 개인의 학습과 기억능력의 측정을 산출해낸다. 나중에 나는 이것이 재미있는 검사라는 것을 알게 되었다(예를 들면, 내가 FOME 가방을 가져간 양로원에서, 어떤 노인이 나를 '가방 아가씨'라고 불렀다).

　요약하자면 정신상태평가에 대한 유연하고 역동적인 접근법은 시간이 많이 걸리며, 표준화된 접근법과 같은 수준의 신뢰도를 제공하지 않는다. 그러나 표준화검사가 문화적으로 부적합하거나 관계가 없는 내담자에게 이러한 접근을 사용하지 않는 것은 상대적으로 무의미한 반응과 정보를 얻을 수도 있다. 〈예시 7-1〉은 상담자가 정신상태와 지능을 평가하는 역동적이고 유연한 접근으로 사용할 수 있는 중요한 질문을 제시한다.

1. 내담자가 구체적인 개인역사를 제공하는가, 아니면 사건들을 열거하면서 순서를 혼란스러워하는가?
2. 내담자가 개인역사를 열거하는 양식이 내가 기대한 것과 다르지만, 내담자의 문화 상황에서는 정상인가(예, 선형적, 원형, 아니면 다른 형태의 내용 또는 양식의 측면에서)?
3. 내담자가 그 문화와 그 연령의 사람들이 알고 있는 정보를 알고 있으며, 내가 이것을 평가하기 위해 내담자의 특수한 집단에 대해 충분히 알고 있는가?
4. 내담자의 영어 유창성 수준을 고려해, 내담자가 단어를 찾는 데 어려움이나 착어증(즉, 단어 생성이나 오용)과 같은 의사소통 문제를 보이는가?
5. 내담자가 교육배경과 일관되게 건강 문제들에 대해 적절하게 고려하고 지식을 가지고 있는가?
6. 내담자가 나와 어떻게 상호작용하는가(예, 공격적, 적대적, 무관심, 혼란스러움)? 이러한 행동을 ADDRESSING 요인으로 설명할 수 있는가?
7. 나에게 특이하거나 비정상적으로 보이는 내담자의 행동이나 신념이 문화적 차이로 설명될 수 있는가?

신경심리검사(Neuropsychological Assessment)

정신상태평가가 인지적 문제를 제기할 때, 신경심리평가가 필요하다. 신경심리검사는 주의, 집중, 장단기 기억, 언어, 추론, 공간 시각에 관한 지각과 구성 능력, 정신운동 기능, 그리고 추상, 자각, 통찰, 판단, 계획, 목표설정과 같은 '더 높은 수준'의 수행기능을 포함하는 구체적인 인지 기능의 평가를 포함한다(Lezak, 1995).

신경심리검사의 유용성은 다음과 같다. 첫째는 진단에 도움을 준다. 종종 진단은 우울증과 같은 심리적인 문제나 머리 부상, 독소에의 노출, 약물 남용, 뇌혈관 장애, 알츠하이머 치매, 또는 다른 질병에 의한 뇌 기능장애의 일부 형태와 관련된 인지, 행동, 감정, 성격 장애 등을 경험하는지를 명확하게 한다. 신경심리검사는 또한 내담자가 개인적인 문제를 관리하거나 재정문제를 처리하고 삶을 결정하거나 부모 역할을 효과적으로 하는지를 평가하는 데, 머리 부상이나 발작을 경험했거나 기능에 영향을 미치는 질병을 진단받은 적이 있는 사람에게서 예상되는 바에 대해 가족을 교육시키는 데, 장애혜택을 위한 적격성을 판단하는 데, 그리고 치료계획, 재활전략과 배치문제에 대해 권장사항을 제공하는 데 유용할 수도 있다[즉, 독립적 생활 가능성(Judd, 2005)]. 신경심리검사는 특히 내담자의 능력, 장점 또는 약점에 관련해 자세한 정보를 요청받았을 때, 그리고 내담자의 시간에 따른 경과를 결정할 때 도움이 된다(Walsh, 1987).

신경심리검사에 대한 민족적인 차이점이 기록되어왔으며, 소수민족집단의 구성원이 인지적 기능장애가 있다고 잘못 진단되었을 가능성이 제기되었다(Mungas et al., 2005). 언어적 검사에서와 마찬가지로 비언어적 검사에서도 편견은 발견되었다. 예를 들어 색상흔적검사[Color Trails Test(Maj et al., 1993)]는 기호잇기검사[Trail Making Test(Kelland, Lewis, Gurevitch, 1992)]와 유사한 것으로서 문화의 영향을 받지 않는 검사로 고안되었다. 하지만 두 검사가 (두 검사가 같은 능력을 측정한다는 사실을 가리키면서) 영어를 사용하는 피검자에게는 비슷한 결과를 보이지만, 홍콩의 중국인 집단에서는 두 검사가 서로 다른 능력을 측정한다는 연구결과가 있다(Chan, Shum, Cheung, 2003 책 중 Lee et al.이 쓴 부분 참고). 가장 최근까지 신경심리검사에 대한 연구는 문화적 영향과 비영어권 사람을 포함하지 않았다(Ardila et al., 1994; 아시아 국가들에서의 신경심리검사의 개관을 위해 Chan et al., 2003 참고). 그러나 아나스타시(Anastasi, 1992)가 지적했듯이, 검사는 오직 주어진 시간에 행동표본만 측정하며, 그 사람이 왜 그렇게 반응했는지를 말해주지 못한다. 이것을 알아내기 위해 개인의 문화, 가치, 신념과 같은 다른 변수를 검토할 필요가 있다(Campbell et al., 1996).

신경심리검사에 대한 가설검사접근은 일반적으로 표준화검사의 사용을 위한 모델을 제공한다(Lamberty, 2002). 심리학자는 의뢰받은 정보, 내담자의 역사, 내담자의 초기 관찰에 기초한 초기 가설모음으로 시작한다. 그리고 나서 심리학자는 내담자의 능력을 가장 잘 평가할 구체적인 검사를 선택한다. 검사를 진행시키면서, 심리학자는 일반적인 가설을 더 구체적인 것으로 수정한다. 점진적으로 "대체 진단 가능성의 연속적인 배제"는 최종진단으로 이끈다(Lezak, 1995: 112).

심리학자가 내담자에 대한 문화적·개인적 정보를 잃었다고 가정하면서, 한계 확인하기(testing the limits)라고 알려진 전략은 신경심리검사와 정신상태, 지능검사의 결과를 해석하는 데 유용하다. 표준화검사의 한계 확인하기는 실시절차를 넘어서서 내담자의 수행수준에 대한 가능한 설명을 탐색하는 것을 포함한다. 이 탐색은 표준화검사 실시 다음에 행해지기 때문에, 한계 확인하기는 표준화된 점수에 영향을 미치지 않는다(Lezak, 1995). 한계 확인하기는 그 검사의 한계를 넘어서는 기회를 제공하며, 검사자가 내담자에게 항목을 빠뜨린 이유를 물을 수 있기 때문에, 또한 토론을 촉진시킬 수 있고 내담자와 라포를 형성할 수 있게 한다(Morris, 2000).

예로서 WAIS-III의 그림완성(Picture Completion) 하위검사가 있다(Wechsler, 1997). 이 하위검사는 내담자에게 제한된 시간 안에 여러 장면들의 모음 중 하나의 그림에서 빠진 중요한 부분의 이름을 대라고 요청한다. 만약 한 내담자가 이 하위검사에 있는 항목에 정확한 대답을 할 수 없고 검사자가 단순히 내담자의 오답을 내담자의 능력으로 평가한다면, 검사자는 아마도 잠재적으로 가치 있는 많은 정보를 놓치게 될 것이다. 그러나 만약에 검사자가 그 사람이 이 과제에 대해 어떻게 또는 왜 어려움을 겪는지를 점수가 나타내지 않는다고 인식하면, 검사자는 다음의 방법으로 더 많은 정보를 얻을 수 있다(몇 달 내에 재검사하는 경우에는 이 전략의 사용이 적절하지 않다).

1. 표준절차를 따르면서, 검사자는 각 항목으로 돌아가서 내담자에게 그림을 다시 보고 그가 보는 것을 자세하게 설명하라고 요청할 수 있다. 내담자가 빠진 부분을 볼 수는 있지만 '검사수행 중 간과했다'고 잠정적으로 가정할 수 있다.

2. 시간 압박의 영향을 평가하기 위해, 검사자는 이번에는 시간제한 없이 내담자에게 각 항목에 다시 대답해보라고 요청할 수 있다. 시간제한은 나이, 장애, 언어차이, 문화적 요인, 만성질환, 감각 또는 운동장애, 또는 단순한 신경증 때문에 추가적인 시간을 요구하는 경우에는 특히 개인의 실제능력을 과소평가하게 한다(Lezak, 1995). 이러한 요인이 작용할 때, 시간제한 없이 검사를 실시하면 내담자의 능력을 조금 더 적절하게 평가할 수 있다. 시간제한 없는 반응들을 비교할 수 있는 규범적인 자료는 없다. 그러나 개인이 그 과제를 수행할 수 있는지 전혀 없는지를 알아내는 것이 더 중요하다. 만약 그 사람이 과제를 수행할 수 있다면, 그다음으로 제한된 시간 안에 수행하는 것이 중요한지 아닌지의 여부를 알아내는 것이 필요하다. 예를 들어 시간제한이 없으면 그림을 완성할 수 있는 노인의 경우, 그 노인의 수행이 독립적 생활상황에 위험할 수 있는 부족함을 나타내는가? 아니면, 그 노인이 가정에서 시간압박을 거의 경험하지 않고(그리고 운전을 하지 않는다면), 노인의 공간 시각적 능력을 평가하는 데 시간문제는 상대적으로 중요하지 않다고 가정할 수 있는가?

3. 검사자는 피험자에게 정확한 답을 알려주고, 이제는 빠진 부분을 볼 수 있는지 묻는다(만약 그 사람이 1년 안에 재검사 받을 필요가 있다면 이

전략을 사용하지 말아야 한다). 빠진 부분을 발견할 때 피험자의 얼굴에서 놀라는 표정을 볼 수 있다. 그런 다음에 심리학자는 내담자에게 그가 그것을 보는지를 확인하기 위해 없어진 부분을 가리켜달라고 요청한다.

4. 검사자는 내담자에게 직접적으로 왜 하위검사에 있는 어떤 특수한 항목에서 어려움을 겪는지를 물어볼 수도 있다. 그 대답은 피곤, 무관심, 문제에 대한 집착, 또는 내담자를 흐트러뜨리는 육체적인 고통과 같은 단순한 것일 수 있다. 유사하게, 검사 실시방법의 오해나 시력 또는 청력의 저하는 부족한 수행을 실명할 수 있다. 퇴역군인을 위한 요양원에서 나는 인턴으로서 일부 남성 노인 내담자들을 평가하는 데 노인우울척도(Geriatric Depression Scale; Yesavage and Brink, 1983)를 사용했다. 첫 번째 질문은 "삶에 만족합니까?"였고, "아, 네. 그녀는 아주 좋은 숙녀 분이셨죠"라는 대답을 들었다. 이러한 두어 번의 반응들이 있은 후에, 나는 내담자가 보청기를 사용하고 있거나 필요로 하는지를 검사 전에 물어야 한다는 것을 배웠다.

5. 쿠엘라(Cuéllar, 1998)는 영어를 제2언어로 사용하는 사람들에게 영어로 적절하게 답변하지 못한 항목을 이중언어를 사용하는 심리학자가 내담자에게 내담자의 모국어로 다시 질문해야 한다고 제안했다. 이렇게 하면 문제가 언어이해와 관련이 있는지를 알 수 있을 것이다. 유사하게 이중언어를 사용하는 어린이가 영어사용 교육체계에서 성공할 수 있는 능력을 평가할 때, 그 어린이에게 두 언어로 평가받게 하는 것이 도움이 된다. 이 접근은 요구된 자료를 제공하면서 동시에 그 어린이의 실제 요구와 장점에 대한 더 충분한 이해를 제공한다(Geisinger, 1992: 33).

사례

딸이 의뢰한 한국인 아버지 사례가 바로 앞의 제안을 설명해준다. 그 심리학자는 표준화된 절차로 훈련받았지만, 이 평가를 더욱 역동적인 접근을 요구하는 것으로 인식했다. 그리고 역동적인 접근을 사용해서 성공적으로 그 가족의 요구를 평가할 수 있었다. 그 사례는 심리학자가 내담자의 당시 정신상태를 평가하는 데 사용했던 주요 질문을 포함한다(〈예시 7-1〉도 참고).

한국계 미국인 2세대이자 70세 남성인 김 씨는 의사의 소개로 '기억을 상실했는지'를 평가받으려고 37세의 라틴계 심리학자를 만났다. 김 씨의 딸(32세)은 자신을 인숙이라고 소개했다. 김 씨를 보자마자, 심리학자는 관계가 좋지 않은 자신의 아버지를 떠올렸다. 심리학자는 김 씨에게 그가 처한 어려움들에 대해 직접적으로 물으면서 불편함을 느꼈다. 그녀는 무심결에 인숙에게 몇 가지 질문을 직접 했고, 김 씨가 바닥을 보고 있었던 반면에, 인숙과 심리학자는 직접적으로 시선을 교환했다.

딸에게서 김 씨의 인생에 대한 정보를 주로 얻다가, 심리학자는 무언가가 잘못되었다고 느꼈다. 그녀는 김 씨에게 기억력이 떨어지는지 직접 물었다. 약간 한국어 악센트가 있는 낮은 목소리로, 그는 자신은 "약간"이라고 생각하는데 딸은 "심각하게 생각한다"라고 말했다. 여기가 심리학자가 내담자의 정신상태를 검사하기 위해 일반적으로 내담자에게 질문을 하는 시점이다. 김 씨의 교육수준(고등학교 졸업), 언어 유창성 그리고 이민 2세대인 점을 고려해, 그 심리학자는 MMSE(Mini Mental Status Exam)가 적합한 심사검사가 될 것이라고 결정했다.

심리학자는 정신상태 질문들이 김 씨를 소원하게 한다고 느꼈기 때문에, 10분 쉬고 나서 김 씨와 단 둘이 짧은 면담을 하고, 만약 그가 괜찮다면 딸과도 단 둘이 면담을 나누고 싶다고 말했다. 심리학자는 김 씨와 인숙에게 양해를 구하고 자리를 떴으며, 석 잔의 차를 가지고 돌아왔다. 쉬는 동안에, 심리학자는 더욱 사회적인 대화로 김 씨와 딸을 끌어들였다. 긴장이 완화된 후, 심리학자는 인숙을 대기실로 안내하고 김 씨와 단 둘이 30분 동안 이야기를 나누었다.

정신상태 질문들을 묻고자 하는 심리학자로서의 욕구를 억누르고, 그녀는 대신 김 씨 가족의 의료적 역사에 대해 대화를 나누었다. 그녀는 칠판에 그의 가계도를 그렸고, 그것은 또한 그 둘에게 볼만한 자료를 제공했다(가계도와 관련해 McGoldrick and Gerson, 1985를, 그 예는 이 책의 제10장 참고). 김 씨는 한국에서 죽은 조부모를 포함한 대가족구성원의 건강과 사회적 역사에 대해 이야기했다. 심리학자는 또한 가족의 종교에 대해 물었고, 그는 유교적 가르침을 따르는 불교도라고 대답했다.

김 씨와 이야기를 나누면서 심리학자는 자신이 무의식적으로 그가 실제보다 더 장애가 있다고 가정했다는 것을 깨달았다. 그의 정신상태에 대해 직접적으로 묻는 것보다 가계도를 완성하면서 그의 인지적 역기능의 신호를 보았다. 그녀는 자신에게 스스로 다음 질문들을 해봤다.

- 김 씨가 자세한 개인적 역사를 제공하는가, 아니면 회상하면서 사건들의 순서에 혼란스러워하는가? 그는 과거 사건들에 대해 자세한 사항들을 잘 제공했지만 심리학자가 중요하다고 고려한 - 예를 들어 그가 결혼한 해 - 것과 같은 일부 날짜는 기억하지 못했다. 그러나 심리학자는 결혼한 지 30년이 넘었고 아내가 사망한 지 10년이 된 한국인 노인 남성에게는 있을 수 있는 일이라고 생각했다.
- 그가 인생을 회상하는 방식이 내가 기대한 것과는 다르지만, 그의 문화상황에서는 여전히 정상적인 것인가(예, 내용 또는 선형적, 순환적, 또는 다른 형

태의 방식이라는 점에서)? 그가 사건을 회상하는 방식은 비교적 연대순이었다. 사건을 회상하면서 감정을 드러낸 적은 없었다. 오히려 반응은 장소, 사건 그리고 경험에 더 초점이 맞추어져 있었다. 그 심리학자는 이것이 한국계 미국인 노인 남성에게는 정상적인 것이라고 생각했다.

▪ 그 연령대의 일반적인 한국계 미국인 남성이 알고 있을 정보를 그도 알고 있는가? 그리고 이것을 평가하기 위해 내가 그가 속한 특수 집단에 대해 충분히 알고 있는가? 심리학자는 그렇지 않았고 자문이 필요함을 인식했다.

▪ 그의 영어 유창성 수준을 고려해, 그가 적절한 단어를 못 찾거나 착어증(paraphasia, 단어를 만들어내거나 잘못 사용하는 것)과 같은 의사소통 문제를 보이는가? 그는 약간의 악센트와 그의 교육수준에 당연하다고 보이는 문법적 오류가 있었지만 영어는 유창했다.

▪ 자신의 건강에 대한 그의 이해가 교육수준과 일치하는가? 그렇다.

▪ 그는 나와 어떻게 상호작용하며, 그의 반응을 설명할 비교문화적 역동성이 존재할 수 있는가? 심리학자는 그의 내성적 태도(reserved manner)가 불교, 유교, 또는 한국의 전통, 나이, 상담자가 나이 어린 라틴계 여성이라는 점과 관련될 수도 있음을 깨달았다.

▪ 특수하거나 정상이 아니라고 보이는 행동이나 신념을 위한 문화적인 설명, 즉 그의 나이 또는 세대, 가능한 장애, 종교 또는 영적 지향, 또는 다른 ADDRESSING 요인과 관련된 설명이 가능한가? 심리학자는 자신과 눈을 맞추지 않는 그의 태도를 상황에 대한 당황스러움의 결과라고 정확하게 해석했지만, 그녀는 그들의 불편한 상호작용에서 그녀 자신의 반응을 간과했다. 그녀가 이상하다고 고려할 만한 다른 믿음이나 행동은 없었다.

면담 후에, 심리학자는 김 씨를 대기실로 안내하고 차 한 잔을 더 제공했다. 그러고 나서 인숙과 만났다. 심리학자와 단 둘이 된 인숙은 자신이 관찰한 아버지 문제를 더욱 자유롭게 이야기했다(잦은 짜증, 체중 감소, 그리고 열쇠들을 잃어버리고 난로를 켜두는 등의 몇 가지 사건들에서 명백하게 나타나는 기억력 손실). 그녀는 심리학자에게 아버지가 자신의 문제를 알기는 하지만, 그녀가 아버지 앞에서 이 모든 문제들을 나열하기를 원하지 않았다고 말했다. 그녀는 아버지가 어떠한 심각한 육체적 문제가 없으며, 술을 마시지 않고, 어떠한 약물도 사용하지 않는다고 말했다.

김 씨와 인숙과의 만남을 간단히 정리하면서, 심리학자는 그들의 인내와 협조에 감사하다고 말했고, 그들과 같은 상황에 대해 더 많은 경험을 가지고 있는 동료 한 명과 상의를 하고 싶다고 말했다. 그리고 이번에 그녀는 주로 김 씨에게 직접 말했다. 그녀는 평가를 완료하기 위해 다음 주에 그들과 만나고 싶다고 덧붙였다. 그녀는 그들이 다시 오고 싶은지를 김 씨에게 먼저 물었고, 다음으로 인숙에게 물었다. 둘 다 동의했고 작별인사를 할 때 방문했을 때보다는 긴장이 풀려 보였다.

심리학자가 딸에게 먼저 질문을 했기 때문에 이 평가회기는 시작부터 잘못될 수 있었다. 라틴계 사람으로서, 심리학자는 라틴 문화와 한국 문화에서 나이 어린 사람은 노인을 공경하는 것이 중요하다는 걸 알고 있었다(Kim, 1996; Kim, 1996). 기억장애에 대해 김 씨를 압박하지 않는 것이 좋겠다는 그녀의 직감은 좋았지만, 딸과의 과동일시는 김 씨 앞에서 인숙에게 직접 질문하는 실수로 나타났다. 인숙이 나중에 한 말과 김 씨의 행동을 보면, 상담자의 태도는 아버지와 딸 모두에게 당황스러운 것이었다(한국인 가정의 존경에 대한 상담자들의 증명과 관련해, Kim, 1996 참고).

게다가 심리학자는 초기에 그 아버지의 감정통제(emotional restraint), 눈 맞춤 회피, 그리고 그의 장애에 대한 명백한 수용을 치매의 신호로 잘

못 해석했다. 그녀는 나중에 감정통제가 성숙함의 신호이고 한국문화와 불교문화 사람들이 기억상실 문제를 삶의 실제로 고려한다는 것을 알게 되었다(Kim and Rue, 1997; Murgatroyd, 1996).

상담자는 그 상황에 대해 유연하고 역동적인 가설검증접근을 취함으로써 초기의 실수를 만회할 수 있었다. 김 씨와 인숙을 따로 만나기로 한 결정과 그 순서도 잘한 것이었다. 그렇게 했을 때, 그녀는 김 씨가 장애가 심해서 스스로 말할 수 없다는 가정이 틀렸다는 걸 즉시 깨달았다. 그녀는 직접적인 검사유형 질문을 통해 특정 정보를 알아내려는 내적 요구를 즉각 포기했다. 대신 그녀는 가계도를 그리는 협동과제와 간접적인 질문에 대한 그의 반응을 관찰하는 것으로 김 씨를 평가했다.

이러한 관찰과 그녀 자신에게 던진 내적 질문을 통해, 그녀는 김 씨의 인지적 결함(cognitive deficits)이 우울증 때문이라는 가설을 발전시켰다(주로 노인에게 나타나는 주요 우울증은 만일 우울증이 성공적으로 치료된다면 원래 상태로 되돌릴 수 있는 인지적 결함을 일으킬 수 있다. APA, 2004 참고). 그러나 문화적으로 관련 있는 정보가 필요하다는 것을 깨달았기 때문에, 그녀는 이 가설을 진단으로 사용하기를 보류했다. 이 가설은 한국계 미국인 임상 심리사와 상의하고 신경심리평가를 통해 더 많은 정보를 얻는 것이 가능해지기 전까지는 잠정적이다.

성격검사

성격을 평가할 때 그리고 특히 표준화된 도구를 사용할 때, 성격이 하나의 구인이라는 것을 기억해야 한다. 더욱 보편적으로 사용되는 이 구인의 정의 중 하나는 『정신장애의 진단 및 통계편람(Diagnostic and Statistical Manual of Mental Disorders: DSM-IV-TR)』에 나오는 것으로, 성격특성을 "넓은 범위의 사회적 · 개인적 맥락에 나타난 환경과 자기 자신의 지속적인 인지, 관계, 사고유형"(American Psychiatric Association, 2000: 630)이라고 정의하고 있다. 비록 이 정의가 너무 일반적으로 들리지만, 자아를 상호의 존적 전체에서 잘려 나온 하나의 "자발적인 개인이며, 선택의 자유가 있고, 그 자신의 직분을 지키는" 것으로 보는 관점을 모든 문화가 공유하지는 않는다(Shweder and Bourne, 1989: 132).

MMPI(미네소타 다면적 인성검사)

가장 일반적으로 사용되는 성격검사는 미네소타 다면적 인성검사(MMPI)와 그것의 개정판인 MMPI-2(Butcher et al., 1989)이다. 원래 MMPI는 미네소타 대학교 병원에서 환자 724명과 그들의 친구들과 친척들의 표본에 기초했다. 전체 표본은 기혼이며, 약 35세이고, 약 8년의 정규교육을 받았으며, 소도시나 전원지역에서 살고 있는 전형적인 백인 참가자들이었다(Graham, 1990).

표본이 문화적으로 동질집단이라는 한계에 대해, MMPI는 1980년 인구조사에서 미국 인구를 대표하는 아프리카, 아시아, 라틴 그리고 아메리카 원주민의 표본을 포함시켜 새로운 표본으로 다시 표준화되었다. "갱신되고 향상된 문항들, 이의가 있는 문항들의 삭제 그리고 일부 새로운 척도들"(Graham, 1990: 13)이 MMPI-2에 포함되었다. MMPI-2는 13개의 임상척도를 가진 567개의 진위형(예, 아니오) 질문들로 구성되어 있다.

MMPI와 MMPI-2의 인종적 편견 가능성을 조사하기 위해 광범위한 연구가 이루어졌다. 아프리카계 미국인, 유럽계 미국인 그리고 라틴계 미국인에 대한 25개의 MMPI와 MMPI-2 비교연구의 메타 분석에서, 연구자들은 MMPI-2에 대한 추가연구의 필요성을 지적하긴 했지만, 2개의 도구 모두(MMPI와 MMPI-2) 아프리카계나 라틴계 미국인을 불공평하게 병리학적으로 진단하지 않는다고 결론을 내렸다(Hall, Bansal, Lopez, 1999). 그러나 원래 검사의 발달과 성격 연구에의 절차적 규준, 성격이라는 구인의 정의 그리고 다양한 작은 문화와 언어를 가진 사람들이 모인 인종집단의 정의에 대한 주류문화의 영향을 고려하면서, 소수민족문화의 구성원들, 특히 미국이 아닌 다른 나라 출신의 개개인에게 MMPI-2를 사용하는 데 특별한 주의가 권고되고 있다. 다음은 문화적으로 적합한 방법들로 MMPI-2를 사용하기 위한 제안이다.

첫 번째이자 가장 중요한 전략은 내담자의 증상과 "생물학적-심리학적-사회적-문화적-역사적-정치적-언어적 맥락"(Pace et al., 2006: 321)에서 나타난 검사점수를 살피는 것이다. 이러한 총체적인 지식기반으로부터 내담자의 점수를 해석하는 것은 훨씬 다양한(많은 범위의) 가설들을 세울 수 있게 하며, 더 정확한 해석을 쉽게 한다. 가리도와 벨라스케스(Garrido and Velasquez, 2006)는 상담자가 라틴계 내담자의 척도점수를 고려할 수 있도록 일련의 문화특수적인 가설들을 제공했다. 하나의 예가 L(거짓말) 척도점수인데, 이는 보통 검사 저항, 통찰력 부족, 비현실적으로 긍정적인 자기표현, 또는 개인적 인상을 만들어내는 세련됨의 부족으로 해석된다. 연구자들은 L 척도 점수가 라틴계 사람에게 더 높게 나타나는 경향이 있다고 지적했다. 높은 L 척도 점수들을 해석할 때, 라틴계가 아닌 사람은 자기 자신을 긍정적으로 표현하고 가족의 명예를 지키기 위해 사회적으로 인정되는 답변을 하는 경향이 있다. 더 적은 문화변용은 더 높은 L 척도 점수와 연관이 있기 때문에, 심리학자는 문화변용의 정도 또한 고려하는 것이 중요하다(Garrido and Velasquez, 2006: 499).

유사하게 페이스 외(Pace et al., 2006)는 일부 척도에서 아메리카 인디언의 높은 점수를 설명하는 문화적 가설을 세웠다. 예를 들어 동부 우드랜드 오클라호마 부족과 남서부 플레인 오클라호마 부족과 관련해, 연구자들은 척도 8(정신분열증)의 점수들이 "아메리카 인디언 교회와 발 구르기 춤(Stomp Dance)에서 드러난 것 같은 '특별하고 황홀한' 세계관을 구성하는 대체 인식론적 관점과 종교적 신념"(Pace et al., 2006: 329)을 반영할 수 있다고 지적했다. 상담자들은 척도 8의 높은 점수를 해석할 때 이 정보를 고려해야 한다. 가리도와 벨라스케스(Garrido and Velasquez, 2006) 그리고 페이스 등의 연구는 MMPI-2 척도에 대한 점수와 관련해 문화적 가설들을 제공한다. 히스패닉(라틴아메리카) 내담자에 대해 MMPI-2를 사용한 더 많은 예를 보려면 부처 외(Butcher et al., 2007)를 참고하라.

영어를 제2언어로 사용하는 사람들에게 MMPI-2를 사용할 때, 영어로 검사를 시행할지를 결정하기 전에 개인의 언어능력을 평가하는 것이 필요할지도 모른다. 영어를 말하는 능력은 그 사람의 읽기 이해와는 매우 다를 수 있기 때문에, 이중언어를 사용하는 내담자라 할지라도 언어능력을 먼저 평가해야 한다(Santiago-Rivera and Altarriba, 2002).

만약 그 개인이 선호하는 언어가 영어가 아니라면, MMPI-2의 번역판을 사용할 수 있다. 그러나 같은 언어를 말하는 사람들 사이에서도 유의미한 언어적·문화적 차이들이 존재한다는 것을 기억하는 것이 중요하다(Rogler, 1999). 예를 들어 스페인어판이 멕시코 태생의 내담자에게는 적합할 수 있는 반면, 아르헨티나에서 온 스페인어 사용자에게는 부정확한 결과를 초래할 수도 있다(Nichols, Padilla, Gomez-Maqueo, 2000. 번역된 버전들의 목록과 몇 가지 동등성 유형을 포함하는 방법론적 문제들의 논의를 위해 Butcher et al., 2006 참고).

마지막으로 검사에 보이는 내담자들의 반응이 검사사용을 방해할 수도 있다는 사실을 염두에 두는 것이 중요하다. 내가 일했던 노인병원에서는 육체적·정신적으로 문제를 지닌 노인들에게 MMPI-2를 완성하라고 요청했다. 항목을 내담자들에게 읽어줄 때도 종종 있었지만, 여전히 500개 이

상의 진위형 질문들은 영어를 제2언어로 사용하거나, 읽는 것을 좋아하지 않거나, 검사를 받는 것을 비인간적이라고 여기는 사람들에게는 당황스러울 수 있는 것이었다.

수행기반 성격검사(투사검사)

수행기반이라는 용어는 투사라는 용어를 대신해 사용된다. 지필 자기보고 접근과는 달리, 이 검사는 개인에게 "한 명의 검사자와 함께 정의된 활동을 수행하도록(즉, 이야기를 만들어내거나 이미지를 확인하도록)" 요구하며, 그 검사가 투사에 의존하거나 요구하지 않고 오히려 한 사람의 "인지, 분류, 그리고 인지-정서적 틀이나 내부적 표상"을 반영한다는 증거가 있기 때문이다. 그러므로 쿠비스진 외(Kubiszyn et al., 2000: 120)가 지적했듯이, 수행기반은 투사라는 용어보다 적절하다.

유럽계 미국 문화 기반에서 출발한 가장 널리 사용되는 수행기반 성격검사는 또한 문화적 편견의 여지가 있다(Costantino, Flanagan, Malgady, 1995; Cuéllar, 1998). 예를 들어 주제통각검사[Thematic Apperception Test: TAT(Murray, 1943)]는 내담자에게 그림을 보고 내용을 이야기해보라고 한다. 내담자의 반응은 그들의 신념과 관점의 지표로 고려된다. 그러나 원래 TAT 그림들은 주로 유럽계 미국인 문화와 관련 있는 인물과 상황이었다. 수년에 걸쳐 TAT 그림들은 다양한 문화의 사람과 상황을 묘사하는 것으로 다시 그려졌다(Costantino and Malgady, 2000 참고). 그러나 TAT의 사용은 대학원 박사과정과(청소년에 대한 사용은 제외하고) 일반적인 평가연습 모두에서 두드러지게 줄어들었고, "TAT의 신뢰성과 타당성 연구에 대한 낙관주의는 쇠퇴했다"(Dana, 1999: 178).

이야기 말하기(Tell Me a Story: TEMAS) 검사(Costantino, Malgady, Gogler, 1988; Costantino, Malgady, Vasquez, 1981)는 "문화적으로 그리고 언어적으

로 다양한 어린이와 청소년을 위한 TAT 기법을 활성화하기 위해 개발되었다"(Costantino and Malgady, 2000: 484). TEMAS를 사용한 연구는 인물들의 문화적 정체성이 내담자의 반응의 차이를 만든다고 제안한다(Suzuki and Kugler, 1995). TEMAS는 유일하게 "히스패닉 또는 흑인, 아시아인 그리고 백인 청소년을 묘사하기 위해 카드를 사용하는 적절하게 검증된 다문화적 주제 검사"(Dana, 1998: 6)로 서술되었으며, 현재 학교 심리학자들이 사용하는 성격검사를 넘어선 기법으로 여겨진다(Flanagan and Di Giuseppe, 1999).

로르샤흐 검사[Rorschach Comprehensive System: RCS(Exner, 1993)]는 잉크 반점을 사용함으로써 인물에 대한 반응의 한계를 극복한다. 잉크 반점이 문화적으로 영향을 덜 받는다고 가정할지도 모르지만, 내담자의 문화와 다른 문화를 가진 임상심리사는 내담자의 반응을 오해할 여지가 있다. 카드의 어두운 부분은 전통적으로 죽음이나 슬픔과 연관이 있지만, 인도에서는 "(검정이 아닌) 흰색이 슬픔과 죽음과 연관이 있는 색깔이다"(Jewell, 1989: 306).

에프라임의 관찰은 다음과 같다.

로르샤흐 검사자들은 로르샤흐 해석의 일반적인 원리들이 어떠한 문화적 배경의 사람들에게나 적용될 수 있다는 것에 동의한다. 그러나 여전히 경험적으로나 개념적으로 그러한 일반적인 원리들이 만들어질 필요성이 있다(Ephraim, 2000: 322).

많은 연구가 국제적으로 미국의 규준과 비교해서 지역의 규준들에 나타나는 상당한 변화를 발견해내고 있다(Andronikof-Sanglade, 2000; Ephraim, 2000; Pires, 2000; Vinet, 2000 참고). 로르샤흐 검사의 임상적 유용성에 대한 논쟁들은 ≪심리 측정(Psychological Assessment)≫ 로르샤흐 검사 특별호 (2001년 12월호)로 발간되었다. 메이어와 아처(Meyer and Archer, 2001: 494)는 그 문헌이 "인종적 편견에 대한 기대를 이끌어내지는 않는다"라고 결론지었지만, 비교문화적 적용이 연구되지 않았고 타문화 적용 타당성과 관련된 연구가 유익할 수 있다고 덧붙였다(로르샤흐 검사에 대한 문화적 영향들의 더 자세한 비평은 Dana, 2000b 참고).

결론

표준화검사의 가장 큰 문제는 존재하지 않는 표준형인간이 존재한다고 가정하는 것이다. 표준화검사는 내담자 진단, 장점, 요구를 명료하게 하는 데 아주 유용하다. 그러나 내담자의 문화적 정체성과 상황에 대한 이해 없이 사용된다면, 표준화검사는 내담자에게 해가 될 수 있다. 얼마 전까지 소수문화 정체성을 지닌 사람들은 표준화검사의 오용 때문에 상처를 받았다. 따라서 심리학자들은 지능, 정신상태, 신경심리 기능 그리고 성격의 표준화검사에 내재된 문화적인 편견에 대해 알고 있어야 한다. 문화적으로 관련 있는 정보를 얻는 것에 목표를 둔 구체적인 단계들과 결합된 이러한 자각은 한 사람의 진단의 정확성을 향상시킬 수 있다. 다음 장은 진단에 대한 문화적 고려를 다룬다.

표준화검사를 문화적으로 적절하게 사용하는 전략들

1. 개인적·문화적 역사를 철저하게 탐색하라.

2. 가능하고 적절하다면 내담자의 통역사, 사례 관리자, 또는 문화 자문가(상담자)와 평가 전 만남을 준비하라. 이 만남을 활용해 내담자의 경험이나 상황과 관련이 있는 기술과 지식을 이용하는 일련의 질문들과 확정된 대답들을 이끌어내도록 한다.

3. 내담자의 의뢰 목적에 맞는 검사를 선택하라.

4. 내담자의 검사수행을 설명할 수 있는 이유들을 조사하라.

5. 다음의 절차로 표준화검사의 한계를 극복하라.

   (a) 내담자에게 각 항목을 다시 보고 내담자가 보는 것을 구체적으로 설명하라고 요청한다.

   (b) 시간제한 없이 내담자에게 각 항목에 다시 응답하라고 요청한다.

   (c) 재검사가 불가능하다면 내담자에게 정확한 답을 말해주고, 내담자가 정답을 보거나 또는 골라낼 수 있는지를 묻고 관찰한다.

   (d) 내담자에게 왜 어떤 항목이나 하위검사에서 곤란을 겪은 것 같은지 그 이유를 물어본다.

   (e) 내담자의 모국어로(유창하게 말할 수 있다면) 그 항목을 물어본다.

6. 검사결과의 의미를 생각하라. 즉, 가능할 때마다 다른 사람들의 수행이 아닌 과거 수행에 비추어 내담자의 검사수행과 행동을 비교하라.

7. 종합 검사점수는 내담자의 기능에 대해 거의 말해주지 않는다는 점을 인식하고, 대신에 장점과 단점의 구체적인 측정에 초점을 맞추어라.

8. 진단적 목적을 위해 표준화 성격검사를 사용할 때는 내담자의 사회적·문화적·역사적·정치적·언어적 환경을 철저히 이해하면서 하라.

제8장

문화적으로 적절한 진단과 DSM-IV-TR

　노인정신과 병동에서 일할 때, 신체적·정서적 불만이 없는 63세의 멕시코계 미국인을 진단한 적이 있다. 가르시아 씨는 미국에서 태어나, 고등학교를 졸업했고, 멕시코 악센트가 있는 영어를 구사했다. 그는 1960년대 후반에 대기업 건물관리인으로 일하기 시작했다. 그는 직장에서 열심히 일했고, 인기가 있었으며, 장비에 대한 서류를 작성하는 관리감독직으로 승진했다. 그러나 5년 전부터 요구사항들을 잊어버리기 시작했다. 또한 작업장에서 부적절하게 셔츠를 벗는 것(그는 더웠다고 말했다)과 같은 이상한 행동들로 인해 '주목'을 받았다. 결과적으로 그는 바닥을 닦고 청소를 담당하는 업무를 담당하게 되었다.

　가르시아 씨는 자신의 작업환경이나 건강에 대해 걱정하지 않았지만, 아내는 몹시 괴로워했다. 신호등이 빨간불일 때 운전을 한다거나 전기 히터 위에 담요를 걸쳐놓는 등의 그의 행동을 아내는 걱정했다. 그녀는 남편을 위해 집에 있는 사물들을 재배치하고 그의 직장상사, 가족구성원, 그리고 친구들에게 이야기하는 것을 포함해 그녀가 생각할 수 있는 모든 행동을 시도했다. 그러나 가르시아 씨가 왜 그런 행동을 하는지에 대해서는 누구도 설명하지 못했다. 그녀는 목사에게 찾아가 기도를 부탁했고, 마침내는 의학적 검사를 해줄 의사를 찾아갔다. 의사는 가르시아 씨의 변화를 가져온 신체적 원인을 찾을 수 없었기 때문에, 신경심리검사를 추천했다.

의사와의 면담, 가르시아 부부와의 면담, 직장상사로부터의 보고, 그리고 신경심리검사 결과를 검토한 후, 나는 가르시아 씨의 증상을 알츠하이머 질병의 결과로 보이는 치매 때문이라고 결론지었다. 나는 환자나 환자의 가족에게 치매 소식을 전하기를 두려워한다. 그러나 가르시아 씨의 장애 정도가 경미하고 그가 불안해하지 않을 것이라고 추측했기 때문에, 나의 소견을 이야기해도 괜찮겠다고 생각했다.

그러나 가르시아 부인에게 말하는 것은 다른 문제라고 생각했다. 그녀는 풀이 죽어서 어쩌면 나쁜 소식을 전달한 나에게 화를 낼지도 몰랐다. 하지만 그녀는 화를 내지 않았고, 오히려 안도와 감사를 표현했다. 그녀는 남편의 이상행동과 성격변화를 이해하기 위한 시도에 지쳐 있었다. 최소한 지금 그녀는 자신이 상상하거나 과잉반응하는 것은 아니라는 걸 알게 되었다. 슬픈 현실이지만, 유효한 자원에 대해 듣고, 적어도 미래를 계획할 수 있었다.

이 사례에서처럼 진단은 혼란스러운 상황을 명확히 해주는 의미가 있다. 진단을 통해 얻게 된 새로운 이해는 문제를 없애거나 문제의 영향을 줄일 수 있는 구체적인 조치를 이끌어낸다. 심지어 그 문제가 해결될 수 없을 때조차도, 정확한 진단은 그 문제에 대해 생각하고 대처하는 새로운 방법들을 제안한다. 예를 들어 가르시아 씨의 알츠하이머병을 되돌려놓기 위해 할 수 있는 일은 아무것도 없을지라도, 이것이 주요한 문제라는 것을 알게 됨으로써 가르시아 부인은 의문을 가지거나 자기 자신을 비난하지 않을 수 있게 되었다. 가르시아 씨는 직장을 그만두고 장애인 연금을 받게 되었고, 사회적 상호작용을 배우는 프로그램에 참석하기 시작했다. 그가 프로그램에 참여하는 동안 부인은 휴식을 취할 수 있었다.

정신적 증후군과 장애에 대한 이해를 공유하기 위해, 미국정신의학회는 『정신장애의 진단 및 통계편람(DSM)』을 개발했다. 가장 최근의 주요 개정은 제4판, DSM-IV(APA, 1994)였고, DSM-IV와 DSM-V 사이의 교량역할을 위해 텍스트 개정판[DSM-IV-TR(APA, 2000)]이 있다. DSM-IV에서 DSM-IV-TR에 이르기까지 중요한 변화는 없으며, DSM-IV 부록 범주(APA, 2000: xxix)에도 새로운 장애나 하위유형은 없다.

DSM-IV-TR은 최근 미국에서 가장 널리 사용되는 진단체계이다. 그러나 광범위하게 사용된다고 해서 민감하고, 정확하고, 또는 유일한 진단체계는 아니다. 예를 들어 5개의 주요한 심리분석 집단은 전인적 인간을 고려하고 치료계획을 안내하기 위해 최근에 『심리역학 진단편람(Psychodynamic Diagnostic Manual)』을 출판했다(Packard, 2007). DSM-IV-TR에 사용된 범주 모형을 대체하기 위해 최소한 18개의 대안적 제안이 제시되었다(Widiger and Trull, 2007). 이들이 제시한 성격장애의 일차원적 모형이 DSM 체계의 범주적 분류보다 더 많은 임상적 유용성을 가진다고 밝힌 연구결과도 있다(Samuel and Widiger, 2006). 많은 나라에서 「질병 관련 건강문제의 국제적 통계분류(International Statistical Classification of Diseases and Related Health Problems: ICD-10)」(세계 보건 기구, 1992)가 선호된다.

1991년에 미국국립정신건강연구소는 DSM의 초기 판들이 자민족 중심주의라는 비판을 받아들여 "DSM-IV에 문화적 요인을 통합하는 방법을 제안"하려고 문화와 진단에 대한 연구팀을 구성했다(Lewis-Fernandez, 1996: 133). 100명 정도의 임상가와 사회과학자로 구성된 이 연구팀은 3년에 걸쳐 광범위한 문헌을 검토했고, 문화적 요인을 통합해 DSM-IV를 수정하기 위한 제안서를 작성했다(Kirmayer, 1998). 하지만 DSM-IV를 문화적 요인을 반영해 수정하지는 않았는데, 한 구성원은 다음과 같이 말했다.

특별조사단에 의해 만들어진 추천들 중 대다수 - 특수한 증상 기준의 표현, 지속 기간 기준수정, 새로운 또는 개정된 범주들의 포함(복합불안 - 우울증 범주, 해리성 장애의 문화적으로 특색이 있는 유형들, 많은 아시아 문화들에서 보이고 진단되는 신경쇠약), 성격장애들의 정의의 개정 - 는 비교문화적 연구문헌에서 탄탄한 경험적 연구결과를 확보하기는 했지만, 편람의 본론에 구체화되지 않았다(Good, 1996: 128).

문화적인 고려를 다루는 DSM-IV(그리고 DSM-IV-TR)에의 추가는 주로 다섯 기지의 구성요소에서 나타난다. 첫 번째 구성요소는 비록 전체는 아니더라도 일부 진단에 포함된 '구체적인 문화, 연령, 성별 특징'이라고 불리는 하나의 섹션으로 구성되어 있다. 두 번째 구성요소는 개정되고 확장된 축 IV(심리사회적이고 환경적인 문제들)로 구성되어 있는데, 그것은 차별, 문화적응 어려움, 노숙자, 극도의 빈곤, 부적절한 건강 서비스, 범죄의 희생, 전쟁과 같은 소수집단과 관련된 문제들을 포함한다. 세 번째 구성요소는 개인을 병리화하지 않으면서 소수문화 구성원에게 주로 영향을 미치는 문제들을 진단하는 하나의 방법을 제공하는 세 개의 V 코드 - 정체성 문제, 종교적 또는 영적 문제, 문화 적응 문제 - 로 구성되어 있다.

네 번째 구성요소는 문화적 공식을 위한 개요로 구성되어 있는데, 이는 문화특수적 정보가 아닌 것들을 묻는 유용한 질문들로 이루어져 있다. (다축 진단체계에 통합되는 것보다) 편람 뒷부분의 부록에 배치되어 있어 문화적 영향의 중요성을 축소시키는 경향이 있다. 다섯 번째 구성요소는 25가지 증후군에 대해 설명하는 문화증후군 용어집이다. 부록은 실제로 어떠한 정신의학적 장애가 그것이 발생하는 문화와 별개로 이해되지 않을 때, 문화는 오직 소수문화집단의 구성원에게만 관련이 있다는 사고를 강화시키는 경향이 있다(Marsella and Yamada, 2000). 예를 들어 유럽계 미국인 여성에게 정기적으로 나타나는 우울증의 증상들은 라틴계 내담자에게 나타나는 신경과민(nervios)의 증상들 못지않게 문화적 영향들과 연관되어 있다. 요컨대, 이러한 구성요소에는 유용한 추가내용과 그리 유용하지 않은 추가내용이 섞여 포함되어 있다.

진단에 대한 다른 접근들이 특수한 문화상황에서는 더욱 효과적일지도 모른다고 인정하면서도, DSM-IV-TR이 많은 상담자들에게 필수조건이기 때문에 이 장은 DSM-IV-TR에 초점을 맞추고 있다. 나는 여섯 번째 문화축의 사용을 포함해 문화적으로 적절한 진단을 하기 위한 구체적인 지침을 제공한다. 결혼생활 부적응과 최근 미국 이민 이후에 나타나는 아내의 우울증 증상을 보여주는 튀니지인(모슬렘 아랍인) 신혼부부 사례에 이러한 제안을 적용해봤다.

문화적으로 적절한 진단

상담자들이 DSM-IV-TR을 사용하면서 문화적으로 적절한 진단을 내릴 확률을 높이기 위해 취할 수 있는 단계들이 있다. 첫째는 내담자의 문화적인 영향을 강조하는 여섯 번째 축을 추가하는 것이다. 여섯 번째 문화축의 아이디어는 문화와 진단에 대한 작업집단에 의해 제안되었다. 이 축을 DSM에 포함시키려 했지만 이루어지지는 않았다(Lewis-Fernandez, 1996).

여섯 번째 축 사용에 던져진 의문은 그것이 "단지 요점을 말하는 기술어의 여섯 번째 목록을 추가하는 것"이 될지도 모른다는 것이었다(Lewis-Fernandez, 1996: 135). 나도 여섯 번째 축은 오용될 소지가 있다는 점에 동의한다. 어떠한 절차나 도구를 충분한 지식 없이 사용하면 항상 문제가 있다. ADDRESSING 목록이 진단에서 문화적 영향에 관심을 불러일으키는 데 유용하기 때문에 여섯 번째 축으로 사용하고 있다. 이 접근법이 상담자가 이 책에서 설명한 문화적 자기 평가와 진행 중인 학습과정에 연관되어 있다는 것을 가정한다고 강조하고 싶다.

첫째, 나는 대부분의 접수면접 보고서에서 나열된 방식 — 페이지의 왼쪽 열(〈표 8-1〉 참고) — 으로 DSM 축들을 나열한다. 그러나 내가 채워넣은 첫 번째 축은 문화적 축 Ⅵ: ADDRESSING 요인이다. 나는 축 Ⅵ 옆에 세로로 ADDRESSING 약어를 나열하고 관련 정보를 채워넣는다. 그런 다음 각 영향 옆에 내담자의 두드러진 문화적 요인과 정체성을 적었다. 초기 평가회기는 내가 알고 있는 요인과 정체성만 나열한다. 나중에 내담자와 내담자의 문화에 대해 더 알게 되면 정보를 추가한다. 이 체제에서는 정보가 간략해질 필요가 있기 때문에, 각 ADDRESSING 범주 옆에 무엇이 포함될지는 불확실하다. 내담자의 정체성의 이해에 대해서는 〈예시 4-1〉과 〈예시 4-2〉(이 책의 제4장)에 개요된 질문들로 되돌아갈 것을 제안한다.

두 번째로, 나는 축 Ⅳ인 심리사회적이고 환경적인 문제들을 기입한다. 대부분 장점이 될 수 있는 문화적인 영향들을 축 Ⅵ에 이미 나열했기 때문에, 내담자의 사회문화상황과 관련된 문제들에 초점을 맞추는 것은 그리 왜곡되어 보이지 않는다. 모든 관련된 스트레스 요인들을 포함하거나 그것에 대해 질문하기 위해 생각해왔다는 것을 확실하게 하기 위해서, 나는 내담자의 나이 또는 세대, 눈에 보이거나 보이지 않는 장애, 종교적 양육 또는 현재의 정체성, 민족적이고 인종적인 정체성, 사회경제적인 지위 등과 관련이 있을지도 모르는 문제들의 암시로 ADDRESSING 약어를 사용한다.

축 Ⅵ: ADDRESSING 요인들과 축 Ⅳ: 심리사회적이고 환경적인 문제들을 채우고 나서, 세 번째로 축 Ⅲ: 일반적인 의학적 상태를 작성한다. 이 세 축을 먼저 완성하면 축 Ⅰ과 축 Ⅱ의 더 정확한 진단과 축 Ⅴ: 전반적인 기능 평가에서 더 정확한 평가가 가능하고, 내담자의 상황에 대한 충분한 그림을 그릴 수 있다.

축 I 또는 II로 진단하는 데 내담자의 견해로부터 사례 개념화의 타당성을 확인하는 것이 중요하다. 진단의 의미를 내담자가 이해하는 언어로 설명할 수 있는 능력도 중요하다. 이론적인 언어의 사용이 상담자의 이해를 쉽게 할지는 모르지만, 내담자의 이해를 돕는 것은 아니다(Holiman and Lauver, 1987). 게다가 이론적인 언어의 사용은 내담자가 동의하지 않을지도 모르는 개념화를 가정한다.

축 II와 관련해 성격장애로 진단하는 데 주의가 필요하다. 성격장애는 "개인이 사회영역에서 어떻게 행동하고, 그 행동이 타인에 의해 인지되는 어려움들을 반영하기" 때문에(Alarcon and Foulks, 1995: 6), 성격장애를 구성하는 구체적인 기준은 주어진 시기에 특정 문화에 의해 가치가 부여된 개인 간의 기술과 태도에 따라 다양하다(Alarcon, 1997). 예를 들어 DSM-IV-TR에 정의된 편집증 성격장애를 구성하는 태도와 행동을 고려해 보자. "초기 성인기에 시작되어 다양한 상황에서 나타나는데, 다음 네 가지(혹은 더 많은) 기준에 의해 드러나는 것으로 악의에 차 있는 것으로 해석되는 동기들처럼 타인에 대한 불신과 의심"(Alarcon, 1997: 694)을 보인다. 타인에 대한 근거 없는 의심에 대한 집착, 정보가 자신에게 불리하게 사용될지도 모른다는 정당화되지 않은 공포 때문에 다른 사람을 신뢰하지 못함, 그리고 타인에게 명백하지 않은 성격(특성)이나 평판에 대한 공격을 인지하는 경향이 판단기준이다.

문화적인 영향에 대한 고려가 없다면, 이 기준은 정당한 것으로 보일지도 모른다. 그러나 내담자의 불신, 의심, 공포가 정당한지 또는 정당하지 않은지는 누가 결정하는가? 의심, 공포, 불신은 아프리카계 미국인(Grier and Cobbs, 1968), 그리고 현재 미국에서 살고 있는 중동인(Bushra, Khadivi, Frewat-Nikowitz, 2007)이 경험하는 인종차별에 대한 현실적인 반응일 수 있다. 심지어 DSM-IV-TR도 그러한 태도와 행동이 지속적으로 억압적인 상태에 노출된 사람들[예를 들면, 민족적 구성원 그리고 다른 소수집단의 구성원, 이민자 그리고 피난민(APA, 2000: 692)]에게는 정상적인 것일 수도 있다는 점을 지적했다.

성격특성과 행동양식과 관련해 우세한 문화적인 가치들(특히 남성 편파 가설들)이 어떻게 DSM 범주들에 영향을 미쳐왔는지를 설명하기 위해, 캐플런(Kaplan, 1983)은 (여성이 많이 진단받는) 의존성 성격장애는 존재하지만, 독립성 성격장애는 존재하지 않는다고 지적했다. 한 개인이 너무 의존적일 수는 있지만 너무 독립적일 수는 결코 없다고 가성하는 것이다. 유사하게도 DSM-IV-TR에는 인종차별주의자, 여성차별주의자, 또는 동성애 공포증인 사람을 위한 진단은 없다(McGoldrick, 1998). 비록 그러한 믿음과 행동은 불쾌하고 바람직하지 않으며 심지어 위험한 것으로 여겨지지만, 주류문화는 그것을 정신장애로 보지 않는다.

성격장애를 정확하게 진단하기 위해, 상담자는 내담자의 행동이 내담자의 문화로부터의 지표적(marked) 편차를 나타내는지 판단할 수 있을 만큼 충분히 내담자의 문화에 대해 알 필요가 있다. 또한 성격장애는 불안한 대인관계와 타인의 행동에 대한 오해를 포함하기 때문에, 상담자는 수년 동안 다양한 상황에서 내담자를 알아왔던 사람들로부터 얻는 정보도 필요하다. 그러한 정보는 초기 평가회기에서는 좀처럼 얻어지지 않기 때문에, 성격장애의 진단은 성급한 결정일 수 있다.

문화적으로 적절한 진단을 하기 위한 마지막 제안은 체계적으로 사고하고 관계 장애를 고려하기 위해 개인적인 진단에 대한 DSM 초점을 넘어서 생각하라는 것이다(Kaslow, 1993). 커메이어의 설명에 따르면 진단은 그 자체로 '정수를 추출하는(essentializing)' 과정이기 때문에 어려운 작업이다. DSM-IV-TR은 "한 개인의 삶과 사회적 상황의 자세한 내용들 중에서 독립적으로 연구될 수 있는 특징들을 지닌 탈맥락화된 실체들"에 초점을 맞추는 것을 강조한다(Kirmayer, 1998: 342).

비록 DSM-IV-TR은 관계문제(부모-자녀, 배우자, 형제 그리고 달리 분류되지 않은 사람)의 범주를 포함하지만, 이 진단은 모두 V 코드로(즉, 임상적인 관심의 초점이 될지도 모르는 다른 조건들에서) 분류된다. 만약 관계문제가 임상적인 관심의 초점이라면 축 I에 나열될지도 모른다. 그러나 그것들은 DSM-IV-TR의 부록에 실려 있기 때문에, 그 중요성이 낮다는 것을 의미한다. 이런 편견을 염두에 두고 상담자는 체계적인 견해를 유지하기 위해 노력할 필요가 있다.

상담자의 또 다른 딜레마는 상담료 청구이다. 많은 보험회사들은 V 코드에 대해서는 상담료를 지불하지 않는다. 따라서 가족이나 부부 상담을 통해 대인관계 주제를 다루더라도 상담료 청구를 위해 그중 한 사람의 진단명을 사용해야 되는 경우가 있다(이 문제에 대한 더 실용적인 고려사항들은 이 장 뒷부분의 사례에서 논의된다).

요약하자면, 나는 비록 이상적이지는 않지만 DSM-IV-TR을 이용해 문화적으로 적절한 진단을 내릴 수 있다고 생각한다. 그러한 진단의 가능성은 문화적 축 VI의 완성으로 높아지며(즉, ADDRESSING 개요), 심리사회적이고 환경적인 문제들이 축 IV에 두 번째로 뒤따라 나오고, 일반적인 의학적(의료적) 상황이 축 III에 세 번째로 나타난다. 이 순서는 축 I, II 그리고 V에 더욱 충분히 정보에 근거한 진단들을 가능하게 한다. 내담자의 개념화에 대한 타당성을 인식하는 것도 중요하다. 내담자에게 명확하고 이해 가능한 진단 언어를 사용하는 것, 성격장애에 대한 진단에 주의를 기울이는 것, 그리고 내담자의 현재 문제에 대해 체계적으로 사고하는 것은 진단의 유용성과 정확성을 높이는 데 도움이 된다.

사례

이 제안들이 실제적으로 어떻게 적용되는지 설명하기 위해 다음의 사례를 보자. 50대 초반의 유럽계 미국인 여성 상담자는 내담자의 문화에 대해 아는 것이 거의 없었다. 그러나 그녀는 유용하면서 문화적으로 적절한 진단을 내리기 위해 내담자의 문화에 대해 공부했고, 이 장에 간략하게 소개된 진단과 관련된 제안들을 사용했다.

34세의 튀니지인 마지드는 그의 아내인 27세의 튀니지인 마우나를 여성 의사에게 데리고 왔다. 마지드는 아랍 억양이 있는 유창한 영어로 의사에게 말하기를, 지난 5개월 동안 마우나는 "매우 불행했고 너무 많이 잠을 잤으며 매일 울었다"고 했다. 마우나는 영어로 말하지는 못했지만, 마지드의 통역을 통해 그의 설명에 동의하는 것처럼 보였다. 의사는 마지드와 마우나가 최근에 결혼했다는 것과 8개월 전에 마우나가 마지드와 함께 살기 위해 미국으로 왔다는 것을 알게 되었다. 마우나의 심경변화와 수면과다증에 기여했을지도 모르는 호르몬적·신경학적 또는 영양적 결핍을 알아내는 의학적 검진 후에, 의사는 여성문제와 부부상담 전문가에게 이 부부를 의뢰했다.

첫 평가회기

평가회기에서, 심리학자는 마우나와 마지드를 따뜻하게 맞이했고 자신을 케이트 스미스 박사라고 소개했다. 마지드가 마우나를 통역하면서, 이들은 미국의 북동지역과 튀니지의 날씨차이에 대해 간단하게 대화를 나누었다. 케이트는 마우나가 매우 잘 차려입은 점, 세심하게 화장한 점, 유행을 따르는 짧은 머리 모양을 하고 향수를 뿌렸다는 것을 관찰했다. 마우나는 경계하고 있었고 슬퍼 보였지만 적절한 시점에 미소를 지었고, 언어차이가 있었음에도 케이트가 말할 때 그녀를 직접 쳐다보았다. 마지드는 편하지만 말끔한 복장이었다. 긴장했지만 그는 다양한 정서를 표현했다. 부부는 서로 편안하게 상호작용하고 있는 것처럼 보였다. 예를 들어 두 번째로 마우나가 마지드에게 날카롭게 말했을 때, 마지드는 짜증스러운 표정으로 응수했다.

케이트는 마지드에게 왜 그녀를 보러 왔는지를 설명해달라고 요청함으로써 회기를 시작했다. 마지드는 심리학자가 필요할 것이라고는 생각하지 않았지만 의사가 마우나에게서 어떠한 문제를 발견해낼 수 없었고 심리학자를 보러 가야 한다고 말했다고 했다. 케이트는 그의 말에서 당황스러움을 직감했다. 그녀는 자신이 도움이 되기를 바라며 그들의 고민에 대해서 좀 더 들었으면 좋겠다고 말했다. 마지드가 의사에게 말한 정보들을 반복할 때, 케이트는 주기적으로 마우나와 시선을 맞추었다.

마지드와 이야기한 지 15분쯤 후에, 케이트는 그에게 몇 가지 질문을 마우나에게 통역해줄 수 있느냐고 물었다. 케이트는 마우나가 마지드와 결혼하기 전에, 부모와 두 명의 남자 형제들과 함께 튀니스(Tunis, 튀니지의 수도)에서 살았다는 것을 알게 되었다. 그녀는 가족구성원이 주선한 만남을 통해 마지드를 소개받았다. 마지드는 미국에 거주하고 마우나는 튀니스에 거주하며 1년 동안 연락을 주고받다가 결혼했다. 결혼 후 마우나는 일하던 병원을 그만두고 미국으로 왔다. 처음 함께하는 몇 달 동안, 그녀는 새로운 생활에 만족했지만 그녀의 가족, 친구 그리고 집을 그리워하기 시작했다. 또한 결혼 후 8개월이 지나도 임신이 되지 않자 아이를 가질 수 있을지에 대해 걱정하기 시작했다. 그녀가 원하는 것이 무엇인지를 묻자, 그녀는 마지드와 함께 튀니지로 돌아가고 싶다고 말했다. 하지만 그가 직장을 떠날 수 없다는 것을 안다는 것도 덧붙였다.

통역 때문에 이 첫 회기는 예정했던 90분을 꽉 채웠다. 케이트는 평가를 완성하지 못했지만, 마우나의 생각과 감정에 대해 직접적으로 물었을 때 약간 밝아졌고, 마지드가 처음 도착했을 때보다 덜 긴장하는 모습을 보였기 때문에 그 만남이 성공적이라고 간주했다. 마우나와 마지드 둘 다 두 번째 평가회기를 위해 다시 만나는 것에 동의했다.

자문

케이트는 마우나와 마지드와 함께 작업하는 것에 대한 자기 자신의 한계를 잘 알고 있었다. 그녀는 남미와 유럽에서 이주한 사람들과 상담한 경험이 있었고, 지중해 문화의 가치와 행동에 친숙했다[예를 들면 가족의 중요성, 모성애에 놓인 가치, 남성과 여성 모두의 결혼과 아이에 대한 기대 (Abudabbeh and Hays, 2006; Ali, Liu, Humedian, 2004; Bushra et al., 2007)]. 그러나 케이트는 개인으로서나 전문가로서 튀니지인, 아랍인, 또는 모슬렘에 대한 경험이 없었다.

마지드의 말을 듣고 나서, 케이트는 자신이 아랍과 모슬렘 남성의 여성에 대한 태도에 대해 선입견을 가지고 있었다는 것을 깨달았다. 예를 들어 그녀는 마우나를 걱정하는 마지드의 성실성과 그들 간에 명백하게 드러나는 편안함의 수준에 놀랐다. 자신의 놀라움에 대해 생각하면서, 그녀는 중매결혼을 했다는 점에서 그 부부는 서로 매우 형식적일 것이고, 마지드는 오직 그의 욕구에 영향을 미치는 한에서만 마우나의 건강을 걱정할 것이라고 가정했음을 깨달았다. 그러나 사실은 그렇지 않았다. 케이트는 자신의 편견을 변화시키는 것이 상담장면 밖에서 이루어져야 한다는 것을 깨달았다.

다음 회기 전에 케이트는 튀니지에 대한 정보를 탐색했다. 튀니지는 대략 1,000만 명의 사람들이 사는 북아프리카 국가이며, 아랍계 수니파 모슬렘이 주류를 이룬다. 1956년에 독립하기 전까지는 프랑스 식민지였다

(법적으로는 보호령). 튀니지의 문해율은 높고, 남자아이와 여자아이는 의무교육을 받으며, 제2언어로 불어를 사용한다. 튀니지는 40년 전부터 결혼을 할 수 있는 최소연령을 설정하고, 결혼하려면 남녀 모두의 동의가 필요하며, 여성에 의한 낙태나 이혼이 합법화되었으며, 가족계획 공공사업으로 국가 전역에서 무료 피임약을 제공하는 등, 아랍계 국가에서 여성의 권리에 관련해서는 앞선 나라이다. 튀니지 정부는 특수 분야를 공부하도록 인재들을 국비로 유학을 보낸다. 대다수가 프랑스로 가지만, 일부는 미국으로 보내지고, 이들 중 많은 사람들이 미국 영주권자가 된다(Hays and Zouari, 1995; World Almanac Education Group, 2007).

또 케이트는 아랍계 미국인 상담자와 상의를 했고, 그 상담자는 그녀에게 통역사를 구해야 한다고 충고했다. 통역사 활용에 대해 케이트는 마지드와 전화통화를 했는데, 그는 주저했다. 케이트는 자신의 제안을 그가 영어를 충분히 유창하게 구사하지 못하거나 그가 마우나의 의견을 공정하게 표현하지 않을 수 있다는 의미로 받아들인다는 것을 깨달았다. 케이트는 마지드가 마우나의 요구에 맞추려는 부담 없이 그 자신의 염려를 표현하는 것을 편안하게 여겼으면 좋겠다고 설명했다. 마지드는 마침내 통역사에 대해 조건부로 동의했다. 튀니지 공동체는 상대적으로 작기 때문에, 통역사가 같은 공동체에 있지 않다는 것을 확실하게 하기 위해 미리 그 사람의 이름을 알아야 한다는 것이 조건이었다. 아랍어를 구사하고 병원에서 통역을 맡았던 레바논 여성에게 통역을 부탁하기로 했다. 다음 평가회기 전에, 케이트는 통역사와 전화로 이야기하면서, 비밀보장에 대한 그녀의 이해를 확인하고 관계를 형성하면서, 그녀의 전문지식에 대해서 질문했다.

아랍계 미국인 상담자와 상의하는 중에, 케이트는 마우나와 마지드에 대한 자신의 인상을 말했고 중매결혼에 대해 언급했다. 그 상담자는 케이트의 말에서 약간의 선입견을 감지하고, 중매결혼은 튀니지 사회에서 일반적이며 결혼 당사자뿐 아니라 가족 간 교류도 고려한 제도라고 설명했다. 그리고 이혼이 상대적으로 보편적이지 않다고 덧붙였다. 상담자의 말은 케이트가 중매결혼과 관련된 그녀의 가설들을 더 생각해볼 수 있도록 자극했다.

케이트는 최근의 정치적 사건들이 마우나와 마지드에게 미칠 영향에 대한 걱정을 표현했다. 그녀는 이것에 대해 질문할지는 확실하지 않았고 그래서 자제했지만, 동시에 그들이 이라크에 대한 미국 정부의 조치에 대해 그녀가 동의한다고 생각하기를 원하지 않았다. 그 상담사는 케이트의 바람을 존중한다고 말했지만, 반아랍과 반모슬렘 감정의 파급성과 그것이 정신건강에 미치는 영향들을 가정했을 때, 이 주제는 고려할 만한 스트레스 요인이라고 설명했다. 미국의 이라크 침략에 덧붙여, 상담자는 케이트가 아랍과 모슬렘 사람들에게 영향을 미치는 사건이 계속 일어나는 것을 고려할 필요가 있다고 설명했다. 상담자는 수천 명의 아랍 사람을 죽음으로 이끈 걸프전 동안 이라크의 쿠웨이트 침공을 막는 미국 주도의 연합군, 아부 그라이브(Abu Ghraib)에서 미국 군인에 의해 벌어진 아랍 모슬렘 죄수 학대, 팔레스타인에서 미국의 이스라엘에 대한 계속적인 지지, 2006년 레바논 폭격 동안에 미국의 이스라엘 무기원조 등을 언급했다. 아랍계 미국인 상담자는 세계무역센터 공격 이후, 모슬렘과 아랍 사람에 대한 미국의 증오범죄가 극적으로 증가했다고 덧붙였다(Zogby, 2003). 그 자문가는 아랍과 모슬렘에 대한 부정적인 고정관념과 편견의 역사 위에서, 이러한 모든 조치들이 아랍과 모슬렘의 미국인에 대한 분노, 좌절, 불신, 절망 같은 감정에 일조할 수 있음을 설명했다.

자문가는 내담자 부부의 삶에서 만성적이고 급성적인 스트레스 요인들에 대한 평가의 일부로, 마우나와 마지드에게 "미국에서 차별이나 인종차별을 경험한 적이 있습니까?"라고 물어볼 것을 제안했다. 그녀는 만약 마우나와 마지드가 이야기하고 싶어하지 않는다면, 케이트는 아마도 그들의 반응을 통해 그것을 감지할 수 있을 것이고, 신뢰가 더욱 견고하게 형성되기 전까지는 그 주제에 대해 더 탐색하지 않는 것이 바람직하다고 말했다[모슬렘이나 아랍 사람들은 신뢰가 형성되기 전까지는 종교 또는 정치와 관련된 정보개방을 미룬다(Ali et al., 2004; Erickson and Al-Timmimi, 2001)].

자문가는 마우나와 마지드가 미국 정부의 조치에 케이트가 동의한다고 생각하기를 원하지 않는다고 한 말에 내재된 가설에 초점을 맞추었다. 자문가는 그 부부가 미국의 정책과 의견이 다를 수도 있겠지만(부부의 최근 이민, 마지드의 강한 모슬렘 정체성, 그리고 최근의 정세를 고려), 또한 그렇지 않을 수도 있다는 점을 케이트에게 말했다. 최근에 이주한 아랍계 사람과 모슬렘은 미국의 대외정책에 대해 불만스러워하지만, 1980년대까지 아랍계 미국인의 대다수는 공화당원이었고 지배문화에 동화하려는 경향을 보였다는 점을 설명했다(Erikson and Al-Timmimi, 2001). 자문가는 민족적·종교적 문화들 사이에 다양성이 존재하는 것처럼 아랍계 사람과 모슬렘이 세계와 그들 자신을 바라보는 방법에도 다양성이 존재할 수 있다는 점을 상기시켰다. 자문가는 케이트가 다양한 아랍과 모슬렘을 만날 수 있도록 계속 지역사회의 행사들에 대해 읽고 찾아보도록 독려해주었다.

두 번째 평가회기

두 번째 평가회기에서 케이트는 살렘 여사로 불리는 것을 선호하는 그 통역사를 소개했다. 살렘 여사는 50대이고, 성인이 되어 미국으로 이주했고, 한 레바논 남성을 만나 결혼했다고 밝혔다. 그녀는 튀니지인이 소유한 여행사에서 수년 동안 일했기 때문에, 튀니지식 아랍 방언에 익숙했다(케이트는 방언 여부를 물어보려고 생각하지 못했다는 것을 깨달았다). 살렘 여사는 또한 지역 정신건강센터에서 동료 상담자로 훈련받았고 자원봉사자로 일했다. 케이트는 마지드를 재확신시키려고 비밀보장에 대해 반복했고, 그것은 케이트와 살렘 여사가 이 회기 전에 이미 논의했던 것이다. 평가회기는 마우나와 마지드의 과거사를 완성시키는 데 초점을 맞추면서 다시 시작되었다.

● 마우나의 과거

마우나는 부모와 두 오빠, 그리고 조부모와 함께 튀니스에서 자랐다고 했다. 태어난 곳에서 계속 살았고, 아버지는 대학교수였으며 어머니는 초등학교 교장이었다. 두 오빠(나이는 28, 30세)는 20대에 집을 떠나 파리에 있는 대학에 다녔다. 마우나는 오빠들처럼 유학하고 싶었지만, 부모는 그녀의 안전에 대해서 너무 많이 걱정해 유학을 허락하지 않았다. 마우나는 튀니스 대학에서 생물학 석사를 마쳤고, 마지드와 결혼하기 전 1년 동안 한 병원에서 연구보조원으로 일했다.

마우나는 부모가 자신들의 교육성취에 대해 자랑스러워한다고 말하면서, 가족을 아주 자세하게 묘사했다. 할머니 외에는 모두 불어를 유창하게 말하기 때문에, 가족의 언어는 튀니지어와 불어의 혼합이었다. 종교적인 휴일을 준수했고 집 안에서는 절대 술을 마시지 않았지만, 마우나의 가족구성원은 모슬렘을 신봉하지는 않았다(즉, 그들은 하루에 다섯 번씩 하는 기도를 수행하지 않았고, 종교적인 식단을 철저히 따르지도 않았다). 마우나는 가족과 자신을 'Tunisoise(튀니스와로 발음됨)'라고 했는데, 이는 도시의 교양 있는 중상위계층을 묘사하기 위해 사용되는 용어이다.

마우나의 정체성을 더 잘 이해하기 위해서, 케이트는 마우나에게 가족 내에서 젊은 여성으로서의 그녀의 삶을 묘사해보라고 요청했다. 마우나는 '바쁘고 행복한' 그녀의 전형적인 하루를 묘사했다. 어머니가 빵과 올리브 오일, 커피로 아침을 준비하는 것을 돕기 위해 일찍 일어났고, 아침 식사 후에 옷을 차려입고 출근한다. 병원까지 걷는 것과 도시의 북적임의 일부가 되는 것을 좋아했다. 그녀는 여자친구들이 많은 직장을 좋아했다. 가족과 함께 점심식사(가정부가 준비하는 하루 중 가장 큰 식사)를 하러 집으로 되돌아갔고, 직장으로 돌아가기 전에 낮잠을 자고 어머니와 잠시 이야기를 나누었다. 저녁식사 이후에 마우나의 아버지와 오빠들이 남자친구들을 만나러 카페로 나간 동안에 그녀와 어머니는 집에서나 여자친구들의 집을 방문해 즐거운 시간을 보냈다.

미국에서의 경험에 대해 묻자, 마우나는 처음 몇 달 동안은 아침에 일찍 일어나 마지드의 아침을 준비하고 그가 식사하는 동안 옆에 함께 앉아 있었다고 말했다. 그러나 아침에 일어나는 것이 점점 어려워졌고, 아침식사를 준비하지 않게 되었다. 현재 거의 정오에 일어나며, 유일한 활동은 집을 청소하고 텔레비전을 보고(비록 그녀가 거의 알아들을 수 없지만), 늦은 오후에 저녁을 준비하기 시작하는 일뿐이었다. 외출을 하지만 식료품점에서 무엇인가를 사려고 했을 때 점원이 그녀에게 무례하게 굴었다고 말했다. 한번은 어떤 남자가 차 안에서 그녀에게 뭐라고 화를 내며 소리를 질러(그녀는 그 말을 이해하지 못했다) 겁에 질렸다. 그래서 그녀는 밖에 혼자 나가는 것을 좋아하지 않으며, 대개는 아파트에서 지낸다. 그녀는 하루 종일 마지드가 돌아오기만을 기다리지만, 그가 집에 오면 화가 났고, 특히 마지드가 그녀와 함께 외출하고 싶어하지 않을 때 그랬다. 그녀는 그가 그녀를 일주일에 두 번 영어 교실에 데려다주는 것, 토요일과 일요일에는 대개 함께 외출하는 것, 그리고 친구 부부들과 몇 번의 저녁식사를 주선한 것을 인정했다.

- 마지드의 과거
  마지드도 역시 단란한 가정에서 자랐다고 했다. 조부모는 가난했지만 매우 독실했다. 아버지는 코란 학교에 다녔고, 작은 식료품점을 운영했으며, 이 상점이 가족에게 적당한 수입을 제공했다. 어머니는 초등학교를 마쳤고, 식사를 준비하고 집안일을 하고 형과 여동생을 돌보면서 집에서 일했다. 마지드의 부모는 모두 독실한 모슬렘이었고, 마지드 자신도 집을 떠날 때까지 기도를 했고 모슬렘 식단을 따랐다.

마지드의 부모는 그에게 많은 기대를 걸고 있었으며, 학교에서 그는 명석함과 성실함으로 유명했다. 그는 미국 대학교의 정부 장학금을 받았고, 전자공학 석사학위를 받았다. 졸업 후에 중소기업에 취직했고, 미국 영주권을 얻었다. 그는 4년 동안 일했고, 지참금과 멋진 아파트를 장만하기 위해 돈을 저축했으며, 그 후 아내(결혼할 여성)를 찾기 시작했다. 가족은 그를 무척 자랑스럽게 여기지만 또한 그가 대학교를 졸업한 후에도 집으로 돌아오지 않는 데 대해 실망했다.

마지드는 미국에서의 초기 몇 년을 "힘들었다"고 묘사했지만, "누구나 이곳으로 이사한다면 같은 경험을 해야 할 것"이라고 덧붙였다. 인종차별의 경험에 대한 케이트의 질문들에 대한 반응으로, 무례하게 응시하며, 무시하고, 멀리서 "너희 나라로 돌아가!"와 같은 말을 외치는 사람들이 있었다고 말했다. 그가 만난 미국인은 대개는 "단지 모슬렘을 개인적으로 알지 못해서, 이슬람에 대해 일부 아주 이상한 생각을 가지고 있는 것"이라고 말했다. 일반적으로 대다수의 미국인이 그를 알고 나면 존중해준다고 말했지만, "그래도 항상 어디엔가 조심(경계)해야 할 미친 사람들이 있다"고 덧붙였다.

적응에 도움이 되었던 요인에 대해 마지드는 "일단 영어를 구사하면 거의 모든 것을 할 수 있기" 때문에, 영어가 가장 중요한 요소라고 말했다. 케이트가 다른 요인을 묻자 그는 튀니지 요리를 배우는 것, 튀니지 음악을 연주하는 것, 그리고 북아프리카 사람이 자주 찾는 카페를 찾는 것

표 8-1 마우나(Mouna)의 진단 사례

DSM-IV-TR축	내용
축 I	309.0 우울한 정서를 동반한 적응장애, V62.4 문화 적응 문제 V71.10 배우자와 관계문제
축 II	V71.09 진단 없음
축 III[c]	없음
축 IV[b]	주요 지지와 관련된 문제들(이민에 따른 주요 지지집단의 상실) 사회적 환경과 관련된 문제들(아내로서의 새로운 역할에 대해 충분한 지지를 받지 못함, 새로운 사회적·문화적 환경, 언어장벽, 미국 주류문화에서의 인종차별), 직업적인 문제들(이민에 따른 이전 직업의 상실) 다른 문제들(임신에 대한 가족의 압박)
축 V	기능에의 전반적인 평가(GAF) = 65(현재), GAF = 90(과거의 가장 높은 수준)
축 VI[a]	A 나이와 세대 간의 영향 : 27세, 1980년 태어남(튀니지 독립 후 24년). 여자아이가 학교에 다니는 것이 의무가 된 이후 학교에 다닌 첫 세대. 튀니스와. 가족 내에서 가장 어린 아이이며 외동딸임 D 발달적 장애 : 보고된 것 없으며 외견상 드러나지 않음 D 후천적 장애 : 보고된 것 없으며 외견상 드러나지 않음 R 종교와 영적 지향 : 부모 모두 다 모슬렘이지만 실천적이지는 않음. 마우나의 개인적인 신앙도 모슬렘이지만 비종교적인 생활양식을 가지고 있음 E 민족적·인종적 정체성 : 부모 모두 아랍계 튀니지인 혈통. 중상위층 도시 튀니지인 혈통의 가족. 모국어는 튀니지 아랍어이지만 가정에서는 불어도 사용. 마우나는 아직 영어를 사용하지 않음 S 사회경제적 지위 : 부모 모두 대학교육을 받았으며 중상위층 배경을 가지고 있음 S 성적 경향 : 아마도 이성애 I 토착유산 : 없음 N 국적 : 튀니지인. 최근 영구적 거주를 위해 미국 이민 G 성별 : 여성. 원가족에서 가장 어린 자녀이며 외동딸임. 최근 결혼했으며 아이는 없지만 여자로서의 그녀 일생과 정체성의 중심에 모성애를 기대하고 있음

* 주: DSM-IV-TR = 『정신장애의 진단 및 통계편람』, 제4판, 텍스트 개정(미국정신의학회, 2000).
  [a] 첫 번째로 완성된 축
  [b] 두 번째로 완성된 축
  [c] 세 번째로 완성된 축

이라고 회상했다. 마지드의 형이 방문했을 때, '전환기(터닝 포인트)'가 나타났다. 마지드는 형에게 도시를 구경시켜주면서 자신이 얼마나 미국에 사는 것을 좋아하는지 깨닫게 되었다고 말했다. 마지드는 은퇴 후 튀니지로 돌아가려고 했지만, 심지어 잠깐 방문하는 동안에도 그는 '그 느린 속도'를 견딜 수 없었고 여름의 그 더위를 더는 견딜 수 없었기 때문에, 그곳에서는 살면서 일하고 싶지 않았다.

결혼에 대해 물었을 때, 마지드는 빈번하게 논쟁이 벌어지지만 마우나와 관계가 좋으며, 문제는 그녀의 향수병이라고 생각한다고 말했다. 그는 그녀를 돕기 위해 할 수 있는 모든 것을 시도했다. 그는 가능한 한 사주 그녀를 밖에 데리고 나갔고, 그녀가 더 많은 영어수업을 받도록 독려했다. 혹시 불임일까 걱정하기 시작했고, 그녀에게 일종의 신체적인 문제가 있는 것이 아닐까 하고 생각하기 시작했다.

내담자의 정체성 이해하기

케이트가 마우나와 마지드의 삶에 대한 정보를 듣고 기록할 때, 그녀는 그들의 정체성과 명백한 문화적 영향들에 대해 가설을 세우기 시작했다. 그녀는 이 정보를 조직하는 것을 돕고 그녀가 잠재적인 영향들을 무시하지 않는다는 것을 확실하게 하려고 ADDRESSING 모델을 사용했다.

● 마우나의 정체성

마우나를 위해서, 케이트는 마우나가 언급한 ADDRESSING 요인들과 그렇지 않은 것들에 대해 자문해보았다(〈표 8-1〉의 축 Ⅵ 참고). 비록 마우나가 나이와 세대, 국적, 종교, 사회적 지위와 관련된 영향들을 언급했지만, 그녀는 장애, 민족성, 성적 경향, 성별, 토착유산과 관련된 것들에 대해서는 언급하지 않았다. 케이트는 이러한 요인들의 영향을 묻거나 다른 것들에 대해 묻지 않고 자신의 일반적인 지식, 민감도, 그리고 직감을 사용했다. 케이트는 마우나의 종교적 가정교육에 대해서 좀 더 구체적인 질문을 했다. 그러나 그녀는 마우나의 민족성(그녀는 이미 마우나가 민족적으로 튀니지 아랍인이라는 사실을 알기 때문에), 성별(그녀가 자명하다고 가정한 것), 장애나 토착유산(이러한 것들이 관련 있어 보이지 않기 때문에), 또는 성적 경향(이 주제는 너무 민감해서 아랍계 이성 부부에게는 초기 평가에서 조사하지 않는다)에 대해서는 질문하지 않았다.

마우나의 인생에서 드러나는 문화적인 영향들의 의미를 더 잘 이해하기 위해서, 케이트는 세 가지 방법으로 튀니지의 문화적 규준에 대한 정보를 탐색했다. 우선, 그녀는 마우나에게 친구들의 상황에 대해 물었다. 프랑스에서 공부하고자 하는 마우나의 바람과 관련해, 케이트는 마우나의 사회집단에서 그녀의 부모가 그녀를 튀니지에 머물도록 주장한 것은 좋은 의도이고 보호하려고 한 것으로 고려된다는 점을 알게 되었다. 두 번째로, 케이트는 마우나와 마지드 사이의 상황 묘사에서 차이점을 들었다. 모슬렘 양육에 대한 마지드의 설명을 들음으로써 케이트는 모슬렘에게서 나타나는 실천(신봉)에서의 차이점과 더 중요하게는 마우나의 가족과 마지드의 가족 사이의 차이점에 대해 주의를 기울이게 되었다. 세 번째로, 케이트는 회기 중간이나 후에 아랍계 미국인 상담자 또는 살렘 여사와 이야기를 나누었다.

두 번째 회기의 마지막에, 여성의 역할과 행동과 관련된 마우나의 개인적 규준은 지배적인 튀니지 사회의 규준과 일치한다는 사실이 명확하게 드러났다. 케이트는 마우나의 태도와 세계관이 곧 새로운 문화상황의 도전을 받게 될 것이라고 가정했다. 그러나 그녀는 자신이 이 부부가 가능한 한 새로운 행동과 관점을 고려하도록 돕기 위해 그곳에 있지만, 관계와 남성과 여성의 역할에 대한 자신의 신념들을 강요하지 않도록 주의할 필요가 있다는 사실을 이해했다.

● 마지드의 정체성

마지드의 정체성은 마우나와 마찬가지로 그의 문화와 원가족에 굳건하게 연결되어 있지만, 이 연결의 의미는 매우 다르다. 마지드는 '튀니스와' 가족 출신이 아니다. 가족의 낮은 사회적 계층과 엄격한 종교적 실천은 프랑스로부터의 독립 직후, 1960년대와 1970년대 튀니지 사회의 더욱 세속적인 이상으로부터 그들을 분리시켰다. 심지어 마지드가 미국으로 이주하기 전에도, 그는 '다르다'는 것을 느껴왔다.

가족을 통해, 마지드는 종교적 · 영적인 사람으로서 감각을 발달시켰다. 그가 자라면서 만난 거의 모든 모슬렘이 튀니지인이었지만, 부모는 모슬렘을 세계적으로 하나의 공동체로 생각하도록 그를 교육시켰다. 미국에 온 후 몇 년 동안 모스크 사원에 다녔고 캄보디아인, 인도네시아인, 나이지리아인, 아프리카계 미국인인 모슬렘들을 만나는 것을 기뻐했다.

마지드는 자신을 튀니지인 남성으로 간주했지만, 미국에서 거주하는 14년 동안 대다수의 미국인이 튀니지에 대해서는 거의 아는 것이 없다는 사실을 알고 있다. 따라서 그는 케이트에게 자기 자신을 설명할 때 튀니지인(예를 들면, 아랍인과 모슬렘)에게는 덧붙이지 않는 정보들을 추가했다. 자신을 미국에서의 소수민족문화의 구성원이라고는 구체적으로 언급하지 않았지만, 그의 경험은 유럽계 미국인 주류보다는 다양한 유색인종의 경험과 유사하다고 생각했다.

결혼과 성별의 영향에 대한 기대와 신념과 관련해, 마지드의 기준점은 튀니지인, 모슬렘, 그리고 미국의 영향이 혼합되어 있었다. 그는 남성과 여성의 평등과 그의 결혼에 대한 신념을 그와 마우나가 '좋은 사람들이 되고 최선을 다하도록 서로 지지해야' 하는 평등한 관계로 묘사했다. 지금

표 8-2 마지드의 문화적 요인들

문화적 요인	구체적 사항들
A 나이와 세대 요인	34세. 1973년에 태어남. 세 명 중 둘째 자녀(2남 1녀 중 차남). 성공의 기대가 아주 높았던 독립 이후 교육받은 소년의 초기 세대. 그의 세대는 세속적인 삶을 살 것으로 기대되는 세대이지만 마지드는 이러한 방식으로 양육되지 않았음
D 발달적 장애	보고된 것이나 드러난 것은 없음
D 후천적 장애	보고된 것이나 드러난 것은 없음
R 종교와 영적 지향	부모 모두 독실한 모슬렘. 현재는 실천하고 있지 않지만 자신을 종교적·영적인 사람으로 생각함
E 민족적·인종적 정체성	부모 모두 아랍계 튀니지인. 가정에서는 아랍어를 사용했음. 마지드는 불어와 영어에도 능통함
S 사회경제적 지위	부모는 초등교육을 받았고 가난했음. 가족들은 튀니스에 살지만 튀니스와는 아님
S 성적 경향	아마도 이성애일 것
I 토착유산	없음
N 국적	튀니지인. 미국에서 영주권자로 살고 있음. 미국 시민권을 얻는 것을 고려함
G 성	남성. 자녀 중 둘째이지만 가장 어린 아들. 최근에 결혼했고 '좋은 남편'(가장으로서 평등적이고, 상호적으로 지지하는 관계를 의미)이 되고자 하는 강한 욕구를 가지고 있음. 아이는 없지만 남자로서의 일생과 정체성의 중심부에 부성애를 기대하고 있음

은 마우나가 항상 저녁을 준비하지만, 그는 수년 동안 혼자 살면서 요리와 청소를 하곤 했다. 그는 마우나가 행복해한다면, 심지어 아이를 가진 후에도, 마우나가 친구를 사귀고 다시 집 밖의 직장으로 되돌아가길 바랐다. 자신이 가장이라고 생각했지만, 마우나가 영어에 유창해지기만 하면 그의 어머니가 그랬듯이 마우나도 자신들의 돈을 관리할 수 있을 것이라

고 생각했다. 결혼 이후에, 그는 마우나와 함께 중요한 결정(예, 아파트를 꾸미는 것, 외출할 장소를 고르는 것, 미래를 계획하는 것)을 하려고 시도했고, 마우나가 운전면허시험을 통과할 수 있을 정도로 영어가 능숙해지면 그녀가 운전을 시작할 수 있을 것이라고 기대했다. 〈표 8-2〉는 마지드의 인생에서 두드러진 ADDRESSING 요인들을 요약한 것이다.

사례 개념화와 진단

마우나와 마지드에 대한 두드러진 문화적 요인들을 이 정도 이해한 상황에서, 케이트는 사례에 대한 가장 정확하고 유용한 개념화와 진단이 무엇일지를 고려해야 했다. 케이트는 이민과 관련된 스트레스 요인들에 대해 충분히 알고 있었기에, 마우나의 우울증 증상들(울기, 과도한 취침, 슬픈 분위기와 정서)은 이민에 대한 일반적인 반응들이라는 사실을 깨닫게 되었다. 그녀는 마우나의 문화에 동화하기 어려운 점 등이 주류문화 내에서의 최근 정세와 인종차별에 의해 어떻게 악화되는지를 이해했다. 체계적으로 생각하면서, 케이트는 마지드가 결혼과 남편으로서의 새로운 역할의 결과로 경험하고 있는 적응의 어려움들을 알아차렸다. 그리고 그녀는 마우나와 마지드 둘 다 적응과정에서 크게 놓친 부분이 바로 튀니지에서 새롭게 결혼한 부부로서 받게 되는 확대가족으로부터의 사회적인 지지라는 사실을 자문가로부터 배웠다.

마지드의 고민은 DSM-IV-TR 진단의 기준에는 맞지 않았다. 마우나에게 V 코드 문화 적응의 문제는 명확하지만, 이것이 단일하고 주요한 혹은 부차적인 진단인지에 대해서는 의문이 남았다. 마우나의 증상들은 주요 우울증 삽화 또는 우울한 분위기에 대한 조절(적응)장애의 가능성을 생각해보게 한다. 마우나에게서는 요구되는 증상들 중 최소한 다섯 가지가 보이지 않았기 때문에 케이트는 첫 번째 진단을 제외했지만, 적응장애

(adjustment disorder)를 제외할지 결정하는 것은 더욱 복잡한 것이었다.

적응장애 진단을 내리려면 스트레스 요인의 발병 3개월 이내에 '임상적으로 중요한 정서적이거나 행동적인 증상들'의 발달이 있어야 한다(APA, 2000: 679). 증상들이나 행동들은 "기대되는 주어진 스트레스 요인의 특성을 초과해야" 하거나 "사회적이거나 직업적인(학업적인) 기능에서의 중대한 장애"를 초래해야 한다(APA, 2000: 679). 이민과 차별은 스트레스 요인 또는 더욱 정확하게는 스트레스 요인들의 집합(collection)으로 간주되며, 마우나의 증상들은 그녀의 이주 후 3개월 이내에 시작되었다. 그러나 그녀의 우울증은 그러한 변화에 직면해 기대되는 수준 이상은 아니다.

그녀의 증상들이 그녀의 사회적·직업적 기능, 또는 학업적인 기능을 두드러지게 방해하는지를 결정하는 것은 어려운 문제이다. 마우나가 사람을 사귀거나 새로운 관계를 형성하는 능력은 손상되지 않았다. 그녀에게는 단지 기회가 부족했고 언어장벽이 있었다. 그녀는(비록 더는 아침식사를 준비하지 않았지만) 집안일의 대부분을 계속 해냈으며, 영어수업에서 발전을 보이고 있었다. 그러나 그녀의 우울 증상들이 부부관계를 방해했다고 주장할 수 있었다.

이러한 정보를 염두에 두고, 케이트는 특수한 스트레스 요인들이 마우나와 마지드에게 모두, 그리고 그들의 부부 관계에 영향을 미친 것으로 사례를 개념화하려고 했다. 마우나는 자신의 우울증에 대해서 더욱 명확하게 표현을 했고 '내담자'로 보였다. 그녀의 증상들은 적응장애로 진단을 내릴 만했다. 이상적인 세계에서는 케이트는 마우나를 병리화시키는 것을 피하기 위해 마우나를 진단하지는 않을 것이다. 그러나 현재 상황에서 의료보험회사는 임상적이거나 성격장애의 치료를 위해서만 돈을 지불할 것이다(즉, 문화 적응이나 배우자 관계문제와 같은 V 코드에 대해서는 지불하지 않을 것임). 게다가 케이트는 보험이 상담료를 부담하지 않는다면 이 부부는 상담을 받지 않을 것이라고 생각했다(상담료 지불과 관리의료에 대한 민족문제들과 관련해서 Cooper and Gottlieb, 2000 그리고 Eisman et al., 2000 참고).

내담자의 관점 고려하기

두 번째 평가회기를 마치면서, 케이트는 바로 앞에 소개된 정보를 요약했다. 그녀는 마우나와 마지드와 함께 사회적·문화적 스트레스 요인들을 재고했고, 그러한 스트레스 요인들의 일반적인 반응들에 대해 이야기했다. 케이트는 마우나가 가진 어려움들이 이민과 일반적인 사회직 지지 없이 결혼을 시작한 결과 그들 관계의 어려움과 관련된 스트레스 요인들에 의해 주로 발생했다고 보았다. 미국의 최근 정세 또한 진행 중인 스트레스 요인이라고 덧붙였다. 그녀는 마우나가 밖에 혼자 나가는 것이 위험하므로 주의를 기울이는 것이 적절하지만 불가능한 것은 아니라고 생각했다. 그녀는 그러한 스트레스 요인들에 대한 반대작용으로 사회적 지지가 얼마나 중요한지, 그리고 그들에 대한 가족 지지의 부재가 어떻게 스트레스 요인들을 훨씬 더 크게 느끼도록 할 수 있는지에 대해 설명했다.

케이트는 마우나와 마지드가 장점을 많이 가지고 있는 것처럼 보인다고 말했다. 멀리 떨어져 있지만 가족들과의 견고한 관계, 특히 마지드의 모슬렘 공동체에 대한 연관에서 오는 그들의 믿음, 서로에 대한 전념과 돌봄, 그들의 지식과 교육과 직업에서의 성공적인 과거, 그리고 새로운 것 ― 예를 들면 상담 ― 을 기꺼이 시도하려고 하는 점 등을 들었다. 이러한 장점들이 있다면 그들이 마우나가 더 행복해지고 또 서로 더욱 잘 지내도록 도울 방법들을 찾을 수 있을 것이라고 확신한다고 덧붙였다.

마지드와 마우나는 케이트의 말을 듣고는 안심하는 것처럼 보였다. 그들은 상담을 받아보고 싶다고 했다. 케이트는 그들의 보험이 한 사람의 진단과 상담만 비용을 지불할 것이라고 설명했다. 그녀는 이 문제에 대해서 두 가지 해결책을 제시했다. (a) 그들이 부부상담을 위한 비용을 지불하는 것, 또는 (b) 마우나가 적응장애로 진단받을 수 있기 때문에, 케이트는 이 진단을 내리고 의료보험회사에게서 비용을 받는 것이다. 후자의 경우가 마우나의 이민, 인생, 결혼에의 적응을 쉽게 해줄 수는 있지만, 부부상담은 이 목적과 그들의 관계를 다루기 위해 선택된 방법이어야 한다. 마우나와 마지드는 후자를 선택했고 부부상담을 받았다.

결론

케이트는 이 사례에 이상적인 상담자는 아니었다. 그녀는 내담자의 언어를 구사할 수 없었고, 아랍 문화에 대해서만 일반적인 친숙함이 있었으며, 아랍 모슬렘 남성과 중매결혼에 대해서 편견을 가지고 있었다. 게다가 그녀는 몇 가지 중대한 실수를 저질렀다. 첫 번째 회기 이전에 통역사를 부르지 않았고, 이러한 간과로 내담자와 상담할 기회를 잃었을지도 모른다. 그녀는 또한 레바논인 통역사에게 튀니지식 아랍어에 친숙한지에 대해 묻는 것을 잊었다. 운 좋게도 통역사는 방언의 차이에 대해 충분히 잘 알고 있었다. 그러나 케이트는 마우나와 마지드에게 문화적으로 적절한 서비스를 제공하기 위해 최선을 다했다. 그녀는 내담자의 문화에 대해 공부(즉, 독서, 아랍계 미국인 상담자의 자문 그리고 통역사에게 도움을 얻는 것)했다. 그녀는 개인의 문화상황과 정체성에 대한 정보를 포함해 구체적인 과거를 탐색하는 데 신중을 기했다. 그리고 그녀는 가족상황의 규범이 무엇인지에 대한 단서로, 마우나와 마지드의 이야기의 차이점에 주의를 기울였다.

케이트는 문화적 축 VI로 진단을 시작했고 마우나와 마지드의 삶에서

ADDRESSING 요인들의 두드러짐을 고려했다. 그녀는 마우나의 증상들이 적응장애 기준에 들어맞는다고 인지했지만, 상반되는 압박(예를 들면, 마우나의 진단이 마우나에게 문제가 있지만 이 부부에게는 재정문제 역시 고민거리라는 생각을 강화시킬 수 있다는 것)을 포함해, 더 큰 상황에 재빨리 눈을 돌렸다. 그녀는 솔직하게 마우나의 최근 이민, 미국 문화에서의 인종차별, 신혼, 감소된 사회적 지지가 마우나와 마지드 둘 모두에게 미치는 영향을 인정하는 체계적인 견해를 사용해 진단절차에 마우나와 마지드를 참여시켰다. 그리고 마지막으로 그녀는 부부의 문화적 강점과 지지에 특별한 관심을 기울였다. 요약하자면, 케이트의 진단은 이성직이지는 않았지만 윤리적이었고 문화적으로 적절했으며 이 부부에게 도움이 되었다. 다음 장에서 설명하듯이, 문화적으로 적절한 평가와 진단은 더욱 효과적인 개입을 촉진한다.

요약

문화적으로 적절한 진단하기

1. 문화적인 축 VI로 시작하기: 정체성, 상황(환경), 장점에 대한 ADDRESSING 요인들
2. 다음으로 축 IV 완성하기: 내담자가 연령 또는 세대, 가시적이거나 가시적이지 않은 장애, 종교적 양육과 현재의 정체성, 민족적·인종적 정체성, 사회경제적 지위 등 관련이 있을지도 모르는 문제들의 신호로 ADDRESSING 약어를 사용하는 심리사회적·환경적 문제들
3. 세 번째로, 축 III 완성하기: 일반적인 의학 상태
4. 축 VI, IV 그리고 III을 그 순서대로 완성한 다음, 축 I, II 그리고 V에 대한 가능한 진단을 고려하기
5. 그대로 내담자의 개념화의 정당성(합법성)을 인지하기
6. 상담자가 작성한 사례 개념화와 진단의 의미를 내담자가 이해할 수 있는 언어로 설

명할 수 있을 것

7. 성격장애를 진단하는 데 주의할 것

8. 체계적으로 생각하고 관계장애를 고려하기 위해 진단에 대한 DSM-IV-TR 초점을
   초월할 것

제 **5**부

문화적으로 적절한 상담

제9장
최상의 도움
문화적으로 적절한 상담

북아프리카에 살 때 한 모슬렘 아랍 남성이 내가 심리학자라는 것을 알고 찾아와 자신의 문제에 대해 이야기할 수 있는지 물었다. 그는 돈과 일에 대한 걱정으로 불안증세가 있다고 했다. 그는 항상 진지했고 돈이나 일에 대해 걱정했지만, 갑자기 음식을 삼킬 수가 없게 되었다. 음식물이나 마실 것을 입에 넣어도 내려가지 않았고, 결과적으로 체중이 많이 줄었다. 여름이었고 더위로 견디기 힘들 만큼 목이 말라 지내기가 굉장히 불편했다(더구나 그해 여름에는 한가로이 앉아서 걱정할 시간이 더 많았다). 그는 자신의 감정에 대해 깊이 이야기하고 싶어하지 않았고 나는 상담자로서 전문적으로 도와줄 만한 상황이 아니었다. 하지만 그의 이야기를 들어주었고 문제가 해결될 거라고 격려해주었다. 그리고 의사를 찾아가보라고 제안했다(당시 그 나라에는 심리학자가 없었다).

몇 달 후 미국에 돌아갔을 때, 그의 문제는 여전했지만 불안증세가 줄어들었고 이제는 음식을 삼키지 못하는 문제는 없다는 것을 알게 되었다. 나의 제안대로 의사를 찾아갔지만 도움이 된 것은 아니었다. 이슬람 종교 의식을 실천하기 시작한 것이 도움이 되었다. 종교 의식 중 본질에 해당하는 것을 일반적으로 이슬람 오행이라고 하며 다음과 같다.

1. 사하다(Shahaada): 유일신과 그의 예언자 마호메트에 대한 신앙고백

2. 매일 기도하기

3. 가난한 사람들에게 베풀기(zakat): 사회 불평등을 바로잡기 위해 만들어진 예배 형태

4. 성스러운 라마단 내내 이루어지는 금식: 마호메트가 신에게서 받은 첫 계시와 메카에서 메디나까지의 여정을 기념

5. 하지(hajj), 메카로의 순례 여행: 가능하면 생의 마지막이 가까울 때 한다(Ali, Liu, Humedian, 2004).

이 다섯 가지 중 시간과 노력을 들여 행하는 가장 중요한 헌신은 기도이다. 모슬렘 국가에서는 회교사원으로부터 (최근에는 확성기를 통해) 매일 규칙적으로 다섯 번 기도 부르심이 있다. 부르심에 대한 응답으로 신도는 하던 일을 멈추고 특별한 씻기 의식을 행하는데, 이것은 몸을 깨끗하게 하고 상징적으로 영혼을 청결히 한다는 의미가 있다. 기도는 위엄 있는 자세로 몸을 곧게 세우고 시작하는데, 무릎을 꿇은 상태에서 이마가 바닥에 닿을 때 최고조에 달한다. 여기에는 두 가지 상징적인 의미가 있어서 성스럽다고 여겨진다. 하나는 태아처럼 자세를 취해서 다시 태어날 준비를 하는 것이고, 다른 하나는 가장 작은 공간에 몸을 웅크리며 종교적인 측면에서 인간이 작은 존재라는 것을 상징하는 것이다(Smith, 1991: 246).

세계 다른 모슬렘 또한 메카를 향해 서서 비슷한 시간차를 두고 같은 기도문을 외우는 행위는 "혼자 기도를 드릴 때조차 세계의 모슬렘과 친교를 나눈다는 의식을 심어준다"(H. Smith, 1991: 246).

이 모슬렘 아랍 남성의 불안증세에 관해, 어떤 사람은 인지행동 관점에서 그의 치유를 설명할지 모른다. 기도와 종교 행위에 대한 사회적인 지지가 그의 불안증세를 줄일 만큼 인지변화와 행동변화를 충분히 일으켰을지 모른다. 하지만 다른 이는 그의 치료를 영적인 관점에서 보고 노력을 통해

그가 얻은 위안, 평화, 초월을 강조할지도 모른다. 어떤 관점에서 설명하든 그러한 행위가 도움이 된 것은 사실이다.

많은 문화에서 상담 혹은 심리치료는 최후에 이루어지는 치료법이다. 상담 받을 곳이 없거나 상담 받는 것을 수치로 여기기 때문이며, 또한 조금 더 효과적이거나 선호되는 다른 치료법이 있기 때문이다(Yeh et al., 2006). 따라서 상담자가 대처기법과 다양한 문화에서 이루어지는 다양한 치료형태에 대해 알고 절충하는 것이 중요하다. 융통성이 있는 상담자라면, 특정한 이론일지라도 소수문화와 주류문화 출신의 내담자에게 도움이 될지 모를 방향과 특정 수단을 제공할 수도 있다.

상담에서 절충주의는 일반적으로 두 가지 형태를 취한다. 첫 번째는 다양한 치료법을 초이론적 모델(transtheoretical model)로 통합하는 것이다 (Consoli and Jester, 2005; Prochaska and Norcross, 1994). 기술적 절충주의 (technical eclecticism)라고 알려진 두 번째는 다양한 범위의 개입과 절차를 체계적으로 선택 사용하는 실천론으로 점점 보편화되고 있다(Lazarus and Beutler, 1993). 다문화상담 실천론은 아마 기술적 절충주의에 해당될 것이다. 다문화상담에 독특한 이론적 전제(예를 들어 상담자와 내담자 사이의 문화차이가 상담에 영향을 미친다)가 있기는 하지만, 그것은 통합된 초이론적 모델과는 거리가 멀다. 그것은 아마도 치료가 이루어지는 방식을 설명하면서 시작하는 주류학파(예를 들어 정신역동, 행동, 인지행동, 가족체계 그리고 인간-실존주의 치료)와 달리, 다문화상담은 "누구와 함께 상담이 이루어지는가?"라는 질문으로부터 시작하기 때문일 것이다. 다문화상담은 모든 이론의 유용성에 대해 문제를 제기한다는 점에서 분명한 패러다임 전환이지만, 다양하고 복잡한 내담자들의 정체성으로 인해 한 가지 상담접근법만 사용할 가능성은 배제된다.

다문화상담만의 특성은 다른 상담에서라면 그냥 넘어갔을 많은 것들을 질문하고 고려한다는 것이다. 다문화상담에서는 어떠한 것이든 한 가지 개념화, 접근법 또는 기법만 사용하는 것은 불충분하다는 점을 지적한다. 이러한 관점은 주류를 이루는 개념화에 적합한 개입이 아닌 소수집단과 주류집단 사람들에게 이로울 만한 개입을 수반하는 새로운 방식으로 상담에 대해 생각하는 것을 의미한다.

상담사례와 특정 소수문화와 집단에 고유한 대처기법에 대한 이야기로 제9장을 시작하려 한다. 그 다음 표현창조 예술치료(예를 들어 미술, 음악 그리고 신체운동 치료)에 대한 이야기를 한다. 예술치료는 영어를 제2언어로 말하거나 언어 부족을 겪는 사람들(예를 들어 치매를 겪고 있는 사람들) 또는 덜 언어지향적인 사람들에게 도움이 될 수 있다. 또한 다양한 정체성을 가진 아이들과 이루어지는 놀이치료에 대한 몇 가지 제안을 하려 한다. 그다음에는 다양한 문화에 속하는 사람들과 함께 이루어지는 가족상담과 부부상담, 집단상담의 효과를 기술한다.

이 장 마지막에서는 인지행동치료(CBT)에 문화적인 요소들을 고려하는 방법을 다룬다. 인지행동치료는 다문화상담에 유일한 이론은 아니지만 가장 널리 실행되는 요법 중 하나이다. 미국심리학회에서 이루어진 조사에 따르면, 89%의 심리학자들이 인지요법 혹은 인지행동치료를 사용하고 있는 것으로 보고됐다(Myers, 2006). 인지행동치료는 매우 널리 사용되고 이해되는 요법이기 때문에, 문화에 대한 고려가 어떻게 주류 상담이론에 통합될 수 있는지를 보여주는 한 예로 중점적으로 다루고자 한다. 하지만 문화에 대한 고려를 주류 심리요법에 통합하는 것은 심리역학[psycro-dynamics(Berzoff, Flanagan, Hertz, 1996; Chin, 1994)], 자기심리학[self-psychology (Hertzberg, 1990)], 실존주의[Vontress(Johnson and Epp, 1999)], 가족체계(Boyd-Franklin, 2003; McGoldrick, Giordano, Garcia-Preto, 2005), 여성주의 치료 (Brown and Ballou, 1992; Comas- Dlaz and Greene, 1994)를 포함하는 다양한 이론적 관점에서 제기되어왔다. 소수 인구의 건강에 대한 관심과 함께, 증거기반상담(evidence-based practices) 필요에 대한 관심이 높아지고 있어 모든 주류 심리요법의 다문화적용에 대한 지속적인 연구의 필요성이 강조된다(더 자세한 내용은 Hwang, 2006 참고).

고유한 치료법과 전통 치료법

아랍 모슬렘 남성의 경우처럼 종교는 한 사람의 영적·정서적·사회적 필요를 충족히는 강력한 치료법일 수 있다. 그 자체는 종교가 아니지만 특정 문화에서는 종교적 가정을 공유하는 고유한 치료법들 또한 있다. 예를 들어 모리타(Morita), 나이칸(Naikan), 샤단(Shadan), 사이자(Seiza), 젠(Zen), 이 다섯 가지는 모두 일본 고유의 치료법으로 개인이 자기 자신과 일상에서 벗어나 다른 데에 초점을 정하고 생각하는 속도를 늦춤으로써 오히려 깊이 생각하도록 돕는다(Reynolds, 1980: 103). 불교처럼 고통을 삶의 한 부분으로 받아들일 것을 강조하기도 한다. 주류를 이루는 심리요법들과 달리 말하는 것을 삼간다. 대신 내담자는 (상담자의 안내를 받으며) 자기 자신을 '더 깊이 잘 이해'할 수 있는 길로 이끌어주는 '타고난 내면의 힘'을 잘 키우기 위해 조용한 격리상태에 머문다(Reynolds, 1980: 104).

불교 실천법의 '마음챙김 명상(mindfulness meditation)'은 지금 이 순간에 집중하는 것으로 스트레스를 줄이고 고통을 조절하고자 하는 목적으로, 불교신자가 아닌 사람들 사이에서 그리고 인지행동치료의 필수요소로 점점 더 인기를 얻고 있다(DeSilva, 1993, Hayes and Duckworth, 2006; Kabat-Zinn, 2005). 행동과 인지변화와 함께 '멈춤'의 실천, 의식적인 숨쉬기를 통한 진정, 주위에 집중하기, 그리고 지금 이 순간에 그냥 '존재'하는 것이 의식전환을 도울 수 있다. 베트남 승려 틱낫한은 다음과 같이 설명한다.

마음챙김을 실천한다면, 우리는 우리의 안과 우리를 둘러싼 삶, 우리가 망상 속에서 살 때 접촉할 수 없는 것들의 상쾌하고 유쾌한 면과 접촉하게 된다. 마음챙김은 우리 눈과 마음, 치통 없음, 아름다운 달 그리고 나무와 같은 것들을 더 깊고 더 아름답게 만들어준다. 마음챙김을 하며 이러한 아름다운 것들을 경험하게 되면, 그것들은 그 광채를 온전히 드러낼 것이다. 고통을 마음챙김과 함께 만질 때, 고통은 변화하기 시작할 것이다(Thich Nhat Hanh, 1992: 29).

전통적인 치료자(healer)는 소수문화와 주류문화 사람들, 특히 심리적 혹은 심리사회적인 문제를 가진 사람들을 위해 선택된 도우미이다(Jilek, 1994). 예를 들어 중앙아메리카와 라틴아메리카 문화에서는 많은 사람들이 다양한 질병으로 인해, 특히 '공포, 악의에 찬 눈초리, 소화불량, 또는 시기와 같은 심리적인 문제'가 있는 사람들이 도움을 받고자 남성 도우미(curandero)와 여성 도우미(curandera)를 찾는다(Falicov, 1996: 173). 이들은 또한 우울증, 성 불능, 알코올중독, 월경통과 같은 문제를 상담한다(Falicov, 1998). 멕시코인과 멕시코계 미국인 사이에서 이러한 치료자는 주로 가톨릭, 고대 마야와 아즈텍 문명, 그리고 약용식물 연구에서 유래한 실천법을 사용하는 여자들이다(Novas, 1994). 캘리포니아와 미국 남서부에서는 내담자에게 이용 가능한 다양한 치료를 제공하기 위해 몇몇 혁신적인 건강 돌봄 프로그램에서 보완적인 선택치료로 이런 치료법을 사용하고 있다[Falicov, 1998; Koss, 1980; Novas, 1994. 민간상담자, 침술, 아유르베다 요법(Ayurvedic medicine), 호오포노포노(ho'oponopono), 모리타, 나이칸, 태극권, 요가, 선을 포함한 27가지 치료 시스템이나 치료법 목록을 원할 경우 Marsella and Kaplan, 2002 참고].

호오포노포노는 하와이 원주민이 개발한 가족치료로, '기도, 논의, 고백, 회개, 상호손해배상(mutual restitution) 그리고 용서'의 과정을 통해 관계를

'바로 세우는' 격식을 갖춘 가족모임이다(Pukui, Haertig, Lee, 1972: 60). 한 가지 문제를 놓고 가족이 정직하고 신실한 마음으로 모인다(Rezentes, 1996). 치료자나 가족 중 연장자가 모임을 인도해 논의를 이끌고 참가자들에게 질문하고 모임에 방해가 되는 감정을 통제한다. 모든 것을 상호 연관되어 있는 하나로 보는 로카히(lokahi) 가치와 개인, 가족, 자연, 그리고 영적 세상 사이의 균형감각을 강조한다(Gaughen and Gaughen, 1996). 상담자가 훈련도 받지 않은 상태에서 혼자 호오포노포노를 이끄는 것은 적절하지 않지만, 가족 중 연장자나 치료자와 함께 이 치료법을 준비할 수 있다. 하와이에서는 이 치료법을 약물남용 프로그램에 통합해 실행해오고 있다(Gaughen and Gaughen, 1996).

주류 심리요법에 통합될 수 있는 한 가지 전통 도움기법은 스토리텔링이다. 스토리텔링은 토착문화에서 언어를 배우는 가장 일반적인 형태 중 하나이다(Brendtro, Brokenleg, Bockern, 1998). 화자는 청자에게 직접 조언하지 않고 은유를 통해 사회적인 메시지를 담은 이야기를 들려주며, 도움기법으로 사용한다. 청자가 들을 준비가 되어 있다면, 결론을 자유로이 내릴 수 있다(Swinomish Tribal Community, 1991).

영화 〈스모크 시그널스(Smoke Signals)〉에서 스토리텔링은 화가 난 젊은 남성 빅터와 그의 어머니 사이의 치료기법으로 그려진다(Rosenfelt, Estes, Eyre, 1998). 이 영화에서 빅터는 아이다호 주에 있는 쾨르달렌 특별보호구역에서 어머니와 함께 살고 있다. 그는 어린 시절 아버지의 음주로 인한 아픈 기억을 가지고 있다. 소년이었을 때 아버지가 떠난 것에 대해 그는 신경 쓰지 않는 척한다. 하지만 어느 날 그의 어머니는 전화 한 통을 받게 된다. 전화를 건 여자는 빅터의 아버지가 죽었고, 자신이 유품을 가지고 있으며 원한다면 애리조나로 와서 물건들을 가져가라고 말한다.

20대인 빅터는 그곳에 가려 한다. 문제는 방법이다. 그들에게는 돈도

차도 없다. 그러던 중 토머스라는 순진한 젊은 남자가 자신을 데리고 가는 것을 조건으로 저금통을 내놓는다. 토머스는 빅터에게 성가신 남동생 같은 존재이다. 끊임없는 재잘거림, 낙관적인 태도, 땋아 늘인 머리, 바보 같은 웃음, 토머스의 모든 것이 짜증스러울 뿐이다. 이 두 사람 중 누구도 특별보호구역을 떠나본 적이 없었고, 빅터는 자신의 첫 번째 여행이 토머스로 인해 복잡해지기를 원하지 않는다.

어머니가 부엌에서 튀긴 빵을 요리하고 있을 때, 빅터는 토머스의 제의에 관심이 없다고 말한다. 어머니는 자신이 어떻게 맛있는 튀긴 빵을 만들 수 있게 되었는지 아느냐고 아들에게 묻는다. 그는 어머니가 모두 혼자 한 것이라고 대답한다. 하지만 어머니는 미소를 지으며 아들에게 자신이 맛있는 튀긴 빵을 만드는 데 도움을 준 모든 사람들, 즉 그녀에게 튀긴 빵 만드는 법을 가르쳐준 그녀의 할머니, 요리법을 전수해준 그 할머니의 할머니, 오랫동안 튀긴 빵을 먹어주고 "아일린, 밀가루가 너무 많아" 또는 "아일린, 반죽을 더 해야 해"라고 말해준 사람들에 대해 이야기한다. 그리고는 "〈줄리아 차일드(Julia Child, TV 요리방송)〉를 본단다. 그녀 역시 훌륭한 요리사이지만 많은 도움을 받아"라고 덧붙인다. 그녀가 하고 싶은 말이 무엇인지 빅터는 이해하고, 결국 토머스의 제안을(비록 마지못해서이긴 하지만) 받아들인다.

약물남용치료

정신치료의 도움을 받는 또 다른 곳으로는 일반대중운동을 통해 이루어지는 알코올중독자조모임(Alcoholics Anonymous), 즉 AA로 알려진 자조집단이 있다. 관련 집단으로는 알코올중독자녀회(Adult Children of Alcoholics)와 약물중독자조모임(Narcotics Anonymous)도 있다. AA집단의 형태와 구조는 다양하지만, 일반적으로 모임은 AA의 목적이 잘 정리된 진술문으로 시작하며, 회복을 위한 일련의 지침이 되는 12단계가 있다.

1단계: [우리는] 알코올[약물]에 무력한 존재였음을, 우리의 삶을 제어하기 어려웠음을 인정한다.

2단계: 우리는 자신보다 더 강력한 힘이 우리의 정신을 온전한 상태로 되돌릴 수 있음을 믿는다.

3단계: 우리는 의지와 삶을 우리가 그(Him)라고 이해하는 하느님의 돌보심에 맡기기로 결단한다.

4단계: 우리는 자신을 찾고 두려움 없는 덕목을 찾는다.

5단계: 하느님에게, 자신에게, 다른 인간에게 우리 잘못을 시인한다.

6단계: 우리는 하느님께서 이 모든 결점들을 없애주실 것을 온전히 맡긴다.

7단계: 겸손히 하느님께 우리의 결점을 제거해달라고 요청한다.

8단계: 우리가 지금까지 해를 입힌 모든 사람들의 목록을 만들고, 그들 모두에게 기꺼이 보상한다.

9단계: 그들에게 혹은 다른 이들에게 해를 입히지 않는다면, 어디서든 가능하다면, 그 사람들에게 직접적으로 보상한다.

10단계: 지속적으로 목록을 만들고, 우리가 잘못되었을 때 신속히 그것을 인정한다.

11단계: 오직 우리를 향한 하느님의 뜻과 그것을 행하실 그분의 힘을 알게 해달라고 간구하며 기도와 명상을 통해 하느님과의 의식적인 만남을 발전시킨다.

12단계: 이 단계들의 결과로 영적 각성을 함으로써, 이 메시지를 알코올 중독자[약물남용자]에게 전하고 우리가 하는 모든 일에서 이 원리를 실천하기 위해 노력한다(Lewis, Dana, Blevins, 1994: 119~120).

몇몇 특정 문화집단이 AA에서 시작했으며, 내담자를 만날 때 이 집단의 규범을 아는 것이 도움이 된다. 아메리카 인디언 AA집단에서는 익명성을 기대하기가 힘들 수 있고, 공동체 누구나 참여할 수 있으며, 모임의 절차와 도착 출발 시간 면에서 체계가 덜 잡혀 있고, 술 취하지 않는 기념일을 축하하기 위해 예물교환의식(potlatches)이 열릴 수 있다(Jilek, 1994). 읽기나 쓰기를 잘 못하거나 영어를 제2언어로 말하는 원주민을 위해, AA집단과 12단계 프로그램을 그 지역 언어로 진행하고 문서자료를 덜 사용할 수도 있다(Weaver, 2001).

회복중인남성모임(Men in Recovery)은 아프리카계 미국인 남성이 주를 이루는 12단계 프로그램이다. 이 집단에서는 12단계 중 자신의 무력함과 '항복'에 동의하지 않는데, 그것이 아프리카계 미국인 남성에게 해롭다고 보기 때문이다(Hopson, 1996). 이와 유사하게 절주여성모임(Women for Sobriety)에서는 의존 개념을 거부하고, 회복 중인 여성의 '건강한 자존감, 자주성 그리고 개인의 책임'을 강조한다. 일반적으로 AA철학을 완전히 인정하지 않는 내담자에게 허먼(Herman, 1997)은 그 개인에게 효과가 있는 요소에 집중할 것을 제안한다(물질남용치료에 대한 민족별 접근법에 대한 더 자세한 내용은 Straussner, 2001 참고).

표현창조 예술치료

주류를 이루는 모든 심리이론들은 언어를 사용한다. 표현의 지배적인 양식으로서 언어기술에 이토록 의존하는 것은 영어를 제2언어로 사용하는 사람들, 발달장애를 가지고 태어난 사람들, 치매나 언어능력을 제한하는 뇌 부상을 입은 사람들, 그리고 어린아이를 포함한 많은 사람들에게 불리하게 작용한다. 게다가 영어를 제1언어로 말하고 장애가 없더라도 내담자가 단순히 언어지향적이지 않을 수 있다.

심리기법의 이러한 언어편향에 대한 해결책은 표현창조 예술치료에서 찾을 수 있을지 모른다. 표현창조 예술치료는 미술, 음악, 운동, 춤, 연극을 통합하기 때문이다(Dulicai and Berger, 2005; Hiscos and Calish, 1998; Hoshino, 2003; Malchiodi, 2005; O'Connor, 2005; Sutton. 2002). 이러한 양식은 언어양식이 실패할 경우 상호작용을 쉽게 하고 반응을 이끌어낼 수 있다. 직접적인 눈 맞춤이 불편하거나 그것을 적절하지 않게 보는 문화 출신의 내담자를 상담할 때, 표현창조 예술기법은 내담자 스스로 직접 보고 직접 할 수 있는 무언가를 주기 때문에 더 효과적일 수 있다. 이타이와 맥케어(Itai and McCrae, 1994)는 원예치료(horticultural therapy)학회에서 이러한 기법을 사용할 경우 얻게 되는 혜택을 설명하면서 일본계 미국 노인의 사례를 들려주었다.

표현창조 예술치료의 또 다른 장점은 내담자가 만든 것을 상담자가 인정해주는 것이 내담자에게, 그리고 치료관계에 긍정적인 영향을 미칠 수 있다는 것이다. 웨드슨이 지적하듯이, "내가 상담했던 많은 사람들, 특히 병원치료를 받거나 우울한 환자들은 예술치료에 참여할 때 자신의 예술작품이 의미 없거나 불충분하다고 확신하고 있었다(그것이 그들이 자신을 보는 방식이다). 하지만 그들의 작품에 내가 관심을 가져준 결과, 그들은 작품들 곧 자기 자신에게 관심을 가지게 되었다"(Wadeson, 1980: 38).

상담자가 내담자의 그림이 갖는 의미를 직접 해석한다(예를 들어 내담자가 팔다리가 없는 사람을 그린다면 그것은 내담자가 자신이 무력하다고 느끼기 때문이다)는 것은 예술치료에 대한 오해이다. 미술 상담자들은 일반적으로 내담자의 작품을 해석하는 것을 피하고, 그 대신 내담자가 직접 자신의 작품을 해석하는 것을 인정하는 훈련을 받는다(J. Hoshino, 개인적 대화, 2006.9.25). 이러한 접근은 상담자가 내담자와 문화적으로 다를 때 더 일어나기 쉬운 문제, 상담자가 작품을 잘못 해석하게 되는 문제를 예방한다.

해먼드와 간트(Hammond and Gantt, 1998)는 내담자에게 예술치료를 할 때, 예술활동을 언어 의사소통과 동등하게 여기고 같은 수준으로 보호해야 한다고 주장한다. 예를 들어 상담자는 내담자의 동의 없이 예술작품을 공개해서는 안 되며(심지어 비밀로 유지되며), 작품을 보관할 때 특별히 신경을 써야 한다. 내담자의 작품이 다른 사람들에 의해 잘못 해석되거나 '적절하지 못하게 노출될 여지가 있기' 때문이다(Hammond and Gantt, 1998: 273).

나이에 상관없이 내담자는 예술활동에 대해 내성적이거나 억제되어 있거나 좌절할 수 있기 때문에, 바이스(Weiss, 1999)는 상담자가 내담자에게 이용 가능한 미술매체 유형을 설명하고 사용법을 보여주며 다양한 것(예를 들어 색연필, 끝이 뾰족한 매직 마커, 파스텔, 아크릴, 오일)을 제공해야 한다고 한다. 다양한 매체는 융통성이 있고 사용하기 편하며, 그래서 다양한 감정들을 이끌어낼 수 있다. 바이스는 나이 많은 성인과 상담할 때 '자신만의 세상 만들기', '인생 나무', '미래 그리기'와 같은 특정한 미술연습을 할 수 있도록 했다. 이러한 연습은 다른 연령 집단의 사람들에게도 도움이 될 수 있다(Weiss, 1999: 193~195). 다른 것으로는 헤링(Herring, 1999)이 미국 원주민 문화에서 사용한 창조미술의 다양성 묘사, 창조과정에서의 다양한 영적 관점에 종사하는 사람들의 방법묘사(Fukuyama and Sevig, 1999), 그리고 소수문화 가족과 함께한 미술치료에서의 ADDRESSING 모델 사용(Hoshino, 2003)이 있다(예술치료에서의 다문화상담에 대한 것은 Calisch, 2003 참고).

11세 미만의 어린이는 대개 추상적으로 생각하는 능력이 완전히 발달하지 않았기 때문에 말로 감정, 동기, 관심사를 표현할 수가 없다. 따라서 놀이치료가 그들 자신을 좀 더 자연스럽게 표현할 수 있는 기회를 제공한다 (Bratton et al., 2005). 놀이치료는 아이가 문제나 갈등을 시연하고 갈등하며 가능한 해결책을 실천할 수 있는 공간을 제공하기 때문에 치료적이다. 상담자는 안전한 환경을 만들어주고, 치료가 이루어지는 동안 아이에게 온전히 집중하며 적절한 때 아이의 이해와 새로운 기술전개를 돕는 해석이나 제안을 해 이 과정을 돕는다(Swinomish Tribal Community, 1991).

놀이치료, 특히 자녀치료(filial therapy)로 알려진 놀이치료 형태가 아동의 정서문제와 행동문제를 개선하는 데 효과적이라는 연구결과가 있다. 이 치료에서 상담자는 부모에게 자녀와 어떻게 놀아주면 되는지 가르쳐준다(Bratton et al., 2006). 하지만 놀이치료 연구는 이제 겨우 문화 영향을 다루기 시작한 상태이고, 다음과 같은 몇 가지 자민족중심주의 가정에 의해 계속 방해를 받고 있다. (a) 아동의 놀이행동은 어느 문화나 같다[하지만 중요한 문화변형이 있다(Roopnarine, Johnson, Hooper, 1994 참고)], (b) (좀 더 간적접이고 미묘한 해결책을 선호하는 다른 문화에서와 달리) 감정을 직접적으로 표현하는 것이 갈등을 효과적으로 해결하는 데 필수적이다, (c) 놀이치료자와는 상대적으로 덜 체계가 잡히고 격식을 차리지 않는 관계가 선호된다(O'Connor, 2005).

오코너는 이러한 가정에 반대하면서 다음 기법들을 제안한다(O'Connor, 2005). 치료환경에는 특정 문화를 반영하는 장난감과 문화 중립적인 장난감이 선별되어 있어야 한다. 지팡이, 휠체어, 그리고 인형 보조장치를 활용해 다양한 신체능력을 표현할 수 있다. 어머니나 아버지가 각각 두 사람이거나 확대가족인 경우를 대비해 다른 민족과 성을 가진 인형을 충분히 준비해둔다. 그리고 종교를 상징하기 위해 다양한 종교전통과 명절을 기념하는 장식들을 준비한다. 전형적인 인형의 집은 중산층의 단일 부모

환경을 반영하고 적절한 가정용품(예를 들어 펠트 위에 나바호족의 디자인이 된 카펫)이 있는 집 구조를 띠고 있다는 점을 명심한다.

어떤 부모(예를 들어 아시아 전통을 가진)는 자녀가 특정 기술을 발달시키는 데 도움이 되는 더 활동적이고 직접적이며 목표지향적인 접근법을 기대할지 모른다. 그들은 또한 상담자가 자신들에게 각 회기에 어떤 일이 일어나고 있는지 말해주기를 기대할지 모른다. 아시아계 부모는 자신의 생각을 직접적이고 공공연하게 표현하는 것을 말대꾸나 무례한 행동으로 보고, 상담자가 자녀에게 그렇게 하도록 가르치는 것에 의견을 달리할 수 있다. 이와 유사하게 아프리카계 미국인 부모는 자녀가 상담자를 부를 때 이름을 부르는 것을 무례하다고 생각할 수 있다. 이러한 문화선호를 인지하며, 오코너는 상담자가 "상담을 받는 어린이 내담자와 그 가족의 필요, 그리고 그들이 속한 공동체 체계 사이에서 균형을 잡을 것을" 권한다 (O'Connor, 2005: 569). 이 균형 부분은 어린이 내담자가 속한 문화의 강점을 강조하는 것을 포함한다. 이는 어린이가 자기 문화의 독특한 무언가를 언급하거나 문화와 관련된 특정한 이야기, 게임, 노래, 시를 치료에 사용할 때 자연스럽게 이루어질 수 있는 실천법이다(O'Connor, 2005; 또한 Gil, 2006 참고).

마지막으로 표현창조 예술치료를 할 때, 이 치료 접근법을 내담자가 얼마나 편안하게 느끼는지에 치료환경이 영향을 미칠 수 있다. 표현창조 예술치료는 주거시설이나 교육시설에서는 '평범'하게 보일 수 있지만, 요양기관이나 의료시설에 있는 성인과 노인 내담자에게는 상담자가 자신을 아이 다루듯 한다는 생각을 갖게 할 수 있다. 이를 피하기 위해, 이 접근법에 대한 철저한 도입과 설명이 중요하다. 추가로, 내담자를 상담하며 표현창조 예술표현양식을 사용할 생각이라면, 꼭 이 치료법에 대해 훈련받을 것을 적극 권한다.

가족상담

소수민족문화의 많은 사람들이 가족치료를 선택한다. 다세대가족을 상담하면서, 더피(Duffy, 1986)는 소수민족문화 가족 안에서 연장자는 단순히 더 어린 구성원이 의지하는 대상이 아니라 그 가족의 바람과 필요가 함축된 핵심인물이라는 점을 강조했다. 그는 치료회기에 참여할 수 없는 가족구성원까지도 치료에 참여할 수 있도록 전화, 편지, 오디오테이프를 활용할 것을 제안한다. 또한 내담자의 집을 방문하고 일정을 융통성 있게 잡을 것을 제안한다. 예를 들이 하루에 세 시간 동안 치료를 진행하는 대신 3일 연속으로 한 시간씩 치료한다.

킴(Kim, 1985)은 전략적인 접근(Haley, 1963)과 구조적인 접근(Minuchin, 1974)을 적절히 섞어서, 아시아계 미국인 가정에 대한 접근방법(다른 소수민족에도 적용할 수 있는)을 설명했다. 그것은 상담자가 가족 안의 권력구조를 평가하고 권위를 가진 구성원의 리더십에 공공연하게 도전하지 않으면서, 내담자에게 되도록 빨리 그 환경을 바꾸는 것이 실천적 제안의 목적이라는 인상을 주는 직접적이고 (사람에 집중하기보다는) 문제에 초점을 맞춘 접근법을 사용하는 것이다. 가족의 상황이 변하면서 통찰력과 정서표현 능력이 발달할 수 있지만, 그것이 주된 관심사는 아니다. 특히 남아시아계(예를 들어 동인도인, 파키스탄인, 벵골인) 가족과 이루어진 치료에서, 테워리 외(Tewari, Inman, Sandhu, 2003)는 (가족회기에 추가로) 가족구성원을 각각 따로 만나서 그들의 생각과 감정을 표현할 기회를 주는 것이 도움이 될 수 있다고 지적했다.

소수민족가족을 상담하거나 시골지역에서 상담이 이루어질 때, 상담자는 어떤 문제가 생기든 필요할 때마다 개인과 가족을 돌봐주는 가족 주치의처럼 자신의 역할을 개념화하는 것이 도움이 될 수 있다(Hong, 1988). 또 가족에 대한 다양한 정의를 인식하는 것이 중요하다. 예를 들어 어떤 아이는 어머니나 아버지가 한 명 이상이거나 조부모가 실질적인 부모일 수 있으며, 피가 섞이지 않은 사람이 가족일 수도 있다(Matthews and Lease, 2000). 특히 자원이 제한되어 있는 시골지역에서는 상담자가 다방면에 걸친 지식을 갖추어, 가족과 그 구성원 각자와 융통성 있게 기꺼이 상담할 필요가 있다(Harowski et al., 2006). 가족을 돌봐주는 사람으로 인식되면 개인상담에 비해 시간과 비용을 들이지 않고 상담할 수 있으며, 새로운 가족구성원 모두와 개별적으로 신뢰를 쌓을 필요가 줄어든다.

부부상담

두 사람이 만날 때 두 사람에게 미칠 수 있는 문화적 영향력과 문화에 근거한 정체성의 차이를 모두 염두에 두고 나면, 부부 갈등이 종종 세계관과 가치관 차이에서 생긴다는 것을 알게 된다. 이러한 차이의 근원을 개인이나 가족 혹은 문화로 보면 내담자로 하여금 차이를 인정하고 변화를 만들게 하는 데 도움이 된다. 특정 행동이 내담자의 가정교육이나 자라난 문화에서 비롯한다는 것을 인정하게 되면, 개인의 죄의식은 줄어들고 그러한 행동을 계속하기를 원하는지 그렇지 않은지를 의식적으로 결정할 수 있다. 마찬가지로 문화의 영향을 상대방의 관점에서 인식하는 것이 상대를 더 잘 이해하고 차이를 받아들이는 데 도움이 될 수 있다(Hays, 1996b).

28세의 유럽계 미국인 여성과 3년 동안 부부로 살아온 28세의 인도네시아 남성의 경우를 살펴보자. 아민은 대학에 입학하면서 인도네시아에 있는 가족을 떠났고 지금의 아내 리즈를 만나 두 사람은 같은 해에 졸업했다. 두 사람 다 생물학자로, 돈을 모으기 위해 5년 동안 아이를 갖지 않기로 하고 방이 1개 있는 작은 아파트에서 살고 있었다. 이 부부의 갈등은 시집에서 아민, 리즈 부부와 함께 살게 할 생각으로 아민의 여동생을 대학에 보내기로 결정하면서 벌어졌다. 리즈에게 이 결정은 자신의 동의 없이 이루어진 것이었다. 하지만 아민은 리즈가 반대하는 것을 이해할 수 없었다. 같이 살게 될 사람은 다른 사람이 아닌 자신의 여동생이기 때문이다. 더구나 아민이 같이 살지 않겠다고 하면 여동생은 유학을 올 수 없었다.

이 부부와 상담을 하면서, 리즈와 아민, 두 사람 모두 가족관계에 높은 가치를 두는 것이 분명해졌다. 하지만 리즈의 가족과 문화에서는 독립, 자급자족, 개인의 충분한 물리적 공간을 중요하게 여겼다. 반대로 아민의 가족은 물리적으로 가까이 있는 것과 상호의존에 더 가치를 두었다. 인도네시아에서는 성인이 되어도 결혼할 때까지 부모의 집에서 함께 사는 것이 보통이다(Piercy, Soekandar, Limansubroto, 1996).

팔리코브(Falicov, 1995)가 주목하듯이, 다른 문화의 사람과 결혼한 부부는 그들의 차이에 중점을 두고 그것을 지나치게 강조하거나 그 차이를 경시하고 문화충돌을 상호영향으로 보지 못하는 경우가 있다. 아민과 리즈에게는 자신의 가치기준에서 그 차이점을 인식하는 것이 해답을 찾는 첫 번째 단계였다. 그리고 그 가치기준에 각자가 자란 문화가 어떻게 영향을 미쳤는지 생각해보는 것이 두 사람이 각자 '당연하게' 여기거나 '해야 한다'고 생각한 것에서 한 걸음 물러나는 데 도움이 되었다. 이들 견해에서 큰 차이로 보였던 것이 단지 중요하게 여기는 것의 정도 차이였다는 것으로 재개념화되었다. 리즈 또한 상호의존에 가치를 두었지만 정도가 아민보다 약했을 뿐이고, 아민 역시 자신만의 물리적 공간을 갖는 것을 좋아했지만 리즈만큼 크지 않았을 뿐이다. 이 재개념화로 이 부부는 해결책을 찾고 결국 타협하게 되었다. 여동생과 함께 살자면 추가로 들어가는 비용이 생길 것이기 때문에, 아민은 부모에게 동생의 생활비를 더 줄 것을 부탁했고 부모는 기꺼이 받아들였다. 그 돈으로 부부는 방이 2개 있는 더 좋은 아파트로 이사하면서 여동생에게 방을 주고 리즈가 원하는 공간도 확보할 수 있었다.

가치기준의 차이가 이 부부가 갈등을 겪는 근원인 것은 분명하지만, 최근 이민을 온 가족에게는 특별히 문제가 될 수 있다. 좀 더 나이 든 구성원이 전통적인 가치와 언어, 행동을 계속 유지하는 데 비해 좀 더 어린 구성원은 그들만의 문화나 주류문화의 영향을 받기 때문에 세대 사이에 종종 갈등이 일어난다. 그러한 환경에서, 상담자가 자신의 성향을 분명히 알고 이 정보를 과도기에 있는 가족과 공유하는 것이 중요하다. 좀 더 구체적으로 말하면, 상담자는 자신의 가치가 내담자의 목적과 언제 갈등을 일으키는지 내담자에게 알려줄 필요가 있다. 예를 들어 상담을 시작할 때, 상담자는 부부에게 자신이 개인의 행복에 더 가치를 두는지 그렇지 않으면 관계유지에 더 가치를 두는지 말할 필요가 있을지 모른다. 하지만 너무 많이 내담자와 공유하는 것은 상담의 초점을 상담자의 해결되지 않은 가치충돌로 옮길 수 있기 때문에 이러한 유형의 자기 개방은 신중하게 이루어질 필요가 있다. 만약 어떻게 해야 할지 의문스럽다면, 상담자는 내담자의 가치체계를 공유하거나 잘 알고 있는 사람의 조언을 구해야 한다.

가족상담과 부부상담에서 권력이라는 문제에 대해, 나는 상담자가 내담자의 가치체계를 수용하고 상담할 필요가 있다고 보는데, 이것은 다문화상담 분야에서 일반적으로 장려하는 관점이기도 하다. 예를 들어 분명하게 보이는 서열구조를 가진 가족과 상담하는 상담자는 가족의 연장자(즉, 자녀를 동반한 부모)에게 처음에 이야기를 건네고, 좀 더 권위를 가진 가족구성원에게 관심을 보일 필요가 있을 수 있다(Kim, 1985; Murgatroyd, 1996). 그렇다고 상담자가 내담자에게 전적으로 동의해야 한다는 것은 아니다. 가치기준의 차이는 내담자에게 더 많은 것을 생각하게 하는 긍정적인 영향을 미칠 수 있다. 하지만 상담자는 내담자들 간의 관계에 기본적인 구조적 변화를 야기하기보다는 내담자들이 바라는 약간의 변화에 만족해야 할지 모른다.

나는 여성주의자로서, 이것은 가부장제에 의해 정해진 관계를 지지해야한다는 것을 전제로 하기 때문에 받아들이기 어려운 입장이다. 브라운이 주목하듯이, 여성주의 상담은 사람들의 삶에 불행을 야기하는 가부장적 가정, 믿음, 구조를 바꾸는 것이 목적이다. "게다가 가부장적 문화는 사람들에게 익숙할지는 모르지만 궁극적으로는 그들 본래의 모습을 파괴하는 규정된 '전형적인' 방식을 시중드는 것이다"(Brown, 1994: 19).

아무리 축소해서 보려 해도, 이러한 생각을 실질적으로 적용하는 것은 어려울 수 있다. 킴(Kim, 1998)은 미군 기지에서 일하는 아시아계(한국인, 필리핀인, 또는 일본인) 여성과 미국인 남성으로 구성된 부부를 치료한 구체적인 예를 제시했다. 남성의 지위가 미국에서 꼭 높은 것만은 아니지만 세계에서 가장 강력한 군대와 관련이 있기 때문에, 이 가정에서 여성은 남성에 비해 지위가 낮고 수입이 적었다. 게다가 여성은 학대, 무시, 빈곤, 또는 경제적 착취를 경험했을 수 있다. 이러한 환경에서, "성차별 예상과 문화식민지주의"는 "이 부부 관계에서 남편의 우월하고 지배적인 입장을 지지하고 강화하는" 특별한 형태의 인종차별을 낳는다.

> 사회경제적 지위가 낮고 자존감 또한 낮은 상태에서 결혼한 여성의 위엄과 정체성은 더 작아진다. 게다가 영어를 배우고 미국 생활방식에 적응해야 하는 힘든 과제는 아내에게만 부과되고, 남편은 아내의 언어와 문화를 배우는 것에서 면제되어 있다. …… 결국 아내에게는 자신의 언어와 문화유산이 남편의 관심이나 존중을 받을 만큼 가치가 없다는 메시지가 분명하게 전달된다(Kim, 1998: 311).

여성주의적 관점에서 부부 관계가 좀 더 평등해질 수 있도록 도와주려는 궁극적인 목적을 가지고 힘이 불균형한 부부와 상담하는 상담자가 할 일은, 그들이 힘의 불균형을 인식하고 그러한 관계를 유지하면서 생기는 희생을 장점과 함께 생각해보도록 도와주는 것이다(Sims, 1996). 하지만 부부는 이러한 목적이 지향하는 가치를 상담자와 공유하지 않을지 모른다. 킴은 앞서 설명한 상황에 처한 부부와 관련해 다음을 주목한다.

오해와 잘못된 의사소통을 분명히 하며, 부부 두 사람 모두 관계에서 생기는 작은 변화에 매우 자주 꽤 만족한다. 많은 아내들이 남편의 독재가 여전할지라도 조금만 자비로운 모습으로 바뀌면 그것에 행복해한다. 내가 만나본 부부 중 거의 4분의 3이 이 수준에서 상담을 끝마쳤다. 5분의 1 정도만이 더 나은 관계를 모색하기 위해 상담을 계속하고 있다(Kim, 1998: 317).

여기에서 의문점이 생긴다. 내담자의 '더 나은'에 대한 정의가 상담자의 '더 나은'과 다를 때에도, '더 나은' 관계로 나아갈 수 있도록 도와주는 것이 가능할까? 나는 그렇다고 생각한다. 하지만 동시에 나는 상담자가 내담자에게 무엇을 하도록 도와줄 의지가 있(느냐 없)느냐에서 차이를 보인다는 것을 안다. 예를 들어 어떤 여성주의 상담자는 차별적인 힘을 선호하는 부부와 상담하는 것이 자신의 윤리적 원칙에 어긋난다고 여길 것이다. 하지만 나는 또한 상담자 자신의 문화유산과 환경이 윤리를 판단하는 데 어떻게 영향을 미치는지 고려하는 것이 중요하다고 생각한다.

상담자가 자신의 가치기준을 내담자에게 강요하지 않도록 노력해야 한다고 제안하지만, 한 가지 예외가 있다. 그것은 내담자나 다른 누군가가 위험한 상황에 있을 때이다. 명확해 보일지 몰라도, 많은 유럽계 미국인 사이에 퍼진 한 가지 인식이 있는데, 그것은 소수집단, 특히 가부장적 전통이 있는 소수집단(예를 들어 라틴인, 아시아인, 아랍인, 모슬렘)에서는 가정폭력을 용서하는 분위기라는 것이다. 하지만 같은 현상을 유럽계 미국 문화에서도 찾아볼 수 있다. 유럽계 미국 문화에도 가부장적 전통이 있고 여성에 대한 폭력률이 높기 때문이다(APA, 1996). 가부장적 관계가 폭력이 일어날 확률을 증가시키는 경향이 있지만, 문화가 가부장적이라고 해서 반드시 폭력이 규범적이거나 그 가족이 그것을 표준으로 보는 것은 아니다.

가정폭력은 대개 숨겨진 문제이다. 내담자는 자신들이 학대당하거나 다른 사람을 학대한 것을 상담에서 좀처럼 이야기하지 않는다. 오히려 종종 학대와 관련되거나 그로 인해 야기되거나 악화된 다른 문제를 제기한다. 이러한 이유로, 상담자는 학대의 징후와 증상에 민감할 필요가 있다. 여성주의 상담자가 여기에 민감해지는 가장 좋은 방법 중 하나는 학대받은 여성과 어린이가 있는 쉼터에서 일하거나 자원봉사를 하는 것이다. 대개 남성 상담자에게는 이러한 기회가 쉽게 오지 않는다. 하지만 남성은 여성센터와 독서, 자문 등의 봉사활동을 통해 이러한 지식의 기초를 쌓을 수 있다(많은 문화를 어우르는 프로그램에 대한 정보는 L. Walker, 1999, American Psychologist, "International Perspectives on Domestic Violence" 참고).

문화가 폭력의 변명이 되어서는 안 되지만, 상담자가 가정폭력에 역점을 두고 다루는 방식은 문화에 따라 다를 수 있다(Ho, 1990). 예를 들어 공동체 참여와 가족 연장자는 아시아 공동체와 아시아계 미국인 공동체에서 일어나는 가정폭력의 경우에 도움이 될지 모른다. 권위 있는 사람이 폭행을 당하는 여성이 위험한 상황을 피할 수 있도록 허용해줌으로써, 연장자가 학대하는 남편에 대한 여성의 복종 문제를 회피하는 데 도움이 될 수 있다(Ho, 1990: 146).

관계에서의 힘에 대한 연구는 전통적으로 이성 부부에 초점을 맞추었지만, 성역할 사회화와 관련된 차별적인 힘은 동성 부부에게도 똑같이 영향을 미칠 수 있다. 팔리(Farley, 1992)가 게이 남성에 대해 주목하듯이, 상담자는 관계 안에서의 경쟁과 공격을 보는 관점과 함께 각 파트너가 남성성을 어떻게 정의하는지 고려해야 한다. 남성은 여성에 비해 통제 혹은 권력상실을 더 두려워하게끔 사회화되기 때문에, 친밀함에 대한 헌신을 자제하는 것은 남성 커플에게 쟁점이 될 수 있다. 반대로 여성은 남성에 비해 관계를 삶의 중심에 두도록 더 사회화되기 때문에, 레즈비언 커플에서의 결속은 "하나의 개별적 존재가 되려는 노력과 함께 융해"를 초래할 수 있다(Farley, 1992: 235).

모든 문화정체성을 가진 내담자와 상담할 때, 힘이 가족 안에서 조직되는 방식을 찾는 것이 중요하다. 가부장적 조직을 가정하는 경향이 있기는 하지만, 문화 사이, 그리고 문화 안에서의 변형이 무척 커서 전문지식이 있는 질문으로 시작하는 것이 더 안전하다. 이 질문들은 ADDRESSING 모델을 사용했다.

- A 나이와 세대 요인 — 차별적인 힘의 원인이 될 만큼 나이 차이가 나는가?
- D 발달적 장애 — 힘이 이것을 기반으로 유지되거나 억제되는가?
- D 후천적 장애 — 힘이 이것을 기반으로 유지되거나 억제되는가?
- R 종교와 영적 지향 — 종교적 믿음이 특정 구성원이 더 권위를 가지도록 만드는가?
- E 민족적·인종적 정체성 — 이문화 커플이나 다문화 커플과 가족에서 누가 주류가 되는 문화정체성을 가지고 있는가? 피부색이나 다른 신체적 또는 민족적 특성과 관련해서 지위 차이가 있는가?
- S 사회경제적 지위 — 수입, 교육, 직업에 의해 누가 가장 높은 지위를 가지고 있는가?

- ■ S 성적 경향 - 한 가족구성원이 자신의 성 지향을 바탕으로 사회적인 지지나 신분이 낮은 대접을 받고 있는가?
- ■ I 토착유산 - 한 가족구성원이 더 강한 토착유산과 관련해 더 많은 권위나 지위를 가지고 있는가?(예를 들어 부모 모두 토착인(Native)인가? 아니면 토착인 부모와 토착인이 아닌 부모 혹은 더 전통적인 양육을 받은 부모인가?)
- ■ N 국적 - 누가 시민이거나 취업비자를 가지고 있는가? 누가 영어를 더 유창하게 하는가?
- ■ G 성 - 힘이 성 정체성에 기반을 두는가?

어떤 가족과는 상담을 하면서, 상담자가 이러한 질문을 직접적으로 묻고 논의할 수 있을지 모른다. 하지만 다른 가족과 상담할 때는 그러한 직접적인 접근이 너무 위협적이어서, 질문은 단지 가능성에 대한 상담자의 인식을 높이는 데 사용될 수 있다. 폭력이 일어나고 있다는 의심이 들면 언제든 가장 먼저 해야 할 일은 학대받고 있는 개인의 안전을 확실히 하는 것이다. 부부 사이에 폭력이 행해지는 상황에서 부부상담은 적절한 치료방식이 아니다. 왜냐하면 두 사람 모두를 위한 안전한 상담상황을 만들 수 있는 "가능성을 학대가 이루어지는 관계의 힘이 불가능하게" 하기 때문이다(Farley, 1992: 241).

집단상담

집단상담은 내담자가 다른 사람으로부터 배우고 새로운 행동을 실천하고 지지를 받을 수 있는 환경을 만드는 데 도움이 될 만한 또 다른 개입방법이다. 게다가 문화적으로 다양한 상담집단은 다른 관점을 가진 사람들과의 상호작용을 통해 성장할 수 있는 기회가 더 많다는 장점이 있다. 문제해결이 초점일 때, 다양한 상담집단은 더 넓은 정보기반과 집단구성원을 위한 더 넓은 범위의 잠재적인 해답을 제공한다.

물론 다양성은 그 차이점 때문에 갈등을 야기하기도 한다. 집단은 그보다 더 큰 사회집단에 있는 억압적인 상황을 쉽게 복제할 수 있기 때문에, 상담자는 특별히 집단 안에서 소수문화를 배경으로 가진 개인의 필요에 주의를 기울여야 한다. 예를 들어 아프리카계 미국 게이 남성을 백인이 다수인 게이와 레즈비언 집단에 보냈을 때, (개인상담을 진행하는) 상담자는 먼저 그 집단의 주도자가 아프리카계 미국인 문화에 대해 지식이 있고 민감한지를 알아볼 필요가 있다. 그렇지 않다면 구티에레스와 드보르킨이 주목했듯이, "[내담자가] 다른 집단구성원과 또는 관리자로부터 무감각을 체험하게 되면 내담자를 집단상담에 보낸 것이 오히려 역효과를 가져올 수 있다"(Gutierrez and Dworkin, 1992: 149).

시골지역이나 긴밀하게 맺어진 소수집단에서의 집단상담은 비밀보장이 어렵기 때문에 문제가 될 수 있다(Schank and Skovholt, 2006). 예를 들어 파라디스 외(Paradis, Cukor, Friedman, 2006)는 긴밀하게 맺어진 공동체에 사는 유대교 정통파 환자와 집단상담을 하면서 겪었던 비밀보장, 상담집단에서 느끼는 환자의 불편함, 그리고 특정 주제의 적합성에 대한 문화적 제한을 포함한 문제를 언급했다. 작은 공동체의 집단상담에서 부딪히게 되는 이러한 제한적 상황을 피하는 한 가지 방법은 시간이 정해진 교육적 또는 경험적 수업이나 워크숍에 참가할 기회를 주는 것이다. 이는 사회적인 지지를 간접적으로 수반할 뿐 아니라 정보를 제공하고 논의에 필요한 구조적 형성을 허용한다(Droby, 2000; LaFromboise, Berman, Sohi, 1994; Organista, 2006).

가족상담과 집단상담 외에 또 다른 개입으로는 예방을 목적으로 하는 사회 프로그램과 정치적 행동을 들 수 있다(Cardemil et al., 2005). 상담자가 선택하는 행동의 유형은 그의 경험과 관심사에 달려 있다. 예를 들어 아동보호서비스(Child Protective Services)에서 전문가로 활동하면서 한계 때문에 좌절했던 상담자는 아동을 위한 법적 보호를 확대하기 위한 로비에 참여할지 모른다. 범죄 희생자를 상담하는 심리학자는 범죄자에 의해 재산이나 사랑하는 사람을 잃은 사람들을 위한 보상을 확실히 하는 법을 통과시키기 위해 활동할지 모른다. 라틴계 이민 노동자 자녀를 상담하는 학교 상담자는 농장의 비인도적인 주거와 근무환경에 항의하는 데 참여하게 될지 모른다. 이러한 활동들은 상담으로 인한 변화가 천천히 나타나는 것에 좌절하는 상담자들의 활기를 북돋운다는 부수적인 이점이 있다.

문화적으로 적절한 인지행동치료

사람들은 종종 인지행동치료가 단순히 긍정적인 사고에 초점을 맞춘다고 생각하지만, 인지행동치료는 훨씬 더 많은 것을 다룬다(Greenberger and Padesky, 1995). 인지행동평가에는 현재 문제와 관련된 내담자의 생각, 감정, 행동, 신체적 증후, 그리고 환경에 대한 신중한 평가(그리고 이러한 요소들 간의 상호작용)를 포함한다. 인지행동치료의 상담과정은 내담자의 물리적이고 사회적인 환경에 실질적인 변화를 가져오고 대처기술을 키우며 행동변화를 일으키고 사회적인 지지를 형성하며 인지변화를 촉진하는 것을 포함한 문제해결을 수반한다. 인지 재구성의 목적은 단순히 긍정적으로 생각하는 것뿐 아니라 내담자가 압도적인 감정을 다루고 자신의 의도대로 안 되는 행동을 유용한 행동으로 대체하고 자신을 괴롭히는 신체적 증후를 최소화하거나 없애도록 현실적이고 유용하게 생각하게 하는 데 있다.

앞서 말했듯이, 인지행동치료는 다문화상담에 적합한 유일한 상담이론은 아니다. 하지만 널리 행해지고 이해되는 이론이기 때문에, 여기에서는 단지 문화에 대한 고려가 어떻게 주류 상담이론에 통합될 수 있는지 보여주는 한 가지 예로서 기술하고자 한다.

인지행동치료가 나의 이론적 배경이지만, 인지행동치료에는 영적이라든가 가족, 문화라는 단어가 없기 때문에, 나는 아메리카 인디언들과 시골에서 상담하며 그것을 좀처럼 사용하지 않았다. 내가 초기 평가에서 무엇을 하는지 설명할 때 나는 다음과 같이 말한다.

나는 문제를 두 가지 범주로 나누는 접근법을 사용합니다. 첫 번째 범주는 당신의 환경에 있거나 당신에게 외부적인 문제들로 구성됩니다. 이러한 종류의 문제가 있을 때, 문제가 좀 더 나아지도록 하기 위해 당신이 취할 만한 행동이 몇 가지 있습니다. 예를 들어 당신의 자녀가 학교에서 말썽을 피운다면, 당신은 아이와 이야기를 나누거나 선생님을 찾아가거나 또는 어떤 식으로든 아이를 훈계할 수 있습니다. 어쩌면 당신의 전반적인 스트레스 수준을 낮추기 위해 당신을 둘러싼 환경에 변화를 줄 수도 있습니다. 예를 들어 직장 일정을 바꾸거나 운동을 하거나 자신을 돌볼 수 있는 활동을 하거나 다른 사람에게서 도움을 구할 수도 있습니다. 이러한 종류의 문제라면, 상담을 받는 것이 가능한 선택을 이해하고 계획을 세우고 그것을 실행하는 데 도움이 될 수 있습니다.

두 번째 범주는 당신이 바꿀 수 없거나 어떠한 이유에서든 바꾸지 않기로 결정한 문제들로 구성됩니다. 나는 이러한 문제를 '주어진 것들'이라고 부릅니다. 왜냐하면 우리 모두에게는 그러한 문제가 있고 그 문제를 막을 수 있는 방법을 찾아야만 하기 때문이지요. 예를 들어 당신에게 고질병이 있고 그것을 실질적으로 그리고 의학적으로 최소화하기 위해 할 수 있는 모든 것을 해왔다면, 병원 방문, 약물치료, 신체적 고통 등과 관련해 많은 스트레스가 여전할 것입니다. 아니면 굉장히 공정하지 못한 감독자 밑에서 일하면서도 퇴직연금 때문에 9개월 더 근무해야 해서 일을 그만두지 않기로 결정할지 모릅니다. 이러한 종류의 문제는 바꿀 수는 없지만(또는 그렇게 하지 않기로 선택하지만), 영향력을 줄이기 위해 할 수 있는 일은 있습니다. 우리가 알고 있는 한 가지는 생각하는 방식이 느끼는 방식에 영향을 미친다는 것입니다. 이러한 범주의 문제가 있다면, 상담을 통해 당신이 느끼는 불안증세, 우울증, 또는 분노에 도움이 되고 그러한 증세를 완화할 방법과 이미지를 찾아볼 수 있습니다. 그렇게 되면 문제는 여전할지라도 그 문제가 당신을 그만큼 괴롭히지는 않을 것입니다. 이것은 단순하게 들릴지 몰라도, 도움이 되지 않는 혼잣말을 바꾸는 데에는 대개 연습이 굉장히 많이 필요합니다. 왜냐하면 스트레스를 받을 때, 우리는 대개 즉각적이고 자동적으로 부정적인 생각을 하게 되기 때문이지요.

인지행동치료는 몇 가지 이유에서 다문화관점과 잘 맞는다(Hays, 1995, 2006b). 첫째, 둘 다(인지행동치료는 특정 기술형성을 통해, 다문화상담은 내담자의 문화정체성과 강점에 초점을 맞추는 것을 통해) 내담자에게 힘을 주는 것을 강조한다. 둘 다 상담을 내담자의 특정한 필요와 강점에 맞게 조절할 필요를 인정한다. 둘 다(인지행동치료는 행동적 관점에서, 다문화상담은 문화적 환경에서) 감정, 행동, 사고 그리고 신체적 증후를 형성하는 데 있어 환경의 역할을 강조한다. 둘 다 내담자의 타고난 강점과 지지를 상담에 통합하는 것을 장려한다. 그리고 인지행동치료는 쉽게 형성되고 평가될 수 있는 의식적인 과정에 중점을 두는데, 이것은 언어와 문화의 차이가 존재할 때 도움이 된다.

하지만 소수문화 사람들을 상담할 때 인지행동치료의 유용성이 다음과 같은 요인에 의해 제한될 수 있다. (a) 가치기준이 모든 상담에 퍼져 있는 상황에서 가치가 중립적이라는 가정, (b) 이것이 내담자의 경향성이 아닐 때, 내담자에게 더 많은 가치를 두고 초점을 맞추는 개인주의적 경향, (c)

과거를 무시하기 위해 현재에 초점을 맞추는 것이 그것이다. 하지만 각 제한적 조건은 문화의 영향력을 신중하게 살펴보고 체계적으로 통합하면서 최소화할 수 있다. 나는 이 수정된 버전을 문화적으로 적절한 인지행동치료(culturally responsive CBT)라고 부르는데, 이것은 내가 디(Dee)라고 부를 내담자를 상담할 때 유용했다.

디는 자녀의 학교 선생님과 언쟁을 벌인 후 생긴 분노를 통제하는 데 도움을 달라고 나를 찾아왔다. 그녀는 큰 목소리로 퉁명스럽게 말하고, 이가 몇 개 빠지고, 키 183센티미터에 몸무게 136킬로그램인 체구가 큰 유럽계 미국 여성이었다. 그녀는 알코올중독, 약물, 총, 성범죄자가 태반인 열악한 시골 공동체의 침실이 3개 딸린 트레일러에서 버려지다시피 한 이웃 아이와 개 한 마리, 고양이 두 마리를 돌보며 두 자녀와 함께 살고 있었다. 그녀는 장애인 수당과 식권, 자신이 이따금 찾을 수 있는 '비밀스러운' 임시 일로 부족한 부분을 메우며 살고 있었다. 병원 방문과 식료품을 사는 일로 읍에 매일 나가는 것은 자주 말썽을 피우는 오래된 자동차 때문에 고된 일이었다. 디는 자신을 '힘들게' 하는 선생님들과 가게 점원, 가족구성원에게 소리를 지르고 욕을 하고 심지어 협박을 했다고 인정했다. 하지만 디는 또한 지적이고 통찰력 있고 유머 감각이 탁월하고 아이들을 귀여워하는 사람이기도 했다.

나는 몇 달 동안 디와 상담하며 그녀가 일상생활에서 경험하는 '평범한'(다시 말해 그녀에게는 항상 겪는 어려움이기 때문에 평범한) 어려움이 대개의 사람들에게는 평범하지 않다는 것을 인식하도록 도와주었다. 나는 그녀와 같은 환경에서 산다면 누구라도 스트레스를 받을 것이고, 그녀가 화가 나거나 우울해지고 압도당하는 기분을 느끼는 것이 미쳐서가 아니라고 그녀를 안심시켰다(Lott and Bullock, 2001 그리고 Nicolas and Jean-Baptiste, 2001은 빈곤 속에서 살며 여성들이 경험하는 창피, 무례, 불안, 절망 그리고 반복되는 실패를 기술했다).

상담의 외적 부분, 즉 환경적인 요소로, 가난 때문에 디가 선택에 제약을 받는다는 사실을 고려해 돈이 들지 않으면서 그녀가 자신을 스스로 교육할 수 있는 활동을 찾고 더불어 실질적인 환경변화를 모색했다. 그렇게 해서 디의 종합적인 스트레스 정도를 낮출 방법을 찾은 것이다(Scarbrough, 2001; Smith, 2005). 예를 들어 따뜻한 물에 목욕을 하며 피로를 푸는 (사람들에게는 일반적인) 일은 디에게는 선택할 수 있는 사항이 아니었다. 그녀가 사용하는 우물은 냄새가 나고 더러웠기 때문이다. 하지만 공동체 수영장에서 아쿠아 치료를 받을 수 있었고, 그것이 그녀가 긴장을 푸는 데 도움이 되었고 앞으로 깨끗한 물에 샤워할 가능성을 높여주었다.

상담의 내적(인지) 부분은 디의 감정을 정상적인 상태로 받아들여주고 자기주장을 하는 것과 공격적인 것의 차이점에 대해 동시에 교육시켰다. 디는 너무 화가 나서 폭발할 정도까지 좌절하면 남을 모욕하는 희망 없는 혼잣말을 하느라 정작 필요한 이야기를 제대로 하지 못했다. 이는 결국 죄의식과 수치심을 일으켰고 혼잣말을 더 하게 하고, 나아가 큰 소리로 이야기하려는 의지를 감소시키는 형태로 나타났다. 디도 이러한 패턴을 인식하게 되었다. 인지 재구성을 통해 그녀는 자신이 원하는 대로 즉각 행동함으로써 단기 만족을 찾기보다는 장기 목적을 기억하며 자신의 감정을 통제하려고 더 쓸모 있고 힘이 되는 혼잣말을 하기 시작했다.

이러한 작업을 몇 주 진행한 후, 디는 자신이 예외적으로 잘 처리했던 한 사건에 대해 흥분해 말하러 왔다. 안면이 있는 21세의 청년이 13세 된 디의 딸에게 셔츠를 벗으면 20달러를 주겠다고 말했다고 했다(딸은 그 제안을 거절했다). 디는 화가 머리끝까지 났지만, 평소처럼 공격적으로 대하지 않고 자신의 생각을 단호하게 말하는 기술을 실천에 옮기기로 결심했다. 그녀가 나에게 말했다.

나는 우리가 나눈 대화를 기억했어요. 그래서 세 번 숨을 크게 쉬고 냉정을 유지했지요. 그리고 나서 남자아이가 살고 있는 트레일러로 당당히 걸어가서 문을 두들겼어요. 그리고 그 아이가 나왔을 때, 똑바로 서서 눈을 바라보며 차분하고 낮은 목소리로 말했어요. "또 그러면, 너 – 이 못된 – 는 나한테 혼나." 전 정말 잘했어요. 그 남자애를 때리거나 손가락으로 가슴을 찌르거나 하지도 않았고 심지어 소리도 안 질렀어요. 그냥 걸어 나왔죠. 무서워하는 그 애의 표정을 보니, 제 말을 알아들은 것 같았어요.

제가 정말 자랑스러워요!

나는 그녀의 말에 어떻게 반응하는 것이 적절한지 생각하느라 힘들었다. 나는 그녀가 무엇을 했어야 했는지 대다수의 중산층 사람들이 무슨 말을 할지 알고 있다. 경찰서에 전화를 해서 경찰이 그 일을 처리하게 했어야 했다고 말할 것이다. 하지만 경찰에 대한 부정적 기억과 신뢰 부족을 포함해 그녀가 처한 사회적·물리적 환경의 모든 제약들을 염두에 두고 디의 관점에서 이 사건을 보면, 이야기를 나누었던 기술의 적용이 그녀에게 어떻게 작용했는지 알 수 있었다. 그녀의 장기 목적은 딸을 보호하고 그 남자아이가 평생 잊지 못할 만큼 겁을 주는 것이었기 때문에 그녀는 하고 싶었던 것(즉, 그를 죽이는 것) 대신에 그것에 초점을 맞추었다. 게다가 그녀는 총을 가져가지도 않았고 그를 건드리지도 않았고 신체적으로 어떤 해를 끼치겠노라 특정한 위협을 하지도 않았다. 또한 자신이 만났던 모든 사람들에게 이 사건에 대해 이야기함으로써 그 남자아이를 계속 주시할 수 있거나 어쩌면 그 남자아이가 진절머리가 나서 떠날지도 모른다고 말했다.

나는 디가 자신이 한 행동의 복잡하고 예상치 못한 결과들을 생각해볼 수 있도록 돕고자 노력했다. 나는 여전히 그녀의 안전에 관심이 있었고 적어도 그 남자아이의 기록에 그 사건이 남을 수 있도록 경찰에 신고해야 한다고 믿었다. 하지만 나는 그녀의 승리감에 찬물을 끼얹고 싶지는 않았다. 그녀의 행동에는 많은 용기와 노력이 필요했고, 그녀에게 마지막으로 필요한 것은 자신이 무언가 잘못한 것이 있다는 이야기를 듣는 것이었다. 상담자로서 우리는 내담자에게 새로운 행동과 자신의 생각을 분명하게 이야기하는 반응의 범위를 포함해 특정 대처기술을 가르칠 수 있지만, 궁극적으로 그것들을 어떻게 사용할지 결정하는 것은 내담자이다. 새로운 행동을 실천에 옮기려 할 때, 내담자는 자신이 살고 있는 주위환경과 공동체 규범, 공동체의 지지와 신뢰 정도를 고려해야 한다. 때때로 내담자는 자신이 배운 대로 기술을 사용하고, 때로는 특정 상황에 맞춰 바꾸기도 하고, 새로운 행동을 시도하기에는 위험이 너무 크다고 판단하기도 한다.

우드와 말린크로트(Wood and Mallinckrodt, 1990)는 영화를 보려고 줄을 서서 기다리고 있는 아프리카계 미국인 남성 앞에 백인 남성이 새치기를 했을 때를 예로 들어 주류문화 행동을 사용할 때 소수문화의 구성원에게 생길 수 있는 위험을 강조했다. 미국의 어떤 곳에서는 아프리카계 미국인 남성이 "실례합니다. 제 뒤에서 줄을 서세요"라고 말하는 것이 적절하다고 생각하겠지만, 시골 어떤 지역에서는 그런 말을 함으로써 아프리카계 미국인 남성이 신체적으로 위험한 상황에 처할 수 있다(Wood and Mallinckrodt, 1990: 6). 그들은 내담자가 가능하면 다양한 반응목록을 만들 수 있도록 상담자가 도와줄 것을 충고한다. 하지만 무엇이 옳고 안전한지를 가장 잘 판단할 수 있는 사람은 내담자이고, 주어진 환경에서 무엇이 자신의 생각이나 주장을 적절하게 분명히 나타내는 행동이 될지 결정하는 사람 또한 내담자 자신이다. 라프롬부아즈와 로웨(LaFromboise and Rowe, 1983)는 자기 자신의 가치와 행동성향을 유지하면서 주류문화의 행동과 기술을 배워서 각 문화에서 배운 기술을 적절한 때 사용하는 양문화적 역량(bicultural competence)이라는 개념을 사용해, 아메리카 인디언 내담자를 상담했던 경험을 소개했다.

문제를 명료화하기

문화적으로 적절한 인지행동치료(CR-인지행동치료)의 첫 번째 단계는 내담자의 현재 문제 중 어떤 부분이 환경적인 것(사회적이고 문화적인 것을 포함)이고 어떤 부분이 내담자 내적인 것(즉, 가정, 행동, 생각, 이미지, 신체적 증상)인지 분명히 하는 것이다. 종종 몇 가지가 겹치기는 하지만, 가능한 한 이 문제를 분명히 하는 것이 상담자가 부적절하거나 잘못된 인지 재구성으로 들어가지 않게 할 수 있다. 진짜 문제가 학대나 인종차별, 성차별주의, 인종차별주의, 이성애주의 또는 장애인에게 불편을 주는 작업장일 때, 먼저 상황을 바꾸려는 노력 없이 압제적인 상황에 대한 내담자의 믿음을 바꾸려고 노력하는 것은 내담자에 대한 비난으로 해석될 수 있다.

예를 들어 성전환 내담자와 상담할 때, 상담자는 가정 내 차별, 추방, 직장 내 차별, 아이 양육권 상실, 합법적인 결혼을 하기 어려운 문제, 심한 조롱, 성전환자 정체성과 관련된 폭행을 포함한 진짜 장애물을 만들어내는 주류문화의 객관적인 면을 인식할 필요가 있다(APA, 2006). 이러한 경험이 장기 목적에 대항하는 인식(믿음)을 구체화하는 방식에 관심을 가질 필요가 있다[예를 들어 "나는 성전환자니까 좋은 일자리를 가질 수 없어" 또는 "사람들은 절대 진정한 나 자신을 받아들일 수 없을 거야"(Maguen, Shipherd, Harris, 2005: 486~487)]. 유사하게 모나 외(Mona et al., 2006)는 상담자에게 물리적인 장애물의 영향과 장애를 가진 사람들에 대한 부정적인 사회태도를 과소평가하지 않도록 주의하라고 충고했다.

켈리(Kelly, 2006)는 아프리카계 미국인 내담자가 인종차별을 받은 경험을 인정하면서 상담을 시작할 것을 제안했다. 인지행동치료는 내담자가 사실이라고 믿고 있는 것을 탐구하고 거기에 도전하는 것을 중요하게 여긴다는 점을 명심하라. 주류문화 정체성을 가진 상담자가 부당한 권력행사에 대한 대안설명을 찾는 것은 자동적인 반응일지 모른다(예를 들어 "사실 그 사람들은 그렇게 말하면서 다른 것을 의미했던 건 아닐까요?" 또는 "그 사람의 행동을 설명할 수 있는 또 다른 방법은 있나요?"). 하지만 내담자는 그러한 질문을 인종차별적이라거나 세상물정을 모른다고 생각할지 모른다. 이 초기 타당화는 상담자가 내담자가 말하는 압제적인 경험에 대해 깊이 생각해보지 않거나 도전하지 않는다는 이야기가 아니다. 하지만 이 탐색과 도전은 상담자와 내담자 사이에 매우 강한 신뢰감이 형성되기 전에는 시도되어서는 안 된다. 내담자에게 신뢰받고 있거나 그의 타당성이 입증되었다는 믿음을 주고 나면, 그 다음에 상담자가 내담자의 현재 문제에 대한 사건의 관련성을 평가하는 것을 고려해볼 수 있다(Kelly, 2006).

문화적으로 적절한 인지행동치료의 두 번째 단계는 내담자의 문제에 대한 인지적 · 감정적 · 행동적 · 심리적 구성요소에 대한 문화의 영향력을 인식하는 것이다. 문화는 분명 가치, 믿음, 개인의 사건에 대한 해석, 합리성에 대한 정의, 그리고 무엇이 적응할 수 있고 없는지에 대한 관점 형성에서 인지를 구체화한다(Dowd, 2003). 문화는 또한 표현, 보고, 감정 경험에 영향을 미친다. 연구결과 라틴아메리카인의 정체성은 긍정적인 정서가 높은 수준을 보이는 경향이 있는 반면, 동아시아인은 그렇지 않은 경향이 있다고 한다(Diener, Oishi, Lucas, 2003; Okazaki and Tanake-Matsumi, 2006). 그리고 문화는 개념화와 신체적 · 심적 징후 표현을 포함해 행동의 차이점을 분명히 설명한다. 예로는『정신장애의 진단 및 통계편람』에 기록된 문화와 관련된 증상(culture-bound syndromes)뿐 아니라 모든 이상 증상(예를 들어 여성의 몸에 대한 유럽계 미국인 문화의 믿음이 신경성 거식증에 기여하는 방식을 살펴보자)이 그러하다.

치료계획 세우기

문화적으로 적절한 인지행동치료의 다음 단계는 치료계획을 세우는 것이다. 내담자의 외부적인 것이 주로 문제가 되는 경우에는 내담자의 물리적 또는 사회적 환경에 변화를 주는 개입을 한다(예를 들어 사회적 지지를 확대하기, 대처기술 학습하기, 돌봄 활동 계획하기). 반면 내담자의 내부적인 것이 주로 문제가 되는 경우에는 인지 재구성이 중심이 된다. 이 두 유형의 개입이 겹치는 경우가 많은데, 예를 들어 건설적인 혼잣말은 내담자가 행동과 환경에 변화를 만드는 데 도움이 된다.

상담자가 내담자와 협력해 목표를 세우고 개입을 하기로 결정하는 것이 중요하다(하지만 내담자의 인지능력이 너무 손상된 경우라면 예외이다). 그러한 협력은 내담자가 상담자가 알 수 있는 것보다 자신의 특정 상황과 필요에 대해 더 많은 것을 알고 있다는 생각을 강화하게 된다. 특히 상담자가 문화적으로 내담자와 다르다면 더욱 그러하다. 이는 또한 내담자가 상담자의 기대나 선호와 맞지 않는 목표를 선택할 때가 있을 것이라는 의미이기도 하다.

"딸이 똑바로 처신하게 할 수 있도록 도와달라"며 상담하러 온 그리스계 중산층 미국인 여성의 경우를 살펴보자. 이 어머니는 남편과 10년 동안 떨어져 살아왔고(법적으로 이혼한 것은 아니다), 그녀와 외동딸은 함께 살았다. 딸은 대학에서 성적이 좋았지만 어머니가 원하지 않는 것(예를 들어 밤에 친구들과 영화 보러 가기, 멜빵바지 입기)을 하고 싶어했다. 딸은 자신이 원하는 것과 그 이유에 대해 어머니에게 설명하려 했지만, 어머니는 그것을 '말대꾸'로 받아들여 화를 많이 내며 소리를 질렀다.

상담자는 이 어머니의 양육방식과 양육행동이 그리스 문화에서는 이해될 수 있는 것이라는 사실을 깨달았다[예를 들어 권위에 대한 도전과 불복종은 무례한 것으로 받아들여진다(Tsemeris and Orfanos, 1996)]. 회기가 진행되면서, 어머니는 문제와 자기 자신의 행동에 대한 개념화를 바꿀 생각이 없다는 것이 분명해졌고, (전화로 연락이 된) 아버지는 이것을 '엄마와 딸 문제'로 생각하고 끼어들고 싶어하지 않았다.

상담자는 처음에 딸이 좀 더 독립적으로 돼서 결국 혼자 힘으로 집을 나올 수 있도록 돕고자 했다. 하지만 어머니도 딸도 이 해결책에 관심을 보이지 않았다. 그리하여 상담자는 딸과 이야기를 나누며 그녀가 어머니와 상호작용하는 좀 더 효과적인 방법을 찾도록 도와주었다. 상담을 통해, 딸은 자신이 어머니와 더 많은 시간을 보내면 어머니가 자신이 외출하거나 친구들을 집에 데려오는 것에 좀 더 허용적인 태도를 보인다는 것을 알게 되었다. 이 두 사람은 옷 문제에 대해서는 여전히 의견이 일치하지 않았지만, 딸의 사회화에 대한 갈등은 최소한 두 사람이 허용 가능한 수준까지 내려갔다. 정리하면, 상담자는 그들이 원하는 것을 추구할 수 있도록 도와줌으로써 두 사람을 모두 도울 수 있었다.

동시에 행동 지향적인 목표가 적절하게 해석되지 않는 경우가 있다. 예를 들어 어떤 아메리카 인디언은 자신의 생각이나 행동에 대해 상담자로부터 지지를 받을 목적으로 상담하러 온다. 이들은 자신의 이야기를 듣고 격려하고 확신을 주고 실질적인 제안과 도움을 주면서 현실적인 피드백을 주는 상담자를 원한다(Swinomish Tribal Community, 1991: 226). 이와 유사하게 사랑하는 사람이 죽은 슬픔을 겪은 내담자를 상담할 때, 가장 유용한 접근은 그들이 울 수 있는 안전한 장소와 사별의 경험이 정상적인 과정임을 확신시켜주는 지지적인 상담일지 모른다(다양한 소수문화에서 정상적인 사별에 해당하는 것은 Irish, Lundquist, Nelsen, 1993과 Shapiro, 1995 참고).

인지 재구성

인지 재구성의 핵심은 내담자의 감정적 고통, 바람직하지 못한 행동,

또는 신체적 징후에 기여할지 모를 인식과 인지과정을 인식하는 것이다. 합리적-정서적 행동치료(Rational emotive behavior therapy: REBT)라고 알려진 인지 재구성 형태는 더 합리적으로 생각하는 것이 사람의 기분을 더 좋게 하고 더 건설적인 행동에 참여하게끔 한다고 보고, 비합리적인 생각을 더 합리적인 생각으로 바꾸는 데 초점을 맞춘다(Ellis, 1997; Ellis and Dryden, 1987). REBT는 설명하고 배우기 쉬운, 상대적으로 간단한 모델이다. 하지만 REBT의 한 가지 문제점은 합리성이라는 개념에 의존한다는 것이다. 합리성의 정의는 문화의 영향을 받으며, 주류문화에서는 많은 소수집단의 믿음을 이상하고 비합리적인 것으로 인지하는 경향이 있다. 만약 상담자가 내담자의 문화에 대해 잘 알지 못한다면, 그는 내담자의 믿음이 비합리적이라고 결론을 내릴지도 모른다. 내담자의 문화에서는 일반적인 것인데도 말이다.

인지행동치료 중 연구가 가장 잘 이루어진 것은 인지치료로 알려져 있다[CT(Beck et al., 1979)]. 인지치료는 믿음이 얼마나 기능적 또는 역기능적인지 질문하는 것을 좋아한다(Beck, 1995). 인지치료 상담자가 일반적으로 믿음을 평가하기 위해 사용하는 질문으로는 "이 생각 또는 믿음에 대한 증거가 무엇인가?" 그리고 "대안이 되는 설명이 있는가?" 등이 있다. 이론적으로 이야기하면, 이러한 질문은 내담자의 믿음의 유용성보다는 정당함에 도전하는 것이다(다른 질문들은 유용성에 도전하는 데 사용된다).

내담자의 믿음의 타당성에 도전하는 것이 유용할 때도 있지만, 상담자와 내담자가 문화적으로 다를 때는 위험하다. 문화가 공유하는 믿음의 타당성에 대한 도전은 내담자와 가족이 이 도전에 열려 있지 않다면 더 위험하다. 좀 더 안전한 접근법은 합리성과 타당성에 대한 질문을 피하고 '유용성'에 대한 협력적인 탐색에 중점을 두는 것이다. 상담자는 간단하게 "당신이 이것을 스스로에게 말하는 것이나 이 믿음이나 이미지를 고수하는 것이 도움이 되는가?"라고 물을 수 있다. 이 질문은 궁극적으로 내담자가 사고와 행동의 유용성에 대해 판단한다는 것을 인정하는 것이다(Kemp and Mallinckrodt, 1996). 기능성은 유용성의 개념에 분명 함축되지만 유용성(helpfulness)이라는 용어는 학문적으로 들리지 않는다.

내담자가 좀 더 도움이 되는 생각을 발전시키는 과정에서 어려움을 겪을 때, 제6장에서 기술된 문화적 강점과 지지 목록을 다시 참고하는 것이 도움이 될 수 있다. 〈표 6-1〉에 제시한 개인적인 장점 목록이 자기 진술에 힘을 주는 데 사용될 수 있다. 인간 사이에 존재하는 지지는 내담자가 다른 사람들에게 소중하다는 증거로서 사용될 수 있다. 그리고 영적인 내담자에게 자연환경 지지 목록은 더 높은 힘이 자신을 돌보고 있다는 것을 상기시켜줄 수 있다.

마지막으로 문화적으로 적절한 인지행동치료는 또한 내담자의 주도성(direction)을 중요하게 여기며 매주 과제를 내주는 것을 포함한다. 숙제를 쉽게 할 수 있도록 도와주려고 나는 내담자에게 묻는다. "당신이 나아지고 있다고 느끼거나 치유되고 있다고 느끼게 하는 가장 작은 단계는 무엇인가?" [나는 영적인 내담자를 상담할 때 치유라는 용어를 사용한다(Dolan, 1991).] 나는 이 변화 단계가 가능한 한 작은 것이 좋은 이유를 설명한다. 변화하기 위해, 내담자는 자신이 할 수 있다고 100퍼센트 확신하는 작은 변화 단계부터 시작할 필요가 있다. 왜냐하면 이러한 과정이 성공감을 키워서 다음 단계로 나아가게 하기 때문이다. 그렇게 해서 그들은 이러한 작은 단계를 토대로 몇 주 후 의미 있는 결과를 볼 수 있다.

이것들은 인지행동치료가 더 문화적으로 반응하게 만들 수 있는 몇 가지 방법일 뿐이다(요약은 〈예시 9-1〉 참고). 다양한 문화집단과 관련된 더 구체적인 예를 보려면, 『문화적으로 적절한 인지행동치료(Culturally Responsive Cognitive-Behavioral Therapy)』(Hays and Iwamasa, 2006)를 참고하기 바란다.

문화적으로 적절한 인지행동치료의 핵심요소

1. 문제의 어떤 부분이 환경적(외적)인 것이고 인지적(내적)인 것인지 명확히 한다.
2. 내담자의 환경에서 압제적인 면을 확인하고 인지 재구성 전에 또는 함께 이러한 조건을 바꿀 수 있는 방법을 찾는다.
3. 내담자의 인지, 감정, 행동, 신체징후에 대한 문화의 영향력을 인식한다.
4. 내담자의 문화환경과 선호에 부합하는 목표와 개입을 내담자와 함께 선택한다.
5. 인지 재구성과 함께, (합리성 혹은 타당성보다는) 믿음의 유용성에 대해 같이 탐색하는 것에 초점을 맞춘다.
6. 더 유용한 혼잣말을 할 때, 문화와 관련된 개인의 장점, 대인관계 지지, 환경조건의 목록을 사용한다.
7. 과제를 낼 때, "당신이 나아지고 있다고 느끼거나 치유되고 있다고 느끼게 하는 가장 작은 단계는 무엇인가?"를 묻는다.

정신과 약물 복용

상담에 정신과 약이 수반될 때, 상담자는 몇 가지 점을 기억해야 한다. 첫째, 여성과 소수민족은 오진으로 인해 적절하지 않은 약을 처방받을 위험이 더 높다(Tulkin and Stock, 2004). 어떤 문화에서든 나이 든 사람일수록 다른 분야의 의사들이 처방한 서로 맞지 않는 다른 약물을 복용할 가능성이 더 높다. 처방약과 비처방치료, 자가처방에 대해 묻는 것은 중요하다. 나이 든 내담자를 상담할 때, 나는 복용하고 있는 약을 모두 가져와서 평가회기 때 보여달라고 요청한다. 이러한 방식으로 나는 그들이 복용하고 있다고 알고 있거나 생각하는 것에 전적으로 의지하지 않는다.

기대의 문화적 차이도 똑같이 관심대상이다. 아시아, 중앙아메리카, 아랍 전통(heritage)이 있는 사람들이 약물치료에 기댈 가능성이 더 크고 약을 처방해주지 않으면 오히려 자신들을 진지하게 돌보지 않다고 생각할지도 모른다(Gleave, Chamers, Manes, 2005; Paniagua, 1998). 아메리카 인디언 내담자는 일반적으로 정신과 약복용이 건강하지 못하다고 생각하는 반면, 많은 아프리카계 미국인은 약물치료를 너무 비인간적이라고 생각한다(Paniagua, 1998). 교차 문화와 문화 내부 변이형을 가정하고, 나는 약복용으로 얻을 수 있는 것과 그렇지 못한 것에 대해 내담자와 이야기할 것을 권한다.

약물치료가 필요힐 때, '서양 의술'은 너무 상하다는 믿음 때문에 약물치료에 동의하지 않는 경우도 있다[특히 중국과 남동아시아, 인도, 파키스탄, 그리고 다른 남아시아 문화 사람들(Assanand et al., 2005; Lai and Yue, 1990)]. 이러한 믿음을 가진 사람들이 약 복용량을 스스로 줄이거나 증상이 사라질 때까지만 약을 복용하는 경우가 드물지 않다(Lai and Yue, 1990).

내담자는 또한 문화와 관련된 정신과 약에 대한 부정적인 믿음을 가지고 있을지 모른다. 예를 들어 팔리코브(Falicov, 1998)는 주의력결핍과다행동장애를 진단받고 리탈린(Ritalin)을 처방받은 9세 된 라틴 소년의 경우를 기술했다. 아이의 부모는 아들에게 약을 주는 것을 꺼렸다. 왜냐하면 이웃 젊은이들 사이에서 매일 보는 것이어서 아들이 '약물중독이 되어 평생 길에서 보내게 될까' 걱정했기 때문이다(Falicov, 1998: 142).

이러한 모든 이유로, 내담자에게 지시된 대로 약을 복용할 필요성에 대해 자세히 설명하는 것이 중요하다. 가능하다면 처방계획을 지킬 수 있도록 가족의 도움을 받는 것이 내담자의 동의 가능성을 높일 수 있다. 때때로 상담자와 내담자가 약물치료의 필요성에 대해 의견이 다를 때가 있다. 이러한 일이 생기면, 복용하게 될 약에 의해 생길 수 있는 모든 결과를 안고 살아갈 사람은 내담자라는 사실을 기억하는 것이 중요하다(약물복용을 다룬 다문화민족 쟁점에 대한 자세한 내용은 Fadiman의 1997년 책 *The Spirit Catches You and You Fall Down* 참고).

결론

누군가의 개입이 개인, 부부, 가족, 집단, 또는 기관 수준에서 이루어지든 아니든 간에, 문화적으로 적절한 상담은 내담자의 삶에 대한 다양한 문화의 영향력을 인식하는 체계적인 관점을 수반한다. 이러한 관점을 가지고 있다면, 절충주의는 도움이 된다. 왜냐하면 상담자의 상담방식과 기술목록이 다양할수록, 각 내담자와 효과적으로 상담을 더 잘 할 수 있기 때문이다. 고유한 치료법, 전통 치료사, 주류 상담이론의 변형(예를 들어 문화적으로 적절한 인지행동치료), 표현창조 예술치료와 체계 수준에서의 개입은 상담자가 오랜 시간 동안 공부할 수 있는 충분한 아이어디를 제공한다.

> **요약**

문화적으로 적절한 개입을 시행할 때

1. 고유하고 전통적인 치료법에 대한 지식을 쌓는다.
2. 종교가 힘과 지지를 얻는 자원이 될 수 있다는 것을 고려한다.
3. 표현창조 예술치료에 대해 잘 알고, 적절한 때 추가 훈련을 받는다.
4. 가족상담을 할 때, '가족'을 게이와 레즈비언 부모, 한 부모, 부모 역할을 하는 조부모, 친척, 피가 섞이지 않는 가족구성원을 포함할 수 있을 만큼 넓게 개념화한다.
5. 필요에 따라 구성원 각각이나 가족의 하위체계를 만난다.
6. 각 ADDRESSING 영역과 관련된 권력의 차별을 인식한다.
7. 주류를 이루는 상담(예를 들어 정신역동, 인본주의, 존재론, 행동주의, 인지행동, 가

족체계)을 내담자의 문화환경에 맞춰 바꾼다.

8. 적절하고 가능하다면 기관과 정치적인 수준을 목표로 삼고 개입한다.

9. 내담자와 함께 목표를 설정하고 상담계획을 전개하고 개입을 결정한다.

10. 문화마다 정신과 약에 대한 기대와 믿음이 다르다는 것을 인식한다.

제 10 장
계속 노력하라

제10장의 사례는 내담자의 정체성 이해, 존중하는 관계 맺기, 문화적으로 적절한 평가와 진단, 상담 수행에 대한 제안이다. 이 사례는 전체 가족을 조망하는 체계적 관점, 나이 든 가족구성원과 함께 인생을 돌아보는 시도, 제1보호자와 함께하는 인지행동치료를 포함한다. 상담자는 33세의 노인심리를 전공한 두 문화정체성을 지닌 로버트였다. 로버트의 어머니는 유럽계 미국인이고 아버지는 아프리카계 미국인이다. 그는 부모 양쪽의 집안과 가깝게 지냈다. 로버트는 인종과 민족이 다양한 LA 지역의 도심에 위치한 정신건강센터에서 일하고 있다.

의뢰

로버트는 재닛에게서 어머니에 관해 이야기하고 싶다는 전화를 받았다. 재닛의 어머니 펜 부인은 80세이며, 7년 전에 미망인이 되었고, 은퇴했으며, 재닛의 집에서 재닛과 재닛의 남편, 그들의 근래에 이혼한 32세 딸 그리고 그 딸의 9세 된 딸과 함께 살고 있다고 했다. 펜 부인은 인생의 대부분을 자기 소유의 집에서 살았지만, 2년 전에 뇌졸중을 겪은 후에 재닛의 집으로 이사했다. 재닛은 펜 부인이 뇌졸중 발병 이후 점진적으로 신체적·정신적 기능(능력)이 회복되었지만 아직 왼쪽 다리에 약간의 마비가 있다고 했다.

재닛의 걱정은 몇 달 전부터 시작되었다. 어머니가 평소보다 더 많이 잤고, 당뇨병 식이요법을 따르지 않고 단 음식을 너무 많이 먹어 몇 차례 병원을 다녀왔기 때문이다. 재닛은 어머니에 대해 낙심했다. 왜냐하면 "어머니는 이제 아무것도 하지 않아요. 친구들도 만나지 않고, 교회도 가고 싶어하지 않아요. 그리고 저녁준비나 설거지도 돕지 않아요. 심지어는 침대도 정리하지 않고요. 그리고 제가 일주일 동안 잔소리해야 겨우 목욕을 할 뿐이에요." 그녀는 덧붙였다. "저는 하루 종일 일해야 해요. 그래서 집에서 어머니를 돌볼 수가 없어요. 하지만 결코 어머니를 요양원에 보내고 싶지 않아요. 내가 뭘 해야 할지 모르겠어요."

로버트는 재닛과 어머니가 다음 주에 심리검사를 받으러 올 것을 제안했다. 그는 재닛에게 펜 부인과 이야기하고 싶고 회기는 약 한 시간 반 정도 걸릴 것이라고 말했다. 올 때 펜 부인 주치의의 전화번호, 이름, 주소, 펜 부인이 현재 처방받은 약을 담은 가방, 부인이 사용한다면 독서용 돋보기나 보청기를 가져오도록 부탁했다.

초기 평가

재닛과 펜 부인은 요청된 정보와 물품들을 가지고 약속시간보다 15분 일찍 도착했다. 로버트는 따뜻하게 인사하고 사무실로 안내하고 차 또는 커피를 원하는지 물었다. 펜 부인은 아프리카계 미국인 여성으로 평균 몸무게이며, 걸음에 약간 문제가 있고, 옷이 쭈글쭈글하고 닳아 있었다. 또한 몸에서 약간의 냄새가 나는 것을 알아차리고 재닛이 말한 펜 부인의 목욕 거부에 관한 불평을 떠올렸다. 펜 부인은 음료를 거절하며 코트를 계속 입고 있겠다고 했고, 회기 내내 지갑을 가슴팍에 꽉 쥐고 있었다. 그녀는 긴장하고 있었지만 주의가 산만해 보이지는 않았으며, 질문을 받았을 때만 대답하고 자발적으로 정보를 제공하지는 않았다. 60대 초반의 아프리카계 미국인 여성인 재닛은 펜 부인과는 대조적으로 잘 차려입었고, 말하기를 좋아하며, 스트레스를 받고 있는 상태로 보였다. 그녀는 말할 때 손에 있는 휴지를 쥐었다 폈다 했다.

몇 분간의 일상적인 대화 후 로버트는 펜 부인에게 재닛이 그녀(펜 부인)의 건강에 대해 걱정하기 때문에 그에게 연락을 했다고 설명했다. 그는 재닛에게 어머니가 기꺼이 하려 한다면, 그들이 함께 와서 집에서 상황이 어떻게 돌아가는지 이야기하는 것은 좋은 생각이라고 했다. 그러고 나서 그들의 상황에 대한 정확한 그림을 그리기 위해 하게 될 질문에 대해 설명했다. 재닛은 어느 정도 안정돼 보였지만 펜 부인은 무표정했다.

로버트는 펜 부인의 약병들을 확인하면서 회기를 시작했는데, 약병에는 인슐린 알약들과 항우울제 두 알이 들어 있었다. 재닛은 어머니가 항우울제를 좋아하지 않고 불규칙적으로 복용했으며 결국엔 몇 달 전부터 아예 복용하지 않는다고 말했다. 로버트는 펜 부인에게 건강에 대해 물어보려고 했으나 펜 부인이 머뭇거린 사이 재닛이 번번이 대신 대답했다. 로버트는 약 30분 동안 그들을 따로 만나는 것이 개인의 근심을 이해하는 데 도움이 될 것이고, 그 후에 마지막 토의를 위해 함께 모일 수 있다고 제안했다. 펜 부인과 재닛 모두 동의했다.

로버트는 펜 부인을 먼저 만났다. 그는 그녀의 건강에 관해 물었고, 그녀는 "그냥 안 좋아요"라고 대답했다. 펜 부인은 자신을 불안하게 하는 생각들 또는 인식(지각)들을 부인했지만, 종종 배고파지고 잠을 자주 잔다고 인정했다. "어젯밤 빼고 많이요. 나는 이 만남이 무엇에 관한 것일지 걱정했어요." 그녀는 기억력이 예전 같지 않다는 것도 알게 되었다고 말했다. 또 청력은 괜찮지만 안경이 필요하다고 말했다.

신뢰감이 쌓일 때까지 정신상태평가를 미루기로 하고, 로버트는 펜 부인에게 딸과 함께 살기 전후의 삶에 대해 더 듣고 싶다고 말했다. 펜 부인은 1927년에 테네시에서 태어났다. 그녀의 아버지는 여러 가지 잡일을 했으며, 어머니는 가정주부였고, 집은 가난했다. 그녀는 자매 세 명 중에서 막내였다.

펜 부인이 14세 때 어머니는 결핵으로 죽었고, 그 후 아버지는 친척들과 가깝게 살기 위해 LA로 이사했다. 펜 부인은 매우 우수한 학생이었기 때문에 고등학교를 1년 일찍 졸업했다. 졸업한 해에 결혼했지만 남편은 전쟁에 참여해 사망했다. 펜 부인은 "남편은 재닛이 태어나는 것을 보지 못했어요"라고 말했다. 그러고 나서 펜 부인은 아버지 집으로 되돌아왔고, 언니들의 도움으로 가까스로 재닛을 돌볼 수 있었다. 그리고 펜 부인은 사무실 청소 회사에서 전일제로 일했는데, 이곳에서 두 번째 남편을 만났다. 이때 그녀는 딸 로라를 낳았다. 로라가 학교를 다니기 시작할 무렵, 펜 부인은 사회건강보험부서의 접수계원이 되었다. 이곳에서 그녀는 비서로 일하다 행정(관리)보조로 승진했으며, 65세에 은퇴할 때까지 일했다. 그녀와 남편이 결혼한 지 45년 되었을 때 남편이 심장마비로 사망했다. 펜 부인의 언니들은 둘 다 다른 주에서 살고 있었고, 펜 부인은 한 달에 두 번 정도 언니들과 통화했지만 항상 언니들이 먼저 전화를 했다.

펜 부인의 일대기는 순차적이지 않고 로버트의 질문 순서에 따랐다. 펜 부인이 유일하게 날짜를 말한 경우는 그녀의 생일이었다. 고등학교를 졸업한 해, 아이들 출생, 손자들과 증손자들, 첫 번째와 두 번째 결혼에 관해 질문받았을 때, 펜 부인은 "1940년대 어느 순간이요" 또는 "아, 너무 오래

전이에요"와 같은 모호한 대답을 했다. 고등학교에서의 성취와 책임감 있는 경력을 고려하면, 로버트는 이러한 것들은 그녀가 반드시 알고 있어야 하는 정보라고 생각했다.

면접하면서 로버트는 펜 부인과 그녀의 가족의 삶에서 중요한 사건들을 포함하는 일대기를 그렸다(〈그림 10-1〉을 볼 것). 그는 나중에 재닛이 제공한 날짜들을 보충했고, 사회문화적인 영향과 펜 부인의 일생동안 일어났던 사건들을 추가했다. 주요 사건들에는 세계대공황, 인종차별, 제2차 세계대전, 학교인종차별 폐지, 민권운동, 마틴 루서 킹의 암살, LA에서 와츠폭동과 추후의 로드니 킹 사고에 연관된 폭행을 넣었다. 최근 사건들에는 이라크전쟁, 사회보장제도의 어려움, 회사연금 계획과 의료보험 변화들을 넣었다.

살아왔던 시기와 관련된 고난이 많았는데도, 펜 부인은 자신의 삶에 대해 이야기할 때 정서 반응을 보이지 않았다. 로버트는 펜 부인의 비정한 상태가 금욕주의이거나 인생에 대한 체념 때문이라고 가정했다. 인생에서 어떤 사건들에 대해 슬프다고 느꼈는지를 물었을 때, 그녀는 "인생이 힘들다는 것을 일찍 배웠어요. 그리고 너무 행복해하지 않는 것이 나아요. 그렇지 않으면 바로 내던져질 거예요"라고 말했다[차별의 결과로 '후기 삶에서 통제와 지배감의 축소'를 초래하면서 많은 유색인종 노인들은 일찍이 그들의 선택이 제한되어 있다는 것을 배웠다(Hinrichsen, 2006: 31)]. 로버트가 자살에 대해 생각해본 적이 있는지 물었을 때, 펜 부인은 어머니의 사망 후에 자살을 생각해본 적이 있지만 그때 이후로는 아니라고 답했다. 종교적 믿음 때문이었다.

뒤이어 펜 부인의 딸 재닛과의 인터뷰에서, 재닛은 책임감으로 압도된 감정에 관해서 이야기했다.

그림 10-1 펜 부인의 일대기

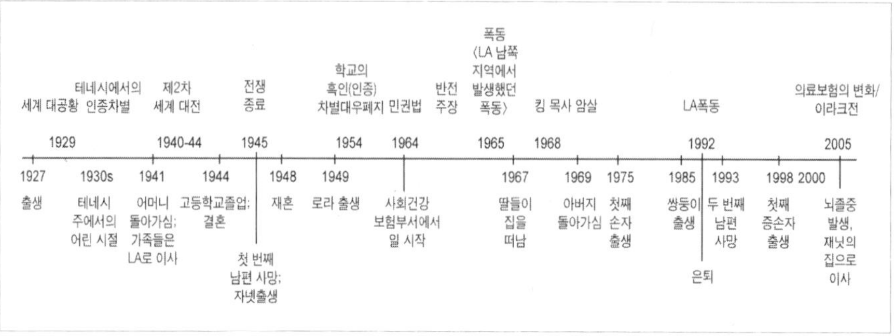

세계 대공황 (1929)
테네시에서의 인종차별
제2차 세계 대전 (1940-44)
전쟁 종료 (1945)
학교의 흑인(인종)차별대우폐지 (1954)
민권법 (1964)
반전 주장 (1965)
폭동 (LA 남쪽 지역에서 발생했던 폭동) (1965)
킴 목사 암살 (1968)
LA폭동 (1992)
의료보험의 변화/이라크전 (2005)

1927 출생 — 1930s 테네시 주에서의 어린 시절 — 1941 어머니 돌아가심; 가족들은 LA로 이사 — 1944 고등학교졸업; 결혼 — 1948 재혼; 첫 번째 남편 사망; 자녯출생 — 1949 로라 출생 — 1954 사회건강 보험부서에서 일 시작 — 1967 딸들이 집을 떠남 — 1969 아버지 돌아가심 — 1975 첫째 손자 출생 — 1985 쌍둥이 출생 — 1993 두 번째 남편 사망; 은퇴 — 1998 첫째 증손자 출생 — 2000 뇌졸중 발생, 재닛의 집으로 이사

직장에서 집으로 돌아오면, 전화는 울리고 저녁을 준비해야 하고 딸은 직장에 있어요. 그리고 손녀는 숙제를 도와주기를 원하고, 남편은 저와 이야기하기를 원해요. 어머니가 주말에 동생 로라네 집에 가시면, 로라는 어머니가 맘대로 하게 돼요. 로라는 어머니를 목욕시키지도 않고 어머니가 당뇨병이 있다는 것을 알면서도 단것을 먹도록 내버려둬요. 집에 돌아오면 어머니는 로라의 집에서 즐겁게 잘 있다 왔고 그곳에 더 있고 싶었다고 해요.

끝으로 로버트는 재닛과 펜 부인을 만나 함께 그들의 상황에 대해 그가 이해한 것을 이야기했다. 그는 제일 먼저 펜 부인의 기억력 장애를 검토해야 한다고 언급했다. 펜 부인이 자신에 관한 질문 중 일부를 기억할 수 없었다는 점과 재닛이 묘사한 장애는 추후에 평가가 필요하다고 설명했다. 그는 의학검사와 신경심리검사가 기억력에 문제가 있는지를 명확하게 하도록 도와줄 것이라고 말했다. 하지만 종종 기억력 문제로 보이는 것이 다른 무엇인가가 될 수도 있다는 점을 덧붙였다. 예를 들면 사람의 기억력에 지나치게 많은 초점을 두는 것, 우울해하거나 걱정하는 것, 또는 무엇인가를 기억하는 것의 중요성이 의미가 없는 경우가 있었다.

로버트는 재닛이 얼마나 피곤한지 걱정된다고 계속 말했고, 그 말에 재닛은 눈물을 글썽였다. 그는 돌보는 사람을 위해 쓰인 책(Carter, 1994)을 읽음으로써 보호자들이 받는 압박감과 특히 그들의 부모를 돌보며 직면하게 되는 어려움을 알았다(Hinrichsen, 1991). 그는 재닛이 너무 무리하고 있어서 걱정된다고 말했다. 로버트는 재닛이 가족이 함께 사는 것을 중요하게 여긴다는 것을 알았기 때문에 전화로는 펜 부인을 돌보는 다른 방법(예를 들면 요양원)에 대해 언급하지 않았다. 그는 또 재닛이 "그건 그저 한 가지 더 해야 할 일일 뿐이에요"라고 대답한 후에는 보호자 지지모임에 대한 생각도 언급하지 않았다. 대신 그는 재닛의 부담을 줄이기 위해 가족이 무엇을 할 수 있는지를 살펴보자고 제안했다. 펜 부인과 재닛 둘 다 반대하지 않는 듯했다. 그래서 그는 펜 부인의 의료평가와 신경심리평가의 결과에 대해 논의하기 위해 2주 뒤에 모임을 예정하고, 그 뒤에 가족모임을 가질 것을 제안했다. 재닛은 동의했고 펜 부인은 참석할 것이라고 끄덕였다(미국의 지지원으로서의 확대가족에 대해서는 Belgrave, 1998 참고).

사례 개념화와 진단

펜 부인의 의학검사로 뇌졸중에 관련해 약간의 변화를 발견한 뇌의 자기공명영상법(MRI)과 집중, 단기기억, 통찰력, 판단력, 실천력에서 가벼운 손상을 발견한 신경심리검사를 실시했다. 검사결과를 검토한 후에, 로버트는 펜 부인의 상태와 재닛의 걱정에 대한 몇 가지 가능성 있는 원인들이 있다는 것을 알게 됐다. 『정신장애의 진단 및 통계편람(DSM-IV-TR)』으로 시작하면서, 그는 문화적 축 VI(〈표 10-1〉)을 바탕으로 펜 부인의 인생에서 두드러진 ADDRESSING 요인을 다뤘다. 또 펜 부인의 가족을 위한 ADDRESSING 요인을 적어보았다(〈표 10-2〉). 그리고 나서 축 IV에 해당하는 사건들을 고려했다. 예를 들면 심리사회적이고 환경적인 문제들, 그녀 소유의 집과 이전의 독립된 생활의 상실과 딸의 집으로 이사, 친구들과 교회와의 매일의 교류 상실, 직장과 같은 의미 있는 활동의 부재라고 할 수 있다. 축 III에서, 펜 부인의 당뇨병과 뇌졸중을 언급했다. 다음 축 I에서, 로버트는 펜 부인과 재닛 사이의 긴장된 관계를 언급하면서, 정신장애 또는 의학적 상태와 관련된 관계문제를 기록했다.

펜 부인의 행동과 지각력의 결함을 진단하는 것은 더욱 복잡했다. 뇌졸중 이전과 비교해보면 상태는 조금 나빠졌지만, 은퇴 후 그녀는 집을 소유하고 활동적인 사회적 삶을 유지했다. 로버트는 지난 몇 년 동안 스드레스 요인들이 누적된 결과가 그녀의 현재 장애에 기여하고 있다고 생각하지만 적응장애라고 진단하지 않았다. 왜냐하면 스트레스 요인들에 대한 행동증상 대부분이 최근 3개월 사이에 시작되지 않았기 때문이다. 또 기분부전장애(Dysthymia)로 진단하지도 않았다. 왜냐하면 펜 부인이 경험했던 고통을 고려하면 그녀의 삶에 대한 태도가 적당히 순응적으로 보였고, 삶에 대한 이런 접근이 뇌졸중(발작) 전에 그녀의 사회적 또는 직업적 역할을 방해하지 않았기 때문이다. 로버트는 그녀의 자기 관리 부족과 감정이 없어 보이는 행동이 지난 몇 달 사이에 시작되었거나 증가했다는 보고서와 우울증이 그녀가 지금 겪고 있는 기억력과 집중력 장애를 유발할 수 있다는 자신의 지식을 전제로 펜 부인에게 주요우울장애(Major Depressive Disorder)라는 진단을 내렸다. 로버트는 증상들이 의학적 조건과 관련되어 있지 않을 때는 우울증으로 진단하면 안 된다는 점을 알고 있었다. 그러나 이 경우에 그 관계는 명확하지 않았다[그리고 우울증 때문에 그녀를 치료하지 않는 것이 더 큰 위험이었다(APA, 2004, *National Institute of Health Consensus Development Panel in Depression in late life*)].

로버트는 펜 부인의 판단력과 통찰력 손상이 우울증으로 설명되기에는

표 10-1 펜 부인의 진단

DSM-IV-TR 축	로버트에 의해 작성된 초기 진단
축 I	296.32 주요우울장애(재발, 중간 정도로 심각) V61.9 정신장애 또는 일반적인 의학적 상태와 연관된 대인관계문제 (딸의 보고에 의함) 원인 불명의 가벼운 지각력 손상(우울증, 뇌혈관 질병, 뇌졸중, 당뇨병과 관련 가능 있음)
축 II	V71.09 진단 없음
축 III	인슐린 의존 당뇨병. 2년 전 뇌졸중. 결과적으로 왼쪽 다리에 힘이 없고 지각력 손상이 의심됨
축 IV	일차 부양가족과의 문제(딸의 집에서의 적응) 사회적 환경에 관련된 문제들(자기 소유의 집 상실과 독립적 생활의 중단. 딸의 집으로 이사. 매일 가졌던 교회와 이웃들, 친구들과의 교류 상실. 의미 있는 활동 또는 직업이 없음)
축 V	전반적인 기능 평가(GAF) = 50(현재) GAF = 85(2년 전 추정)
문화적 축 VI	**A** 나이와 세대 요인: 대공황, 심각한 가난, 강압적인 조건(압박감 있는 상황/조건)에서, 남부(테네시)에서 아프리카계 미국인으로 성장. 백인과 분리된 학교를 다님 **D** 발달적 장애: 기록 없음 **D** 후천적 장애: 2년 전 뇌졸중, 왼쪽 다리에 힘 없음과 가능성 있는 지각력 손상을 제외하고 회복 **R** 종교와 영적 지향: 부모 모두 기독교인. 뇌졸중으로 재닛의 집으로 이사 갈 때까지 침례교회의 활발한 신자 **E** 민족적이고 인종적인 정체성: 부모 모두 아프리카계 미국인 **S** 사회경제적 지위: 가난 속에서 자람. 어른으로서 그녀의 두 번째 남편과 낮은 중산층 수입을 유지. 현재는 개인연금과 사회보장(제도) 포함해 중산층 가족수입의 생활 **S** 성적 경향: 이성애자 **I** 토착유산: 없음 **N** 국적: 미국에서 태어나 길러짐. 모국어는 영어 **G** 성별: 여성. 딸 셋 중 막내. 14세 때 어머니 사망. 두 번 결혼함. 딸이 2명 있음. 뇌졸중과 재닛의 집으로 이사 가기 전에는 '능동적 권위자'(상담자의 용어)를 포함하는 가족의 할머니 역할. 하지만 그 이후로는 아님

* 주: DSM-IV-TR = 『정신장애의 진단 및 통계편람』, 제4판, 텍스트 개정(미국정신의 학회, 2000).

부족하고, 혈관성 치매 탓일 가능성이 있다는 신경심리학자의 소견에 동의했다. 그러나 그 장애가 우울증에 의해 유발되었을 수도 있기 때문에 치매라고 진단하는 것은 삼가고 대신에 축 I에서 우울증의 결과, 뇌혈관 질병, 뇌졸중 또는 당뇨병에 연관될 수 있는 가벼운 지각력 손상을 언급했다. 가족 개입과 항우울제가 지각력 손상을 향상시키면 우울증은 나아질 수 있다. 적어도 펜 부인은 좀 더 기분이 좋아질 것이다.

두 번째 평가회기에서 로버트는 펜 부인이 항우울제를 다시 복용하고 앞으로 6개월 동안 매주 30분씩 상담을 받도록 권했다. 비록 펜 부인이 약 복용처방을 준수할지에 대해 부정적일지라도(그녀가 항우울제 복용과 식이요법을 따르지 않은 것을 고려하면), 그는 상담을 통해 더 밀접하게 관찰함으로써 항우울제 복용의 중요성을 강화하리라고 기대했다. 동시에 그는 그녀가 무덤덤한 태도를 보이기는 하지만 상담자가 돌보는 것을 좋아한다는 것을 느꼈고, 그 또한 펜 부인과의 긍정적인 관계를 느꼈다. 로버트는 그들의 신뢰가 성장함에 따라 펜 부인이 자신의 인생, 현재의 고통, 강점에 관해 말하는 것으로 성과를 얻을 수 있을 것이라고 기대했다.

펜 부인의 개인상담

로버트는 최근에 생애회고법이라고 알려진 상담접근을 알게 되었다. 이 방법은 노인들이 자신의 삶을 뒤돌아보고 기억하게 해 사건이나 관계에 대해 이야기할 수 있도록 돕는다(Lewis and Butler, 1974). 생애회고법의 목적은 내담자가 자신의 결정을 더욱 흔쾌히 받아들이게 하는 것이다. 왜냐하면 과거에 그들이 결정한 선택은 현재의 그들을 형성해온 경험을 초래하기 때문이다. 개인의 과거경험을 현재와 통합하는 과정은 사진, 그림, 신문 스크랩, 글, 시 그리고 내담자에게 의미 있다고 생각하는 여러 다른 형태

표 10-2 펜 부인의 가족에 대한 ADDRESSING 설명

문화적 요인	소수집단
A 나이와 세대의 요인	4세대 아프리카계 미국인 가족. 삶의 주기 1920년대부터 2007년
D 발달적 장애	기록되지 않음
D 후천적 장애	장애가 있는 유일한 가족은 펜 부인임(왼쪽 다리의 결함과 지각력 손상)
R 종교와 영적 지향	기독교 가족. 펜 부인은 특종 종파(침례교, 감리교 등) 없는 아프리카계 미국인 교회(환경)에서 자라고 딸들을 양육함
E 민족적·인종적 정체성	모두가 아프리카계 미국인
S 사회경제적 지위	현재 4명의 수입으로 중산층 재닛, 짐, 클레리스의 수입 그리고 펜 부인의 연금과 사회보장 수입. 로라와 그녀의 아이들은 수입이 적은 빈곤한 지역에서 살고 있음
S 성적 경향	성인들은 이성애자
I 토착유산	짐의 가족 중에는 아메리카 인디언 할아버지가 있지만 문화유산과는 관계가 없음
N 국적	모두 미국에서 태어났고 자랐음 영어가 모국어임
G 성	집안은 성인 여성 3명, 성인남성 1명, 소녀 1명으로 구성됨 확대가족은 펜 부인의 딸 로라와 그녀의 두 아들, 펜 부인의 2명의 자매들로 구성됨. 성역할은 상대적으로 유동적임. 짐은 재닛과 그 딸과 청소책임을 분담하고 그녀가 외출할 때 손녀를 돌봄. 로라는 아들들이 저녁, 청소, 빨래하는 것을 돕기를 기대함. 여성들은 모두 집 밖에서 일함

의 문서들을 만듦으로써 촉진될 수 있다(Butler, Lewis, Sunderland, 1998).

로버트는 펜 부인에게 이 협력적인 개입을 시도하는 데 관심이 있었다. 그는 이것이 그녀와의 상담에 구조를 제공하고, 그녀의 삶을 확인하는 방법이 될 것이라 보았다. 그는 또한 자료수집이 펜 부인에 대한 더 깊은 평가와 가족역사를 어린 세대에게 전할 수 있는 매체를 제공할 수 있어 가족에게 혜택을 줄 것이라고 보았다. 펜 부인과 재닛은 그 생각에 그리 관심을 보이지는 않았지만 기꺼이 시도해보고 싶다고 말했다.

몇 주가 지나면서, 펜 부인은 자신의 인생을 구술하면서 검토하는 데 몰두했다. 그러나 로버트가 반복해서 일러주었음에도 그녀는 기념품이나 사진을 가져오지 않았다. 4주 후, 로버트는 그녀의 지각력 결핍과 무감정을 고려하면, 펜 부인이 원하지 않거나 또는 단순히 그런 과제를 수행하지 못한다는 것을 알았다. 그리고 재닛에게 기억을 끄집어낼 만한 물건을 기대하는 것도 재닛의 일만 늘어나게 할 뿐이라는 것도 깨달았다.

생애회고법은 내담자와 내담자 가족이 자신처럼 기법을 가치 있다고 여겨야 가능하다는 것을 인식하고, 로버트는 자료수집을 단념했다. 그러나 그는 펜 부인과 구두로 생애 검토과정을 계속했고(규칙적으로 복용하고 있는 항우울제 때문일 가능성이 있다), 두 달이 지나자 그녀의 기분은 조금 나아졌다. 그러나 그녀의 체념해버린 자세, 활동수치, 기억력장애에서는 어떤 진전도 보이지 않았다. 로버트는 지금 이런 문제들은 이전의 개인적 성향, 스트레스성 삶, 그리고 뇌졸중과 관련된 가벼운 치매의 분리할 수 없는 결합 탓이라고 믿는다.

가족상담

재닛이 필요로 하는 것들이 무엇인지 아직 검토되지 않은 것을 인식하며, 로버트는 가족의 모든 구성원들을 가족상담회기에 초대했다. 이 모임은 펜 부인, 재닛, 재닛의 남편 짐, 그들의 딸 클레리스, 클레리스의 딸, 펜 부인의 딸 로라와 로라의 22세 된 쌍둥이 아들이 참석하는 세 번의 회기가 되었다. 펜 부인의 언니들은 참석할 수 없었지만 재닛과 로라 둘 다 그 회기에 관해 그들에게 이야기하기로 약속했다(가족의 심리학적 가계도를 위해 〈그림 10-2〉를 볼 것, 원 안의 개인들은 같은 집에 산다).

가족구성원은 펜 부인과 재닛에 관한 그들의 걱정을 돌아가며 말했지만, 가족이 동정적으로 "재닛은 모든 것을 떠맡으려고 해요"라고 말했듯이, 재닛에 대한 지지가 특별히 인상적이었다. 이어서 가족구성원은 재닛이 하던 작은 일(예를 들면 펜 부인의 시력검사와 안경을 맞추는 일, 약국에 약 가지러 가는 일, 과자를 줄이기 위해 신선한 과일을 사다놓는 일)을 자발적으로 맡았다. 로버트는 재닛을 기꺼이 도우려는 가족의 의지에 감동받았다. 그리고 이 결과에 대한 그의 진술은 가족을 기쁘게 했다.

두 번째 회기 동안 로라가 펜 부인의 간호에 더 적게 관여하는 점을 그녀에게 설명할 때, 깊고 의미 있는 일이 재닛에게 일어났다.

어머니가 저와 함께 있을 때 항상 재닛에 관해 이야기해요. 얼마나 책임감 있는지, 재닛과 함께 사는 게 얼마나 대단한지 그리고 재닛이 얼마나 그녀를 잘 돌보는지에 대해서요. 그래서 저는 재닛에게 제 도움은 필요 없다고 생각했어요. 어머니가 사탕을 먹게 하고 씻지 않아도 내버려두는 것에 대해 재닛이 저한테 매우 화가 나 있는 것도 알고 있어요. 하지만 저도 어머니가 저와 함께 즐거운 시간을 보내기를 바라요.

재닛은 놀랐다. 로라의 말은 펜 부인이 로라와 재닛 둘 다 자신이 결코 충분하게 한 적이 없다고 느끼게끔 만들었던 것들을, 로라에게는 재닛에

그림 10-2 심리학적 가계도: 펜 부인과 가족

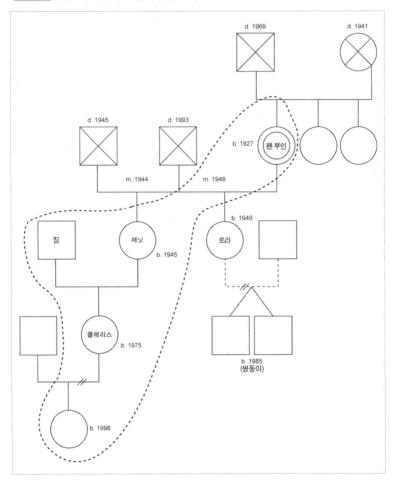

관해, 재닛에게는 로라에 관해 말하고 있다는 것을 알려주었다. 그러고
나서 재닛은 어머니가 로라를 '그녀의 아이'로서 어떻게 말했는지, 로라가
그녀에게 얼마나 친절한지, 그리고 "로라는 내가 원하는 것을 먹게 해줘"
라고 말했다고 했다. 펜 부인은 불편한 것처럼 보였지만 자신의 행동에
대한 토론에 참여할 수 없거나 참여하고 싶어하지 않았다.

정보의 공유는 로라와 재닛 사이의 긴장을 확연하게 감소시켰다. 그 후 재닛은 로라와 전화로 더욱 자주 이야기하기 시작했다. 재닛은 펜 부인에 대해 로라와 나누는 대화가 '경쟁 대신에 비교를 언급'하는 것으로 이동했다고 말했다. 그들의 관계향상은 전반적인 가족의 기능에 상당한 전진을 가져왔다.

불행하게도 재닛을 위한 가족의 실제적인 도움은 두 달 정도만 지속되었다. 그 후 그녀의 남편을 제외하고 가족구성원은 약속을 잊거나 단순히 재닛이 다시 일들을 맡도록 내버려두기 시작했다. 로버트는 가족구성원의 무책임함에 대해 한탄하기보다는 상황을 긍정적으로 재구성했다. 재닛과의 회기에서, 그는 그녀에게 비록 가족이 노력하는 것이 어려워 보이지만, 그녀가 힘들 때 그들이 그녀를 위해 그곳에 있을 수 있다는 것을 알게 되어 좋았다고 말했다. 지금 하루하루의 삶에서 부담을 덜 갖는 방법을 찾는 것은 항상 필요한 만큼보다 더 무거운 책임감으로 받아들이는 재닛에게 달려 있다.

재닛의 시간과 재정적 한계를 인식하면서, 로버트는 펜 부인과의 30분의 상담회기 후 45분 동안 개별적으로 8회기를 만나 재닛에게 필요한 것에 대해 이야기하자고 말했다. 왜냐하면 이 주제를 놓고 재닛과 만나는 것은 펜 부인을 돕는 윤리적인 상담수행으로, 펜 부인의 보험이 재닛의 상담료를 지불할 수 있기 때문이다.

재닛에 관한 문화적으로 적절한 인지행동치료

재닛과의 상담에서 두 가지 주요한 주제가 나타났다. 첫 번째 주제는 그녀의 '너무 많은 것을 맡으려는' 경향이다. 재닛은 자신의 행동을 양육경험에서 이해하게 되었다. 그녀의 어머니와 아버지는 힘들게 일했고, 어린 동생을 돌보는 것을 비롯해 가사책임의 분담을 그녀에게 기대했다. 재닛과 로버트는 그녀의 이런 경향이 성인이 되어 어떻게 강화되는지에 관해 토론했다. 예를 들면 직장에서 그녀는 사무실에서 유일한 아프리카계 미국인 여성으로서, 종종 '흑인 여성의 대표로' 보인다는 것을 알고 있었다. 그녀는 관리직에 오르고 유지하기 위해 백인 동료보다 두 배로 힘들게 일해야 했다고 말했다.

로버트는 그녀의 경험을 듣고 수긍했다. 재닛이 자신의 말을 잘 들어주고 긍정적으로 보고 있다고 느꼈을 때, 로버트는 그녀 스스로 세운 기준에 관해 질문하기 시작했다. 재닛은 '사람들을 실망시키지 않기 위해 항상 책임감 있고 근면해야 한다'는 믿음을 명확하게 말했다. 로버트의 질문에 재닛은 이 믿음의 완벽주의적 특성이 얼마나 자신의 불안, 염려, 근심과 죄책감을 키웠고 자신의 욕구를 끊임없이 가장 마지막에 놓게 했는지를 인식하기 시작했다. 로버트는 그녀가 한계를 정하지 않고 남을 돌보는 일에 몰두하면 육체적으로 아프게 될 것이고, 그래서 어머니를 돌볼 수 없을 것이라고 지적했다. 로버트의 제안으로 재닛은 혼잣말을 바꾸기 시작했다. 예를 들면 그녀는 "나는 가족을 돌보기 위해서 내 자신을 돌볼 필요가 있다"고 말하기 시작했다. 또한 그녀가 스스로에게 기대하는 것에 관해 의심이 들 땐, 딸에게도 같은 것을 기대할 수 있는지 스스로 묻기 시작했다.

두 번째 주제는 영적(종교적)인 사람으로서 감각과 관련된다. 지난 몇 년 동안 그녀는 "나 자신의 한 부분을 잃었다"고 느꼈다고 로버트에게 말했다. 그녀는 너무 바빠 일요일에 교회에 가는 것보다 잠자는 게 더 쉬는 것이었을 것이다. 그리고 더는 규칙적으로 기도하지 않았다. 인지행동전략을 사용하며, 재닛은 자신이 죄책감을 줄이기 위해서 혼잣말(self-talk)을 하기 시작했다. 그러나 로버트는 그녀의 영적 경향에 대해 질문함으로써 그보다 더 나아가게 도왔다.

> 당신의 강인함의 가장 훌륭한 세 가지 원천은 무엇입니까?
> 당신이 편안함을 느끼고 싶을 때, 어디로 가고 또는 누구를 보고 싶은가요?
> 당신 인생의 목표(목적)를 어떻게 묘사할 수 있나요?(Smith, 1995: 179)

이 질문들은 자신의 영혼(정신)이 필요로 하는 것들에 관해 그녀가 이야기하게끔 했다. '공원에서 또는 나무들 옆에서 조용한 시간을 보내고 다시 기도를 시작하기' 등이었다. 그녀는 또한 매일 아침 영감을 주는 책을 읽고 싶다고 말했다. 그녀는 과거에 그렇게 했었고, 하루 종일 희망적인 아이디어나 생각을 품고 있는 것을 좋아했다.

이후 몇 주 동안, 재닛은 로버트와 함께 욕구의 중요성과 어떻게 그 욕구를 충족시킬 수 있는지 이야기했다. 로버트의 격려로, 그녀는 다시 교회에 가기 시작했고 어머니를 함께 데려갔으며 그리고 이후에 둘은 잠깐 동안이라도 공원에 갔다. 재닛은 날마다 기도서의 한 구절을 읽기 위해 30분 일찍 일어나기 시작했다. 석 달 동안 상담을 받은 다음, 그녀의 일정이 극적으로 변한 건 아니지만 그녀는 자신을 조금 더 통제할 수 있었고, 미래에 대해 희망적이 되었다.

결론

펜 부인과 그녀의 가족상황이 설명하는 것처럼, 문화적으로 적절한 상담에는 노력이 필요하다. 아프리카계 미국인의 문화에 대해 이미 로버트(상담자)가 가지고 있던 지식과, 장애가 있는 사람을 포함하는 노인들에 대한 그의 전문가로서의 경험은 그로 하여금 신뢰감을 얻도록 하고, 관련된 질문을 하며 필요한 정보를 얻게 했다. 그의 평가와 진단은 또한 문화적으로 적절한 개입의 기초가 되었다. 여러 이론과 치료법에 대해 잘 알고 있었기 때문에 그는 내담자와 내담자의 가족체계를 위해 가장 효과 있는 것을 고를 수 있었다(즉, 생애검토, 인지행동과 가족체계치료, 심지어는 영성까지). 마지막으로 효과가 없는 시도에 대한 그의 협력적이고 융통성 있는 접근은 상담을 수월해지게 했다(예를 들면 생애회고에 대한 자료수집 부분). 요컨대 로버트의 평가와 진단, 개입은 문화적으로 적절했고, 더욱 중요하게는 내담자에게 도움이 되었다.

제 11 장
미래에는

　알래스카로 가는 비행기에서의 내 경험을 나누는 것으로 이 책을 마무리하려 한다. 비행기가 이륙하려 할 때 성난 목소리가 들렸고, 무슨 일인지 알아보려고 소리 나는 쪽을 살폈다. 내 바로 앞자리에는 60대 초반의 유럽계 미국인 부부가 앉아 있었다. 조금 전에 이들이 알래스카를 처음 여행한다는 얘기를 들었다. 부인은 창가에 앉았고, 남편은 가운데 자리에, 그리고 남편 옆 통로 쪽 자리에는 로스앤젤레스나 샌프란시스코 출신으로 아메리카 인디언인 듯싶은, 옷을 멋지게 입은 젊은 여자가 앉아 있었다. 이 여자는 나이 든 남자에게 화난 목소리로, "아니요, 그건 잘못된 거예요"라고 말했다. 남자가 하는 얘기를 듣지는 못했지만, 아마도 좋은 의도지만 아메리카 인디언의 기분을 상하게 하는 발언을 한 듯했다. 그들의 대화는 계속됐고, 나는 그녀가 "어업권 …… 미국사람들은 실제 무슨 일이 일어나는지를 알지 못해요"라고 말하는 것을 들었다. 나는 그녀가 캘리포니아에 있는 대학의 아메리카 인디언 연구소에 막 취직한 교수일 것으로 추측했다. 부인은 잠을 자는 척했지만, 때때로 대화에 참여해서 "알다시피 모든 문화에는 좋은 점과 나쁜 점이 있어요" 등의 말을 했다.

나는 이들의 대화내용이 아니라 이 두 사람이 대화를 지속했다는 것에 매료되었다. 젊은 여자의 화난 목소리는 좀 불편했지만 시간이 지나면서 '저 남자를 교육시키는 데 왜 저렇게 많은 에너지를 쓰는 걸까?' 하는 의문이 생겼다. 나 같으면 남자의 처음 발언에 동의하지 않는다는 걸 밝히고, 책을 읽기 시작했을 것이다. 하지만 그녀는 그와 대화를 계속했다. 세 시간의 비행이 끝나갈 쯤, 무언가 변화가 일어났다. 그들은 함께 웃고, 자녀들에 대한 얘기를 나누기 시작했다. 알래스카에 도착했을 때, 그들은 명함을 교환하고 악수하고 작별인사를 했다.

나는 '이것이구나' 하고 깨달았고, 그들을 존경하게 되었다. 즉, 서로 많이 다른 어린 시절과 정체성, 세계관을 가진 두 사람이 만나서 상호작용을 하고 서로에 대해서 배우고 서로에게 감사하는 것 말이다.

갈등에 대해

다문화연구(심리학, 상담, 사회복지 관련 분야의)의 어려움은 갈등의 발생이다. 다양성(diversity)은 다양한 시각을 가져오고, 다양한 시각은 갈등을 불러일으키는 경우가 많다. 갈등이 다문화분야의 전문가가 아닌 사람이 인종, 민족, 문화라는 주제를 피하는 이유인 것 같다. 어휘선택만 잘못해도 다른 사람의 기분을 상하게 할 수 있기 때문에 가장 간단한 해결책인 회피를 선택하는 것일지도 모른다.

하지만 상담자인 우리는 문화적 영향을 무시할 선택권이 없다. 다양한 정체성을 가진 사람들을 효과적으로 돕기 위해서는 주류문화가 차이 (difference)와 갈등을 강화하는 방식이 아닌 서로를 존중하는 방식이 필요하다. 내가 아는 차이와 갈등을 존중하는 방법은 모두 앞의 장에서 나누었다. 이 장에서 말하고 싶은 것은 실수의 역할을 강조하는 것이다. 다문화영역에서 갈등은 내재되어 있고, 실수 역시 마찬가지이다. 우리가 노력해야 할 부분은 실수를 반복하는 자신과 타인을 수용하는 것이다. 동시에 우리는 상담과 사고(thinking)에서 편견과 한계를 발견하려고 계속 노력해야 한다.

교육과 훈련

상담 분야, 특히 다문화상담 분야에서 지금은 흥미로운 시기이다. 미국의 경우 석사과정 1년차 학생 중 21%, 그리고 박사과정 1년차 학생 중 27%는 소수문화 출신이다[민족적 소수문화는 미국 인구의 33%를 차지한다(Norcross, Kohout, Wicherski, 2005)]. 학생과 교수가 문화적으로 다양한 환경에서 학습하는 것의 장점을 인식할수록 많은 문화영역의 상담자, 연구자, 교수자의 다양한 요구는 더 많은 관심을 받게 되었다(Iwamasa, Pai, Sorocco, 2006. 장애를 가진 심리학자의 요구에 대해서는 Gill, Kewman, Brannon, 2003 참고). 다양성을 다문화상담이라는 한 과목으로 가르칠 수 있다는 생각은 (학부와 대학원) 모든 교과, 그리고 실습과 인턴 과정에 다문화적 질문과 정보, 경험이 포함되어야 한다는 생각으로 바뀌었다(Magyar-More et al., 2005; Roysiracar, 2004). 그리고 문화적으로 적절한 증거기반상담이 강조되고 있다(미국심리학회, 증거기반상담 특별팀, 2006; Hall, 2001).

게다가 국제적으로 상담은 다문화적이다. 많은 수의 심리학자가 미국 밖에서 활동하고 있다(Bullock, 2006). 미국에서는 국제적인 시각에 대한 관심이 높아지고 있다(Rosenweig, 1999). 많은 학회들이 국제적 협력과 학문적 성과를 출판하고 정기 학회를 열고 있다(www.apa.org/international/calendar.html 그리고 www.iupsys.org 참고). 미국의 출판계와 연구자들이 가진 특권과 자원을 자각하고, ≪미국 심리학자(American Psychologist)≫

와 몇몇 학회지들은 영어를 제2외국어로 하는 연구자들에게 자세한 피드백과 가이드라인을 제공할 수 있는 편집위원과 평가위원을 두고 있다 (Mays et al., 1996). 또 2005년부터 미국심리학회, 캐나다심리학회, 호그레페앤드후버(Hogrefe and Huber) 출판사는 협약을 맺고 1인당 국민소득이 1,000달러 미만인 국가의 학생, 교수, 공무원에게는 무료로 인터넷을 통해 자료를 제공하고 있다. 심리학 교육과 연구, 개입을 문화적으로 더 적절하게 하기 위해서는 가야 할 길이 아직 멀다. 하지만 우리 분야는 다문화적·국제적 영향에 반응하는 방향으로 계속 나아갈 것이다.

ADDRESSING 모델 요약

이 책의 요지는 다양한 정체성을 가진 사람들을 효과적으로 돕기 위해서는 우리 자신의 가치체계와 신념, 그리고 사회문화적 맥락을 비판적으로 검사하려는 태도가 가장 중요하다는 것이다. 내담자와 상담에 미치는 문화의 영향을 이해하려면 문화가 우리 자신에게 미친 영향을 먼저 이해해야 한다. ADDRESSING 모델은 영향의 다양한 영역과 관련 정체성을 제공함으로써 상담자가 자신의 편견과 문화적 영향에 대해 평가하도록 돕는다. 제2장과 제3장에서 설명했듯이 상담자의 문화적 자기 평가는 겸손, 연민, 비판적 사고기술에 의해 촉진된다. 문화와 특권의 관계, 그리고 특권을 가진 자와 가지지 않은 자를 구분하는 방법에 대해 이해하는 것도 중요하다. 이러한 학습으로 얻어진 자기 지식은 치료관계의 역동을 이해하고 그 역동을 내담자와 편하게 논의할 수 있는 능력을 발달시키는 데 꼭 필요하다. 상담회기 동안 자기 평가과정이 일어날 수도 있지만, 많은 경우 상담회기 이외의 곳에서 자기 평가과정이 일어난다. 자기 평가과정은 개인적인 작업(성찰, 자기 의문, 독서, 연구)과 공동체 활동, 다양한 매체를 읽고 들는 것, 그리고 다양한 정체성을 가진 사람들과 관계를 발전시킴으로써 배울 수 있다.

상담자가 계속적인 자기 평가과정을 진행했다면 다음 과정은 내담자가 가지는 다양한 정체성에 대해 학습하고 이해하는 것이다. ADDRESSING 모델은 두 개의 문화적 혹은 다문화적 정체성을 포함해 고려해야 할 문화적 영향과 정체성을 기억하는 데 도움이 된다. 물론 특정 정체성의 의미는 내담자에게서 얻을 수 있지만, 내담자 정체성의 일반적인 문화적 의미는 상담실 외의 곳에서 상담자가 학습해야 한다.

내담자의 두드러진 정체성에 대한 지식은 내담자가 세상을 어떻게 보는지, 무엇을 가치 있다고 여기는지, 그리고 특정 상황에서 어떻게 행동하는지를 상담자가 이해하는 실마리가 된다. 또한 이런 지식은 존중하는 상담관계를 맺도록 안내해줄 수 있다. 그렇기 때문에 자신의 가정에 대해 비판적으로 생각하는 것이 중요하다. 상담자가 내담자의 신체적 동작, 눈맞춤, 비언어적 힌트, 문화적으로 영향을 받은 의사소통에 대한 정보가 없을 때, 다양한 의미가 있을 수 있다는 것을 자각만 하고 있어도 부정확한 가정을 피할 수 있기 때문이다. 전문용어를 최소화해서 설명해주면 내담자와 상담자 사이의 오해를 줄일 수 있다.

평가과정에서 상담자는 이해와 정확성을 높이기 위해 다음과 같은 단계를 밟을 수 있다. 정보를 다양한 출처로부터 얻는다. 내담자의 특정 발달시기에 영향을 끼친 사회문화적 역사 사건을 고려한다. 내담자의 문화와 관련된 개인적·환경적 수준의 강점을 찾는다. 내담자가 자신의 상황과 건강관리를 어떻게 개념화하는지를 묻는 것도 도움이 된다.

평가를 목적으로 표준화된 검사를 사용할 때는 검사와 시행절차, 시행 환경, 그리고 검사 실시자가 가지고 있는 편견을 조심해야 한다. 가능하다면 내담자의 수행을 있는 그대로 생각하는 것이 바람직하다. 동시에 학문적 지식과 삶의 지식이 다르다는 것을 기억하고, 내담자의 수행 수준을 다른 사람과 비교하는 것이 아니라 내담자의 과거 수행과 비교해야 한다. 내담자가 영어를 제2외국어로 사용할 때는 내담자의 경험과 경험의 맥락과 관련된 질문을 하기 위해 문화 자문가의 도움을 받는 것이 좋다. 표준화된 검사를 꼭 사용해야 한다면 내담자의 검사결과가 좋지 않은 이유를 탐색해야 조금 더 유용한 정보를 얻을 수 있다.

문화적으로 적절한 진단을 하기 위해 DSM-IV-TR에 축 VI을 더하는 것이 도움이 된다(APA, 2000). 문화적 축인 축 VI은 ADDRESSING 모델 속의 정체성과 관련된 영향들의 목록으로 이루어진다. 축 VI을 먼저 작성하고, 다음은 심리사회적이고 환경적인 문제인 축 IV를 작성하고 그리고 일반적 의료상태인 축 III을 작성하라. 이렇게 하는 것이 내담자의 문제를 더 체계적으로 이해하는 데 도움이 되고, 축 I, II, V의 진단을 더 정확하게 한다.

문화적으로 적절한 개입을 선택하기 위해서는 주류 심리치료의 수정, 표현창조 예술치료, 체계 수준의 개입 등 다양한 전략을 알고 있어야 한다. 더 넓게 가족을 개념화하고, 필요에 따라 개인과 가족 전체를 만나고 협력적으로 상담목표와 계획을 세움으로써 문화적으로 적절한 개입을 선택할 수 있다. 약이 처방될 때 문화마다 의사의 처방이나 약에 대한 태도가 다르다는 것을 염두에 두어야 한다. 개인, 부부, 가족, 집단 상담에서 내담자들 사이에 그리고 내담자와 상담자 사이에 권력차가 있음을 염두에 두어야 한다. ADDRESSING 모델은 이런 권력차가 일어날 때 다양한 문화영역을 상기시키기 위해 사용될 수 있다.

결론

내 어머니의 이야기로 이 책을 끝맺으려 한다. 어머니의 어린 시절에 미국 대공황과 2차 세계대전이 일어났다. 외할아버지는 미국 장로교 목사였는데, 인간은 평등하다고 믿고 사회적 책임감을 중요하게 여겼다. 스코틀랜드와 아일랜드계 문화유산을 물려받았는데, 어머니는 자신의 유산 중 그것은 일부일 뿐이라고 믿었다. 어머니는 키가 크고, 올리브 혈색에, 검은 머리, 높은 광대뼈에 깊이 들어간 눈을 가졌다. 어렸을 때, 외할아버지는 극장에서 서부극을 보고 나서 아메리카 인디언에 대해 이야기하다가 어머니를 보고는 "얘야, 너에게는 인디언의 피가 흐른단다"라고 말했다. 또 미국 남부에 살 때는 흑인에 대해 이야기하다가 "아마 네게는 흑인의 피가 흐를 거야"라고 했다. 그리고 제2차 세계대전에 참전했다가 돌아와서는 사람들이 얼마나 유대인에게 잔혹했는지를 이야기하면서 "얘야 네 조상 중에는 유대인도 있는 것 같구나"라고 했다. 어머니는 10대 후반이 될 때까지 그의 말을 곧이곧대로 믿었다(그리고 그녀의 외모가 그렇게 믿게 만들었다). 자신과 관련된다고 믿는 문화의 사람들이 정의롭지 않은 일들을 겪는 것을 보거나 읽고 듣게 될 때마다 강한 연대감을 느끼고 공감했으며, 그 연대감과 공감이 그녀의 일과 삶을 조형했다.

물론 아주 넓은 의미에서 내 어머니는 각 문화와 관련되어 있다. 우리 모두가 서로 관련되어 있는 것처럼.

문화적으로 적절한 상담수행에 대한 제언

1. 문화적 자기 평가에 참여하라. 개인적인 작업으로는 성찰, 자기 의문, 독서, 연구 등이 가능하다. 대인관계에서의 학습으로는 공동체 활동, 다양한 미디어활용, 관계 맺기 등이 있다.
2. ADDRESSING 모델을 자신의 정체성, 믿음, 행동에 영향을 끼친 문화와 특권을 고려하는 데 사용하라.
3. ADDRESSING 모델을 내담자의 정체성, 믿음, 행동에 영향을 끼친 문화와 특권을 고려하는 데 사용하라.
4. 정확하지 않은 가설을 세우지 않기 위해 신체 동작, 눈맞춤, 다른 비언어적/언어적 상호작용의 다양한 의미에 대해 비판적으로 생각하라.
5. 자신의 정체성과 내담자의 정체성의 상호작용을 고려하라.
6. 내담자의 진단을 위해서는 다양한 출처의 정보를 찾고 사용해야 한다.
7. 내담자의 특정 발달시기에 영향을 미쳤을 수 있는 사회문화적 사건을 고려하라.
8. 개인, 대인관계, 환경 수준에서 문화와 관련된 강점과 자원을 의도적으로 찾아라.
9. 내담자의 경험과 맥락에 적절한 기술과 지식을 측정하기 위해 문화 자문가와 번역사와 공동작업을 하라.
10. 표준화된 검사를 사용할 때는 검사, 검사 실시과정과 환경, 검사 실시자에 내재한 편견을 주의해야 한다.
11. 내담자의 수행 수준이 낮을 때는 그 이유가 무엇인지 확인해야 한다.
12. 진단을 할 때는 내담자가 자신의 문제와 자기 돌봄을 어떻게 개념화하고 있는지를 고려해야 한다.
13. DSM-IV-TR의 개인 진단의 관점을 넘어서서 체계적으로 생각하고 관계적 장애를 고려하라.
14. DSM-IV-TR를 사용할 때는 제일 먼저 문화적 축인 축 VI(ADDRESSING 모델)을 작성하고, 심리사회적·환경적 문제인 축 IV를 작성하고, 세 번째로 일반적 의료상태를 작성하라. 그리고 난 후 축 I, II를 작성하라.
15. 문화적으로 관련된 전략과 상담, 주류 상담기법을 소수문화 내담자에게 적용하기

위한 변형, 표현창조 예술치료와 체계적 수준의 개입의 유용성을 염두에 두고 절충
주의적 입장을 취하라.

16. 내담자와 함께 상담목표를 정하고, 치료계획을 세우고, 개입방법을 선택하라.

17. ADDRESSING 모델을 부부상담이나 가족상담에서 나타날 수 있는 권력차를 인식
하는 데 사용하라.

18. 정신과 약에 대한 문화적 기대가 다르다는 것을 기억하라.

참고문헌

aaanativearts. (2006). *Canadian Indians: First nations by culture, language, region, status, and providence.* Retrieved December 13, 2006, from http://www. aaanative arts.com/canadian_tribes_AtoZ.htm

Abudabbbeh, N. (2005). Arab families. In M. McGoldrick, J. Giordano, & N. Garcia-Preto (Eds.), *Ethnicity and family therapy* (3rd ed., pp. 423~436). New York: Guilford Press.

Abudabbeh, N., & Hays, P.A. (2006). Gognitive-behavioral therapy with people of Arab heritage. In P.A. Hays & G.Y. Iwamasa (Eds.), *Culturally responsive cognitive-behavioral therapy: Assessment, practice, and supervision* (pp. 141~160).

Acklin, F., Newman, J., Arbon, V., Trindal, A., Brock, K., Bermingham, M., et al. (1999). Story-telling: Australian Indigenous women's means of health promotion. In R. Barnhardt (Ed.), *Indigenous education around the world: Workshop papers from the 1996 World Indigenous Peoples Conference: Education* (pp. 1~10). Fairbanks: University of Alaska-Fairbanks, Center for Cross-Cultural Studies.

Acosta, F. X., Yamamoto, J., Evans, L. A. Evans, & Wilcox, S. A. (1982). Effective psychotherapy for low-income and minority patients. In F. X. Acosta, J.

Yamamoto, L. A. Evans, & S. A. Wilcox (Eds.), *Effective psychotherapy for low-income and minority patients* (pp. 1~29). New York: Plenum Press.

Adelson, N. (2000). Re-imagining Aboriginality: An Indigenous peoples' response to social suffering. *Transcultural Psychiatry, 37*, 11~34.

Akamatsu, N. N. (1998). The talking oppression blues. In M. McGoldrick (Ed.), *Re-visioning family therapy: Race, culture, and gender in clinical practice* (pp. 129~143). New York: Guilford Press.

Alarcón, R. D. (1997). Personality disorders and culture: Conflict at the boundaries. *Transcultural Psychiatry, 34*, 453~461.

Alarcón, R. D., & Foulks, E. F. (1995). Personality disorders and culture: Contemporary clinical views (Part A). *Cultural Diversity and Mental Health, 1*, 3~18.

Ali, S. R., Liu, W. M., & Humedian, M. (2004). Islam 101: Understanding the religion and therapy implications. *Professional Psychology: Research and Practice, 35*, 635~642.

Allen, J. (1998). Personality assessment with American Indians and Alaskan Natives: Instrument considerations and service delivery style. *Journal of Personality Assessment, 70*, 17~42.

Almeida, R. (2005). Hindu, Christian, and Muslim families. In M. McGoldrick, J. Giordano, & N. Garcia-Petro (Eds.), *Ethnicity and family therapy* (3rd ed., pp. 377~394). New York: Guilford Press.

Altman, N. (2007). Toward the acceptance of human similarity and difference. In J. C. Muran (Ed.), *Dialogues on difference: Studies of diversity in the therapeutic relationship* (pp. 15~25). Washington, DC: American Psychological Association.

American Psychiatric Association. (1994). *Diagnostic and statistical manual of mental disorders* (4th ed.). Washington, DC: Author.

American Psychiatric Association. (2000). *Diagnostic and statistical manual of mental disorders* (4th ed., text rev.). Washington, DC: Author.

American Psychological Association. (1996). *Violence and the family: Report of the APA Presidential Task Force on Violence and the Family.* Washington, DC : Author.

American Psychological Association. (2000a). Guidelines for psychotherapy with lesbian, gay, and bisexual clients. *American Psychologist, 55,* 1440-1451.

American Psychological Association. (2000b). *Resolution on poverty and socio-economic status.* Retrieved November 11, 2001, from http://www.apa.org/pi/urban/povres.html

American Psychological Association. (2002a). Ethical principles of psychologists and code of conduct. *American Psychologist, 57,* 1060~1073.

American Psychological Association. (2002b). Guidelines on multicultural education, training, research, practice, and organizational change for psychologists. *American Psychologist, 58,* 377~402.

American Psychological Association. (2004). Guidelines for psychological practice with older adults. *American Psychologist, 59,* 236~260.

American Psychological Association. (2006). *Answers to your questions about transgender individuals and gender identify.* Retrieved December 15, 2006, from http://www.apa.org/topics/transgender.html

American Psychological Association Presidential Task Force on Evidence-Based Practice. (2006). Evidence-based practice in psychology. *American Psychologist, 61,* 271~285.

American Religious Identity Survey (ARIS). (2001). *Largest religious groups in the United Stated of America.* Retrieved May 12, 2007, from http://www.adherents.com/rel_USA.html#religions

Anastasi, A. (1992). What counselors should know about the use and interpretation

of psychological tests. *Journal of Counseling and Development, 70,* 610~
615.

Andronikof-Sanglade, A. (2000). Use of the Rorschach Comprehensive System in
Europe: State of the art. In R. H. Dana (Ed.), *Handbook of cross-cultural
and multicultural personality assessment* (pp. 329~344). Mahwah, NJ:
Erlbaum.

Anzaldua, G. (1987). *Borderlands/La Frontera: The new mestiza.* San Francisco:
Aunt Lute Books.

Aponte, H. J. (1994). *Bread and spirit: Therapy with the new poor.* New York:
Norton.

Aponte, J. F., & Wohl, J. (Eds.). (2000). *Psychological intervention and cultural
diversity.* Needham Heights, MA: Allyn & Bacon.

Ardila, A., Rosselli, M., & Puente, A. E. (1994). *Neuropsychological evaluation of
the Spanish speaker.* New York: Plenum Press.

Arredondo, P., & Pérez, P. (2006). Historical perspectives on the multicultural
guidelines and contemporary applications. *Professional Psychology: Research
and Practice, 37,* 1~5.

Arroyo, W. (1997). Children and families of Mexican descent. In G. Johnson-Powell
& J. Yamamoto (Eds.), *Transcultural child development: Psychological
assessment and treatment* (pp. 290~304). New York: Wiley.

Assanand, S., Dias, M., Richardson, E., Chambers, N. A., & Waxler-Morrison, N.
(2005). People of South Asian descent. In N. Waxler-Morrison, J. M.
Anderson, E. Richardson, & N. A. Chambes (Eds.), *Cross-cultural caring: A
handbook for health professionals* (2nd ed., pp. 197~246). Vancouver,
British Columbia, Canada: University of British Columbia Press.

Atkinson, D., Morten, G., & Sue, D. (Eds.). (1993). *Counseling American minorities:
A cross-cultural perspective.* Dubuque, IA: William C. Brown Communications.

Atkinson, D. R., Wampold, B. E., Lowe, S. M., Matthews, L., & Ahn, H. (1998). Asian American preferences for counselor characteristics: Application of the Bradley-Terry-Luce model to paired comparison data. *Counseling Psychologist, 26*, 101~123.

Balsam, K. F., Huang, B., Fieland, K. C., Simoni, J. M., & Walters, K. L. (2004). Culture, trauma, and wellness: A comparison of heterosexual and lesbian, gay, bisexual, and Two-Spirit Native Americans. *Cultural diversity and Ethnic Minority Psychology, 10*, 287~301.

Balsam, K. F., Martell, C. R., & Safren, S. A. (2006). Affirmative cognitive-behavioral therapy with lesbian, gay, and bisexual people. In P. A. Hays & G. Y. Iwamasa (Eds.), *Culturally responsive cognitive-behavioral therapy: Assessment, practice, and supervision* (pp. 223~243). Washington, DC: American Psychological Association.

Barakat, H. (1993). *The Arab world: Society, culture, and state.* Berkeley: University of California Press.

Barón, A., & Cramer, D. W. (2000). Potential counseling concerns of aging lesbian, gay, and bisexual clients. In R. M. Perez, K. A. DeBord, & K. J. Bieschke (Eds.), *Handbook of counseling and psychotherapy with lesbian, gay, and bisexual clients* (pp. 207~224). Washington, DC: American Psychological Association.

Beck, A. T., Rush, A. J., Shaw, B. F., & Emery, G. (1979). *Cognitive therapy of depression.* New York: Guilford Press.

Beck, J. S. (1995). *Cognitive therapy: Basics and beyond.* New York: Guilford Press.

Belgrave, F. Z. (1998). *Psychosocial aspects of chronic illness and disability among African Americans.* Westport, CT: Auburn House.

Bergin, A. E., Payne, I. R., & Richards, P. S. (1996). Values and psychology. In E.

P. Shafranske (Ed.), *Religion and the clinical practice of psychotherapy* (pp. 297~326). Washington, DC: American Psychological Association.

Bernal, G., & Shapiro, E. (1996). Cuban families. In M. McGoldrick, J. Ciordano, & J. K. Pearce (Eds.), *Ethnicity and family therapy* (2nd ed., pp. 155~168). New York: Guilford Press.

Berry, J. W. (2004). An ecocultural perspective on the development of competence. In R. J. Sternberg & E. L. Grigorenko (Eds.), *Culture and competence: Contexts of life success* (pp. 3~22). Washington, DC: American Psychological Association.

Berry, J. W., Poortinga, Y. H. Segall, M. H., & Dasen, P. R. (1992). *Crosscultural psychology: Research and applications.* New York: Cambridge University Press.

Berzoff, J., Flanagan, L. M., & Hertz, P. (1996). *Inside out and outside in: Psychodynamic clinical theory and practice in contemporary multicultural context.* Northvale, NJ: Aronson.

Betancourt, H., & López, S. R. (1993). The study of culture, ethnicity, and race in American psychology. *American Psychologist, 48,* 629~637.

Beutler, L. E., & Malik, M. L. (2002). *Rethinking the DSM: A psychological perspective.* Washington, DC: American Psychological Association.

Bibb, A., & Casimir, G. J. (1996). Haitian families. In M. McGoldrick, J. Giordano, & J. K. Pearce (Eds.), *Ethnicity and family therapy* (2nd ed., pp. 86~111). New York: Guilford Press.

Blood, P., Tuttle, A., & Lakey, G. (1995). Understanding and fighting sexism: A call to men. In M. L. Anderson (Ed.), *Race, class and gender: An anthology* (pp.154~161). New York: Wadsworth.

Boyd-Franklin, N. (1989). *Black families in therapy.* New York: Guilford Press.

Boyd-Franklin, N. (2003). *Black families in therapy* (3rd ed.). New York: Guilford

Press.

Bradford, D. T., & Munoz, A. (1993). Translation in bilingual psychotherapy. *Professional Psychology: Research and Practice, 24*, 52~61.

Bratton, S. C., Ray, D., Rhine, T., & Jones, L. (2005). The efficacy of play therapy with children: A meta-analytic review of treatment outcomes. *Professional Psychology: Research and Practice, 36*, 376~390.

Brendtro, L. K., Brokenleg, M., & Van Bockern, S. (1998). *Reclaiming youth at risk: Our hope for the future. Bloomington*, IN: National Educational Service.

Brookfield, S. (1987). *Developing critical thinkers*. San Francisco: Jossey-Bass.

Brown, D. (1997) Implications of cultural values for cross-cultural consultations with families. *Journal of Counseling and Development, 76*, 29~35.

Brown, L. S. (1990). Taking account of gender in the clinical assessment interview. *Professional Psychology: Research and Practice, 21*, 12~17.

Brown, L. S. (1994). *Subversive dialogues*. New York : Basic Books.

Brown, L. S. (2004). Feminist paradigms of treatment. *Psychotherapy: Theory, Research, Practice, Training, 41*, 464~471.

Brown, L. S., & Ballou, M. (Eds.). (1992). *Personality and psychopathology: Feminist reappraisals*. New York: Guilford Press.

Bullock, M. (2006, May). Toward a global psychology. *Monitor on Psychology, 37*, 9.

Burlingame, V. S. (1999). *Ethnogerocounseling: Counseling ethnic elders and their families*. New York: Springer Publishing Company.

Bushra, A., Khadivi, A., & Frewat-Nikowitz, S. (2007). History, custom, and the twin towers: challenges in adapting psychotherapy to Middle Eastern culture in the United States. In J. C. Muran (Ed.), *Dialogues on difference: Studies of diversity in the therapeutic relationship* (pp. 221~235). Washington, DC: American Psychological Association.

318

Butcher, J. N, Cabiya, J., Lucio, E., & Garrido, M. (2007). *Assessing Hispanic clients using the MMPI-2 and MMPI-A*. Washington, DC: American Psychological Association.

Butcher, J. N., Coelho Mosch, S., Tsai, J., & Nezami, E. (2006). Crosscultural applications of the MMPI-2. In J. Butcher (Ed.), *MMPI-2: A practitioner's guide* (pp. 505~538). Washington, DC: American Psychological Association.

Butcher, J. N., Graham, J. R., Ben Porath, Y. S., Tellegen, A., Dahlstrom, W. G., & Kaemmer, B. (1989). *Minnesota Multiphasic Personality Inventory - 2 (MMPI-2): Manual for administration, scoring, and interpretation* (Rev. ed.). Minneapolis: University of Minnesota Press.

Butcher, J. N., Graham, J. R., Ben-Porath, Y. S., Tellegen, A., Dahlstrom, W. G., & Kaemmer, B. (2001). *Minnesota Multiphasic Personality Inventory - 2 (MMPI-2): Manual for administration, scoring, and interpretation* (Rev. ed.). Minneapolis: University of Minnesota Press.

Butler, R. N., Lewis, M., & Sunderland, T. (1998). *Aging and mental health*. New York: Allyn & Bacon.

Calisch, A. (2003). Multicultural training in art therapy: Past, present, and future. *Art Therapy, 20*, 11~15.

Campbell, A., Rorie, K., Dennis, G., Wood, D., Combs, S., Hearn, L., et al. (1996). Neuropsychological assessment of African Americans: Conceptual and methodological considerations. In R. L. Jones (Ed.), *Handbook of tests and measurements for Black populations* (pp. 75~84). Hampton, VA: Cobb & Henry.

Campbell, C., Richie, S. D., & Hargrove, D. S. (2003). Poverty and rural mental health. In B. H. Stamm (Ed.), *Rural behavioral health care: An inter-disciplinary guide* (pp. 41~51). Washington, DC: American Psychological Association.

Cardemil, E. V., Kim, S., Pinedo, T. M., & Miller I. W. (2005). Developing a culturally appropriate depression prevention program: The family coping skills program. *Cultural Diversity and Ethnic Minority Psychology, 11*, 99~112.

Carter, R. (1994). *Helping yourself help others: A book for caregivers*. New York: Times Books.

Cashwell, C. S., & Young, J. S. (2005). *Integrating spirituality and religion into counseling: A guide to competent practice*. Alexandria, VA: American Counseling Association.

Cass, V. C. (1979). Homosexual identity formation: A theoretical model. *Journal of Homosexuality, 4*, 219~235.

Cervantes, R. C., Padilla, A. M., & Salgado de Snyder, N. (1990). Reliability and validity of the Hispanic Stress Inventory. *Hispanic Journal of Behavioral Sciences, 12*, 76~82.

Chan, A. S., Shum, D., & Cheung, R. W. Y. (2003). Recent development of cognitive and neuropsychological assessment in Asian countries. *Psychological Assessment, 15*, 257~267.

Chan, C. S. (1992). Cultural considerations in counseling Asian American lesbians and gay men. In S. H. Dworkin & F. J. Gutiérrez (Eds.), *Counseling gay men and lesbians: Journey to the end of the rainbow* (pp. 115~124). Alexandria, VA: American Counseling Association.

Chin, J. L. (1994). Psychodynamic approaches. In L. Comas-Dìaz & B. Greene (Eds.), *Women of color: Integrating ethnic and gender identities in psychotherapy* (pp. 194~222). New York: Guilford Press.

Chödrön, P. (2000). *When things fall apart: Heart advice for difficult times*. Boston: Shambala.

Comas-Díaz, L. (2001). Hispanics, Latinos, or Americanos: The evolution of identity.

Cultural Diversity and Ethnic Minority Psychology, 7, 115~120

Comas-Díaz, L. (2007). Commentary: Freud, Jung, or Fanon? The racial other on the couch. In C. Muran (Ed.), *Dialogues on difference: Studies of diversity in the therapeutic relationship* (pp. 35~39). Washington, DC: American Psychological Association.

Comas-Díaz, L., & Greene, B. (1994a). Overview: Gender and ethnicity in the healing process. In L. Comas-Díaz, & B. Greene (Eds.), *Women of color: Integrating ethnic and gender identities in psychotherapy* (pp. 185~193). New York: Guilford Press.

Comas-Díaz, L., & Greene, B. (Eds.). (1994b). *Women of color: Integrating ethnic and gender identities in psychotherapy.* New York: Guilford Press.

Consoli, A. J., & Jester, C. M. (2005). A model for teaching psychotherapy theory through an integrated structure. *Journal of Psychotherapy Integration, 15*, 358~373.

Cooper, C. C., & Gottlieb, M. C. (2000). Ethical issues with managed care: Challenges facing counseling psychology. *Counseling Psychologist, 28*, 179~236.

Costantino, G., Flanagan, R., & Malgady, R. (1995). The history of the Rorschach: Overcoming bias in multicultural projective assessment. *Rorschachiana: Yearbook of the International Rorschach Society, 20*, 148~171.

Costantino, G., & Malgady, R. G. (2000). Multicultural and cross-cultural utility of the TEMAS (Tell-Me-A-Story) Test. In R. H. Dana (Ed.), *Handbook of cross-cultural and multicultural personality assessment* (pp. 481~513). Mahwah, NJ: Erlbaum.

Costantino, G., Malgady, R. G. & Rogler, L. H. (1988). *TEMAS (Tell-Me-A-Story) manual.* Los Angeles: Western Psychological Services.

Costantino, G., Malgady, R. & Vasquez, C. (1981). A comparison of the Murray-TAT and a new Thematic Apperception Test for urban Hispanic children.

Hispanic Journal of Behavioral Science, 3, 291~300.

Courtois, C. A. (2004). Complex trauma, complex reactions: Assessment and treatment. *Psychotherapy: Theory, Research, Practice, Training, 41,* 412~425.

Criddle, J. (1992). *Bamboo and butterflies: From refugee to citizen.* Dixon, CA: East/West Bridge.

Cross, T. L. (2003). Culture as a resource for mental health. *Cultural Diversity and Ethnic Minority Psychology, 9,* 354~359.

Cross, W. E. (1991). *Shades of Black: Diversity in African American identity.* Philadelphia: Temple University Press.

Croteau, J. M. (1999). One struggle through individualism: Toward an antiracist White racial identity. *Journal of Counseling and Development, 77,* 30~32.

Cruikshank, J. (1990). *Life lived like a story: Life stories of three Yukon Native elders.* Lincoln: University of Nebraska Press.

Cuéllar, I. (1998). Cross-cultural clinical psychological assessment of Hispanic Americans. *Journal of Personality Assessment, 70,* 71~86.

Cuéllar, I. (2000). Acculturation as a moderator of personality and psychological assessment. In R. H. Dana (Ed.), *Handbook of cross-cultural and multicultural personality assessment* (pp. 113~129). Mahwah, NJ: Erlbaum.

Dana, R. H. (1998). Cultural identity assessment of culturally diverse groups: 1997. *Journal of Personality Assessment, 70,* 1~16.

Dana, R. H. (1999). Cross-cultural-multicultural use of the Thematic Apperception Test. In L. Geiser & M. I. Stein (Eds.), *Evocative images: The Thematic Apperception Test and the art of projection* (pp. 177~190). Washington, DC: American Psychological Association.

Dana R. H. (2000). Cultural and methodology in personality assessment. In I. Cuéller & F. A. Paniagua (Eds.), *Handbook of multicultural mental health: Assessment and treatment of diverse populations* (pp. 79~120). San Diego,

CA: Academic Press.

Dator, J. (1979). The futures of culture or cultures of the future. In A. J. Marsella, R. G. Tharp, & T. J. Ciborowski (Eds.), *Perspective on cross-cultural psychology* (pp. 369~388). New York: Academic Press.

Davidson, G. (1995). Cognitive assessment of Indigenous Australians: Towards a multiaxial model. *Australian Psychologist, 30*, 30~34.

Divis, H. (1993). *Counselling parents of children with chronic illness or disability.* Leicester, England: British Psychological Society.

deShazer, S. (1985). *Keys to solution in brief therapy.* New York: Norton.

DeSilva, P. (1993). Buddhist psychology: A therapeutic perspective. In U. Kim & J. W. Berry (Eds.), *Indigenous psychologies* (pp. 221~239). Newbury Park, CA: Sage.

Dew, B. J., Myers, J. E., & Wightman, L. F. (2006). Wellness in adult gay males: Examining the impact of internalized homophobia, self-disclosure and self-disclosure to parents. *Journal of LGBT Issues in Counseling, 1*, 23~40.

Diener, E., Oishi, S., & Lucas, R. E. (2003). Personality, culture, and subjective well-being: Emotional and cognitive evaluations of life. *Annual Review of Psychology, 54*, 403~425.

Dingfelder, S. (2005, December). APA offers free journal access to world's poorest countries. *Monitor on Psychology, 36*, 14.

Dolan, Y. M. (1991). *Resolving sexual abuse.* New York: Norton.

Dowd, E. T. (2003). Cultural differences in cognitive therapy. *Behavior Therapist, 26*, 247~249.

Downing, N. E., & Roush, K. L. (1985). From passive acceptance to active commitment: A model of feminist identity development of women. *Counseling Psychologist, 13*, 59~72.

Droby, R. M. (2000). *With the wind and the waves: A guide for non-Native mental health professionals working with Alaska Native communities.* Nome, AK: Norton Sound Health Corporation, Behavioral Health Services.

Duffy, M. (1986). The techniques and contexts of multigenerational therapy. In T. Brink (Ed.). *Clinical gerontology: A guide to assessment and interventions* (pp. 347~362). New York: Haworth Press.

Duffy. M. (Ed.). (1999). *Handbook of counseling and psychotherapy with older adults.* New York: Wiley.

Dulicai, D., & Berger, M. R. (2005). Global dance/movement therapy growth and development. *Arts in Psychotherapy, 32,* 205~216.

Duran, E. (2006). *Healing the soul wound.* Williston, VT: Teachers College Press.

Dwairy, M. (2006). *Counseling and psychotherapy with Arabs and Muslims.* Williston, VT: Teachers College Press.

Dworkin, S. H. & Cutiérrez, F. J. (Eds.). (1992). *Counseling gay men and les-bians: Journey to the end of the rainbow.* Alexandria, VA: American Counseling Association.

Eisman, E. J., Dies, R. R., Finn, S. E., Eyde, L. D., Kay, G. G., Kubiszyn, T. W., et al. (2000). Problems and limitations in using psychological assessment in the contemporary health care delivery system. *Professional Psychology: Research and Practice, 31,* 131~140.

Elliott, J. E., & Fleras, A. (1992). *Unequal relations: An introduction to race and ethnic dynamics in Canada.* Scarborough, Ontario: Prentice-Hall Canada.

Ellis, A. (1997). Using rational emotive behavior therapy techniques to cope with disability. *Professional Psychology: Research and Practice, 28,* 17~22.

Ellis, A. & Dryden, W. (1987). *The practice of rational-emotive therapy.* New York: Springer Publishing Company.

Ephraim, D. (2000). Culturally relevant research and practice with the Rorschach Comprehensive System. In R. H. Dana (Ed.), *Handbook of cross-cultural and multicultural personality assessment* (pp. 303~328). Mahwha, NJ: Erlbaum.

Erikson, C. D., & Al-Timmimi, N. R. (2001). Providing mental health services to Arab Americans: Recommendations and considerations. *Cultural Diversity and Ethnic Minority Psychology, 7*, 308~327.

Escobar, J. I., Burman, A., Karno, M., Forsythe, A., Landsverk, J., & Golding, J. M. (1986). Use of the Mini-Mental State Examination (MMSE) in a community population of mixed ethnicity. *Journal of Nervous and Mental Disease, 174*, 607~614.

Exner, J. E., Jr. (1993). *The Rorschach: A comprehensive system: Vol. 1. Basic foundations* (3rd ed.). New York: Wiley.

Fadiman, A. (1997). *The spirit catches you and you fall down.* New York: Farrar, Straus & Giroux.

Falicov, C. J. (1995). Cross-cultural marriages. In N. S. Jacobson & A. S. Gurman (Eds.), *Clinical handbook of couple therapy* (pp. 231~246). New York: Guilford Press.

Falicov, C. J. (2005). Mexican families. In M. McGoldrick, J. Giordano, & J. K. Pearce (Eds.), *Ethnicity and family therapy* (2nd ed., pp. 169~182). New York: Guilford Press.

Falicov, C. J. (1998). *Latino families in therapy.* New York: Guilford Press.

Farley, N. (1992). Same-sex domestic violence. In S. H. Dworkin & F. J. Gutiérrez (Eds.), *Counseling gay men and lesbians: Journey to the end of the rainbow* (pp. 231~244). Alexandria, VA: American Counseling Association.

Fiore, J., Coppel, D. B., Becker, J., & Cox, G. B. (1986). Social support as a multi-faceted concept: Examination of important dimensions for adjustment. *American Journal of Community Psychology, 14*, 93~111.

Fiske, S. (1993). Controlling other people: The impact of power on stereotyping.

American Psychologist, 48, 621~628.

Flanagan, R., & Di Giuseppe, R. (1999). Critical review of the TEMAS: A step within the development of thematic apperception instruments. *Psychology in the Schools, 36*, 21~30.

Foa, E. B., Keane, T. M., & Friedman, M. J. (Eds.). (2000). *Effective treatments for PTSD*. New York: Guilford Press.

Folstein, M., Anthony, J. E., Parhad, I., Duffy, B., & Gruenberg, E. M. (1985). The meaning of cognitive impairment in the elderly. *Journal of the American Geriatrics Society, 33*, 228~235.

Fong, R. (Ed.). (2004). *Culturally competent practice with immigrant and refugee children and families*. New York: Guilford Press.

Fowers, B. J., Tredinnick, M., & Applegate, B. (1997). Individualism and counseling: An empirical examination of the prevalence of individualistic values in psychologists' responses to case vignettes. *Counseling and Values, 41*, 204~218.

Frager, R., & Fadiman, J. (1998). *Personality and personal growth*. New York: Longman.

Fukuyama, M. A., & Sevig, T. D. (1999). *Integrating spirituality into multicultural counseling*. Thousand Oaks, CA: Sage.

Fuld, P. A. (1977). *Fuld Object-Memory Evaluation*. Wood Dale, IL: Stolelting Co.

Fuld, P. A., Muramoto, O., Blau, A., & Westbrook, L. (1988). Cross-cultural and multi-ethnic dementia evaluation by mental status and memory testing. *Cortex, 24*, 511~519.

Gaines, E. J. (1997). *A lesson before dying*. New York: Vintage Books.

Gaines, S. O., & Reed, E. S. (1995). Prejudice: From Allport to Dubois. *American Psychologist, 50*, 96~103.

Garrido, M., & Velasquez, R. (2006). Interpretation of Latino/Latina MMPI-2 profiles:

Review and application of empirical findings and cultural-linguistic considerations. In J. Butcher (Ed.), *MMPI-2: A practitioner's guide* (pp. 477-504). Washington, DC: American Psychological Association.

Gatz, M. (1994). Application of assessment to therapy and intervention with older adults. In M. Storandt & G. R. VandenBos (Eds.), *Neuropsychological assessment of dementia and depression in older adults: A clinician's guide* (pp. 155~176). Washington, DC: American Psychological Association.

Gaughen, K. J. S., & Faughen, D. K. (1996). The Native Hawaiian (Kanaka Maoli) client. In P. B. Pedersen & D. C. Locke (Eds.), *Cultural and diversity issues in counseling* (pp. 33-36). Greensboro: School of Education, University of North Carolina at Greensboro. (ERIC Document Reproduction Service No. ED400486)

Geisinger, K. F. (1992). *Psychological testing of Hispanics.* Washington, DC: American Psychological Association.

Gibbons, K. (1998). *Ellen Foster.* New York: McMillan.

Gil, E. (Ed.). (2006). *Cultural issues in play therapy.* New York: Guilford Press.

Gill, C. J., Kewman, D. G., & Brannon, R. W. (2003). Transforming psychological practice and society: Policies that reflect the new paradigm. *American Psychologist, 58,* 305~312.

Glasgow, J. H., & Adaskin, E. J. (1990). The West Indians. In N. Waxler-Morrison, J. M. Anderson, & E. Richardson (Eds.), *Cross-cultural caring: A handbook for health professionals in Western Canada* (pp. 214~244). Vancouver, British Columbia, Canada: University of British Columbia Press.

Gleave, D., Chambers, N. A., & Manes, A. S. (2005). People of Central American descent. In N. Waxler-Morrison, J. M. Anderson, E. Richardson, & N. A. Chambers (Eds.), *Cross-cultural caring: A handbook for health professionals* (2nd ed., pp. 11~58). Vancouver, British Columbia, Canada: University of

British Columbia Press.

Gonzalez, A., & Zimbardo, P. G. (1985, March). Time in perspective: The time sense we learn early affects how we do our jobs and enjoy our pleasures. *Psychology Today*, pp. 21~26.

Good, B. J. (1996). Culture and DSM-IV: Diagnosis, knowledge and power. *Culture, Medicine and Psychiatry, 20*, 127~132.

Copaul-McNicol, S. A. (1993). *Working with West Indian families.* New York: Guilford Press.

Graham, J. (1990). *MMPI-2: Assessing personality and psychopathology.* New York: Guilford Press.

Greenberg, S., & Motenko, A. K. (1994). Women growing older: Partnerships for change. In M. P. Mirken (Ed.), *Women in context* (pp. 96~117). New York: Guilford Press.

Greenberg, D., & Padesky, C. A. (1995). *Mind over mood: Change How you feel by changing the way you think.* New York: Guilford Press.

Greene, B. (1994.) Lesbian women of color: Triple jeopardy. In L. Comas-Díaz & B. Greene (Eds.), *Women of color: Integrating ethnic and gender identities in psychotherapy* (pp. 389~427). New York: Guilford Press.

Grier, W., & Cobbs, P. (1968). *Black rage.* New York: Basic Books.

Griffin-Pierce, T. (1997). "When I am lonely the mountains call me": The impact of sacred geography on Navajo psychological well-being. *American Indian and Alaskan Native Mental Health Research, 7*, 1~10.

Guthman, D., & Sanberg, K. A. (2002). Dual relationships in the Deaf community: When dual relationships are unavoidable and essential. In A. A. Lazarus & O. Zur (Eds.), *Dual relationships and psychotherapy* (pp. 287~297). New York: Springer Publishing Company.

Gutiérrez, F. J., & Dworkin, S. H. (1992). Gay, lesbian, and African American:

Managing the integration of identities. In S. H. Dworkin & F. J. Gutiérrez (Eds.), *Counseling gay men and lesbians: Journey to the end of the rainbow* (pp. 141~156). Alexandria, VA: American Counseling Association.

Haley, J. (1963). *Strategies of psychotherapy.* New York: Grune & Stratton.

Hall, C. C. I. (2003). Not just Black and White: Interracial relationships and multicultural individuals. In J. S. Mio & G. Y. Iwamasa (Eds.), *Culturally diverse mental health* (pp. 231-248). New York: Brunner-Routledge.

Hall, E. T. (1966). *The hidden dimension.* New York: Doubleday.

Hambleton, R. K., Merenda, P. F., & Spielberger, C. D. (Eds.). (1996). *Adapting educational and psychological tests for cross-cultural assessment.* Mahwah, NJ: Erlbaum.

Hamilton, D. L., & Trolier, T. K. (1986). Stereotypes and stereotyping: An overview of the cognitive approach. In J. F. Dovidio & S. L. Gaertner (Eds.), *Prejudice, discrimination, and racism* (pp. 127~163). New York: Academic Press.

Hammond, L. C., & Gantt, L. (1998). Using art in counseling: Ethical considerations. *Journal of Counseling and Development, 76,* 271~276.

Hanh, T. N. (1992). *Touching peace: Practicing the art of mindful living.* Berkeley, CA: Parallax Press.

Harowski, K., Turner, A., LeVine, E., Schank, J. A., & Leichter, J. (2006). From our community to yours: Rural best perspectives on psychology practice, training, and advocacy. *Professional Psychology: Research and Practice, 37,* 158~164.

Harper, F. D., & McFadden, J. (2003). *Culture and counseling: New approaches.* Boston: Allyn & Bacon.

Harper, G. W., Jernewall, N., & Zea, M. C. (2004). Giving voice to emerging science and theory for lesbian, gay, and bisexual people of color. *Cultural*

Diversity and Ethnic Minority Psychology, 10, 187~199.

Hayes, S. C., & Duckworth, M. P. (2006). Acceptance and commitment therapy and traditional cognitive behavior therapy approaches to pain. *Cognitive and Behavioral Practice, 13,* 185~187.

Hays, P. A. (1987). *Modernization, stress, and psychopathology in Tunisian women.* Unpublished doctoral dissertation, University of Hawaii, Honolulu. (UMI No. 8722387)

Hays, P. A. (1995). Multicultural applications of cognitive behavior therapy. *Professional Psychology: Research and Practice, 26,* 309~315.

Hays, P. A. (1996a). Addressing the complexities of culture and gender in counseling. Journal of Counseling and Development, 74, 332~338.

Hays, P. A. (1996b). Cultural considerations in couples therapy. *Women and Therapy, 19,* 13~23.

Hays, P. A. (1996c). Culturally responsive assessment with diverse older clients. *Professional Psychology: Research and Practice, 27,* 188~193.

Hays, P. A. (2006a). Cognitive-behavioral therapy with Alaska Native people. In P. A. Hays & G. Y. Iwamasa (Eds.), *Culturally responsive cognitive-behavioral therapy: Assessment, practice, and supervision* (pp. 47~72). Washington, DC: American Psychological Association.

Hays, P. A. (2006b). Introduction: Developing culturally responsive cognitive-behavioral therapies. In P. A. Hays & G. Y. Iwamasa (Eds.), *Culturally responsive cognitive-behavioral therapy: Assessment, practice, and supervision* (pp. 3~20). Washington, DC: American Psychological Association.

Hays, P. A. (2007). Commentary: A strengths-based approach to psychotherapy with Middle Eastern people. In J. C. Muran (Ed.), *Dialogues on difference: Studies of diversity in the therapeutic relationship* (pp. 243~250). Washington, DC: American Psychological Association.

Hays, P. A. & Iwamasa, G. Y. (Eds.). (2006). *Culturally responsive cognitive-behavioral therapy: Assessment, practice, and supervision.* Washington, DC: American Psychological Association.

Hays, P. A. & Zouari, J. (1995). Stress, coping, and mental health among rural, village, and urban women in Tunisia. *International Journal of Psychology, 30,* 69~90.

Helms, J. E. (1995). An update of Helms's White and people of color racial identity models. In J. Ponterotto, J. M. Casas, L. A. Suzuki, & C. M. Alexander (Eds.), *Handbook of multicultural counseling* (pp. 181~198). Thousand Oaks, CA: Sage.

Herman, J. (1992). Complex PTSD: A syndrome in survivors of prolonged and repeated trauma. *Journal of Traumatic in Stress, 5,* 377~391.

Herman, J. (1997). *Trauma and recovery.* New York: Basic Books.

Hernandez, M. (2005). Central American families. In M. McGoldrick, J. Giordano, & J. K. Pearce (Eds.), *Ethnicity and family therapy* (3rd ed., pp. 178~191). New York: Guilford Press.

Herring, R. (1999). *Counseling with Native American Indians and Alaskan Natives.* Thousand Oaks, CA: Sage.

Herrnstein, R. J., & Murray, C. (1994). *The bell curve.* New York: Free Press.

Herzberg, J. F. (1990). Feminist psychotherapy and diversity: Treatment considerations from a self psychology perspective. In L. S. Brown & M. P. P. Root (Eds.), *Diversity and complexity in feminist therapy* (pp. 275~298). Binghamton, NY: Haworth Press.

Hill, C. E., & Lent, R. W. (2006). A narrative and meta-analytic review of helping skills training: Time to review a dormant area of inquiry. *Psychotherapy: Theory, Research, Practice, Training, 43,* 154~172.

Hinrichsen, G. A. (1991). Adjustment of caregivers to depressed older adults.

Psychology and Aging, 6, 631~639.

Hindrichsen, G. A. (2006). Why multicultural issues matter for practitioners working with older adults. *Professional Psychology: Research and Practice, 37*, 29~35.

His Holiness the Dalai Lama. (2003). *A simple path: Basic Buddhist teachings by His Holiness the Dalai Lama.* New York: Thorsons/HarperCollins.

His Holiness the Dalai Lama, & Cutler, H. C. (1999). *The art of happiness: A handbook for living.* New York: Riverhead Books.

Hiscox, A. R., & Calish, A. C. (Eds.). (1998). *Tapestry of cultural issues in art therapy.* Philadelphia: Jessica Kingsley.

Ho, C. K. (1990). An analysis of domestic violence in Asian American communities: A multicultural approach to counseling. In L. S. Brown & M. P. P. Root (Eds.), *Diversity and complexity in feminist therapy* (pp. 129~150). Binghamton, NY: Haworth Press.

Ho, M. K. (1987). *Family therapy with ethnic minorities.* Newbury Park. CA: Sage.

Hogan, L. (1995). *Solar storms.* New York: Scribner.

Holiman, M., & Lauver, P. J. (1987). The counselor cultural and client-centered practice. *Counselor Education and Supervision, 26*, 184~191.

Hong, G. K. (1988). A general family practitioner approach for Asian American mental health services. *Professional Psychology: Research and Practice, 19*, 600~605.

hooks, b. (1998). Feminism: A transformational politic. In P.S. Rothenberg (Ed.), *Race, class, and gender in the United States* (pp. 579~586). New York: St. Martin's Press.

Hopson, R. E. (1996). The 12-step program. In E. P. Shafranske (Ed.), *Religion and the clinical practice of psychology* (pp. 533~558). Washington, DC: American Psychological Association.

Hoshino, J. (2003). Multicultural art therapy with families. In C. Malchiodi (Ed.), *Clinical handbook of art therapy* (pp. 375-386). New York: Guilford Press.

Hoshmand, L. T. (Ed.). (2006). Cultural, psychotherapy, and counseling: Critical and intergrative perspectives. Thousand Oaks, CA: Sage.

Hulnick, M. R., & Hulnick, H. R. (1989). Life's challenges: Curse or opportunity? Counseling families of persons with disabilities. *Journal of Counseling and Development, 68*, 166~170.

Hwang, W. (2006). The psychotherapy adaptation and modification framework: Application to Asian Americans. *American Psychologist, 61*, 702~715.

International Policy Coordination, Citizenship and Immigration. (2004, March). *Remittances: A preliminary research.* Retrieved December 15, 2006. from http://www.rcmvs.org/investigacion/remittances_paper_april_5.doc

Irish, D. P., Lundquist, K. F., & Nelsen, V. J. (1993). *Ethnic variations in dying, death, and grief: Diversity in universality.* Washington, DC: Taylor & Francis.

Itai, G., & McRae, C. (1994). Counseling older Japanese American clients: An overview and observations. *Journal of Counseling and Development, 72*, 373~377.

Ivey, A. E., D'Andrea, M., Ivey, M. B., & Simek-Morgan, L. (2001). *Theories of counseling and psychotherapy: A multicultural perspective.* Needham Heights, MA: Allyn & Bacon.

Ivey, A. E., Ivey, M. B., & Simek-Morgan, L. (1993). *Counseling and psychotherapy: A multicultural perspective.* Needham Heights, MA: Simon & Shuster.

Iwamasa, G. Y., Hsia, C., & Hinton, D. (2006). Cognitive-behavioral therapy with Asian Americans. In P. A. Hays & G. Y. Iwamasa (Eds.), *Culturally responsive cognitive-behavioral therapy: Assessment, practice, and supervision* (pp.

117~140). Washington, DC: American Psychological Association.

Iwamasa, G. Y., Pai, S. M., & Sorocco, K. H. (2006). Multicultural cognitive-behavioral therapy supervision. In P. A. Hays & G. Y. Iwamasa (Eds.), *Culturally responsive cognitive-behavioral therapy: Assessment, practice, and supervision* (pp. 267~281). Washington, DC: American Psychological Association.

Jensen, J. P., & Bergin, A. E. (1988). Mental health values of professional therapists: A national interdisciplinary survey. *Professional Psychology: Research and Practice, 19*, 290~297.

Jewell, D. A. (1989). Cultural and ethnic issues. In S. Wetzler & M. M. Katz (Eds.), *Contemporary approaches to psychological assessment* (pp. 299~309). New York: Brunner/Mazel.

Jilek, W. G. (1994). Traditional healing in the prevention and treatment of alcohol and drug abuse. *Transcultural Psychiatric Research Review, 31*, 219~258.

Johnson-Powell, G. (1997). The culturologic interview: Cultural, social, and linguistic issues in the assessment and treatment of children. In G. Johnson-Powell & J. Yamamoto (Eds.), *Transcultural child development: Psychological assessment and treatment* (pp. 349~364). New York: Wiley.

Jones, E. (1974). Social class and psychotherapy: A critical review of research. *Psychiatry, 37*, 307~320.

Jones, E. E. (1987). Psychotherapy and counseling with Black clients. In P. Pedersen (Ed.), *Handbook of cross-cultural counseling and psychotherapy* (pp. 173~179). New York: Praeger.

Jones, R. L. (Ed.). (1996). *Handbook of tests and measurements for Black populations.* Hampton, VA: Cobb & Henry.

Judd, T. (2005). Cross-cultural forensic neutropsychological assessment. In K. Barrett, & W. George (Eds.), *Race, culture, psychology, and law* (pp.

141~162). Thousand Oaks, CA: Sage.

Kabat-Zinn, J. (2005). *Wherever you go, there you are: Mindfulness mediation in everyday life.* New York: Hyperion.

Kahn, R. L., Goldfarb, A., Pollack, M., & Peck, A. (1960). Brief objective measures for the determination of mental status in the aged. *American Journal of Psychiatry, 117,* 326~328.

Kail, R. V., & Cavanaugh, J. C. (2000). *Human development: A lifespan view.* Belmont, CA: Wadsworth.

Kantrowitz, R. E., & Ballou, M. (1992). A feminist critique of cognitive-behavioral therapy. In L. S. Brown & M. Ballou (Eds.), *Personality and psychopathology: Feminist appraisals* (pp. 70~87). New York: Guilford Press.

Kaplan, M. (1983). A woman's view of the DSM-III. *American Psychologist, 38,* 786-792.

Karlsson, R. (2005). Ethnic matching between therapist and patient in psychotherapy: An overview of findings, together with methodological and conceptual issues. *Cultural Diversity and Ethnic Minority Psychology, 11,* 113~129.

Kaslow, F. (1993). Relational diagnosis: An idea whose time has come? *Family Process, 32,* 255~259.

Kathuria, R., & Serpell, R. (1998). Standardization of the Panga Munthu test — A nonverbal cognitive test developed in Zambia. *Journal of Negro Education, 67,* 228~241.

Kaufert, J. M., & Shapiro, E. (1996). Cultural, linguistic and contextual factors in validating the Mental Status Questionnaire: The experience of Aboriginal elders in Manitoba. *Transcultural Psychiatric Research Review, 33,* 277~296.

Kearney, L. K., Draper, M., & Barón, A. (2005). Counseling utilization by ethnic minority college students. *Cultural Diversity and Ethnic Minority Psychology,*

11, 272~285.

Kelland, D. Z, Lewis, R., & Curevitch, D. (1992). Evaluation of the Repeatable Cognitive-Perceptual-Motor Battery: Reliability, validity and sensitivity to diazepam [Abstract]. *Journal of Clinical and Experimental Neuropsychology, 14*, 65.

Kelly, E. W., Jr. (1995). *Spirituality and religion in counseling and psychotherapy.* Alexandria, VA: American Counseling Association.

Kelly, S. (2006). Cognitive-behavioral therapy with African Americans. In P. A. Hays & G. Y. Iwamasa (Eds.), *Culturally responsive cognitive-behavioral therapy: Assessment, practice, and supervision* (pp. 97~116). Washington, DC: American Psychological Association.

Kemp, N. T., & Mallinckrodt, B. (1996). Impact of professional training on case conceptualization of clients with a disability. *Professional Psychology: Research and Practice, 27*, 378~385.

Kertesz, R. (2002). Dual relationships in psychotherapy in Latin America. In A. A. Lazarus & O. Zur (Eds.), *Dual relationships and psychotherapy* (pp. 329~334). New York: Springer Publishing Company.

Kessler, L. E., & Waehler, C. A. (2005). Addressing multiple relationships between clients and therapists in lesbian, gay bisexual, and transgender communities. *Professional Psychology: Research and Practice, 36*, 66~72.

Kim, B. L. C. (1996). Korean families. In M. McGoldrick, J. Giordano, & J. K. Pearce (Eds.), *Ethnicity and family therapy* (2nd ed., pp. 281~294). New York: Guilford Press.

Kim, B. L. C. (1998). Marriages of Asian women and American military men. In M.McGoldrick (Ed.), *Re-visioning family therapy* (pp. 309~319). New York: Guilford Press.

Kim, B. S. K. (1996). The Korean Americans. In P. B. Pedersen & D. C. Locke

(Eds.), *Cultural and diversity issues in counseling* (pp. 47~50). Greensboro: School of Education, University of North Carolina at Greensboro. (ERIC Document Reproduction Service No. ED400486)

Kim, B. S. K., Ng, G. F., & Ahn, A. J. (2005). Effects of client expectation for counseling success client-counselor worldview match, and client adherence to Asian and European-American cultural values on counseling process with Asian Americans. *Journal of Counseling and Psychology, 52*, 67~76.

Kim, S. C. (1985). Family therapy for Asian Americans: A strategic structural framework. *Psychotherapy, 22*, 342~348.

Kim, W. J., Kim, L. I., & Rue, D. S. (1997). Korean American children. In G. Johnson-Powell & J. Yamamoto (Eds.), *Transcultural child development: Psychological assessment and treatment* (pp. 182~207). New York: Wiley.

Kim-Ju, G. M., & Liem, R. (2003). Ethnic self-awareness as a function of ethnic group status, group composition, and ethnic identity orientation. *Cultural Diversity and Ethnic Minority Psychology, 9*, 289~302.

Kimmel, M. S., & Messner, M. (Eds.). (1992). *Men's lives.* New York: Macmilan.

Kinzie, J. D., Manson, S. M., Vinh, D. T., Tolan, N. T., Anh, B., & Pho, T. N. (1982). Development and validation of a Vietnamese-language depression rating scale. *American Journal of Psychiatry, 139*, 1276~1281.

Kirmayer, L. J. (1998). Editorial: The fate of culture and *DSM-IV. Transcultural Psychiatry, 35*, 339~342.

Kiselica, M. S. (1998). Preparing Anglos for the challenges and joys of multi-cultraism. *Counseling Psychologist, 26*, 5~21.

Kivel, P. (2002). Uprooting racism. Gabriola Island, British Columbia, Canada: New Society Publishers.

Kleinman, A. M. (1980). *Patients and healers in the context of culture.* Berkeley: University of California Press.

Kluckhohn, F., & Strodtbeck, F. (1961). *Variations in value orientations.* Evanston, IL: Row, Peterson.

Knight, B. G. (2004). *Psychotherapy with older adults.* Thousand Oaks, CA: Sage.

Koss, J. (1980). The therapist-spiritist training project in Puerto Rico: An experiment to relate the traditional healing system. *Social Science and Medicine, 14B,* 255~266.

Kubiszyn, T. W., Meyer, G. J., Finn, S. E., & Eyde, L. D., Kay, G. G., Moreland, K. L., et al. (2000). Empirical support for psychological assessment in clinical health care settings. *Professional Psychology: Research and Practice, 31,* 119-130.

LaFromboise, T. D., Berman, J. S., & Sohi, B. K. (1994). American Indian women. In L. Comas-Díaz & B. Greene (Eds.), *Women of color: Integrating ethnic and gender identities in psychotherapy* (pp. 30~71). New York: Guilford Press.

LaFromboise, T. D., & Rowe, W. (1983). Skills training for bicultural competence: Rationale and application. *Journal of Counseling psychology, 30,* 589~595.

Lai, M. C., & Yue, K. M. K. (1990). The Chinese. In N. Waxler-Morrison, J. M. Anderson, & E. Richardson (Eds.), *Cross-cultural caring: A handbook for health professional in Western Canada* (pp. 68~90). Vancouver, British Columbia, Canada: University of British Columbia Press.

Lamberty, G. J. (2002). Traditional and trends in neuropsychological assessment. In F. R. Ferraro (Ed.), *Minority and cross-cultural aspects of neuropsychological assessment* (pp. 3~16). Exton, PA: Swets & Zeitlinger.

Lazarus, A. A., & Beutler, L. E. (1993). On technical eclectism. *Journal of Counseling and Development, 71,* 381~385.

Lazarus, A. A., & Zur, O. (Eds.). (2002). *Dual relationships and psychotherapy.* New York: Springer Publishing company.

Lee, E. (Ed.). (1997). *Working with Asian Americans: A guide for clinicians.* New York: Guilford Press.

Leigh, I. W. (2003). Deaf: Moving from hearing loss to diversity. In J. S. Mio & G. Y. Iwamasa (Eds.), *Culturally diverse mental health* (pp. 323~339). New York: Brunner-Routledge.

Leigh, I. W., Corbett, C. A., Gutman, V., & Morere, D. A. (1996). Providing psychological services to deaf individuals: A response to new perceptions of diversity. *Professional Psychology: Research and Practice, 27,* 364~371.

Lemma, A. (2000). *Humour on the couch.* Philadelphia: Whurr.

Lewis, J. A., Dana, R. Q., & Blevins, G. A. (1994). *Substance abuse counseling: An individualized approach.* Pacific Grove, CA: Brooks/Cole.

Lewis, M. I., & Butler, R. N. (1974). Life review therapy: Putting memories to work in individual and group psychotherapy. *Geriatrics, 29,* 165~169.

Lewis-Fernández, R. (1996). Cultural formulation of psychiatric diagnosis. *Culture, Medicine and Psychiatry, 20,* 133~144.

Lezak, M. (1995). *Neuropsychological assessment.* New York: Oxford University Press.

Lindsey, M. L. (1998). Culturally competent assessment of African American clients. *Journal of Personality Assessment, 70,* 43~53.

Locke, D. C., & Kiselica, M. S. (1999). Pedagogy of possibilities: Teaching about racism in multicultural counseling courses. *Journal of Counseling and Development, 77,* 80~86.

López, S. R., (Grover, K. P., Holland, D., Johnson, M. J., Kain, C. D., Kanel K., et al. (1989). Development of culturally sensitive psychotherapists. *Professional Psychology: Research and Practice, 20,* 369~376.

Lopez, S. J., & Synder, C. R. (2003). *Positive psychological assessment: A handbook of models and measures.* Washington, DC: American Psychological

Association.

Lott, B. (2002). Cognitive and behavioral distancing from the poor. *American Psychologist, 57*, 100~110.

Lott, B., & Bullock, H. E. (2001). Where are the poor? *Journal of Social Issues, 57*, 189~206.

Lovinger, R. (1996). Considering the religious dimension in assessment and treatment. In E. P. Shafranske (Ed.), *Religion and the clinical practice of psychology* (pp. 327~364). Washington, DC: American Psychological Association.

Maguen, S., Shipherd, J. C., & Harris, H. N. (2005). Providing culturally sensitive care for transgender patients. *Cognitive and Behavioral Practice, 12*, 479~490.

Magyar-Moe, J. L., Pedrotti, J. T., Edwards, L. M., Ford, A. I., Peterson, S. E., Rasmussen, H. N., et al. (2005). Perceptions of multicultural training in predoctoral internship programs: A survey of interns and training directors. *Professional Psychology: Research and Practice, 36*, 446~450.

Mahrer, A. R., & Gervaise, P. A. (1994). What strong laughter in psychotherapy is and how it works. In H. Strean (Ed.), *The use of humor in psychotherapy* (pp. 209~222). Northvale, NJ: Aronson.

Maj, M., D'Elia, L. D., Satz, P., Janssen, R., Zaudig, M., & Uchiyama, C. (1993). Evaluation of two new neuropsychological tests designed to minimize cultural bias in the assessment of HIV-1 seropositive persons: A WHO study. *Archives of Clinical Neuropsychology, 8*, 123~135.

Maki, D. R., & Riggar, T. F. (Eds.). (1997a). *Rehabilitation counseling*. New York: Springer Publishing Company.

Maki, D. R., & Riggar, T. F. (1997b). Rehabilitation counseling: Concepts and paradigms. In D. R. Make & T. F. Riggar (Eds.), *Rehabilitation counseling* (pp. 3~31). New York: Springer Publishing Company.

Malchiodi, C. A. (Ed.). (2005). *Expressive therapies*. New York: Guilford Press.

Manson, S., & Kleinman, A. (1998). *DSM-IV*, culture and mood disorders: A critical reflection on recent practice. *Transcultural Psychiatry, 35*, 377~386.

Mapes, L. V. (1998, August 2). Fruit pickers' summer of squalor: Migrant workers in Washington. *Seattle Times*, pp. A1, A14, A15.

Maracle, B. (1994). *Crazywater: Native voices on addiction and recovery*. Toronto, Ontario, Canada: Penguin.

Maramba, G. G., & Nagayama Hall, G., (2002). Meta-analyses of ethnic match as a predictor of dropout, utilization, and level of functioning. *Cultural Diversity and Ethnic Minority Psychology, 8*, 292~297.

Marsella, A. J., & Keplan, A. (2002). Cultural considerations for understanding, assessing, and treating depressive experience and disorder. In M. Reinecke & M. Davison (Eds.), *Comparative treatments of depression* (pp. 47~78). New York: Springer Publishing Company.

Marsella, A. J., & Yamada, A. M. (2000). Culture and mental health: An introduction and overview of foundations, concepts, and issues. In I. Cuéllar & F. Paniagua (Eds.), *The handbook of multicultural mental health: Assessment and treatment of diverse populations* (pp. 3~24). New York: Academic Press.

Martell, C. R., Safren, S. A., & Prince, S. E. (2004). *Cognitive-behavioral therapies with lesbian, gay, and bisexual clients*. New York: Guilford Press.

Martin, A. (1982). Some issues in the treatment of gay and lesbian patients. *Psychotherapy Theory, Research, and Practice, 19*, 341~348.

Martínez, E. A. (1999). Mexican American/Chicano families. In H. P. McAdoo (Ed.), *Family ethnicity* (pp. 121~134). Thousand Oaks, CA: Sage.

Mast, B. T., Fitzgerald, J., Steinberg, J., MacNeill, S. E., & Lichtenberg, P. A. (2001).

Effective screening for Alzheimer's disease among older African-Americans. *Clinical Neuropsychologist, 15*, 196~202.

Matheson, L. (1986). If you are not an Indian, how do you treat an Indian? In H. P. Lefley & P. Pedersen (Eds.), *Cross-cultural training for mental health professionals* (pp. 115~130). Springfield, IL: Charles C Thomas.

Matsui, W. T. (1996). Japanese families. In M. MacGoldrick, J. Giordano, & J. K. Pearce (Eds.), *Ethnicity and family therapy* (2nd ed., pp. 268~280). New York: Guilford Press.

Matthews, C. R., & Lease, S. H. (2000). Focus on lesbian, gay, and bisexual families. In R. M. Perez, K. A. DeBord, & K. J. Bieschke (Eds.), *Handbook of counseling and psychotherapy with lesbian, gay, and bisexual clients* (pp. 249~274). Washington, DC: American Psychological Association.

Mays, V., Rubin, J. Sabourin, M., & Walker, L. (1996). Moving toward a global psychology: Changing theories and practice to meet the needs of a changing world. *American Psychologist, 51*, 485~487.

McAdoo, H. P. (1978). Factors related to stability in upwardly mobile Black families. *Journal of Marriage and the Family, 40*, 761~776.

McCarn, S. R., & Fassinger, R. E. (1996). Revising sexual minority identity formation: A new model of lesbian identity and its implications for counseling and research. *Counseling Psychologist, 24*, 508~534.

McClanahan, A. J. (1986). *Our stories, our lives.* Anchorage, AK: Cook Inlet Region.

McGoldrick, M. (1998). Introduction. In M. McGoldrick (Ed.), *Revisioning family therapy: Race, culture, and gender in clinical practice* (pp. 3~19). New York: Guilford Press.

McGoldrick, M., & Gerson, R. (1985). *Genograms in family assessment.* New York: Norton.

McGoldrick, M., Giordano, J., & Carcia-Preto, N. (Eds.). (2005). *Ethnicity and family therapy* (3rd ed.). New York: Guilford Press.

McIntosh, P. (1998). White privilege and male privilege: A personal account of coming to see correspondence through work in women's studies. In M. L. Anderson & P. H. Collins (Eds.), *Race, class and gender: An anthology* (pp. 94~105). New York: Wadsworth.

Menos, J. (2005). Haitian families. In M. McGoldrick, J. Giordano, & N. Garcia-Preto (Eds.), *Ethnicity and family therapy* (3rd ed., pp. 127~137). New York: Guilford Press.

Merriam-Webster. (1983). *Webster's ninth new collegiate dictionary.* Springfield, MA: Author.

Meyer, G. J., & Archer, R. P. (2001). The hard science of Rorschach research: What do we know and where do we go? *Psychological Assessment, 13,* 486~502.

Meyers, L. (2006, June). Psychologists and psychotropic medication. *Monitor on Psychology, 37,* 46~47.

Miller, W. R. (Ed.). (1999). *Integrating spirituality into treatment: Resources for practitioners.* Washington, DC: American Psychological Association.

Minton, B. A., & Soule, S. (1990). Two Eskimo villages assess mental health strengths and needs. *American Indian and Alaska Native Mental Health Research, 4,* 7~24.

Minuchin, P., Colapinto, J., & Minuchin, S. (2007). *Working with families of the poor.* New York: Guilford Press.

Minuchin, S. (1974). *Family and family therapy.* Cambridge, MA: Harvard University Press.

Mio, J. (1989). Experiential involvement as an adjunct to teaching cultural sensitivity. *Journal of Multicultural Counseling and Development, 17,* 38~47.

Mistry, R. (2001). *A fine balance.* New York: Vintage Books.

Moghaddam, F. M. (1990). Modulative and generative orientations in psychology: Implications for psychology in the three worlds. *Journal of Social Issues, 46*, 21~41.

Mona, L. R., Romesser-Scehnet, J. M., Cameron, R. P., & Cardenas, V. (2006) Cognitive-behavioral therapy and people with disabilities. In P. A. Hays & G. Y. Iwamasa (Eds.), *Culturally responsive cognitive-behavioral therapy: Assessment, practice, and supervision* (pp. 199~222). Washington, DC: American Psychological Association.

Moore Hines, P., & Boyd-Franklin, N. (1996). African American families. In M. McGoldrick, J. Giordano, & J. K. Pearce (Eds.), *Ethnicity and family therapy* (2nd ed., pp. 66~84). New York: Guilford Press.

Morales, P. (1999). The impact of cultural differences in psychotherapy with older clients: Sensitive issues and strategies In M. Duffy (Ed.), *Handbook of counseling and psychotherapy with older adults* (pp. 132~153). New York: Wiley.

Morris, E. (2000). Assessment practice with African Americans: Combining standard assessment measures within an Africentric orientation. In R. H. Dana (Ed.), *Handbook of cross-cultural and multicultural personality assessment* (pp. 573~604). Mahwah, NJ: Erlbaum.

Morrow, S. (2000). First do no harm: Therapists issues in psychotherapy with lesbian, gay, and bisexual clients. In R. M. Perez, K. A. DeBord, & K. J. Bieschke (Eds.), *Handbook of counseling and psychotherapy with lesbian, gay, and bisexual clients* (pp. 137~156). Washington, DC: American Psychological Association

Muecke, M. (1983a). Caring for Southeast Asian refugee patients in the USA. *American Journal of Public Health, 73*, 431~437.

Muecke, M. (1983b). In search of healers — Southeast Asian refugees in the

American health care system. *Western Journal of Medicine: Cross-Cultural Medicine, 139*, 835~840.

Mungas, D., Reed, B. R., Haan, M. N., & González, H. (2005). Spanish and English neuropsychological assessment scales: Relationship to demographics, language, cognition, and independent function. *Neuropsychology, 19*, 466~475.

Muran, C. (2007). *Dialogues on difference: Studies of diversity in the therapeutic relationship.* Washington, DC: American Psychological Association.

Murgatroyd, W. (1996). Counseling Buddhist clients. In P. B. Pedersen & C. Locke (Eds.), *Cultural and diversity issues in counseling* (pp. 69~72). Greensboro: School of Education, University of North Carolina at Greensboro. (ERIC Document Reproduction Service No. ED400486)

Murray, H. A. (1943). *The Thematic Apperception Test.* Cambridge, MA: Harvard University Press.

Nabors, N. A., Evans, J. D., & Strickland, T. L. (2000). Neuropsychological assessment and intervention with African Americans. In E. Fletcher-Janzen, T. L. Strickland, & C. R. Reynolds (Eds.), *Handbook of cross-cultural neuropsychology* (pp. 31~42). New York: Kluwer Academic/Plenum Publishers.

Nagayama Hall, G. C. (2001). Psychotherapy research with ethnic minorities: Empirical, ethical, and conceptual issues. *Journal of Consulting and Clinical Psychology, 69*, 502~510.

Nagayama Hall, G. C., Bansal, A., & Lopez, I. R. (1999). Ethnicity and psychopathology: A meta-analytic review of 31 years of comparative MMPI/MMPI-2 research. *Psychological Assessment, 11*, 186~197.

National Association of Social Workers. (2001). *Standards for cultural competence in social work practice.* Retrieved March 18, 2005, from http://www.social

workers.org/ pressroom/2001/090601.asp

National Institute of Health Consensus Development Panel on Depression in Late Life. (1992). Diagnosis and treatment of depression in late life. *Journal of the American Medical Association, 268*, 1018~1024.

Newman, B. M., & Newman, P. R. (1999). *Development through life: A psycho-social approach.* Belmont, CA: Wadsworth.

Newman, N. A., & Jacobowitz, J. (1999). Transferential and counter-transferential processes in therapy with older adults. In M. Duffy (Ed.), *Handbook of counseling and psychotherapy with older adults* (pp. 21~40). New York: Wiley.

Nichols, D. S., Padilla, J., & Gomez-Maqueo, E. L. (2000). Issues in the cross-cultural adaptation and use of the MMPI-2. In R. H. Dana (Ed.), *Handbook of cross-cultural and multicultural personality assessment* (pp. 247~266). Mahwah, NJ: Erlbaum.

Nicolas, G., DeSilva, A. M., Grey, K. S., & Gonzales-Eastep, D. (2006). Using a multicultural lens to understand illness among Haitians living in America. *Professional Psychology: Research and Practice, 37*, 702~707.

Nicolas, G., & JeanBaptiste, V. (2001). Experiences of women on public assistance. *Journal of Social Issues, 57*, 299~309.

Norcross, J. C., Hedges, M., & Prochaska, J. O. (2002). The face of 2010: A Delphi poll on the future of psychotherapy. *Professional Psychology: Research and Practice, 33*, 316~322.

Norcross, J. C., Kohout, J. L., & Wicherski, M. (2005). Graduate study in psychology: 1971 to 2004. *American Psychologist, 60*, 959~975.

Nordhus, I. H., VandenBos, G. R., Berg, S., & Fromholt, P. (1998). *Clinical geropsychology.* Washington, DC: American Psychological Association.

Norris, F. H., & Alegría, M. (2006). Promoting disaster recovery in ethnic-minority individuals and communities. In E. C. Ritchie, P. J. Watson, & M. J. Friedman (Eds.), *Interventions following mass violence and disasters* (pp. 319~342). New York: Guilford Press.

Novas, H. (1994). *Everything you need to know about Latino history.* New York: Plume/Penguin.

O'Connor, K. (2005). Addressing diversity issues in play therapy. *Professional Psychology: Research and Practice, 36,* 566~573.

Okazaki, S., & Tanaka-Matsumi, J. (2006). Cultural considerations in cognitive-behavioral assessment. In P. A. Hays & G. Y. Iwamasa (Eds.), *Culturally responsive cognitive-behavioral therapy: Assessment, practice, and supervision* (pp. 247~266). Washington, DC: American Psychological Association.

Olkin, R. (1999). *What psychotherapists should know about disability.* New York: Guilford Press.

Olkin, R. (2002). Could you hold the door for me? Including disability in diversity. *Cultural Diversity and Ethnic Minority Psychology, 8,* 130~137.

Organista, K. C. (2006). Cognitive-behavioral therapy with Latinos and Latinos. In P. A. Hays & G. Y. Iwamasa (Eds.), *Culturally responsive cognitive-behavioral therapy: Assessment, practice, and supervision* (pp. 73~96). Washington, DC: American Psychological Association.

Organista, K. C. (2007). Commentary: The need to explicate culturally competent approaches with Latino clients. In C. Muran (Ed.), *Dialogues on difference: Studies of diversity in the therapeutic relationship* (pp. 168~175). Washington, DC: American Psychological Association.

Pace, T. M., Robbins, R. R., Choney, S. K., Hill, J. S., Lacey, K., & Blair, G. (2006). A cultural-contextual perspective on the validity of the MMPI-2 with American Indians. *Cultural Diversity and Ethnic Minority Psychology, 12,* 320~333.

Packard, E. (2007, January). A new tool for psychotherapists. *Monitor on Psychology, 38*, 30~31.

Paniagua, F. A. (1998). *Assessing and treating culturally diverse clients* (2nd ed.). Thousand Oaks, CA: Sage.

Paniagua, F. A. (2005). *Assessing and treating culturally diverse clients* (3rd ed.). Thousand Oaks, CA: Sage.

Paradis, C. M., Cukor, D., & Friedman, S. (2006). Cognitive-behavioral therapy with Orthodox Jews. In P. A. Hays & G. Y. Iwamasa (Eds.), *Culturally responsive cognitive-behavioral therapy: Assessment, practice, and supervision* (pp. 161~176). Washington, DC: American Psychological Association.

Pauwels, A. (1995). *Cross-cultural communication in the heath sciences: Communicating with migrant patients.* Melbourne, Australia: Macmillan Education Australia.

Payne, R. K. (2003). *A framework for understanding poverty* (3rd ed.). Highlands, TX: aha! Process, Inc.

Pedersen, P. (1987). Then frequent assumptions of cultural bias in counseling. *Journal of Multicultural Counseling and Development, 15*, 16~24.

Pedersen, P. B., Draguns, J. G., Lonner, W. J., & Trimble, J. E. (Eds.). (2002). *Counseling across cultures.* Thousand Oaks, CA: Sage.

Pedersen, P. B., Fukuyama, M., & Heath, A. (1989). Client, counselor, and contextual variables in multicultural counseling. In P. B. Pedersen, J. G. Draguns, W. J. Lonner, & J. E. Trimble (Eds.), *Counseling across cultures* (pp. 23~52). Honolulu: University of Hawaii Press.

Perez, R. M., DeBord, K. A., & Bieschke, K. J. (2000). *Handbook of counseling and psychotherapy with lesbian, gay, and bisexual clients.* Washington, DC: American Psychological Association.

Pérez-Arce, P., & Puente, A. E. (1996). Neuropsychological assessment of ethnic minorities: The case of Hispanics living in North America. In R. J. Sbordone & C. J. Long (Eds.), *The ecological validity of neuropsychological testing* (pp. 283~300). Delray Beach, FL: GR Press/St. Lucie Press.

Pérez Foster, R. (1996). What is the multicultural perspective for psychoanalysis? In R. Pérez Foster, M. Moskowitz, & R. A. Javier (Eds.), *Reaching across boundaries of culture and class: Widening the scope of psychotherapy* (pp. 3~20). Northvale, NJ: Aronson.

Phinney, J. S. (1996). When we talk about American ethnic groups, what do we mean? *American Psychologist, 51*, 918~927.

Piercy, F., Soekandar, A., & Limansubroto, C. D. M. (1996). Indonesian families. In M. McGoldrick, J. Giordano, & J. K. Pearce (Eds.), *Ethnicity and family therapy* (2nd ed., pp. 333~346). New York: Guilford Press.

Pires, A. A. (2000). National norms for the Rorschach normative study in Portugal. In R. H. Dana (Ed.), *Handbook of cross-cultural and multicultural personality assessment* (pp. 366~392). Mahwah, NJ: Erlbaum.

Pollard, R. Q., Jr. (1996). Professional psychology and deaf people. *American Psychologist, 51*, 389~396.

Proortinga, Y. H., & Van de Vijver, F. J. R. (2004). Cultures and cognition: Performance differences and invariant structures. In R. J. Sternberg & E. L. Grigorenko (Eds.), *Culture and competence: Contexts of life success* (pp. 139~162). Washington, DC: American Psychological Association.

Pope, M. (1995). The "salad bowl" is big enough for us all: An argument for the inclusion of lesbians and gay men in any definition of multiculturalism. *Journal of Counseling and Development, 73*, 301~304.

Prochaska, J. O., & Norcross, J. C. (1994). *Systems of psychotherapy: A transtheoretical analysis.* Pacific Grove, CA: Brooks/Cole.

Pukui, M. K., Haertig, E. W., & Lee, C. A. (1972). *Nana I Ke Kumu* [Look to the source] (Vol. 1). Honolulu, HI: Queen Lili'uokalani Children's Center.

Puryer Keita, G. (2006, September). The many faces and foci of PI. *Monitor on Psychology, 37*, 27.

Quiñones, M. E. (2007). Reply: Are we bridging the gap yet? A work in progress. In J. C. Muran (Ed.). *Dialogues on difference: Studies of diversity in the therapeutic relationship* (pp. 181-184). Washington, DC: American Psychological Association.

Rao, K. R. (1988). Psychology of transcendence: A study in early Buddhistic psychology. In A. C. Paranjpe, D. Y. F. Ho, & R. W. Rieber (Eds.), *Asian contributions to psychology* (pp. 123~148). New York: Praeger.

Rastogi, M., & Wampler, K. S. (1998). Couples and family therapy with Indian families: Some structural and intergenerational considerations. In U. P. Gielen & A. L. Comunian (Eds.), *The family and family therapy in international perspective* (pp. 257~274). Milan, Italy: Edizioni Lint Trieste.

Raven, J. C. (1960). *Guide to the Standard Progressive Matrices.* London: H. K. Lewis.

Reid, P. T. (2002). Multicultural psychology: Bringing together gender and ethnicity. *Cultural Diversity and Ethnic Minority Psychology, 8*, 103-114.

Rennick, P. (1996). *Native cultures in Alaska.* Anchorage, AK: Alaska Geographic Society.

Reynolds, D. K. (1980). *The quiet therapies: Japanese pathways to personal growth.* Honolulu: University of Hawaii Press.

Rezentes, W. C., III. (1996). *Ka Lama Kukui Hawaiian psychology: An introduction.* Honolulu, HI: 'A'ali'i Books.

Richards, P. S., & Bergin, A. E. (2005). *A spiritual strategy for counseling and psychotherapy* (2nd ed.). Washington, DC: American Psychological

Association.

Richmond, J. (1999). Psychotherapy with the suicidal elderly: A family-oriented approach. In M. Duffy (Ed.), *Handbook of counseling and psychotherapy with older adults* (pp. 650~661). New York: Wiley.

Ridley, C. R., Liddle, M. C., Hill, C. L., & Li, L. C. (2001). Ethical decision-making in multicultural counseling. In J. G. Ponterotto, J. M. Casas, L. A. Suzuki, & C. M. Alexander (Eds.), *Handbook of multicultural counseling* (2nd ed., pp. 165~188). Thousand Oaks, CA: Sage.

Robinson, T. L. (1999). The intersections of dominant discourses across race, gender, and other identities. *Journal of Counseling and Development, 77,* 73~79.

Robinson, T. L., & Howard-Hamilton, M. F. (2000). *The convergence of race, ethnicity, and gender: Multiple identities in counseling.* Columbus, OH: Merrill/Prentice-Hall.

Rogler, L. H. (1999). Methodological sources of cultural insensitivity in mental health research. *American Psychologist, 54,* 424~433.

Rogler, L. H. (2002). Historical generations and psychology: The case of the Grea Depression and World War II. *American Psychologist, 57,* 1013~1023.

Roopnarine, J., Johnson, J., & Hooper, F. (Eds.). (1994). *Children's play in diverse cultures.* Albany, NY: SUNY Press.

Root, M. P. P. (1992). Reconstructing the impact of trauma on personality. In L. S. Brown & M. Ballou (Eds.), *Personality and psychopathology: Feminist reappraisals* (pp. 229~265). New York: Guilford Press.

Root, M. P. P. (1996). The multiracial experience: Racial borders as a significant frontier in race relations. In M. P. P. Root (Ed.), *The multiracial experience: Racial borders as the new frontier* (pp. xiii-xxviii). Thousand Oaks, CA: Sage.

Rosenfelt, S., Estes, L. (Producers), & Eyre, C. (Director). (1998). *Smoke signals* [Motion picture]. United States: Miramax.

Rosenweig, M. R. (1999). Continuity and change in the development of psychology around the world. *American Psychologist, 54*, 252~259.

Royce-Davis, J. (2000). The influence of spirituality on community participation and belonging: Christina's story. *Counseling and Values, 44*, 135~142.

Roysircar, G. (2004a). Cultural self-awareness assessment: Practice examples from psychology training. *Professional Psychology: Research and Practice, 35*, 658~666.

Roysircar, G. (2004b). Counseling and psychotherapy for acculturation and ethnic identity concerns with immigrant and international student clients. In T. Smith (Ed.), *Practicing multiculturalism: Affirming diversity in counseling and psychology* (pp. 255~275). Boston: Pearson Education.

Roysircar, G., Arredondo, P., Fuertes, J. N., Ponterotto, J. D., & Toporek, R. L. (2003). *Multicultural counseling competencies*. Alexandria, VA: Association of Multicultural Counseling and Development/American Counseling Association.

Roysircar, G., Sandhu, D. S., & Bibbins, V. (2003). *Multicultural competencies: A guidebook of practices*. Alexandria, VA: American Counseling Association.

Rumbaut, R. G. (1985). Mental health and the refugee experience: A comparative study of Southeast Asian refugees. In T. C. Owan (Ed.), *Southeast Asian mental health: Treatment, prevention, services, training, and research* (pp. 433~486). Rockville, MD: National Institute of Mental Health.

Samuda, R. J. (1998). *Psychological testing of American minorities: Issues and consequences*. Thousand Oaks, CA: Sage.

Samuel, D. B., & Widiger, T. A. (2006). clinicians' judgments of clinical utility: A comparison of the DSM-IV and five-factor models. *Journal of Abnormal*

Psychology, 115, 298~308.

Sanders, K., Brockway, J. A., Ellis, B., Cotton, E. M., & Bredin, J. (1999). Enhancing mental health climates in hospitals and nursing homes: Collaboration strategies for medical and mental health staff. In M. Duffy (Ed.), *Handbook of counseling and psychotherapy with older adults* (pp. 335~349). New York: Wiley.

Sang, B. E. (1992). Counseling and psychotherapy with midlife and older lesbians. In S. H. Dworkin & F. J. Gutiérrez (Eds.), *Counseling gay men and lesbians: Journey to the end of the rainbow* (pp. 35~48). Alexandria, VA: American Counseling Association.

Santiago-Rivera, A., & Altarriba, J. (2002). The role of language in therapy with the Spanish-English bilingual client. *Professional Psychology: Research and Practice, 33*, 30~38.

Santiago-Rivera, A., Arredondo, P., & Gallardo-Cooper, M. (2002). *Counseling Latinos and la familia: A guide for practitioners*. Thousand Oaks, CA: Sage.

Scarbrough, J. W. (2001). Welfare mothers' reflections on personal responsibility. *Journal of Social Issues, 57*, 261~276.

Schank, J. A., & Skovholt, T. M. (1997). Dual-relationship dilemmas of rural and small-community psychologists. *Professional Psychology: Research and Practice, 28*, 44~49.

Schank, J. A., & Skovholt, T. M. (2006). *Ethical practice in small communities: Challenges and rewards for psychologists*. Washington, DC: American Psychological Association.

Schoonmaker, C. (1993). Aging lesbians: Bearing the burden of triple shame. *Women and Therapy, 14*, 21~31.

Serpell, R., & Haynes, B. P. (2004). The cultural practice of intelligence testing: Problems of international export. In R. J. Sternberg & E. L. Grigorenko

(Eds.), *Culture and competence: Contexts of life success* (pp. 163~186). Washington, DC: American Psychological Association.

Shapiro, E. R. (1995). Grief in family and cultural context: Learning from Latino families. *Cultural Diversity and Mental Health, 1*, 159~176.

Sherman, W. J., Stroessner, S. J., Conrey, F. R., & Azam, O. A. (2005). Prejudice and stereotype maintenance processes: Attention, attribution, and individuation. *Journal of Personality and Social Psychology, 89*, 607~622.

Shweder, R. A., & Bourne, E. J. (1989). Does the concept of the person vary cross-culturally? In A. J. Marsella & G. M. White (Eds.), *Cultural conceptions of mental health and therapy* (pp. 97~140). Dordrecht, Holland: D. Reidel.

Sims, J. M. (1996). The use of voice for assessment and intervention in couples therapy. *Women and Therapy, 19*, 61~77.

Smedley, A. & Smedley, B. D. (2005). Race as biology is fiction, racism as a social problem is real. *American Psychologist, 60*, 16~26.

Smith, A. (1997). Cultural diversity and the coming-out process. In B. Greene (Ed.), *Ethnic and cultural diversity among lesbian and gay men* (pp. 279~300). Thousand Oaks, CA: Sage.

Smith, D. S. (1995). Exploring the religious-spiritual needs of the dying. In M. T. Burke & J. G. Miranti (Eds.), *Counseling: The spiritual dimension* (pp. 177~182). Alexandria, VA: American Counseling Association.

Smith, H. (1991). *The world's religions.* New York: HarperCollins.

Smith, L. (2005). Psychotherapy, classism, and the poor: Conspicuous by their absence. *American Psychologist, 60*, 687~696.

Smith, P. B., & Bond, M. H. (1999). *Social psychology across cultures.* Needham Heights, MA: Allyn & Bacon.

Snowden, L. R., Masland, M., & Guerrero, R. (2007). Federal civil rights policy and mental health treatment access for persons with limited English proficiency.

American Psychologist, 62, 109~117.

Sotnik, P., & Jezewski, M. A. (2005). In J. H. Stone (Ed.), *Culture and disability: Providing culturally competent services* (pp. 15~36). Thousand Oaks, CA: Sage.

Sperry, L., & Shafranske, E. P. (Eds.). (2005). *Spiritually oriented psychotherapy.* Washington, DC: American Psychological Association.

Spickard, P. R. (1992). The illogic of American racial categories. In M. P. P. Root (Ed.), *Racially mixed people in America* (pp. 12~23). Newbury Park, CA: Sage.

Stamm, B. H. (Ed.). (2003). *Rural behavioral health care: An interdisciplinary guide.* Washington, DC: American Psychological Association.

Stepakoff, S., Hubbard, J. Katoh, M., Falk, E., Mikula, J. B., Nkhoma, P., et al. (2006). Trauma healing in refugee camps in Guinea. *American Psychologist, 61*, 919~932.

Stephan, W. G. (1989). A cognitive approach to stereotyping. In D. Bartal & C. Graumann (Eds.), *Stereotyping and prejudice* (pp. 37~57). New York: Springer-Verlag.

Sternberg, R. J., & Grigorenko, E. L. (2004). Why cultural psychology is necessary and not just nice: The example of the study of intelligence. In R. J. Sternberg & E. L. Grigorenko (Eds.), *Culture and competence: Contexts of life success* (pp. 207~223). Washington, DC: American Psychological Association.

Sternberg, R. J., Grigorenko, E. L., & Kidd, K. K. (2005). Intelligence, race, and genetics. *American Psychologist, 60*, 46~59.

Sternberg, R. J., Wagner, R. K., & Okagaki, L. (1993). Practical intelligence: The nature and role of tacit knowledge in work and at school. In H. Reese & J. Puckett (Eds.), *Advances in life span development* (pp. 205~227).

Hillsdale, NJ: Erlbaum.

Sternberg, R. J., Wagner, R. K., Williams, W. M., & Horvath, J. A. (1995). Testing common sense. *American Psychologist, 50*, 912~927.

Straussner, S. L. A. (Ed.). (2001). *Ethnocultural factors in substance abuse treatment.* New York: Guilford Press.

Struwe, G. (1994). Training health and medical professionals to care for refugees: Issues and methods. In A. J. Marsella, T. Bornemann, S. Ekblad, & J. Orley (Eds.), *Amidst peril and pain: The mental health and well-being of the world's refugees* (pp. 311~326). Washington, DC: American Psychological Association.

Sue, D. W., & Sue, D. (1999). *Counseling the culturally different* (3rd ed.). New York: Wiley.

Sue, D. W., & Sue, D. (1999). *Counseling the culturally different* (4th ed.). New York: Wiley.

Sue, S. (1998). In search of cultural competence in psychotherapy and counseling. *American Psychologist, 53*, 440~448.

Sundberg, N. D., & Sue, D. (1989). Research and research hypotheses about effectiveness in intercultural counseling. In P. B. Pedersen, J. G. Draguns, W. J. Lonner, & J. E. Trimble (Eds.), *Counseling across cultures* (pp. 355~370). Honolulu: University of Hawaii Press.

Sussman, N. M., & Rosenfeld, H. M. (1982). Influence of culture, language, and sex on conversational distance. *Journal of Personality and Social Psychology, 42*, 66~74.

Sutton, C. T., & Broken Nose, M. A. (1996). American Indian families: An overview. In M. McGoldrick, J. Giordano, & J. K. Pearce (Eds.), *Ethnicity and family therapy* (2nd ed., pp. 31~44). New York: Guilford Press.

Sutton, J. P. (2002). *Music, music therapy and trauma: International perspectives.*

London: Jessica Kingsley.

Suzuki, L. A., & Kugler, J. F. (1995). Intelligence and personality assessment. In J. G. Ponterotto, J. M. Casas, L. A. Suzuki, & C. M. Alexander (Eds.), *Handbook of multicultural counseling* (pp. 493~515). Thousand Oaks, CA: Sage.

Suzuki, L. A., & Valencia, R. R. (1997). Race-ethnicity and measured intelligence: Educational implications. *American Psychologist, 52,* 1103~1114.

Swan Reimer, C. (1999). *Counseling the Inupiat Eskimo.* Westport, CT: Greenwood Press.

Swinomish Tribal Community. (1991). *A gathering of wisdoms: Tribal mental health: A cultural perspective.* LaConnor, WA: Author.

Takaki, R. (1993). *A different mirror: A history of multicultural America* (reissue ed.). Boston: Little, Brown/Bay Back Books.

Taylor, S. E., Kemeny, M. E., Reed, G. M., Bower, J. E., & Gruenewald, T. L. (2000). Psychological resources, positive allusions, and health. *American Psychologist, 55,* 99~109.

Tewari, N., Inman, A. G., & Sandhu, D. S. (2003). South Asian Americans: Culture, concerns, and therapeutic strategies. In J. S. Mio & G. Y. Iwamasa (Eds.), *Culturally diverse mental health* (pp. 191~209). New York: Brunner-Routledge.

Thomas, A., & Sillen, S. (1972). *Racism and psychiatry.* Toronto, Ontario, Canada: Citadel Press.

Triandis, H. C. (1996). The psychological measurement of cultural syndromes. *American Psychologist, 51,* 407~415.

Trimble, J. E., & Fleming, C. M. (1989). Providing counseling services for Native American Indians: Client, counselor, and community characteristics. In P. B. Pedersen, J. G. Draguns, W. J. Lonner, & J. E. Trimble (Eds.), *Counseling across cultures* (pp. 177~204). Honolulu: University of Hawaii Press.

Troiden, R. R. (1979). *Becoming homosexual: A model of gay identity acquisition. Psychiatry, 42*, 362~373.

Tsemberis, S. J., & Orfanos, S. D. (1996). Greek families. In M. McGoldrick, J. Giordano, & J. K. Pearce (Eds.), *Ethnicity and family therapy* (2nd ed., pp. 517~529). New York: Guilford Press.

Tseng, W. (1999). Culture and psychotherapy: Review and practical guidelines. *Transcultural Psychiatry, 36*, 131~179.

Tulkin, S. R., & Stock, W. (2004). A model for predoctoral psychopharmacology training: Shaping a new frontier in clinical psychology. *Professional Psychology: Research and Practice, 35*, 151-157.

Uba, L. (1994). *Asian Americans: Personality patterns, identity, and mental health.* New York: Guilford Press.

U. S. Census Bureau. (2000a). *Adopted children and stepchildren: Special reports.* Retrieved November 27, 2005, from http://www.census.gov/prod/2003pubs/ censr-6.pdf and http://lehd.dsd.census.gov/led/library/workshops/2003/ Workshop2003-Immigration_Research2.pdf

U. S. Census Bureau. (2000b). *Married-couple and unmarried-partner households: Special reports* (Table 5, p. 12). Retrieved April 4, 2006, from http://www. uscensus.gov/prod/2003pubs/censr-5.pdf

U. S. Census Bureau. (2000c). *United States population by race.* Retrieved October, 2004, from http://www.censusscope.org/us/chart_race.html

U. S. Department of the Interior. (2002). Bureau of Indian Affairs. In *Bureau highlights* (pp. 77~85). Washington, DC: Author. Retrieved October 25, 2004, from http://www.doi.gov/budget/2003/03hilites/bh77.pdf

U. S. Department of Labor, Employment and Training Administration. (2002). *The national agricultural workers survey.* Retrieved December 15, 2006, from http://www.doleta.gov/agworker/report9/chapter1.cfm

Vernon, M. (2006). The APA and Deafness. *American Psychologist, 61*, 815~824.

Vinet, E. V. (2000). The Rorschach Comprehensive System in Iberoamerica. In R. H. Dana (Ed.), *Handbook of cross-cultural and multicultural personality assessment* (pp. 345~366). Mahwah, NJ: Erlbaum.

Vontress, C. E., Johnson, J. A., & Epp, L. R. (1999). *Cross-cultural counseling: A casebook.* Alexandria, VA: American Counseling Association.

Wade, J. C. (1998). Male reference group identity dependence: A theory of male of identity. *Counseling Psychologist, 26*, 349~383.

Wadeson, H. (1980). *Art Psychotherapy.* New York: Wiley.

Walker, K. L., & Chestnut, D. (2003). The role of ethnocultural variables in response to terrorism. *Cultural Diversity and Ethnic Minority Psychology, 9*, 251~262.

Walker, L. (Ed.). (1999). International perspectives on domestic violence. *American Psychologist, 54*, 21~65.

Walsh, K. (1987). *Neuropsychology: A clinical approach.* New York: Churchill Livingstone.

Wang, V. O., & Sue, S. (2005). In the eye of the storm: Race and genomics in research and practice. *American Psychologist, 60*, 37~45.

Watt, S. K. (1999). The story between the lines: A thematic discussion of the experience of racism. *Journal of Counseling and Development, 77*, 54~61.

Waxler-Morrison, N., & Anderson, J. M. (2005). Introduction. In N. Waxler-Morrison, J. M. Anderson, E. Richardson, & N. A. Chambers (Eds.), *Cross-cultural caring: A handbook for health professionals* (2nd ed., pp. 1~10). Vancouver, British Columbia, Canada: University of British Columbia Press.

Waxler-Morrison, N., Anderson, J. M., Richardson, E., & Chambers, N. A. (2005). (Eds.). (2005). *Cross-cultural caring : A handbook for health professionals* (2nd ed.). Vancouver, British Columbia, Canada: University of British

Columbia Press.

Weaver, H. N. (2001). Native Americans and substance abuse. In S. L. A. Straussner (Ed.), *Ethnocultural factors in substance abuse treatment* (pp. 77~96). New York: Guilford Press.

Wechsler, D. (1981). *Wechsler Adult Intelligence Scale ― Revised*. New York: Psychological Corporation.

Wechsler, D. (1997). *Wechsler Adult Intelligence Scale ― Third edition*. New York : Psychological Corporation.

Weeber, J. E. (1999). What can I know of racism? *Journal of Counseling and Development, 77*, 20~23.

Weisman, A., Feldman, G., Gruman, C., Rosenberg, R., Chamorro, R., & Belozersky, I. (2005). Improving mental health services for Latino and Asian immigrant elders. *Professional Psychology: Research and Practice, 36*, 642~648.

Weiss, J. C. (1999). The role of art therapy in aiding older clients with life transitions. In M. Duffy (Ed.), *Handbook of counseling and psychotherapy with older adults* (pp. 182~196). New York: Wiley.

West, C. (1993). *Race matters*. Boston: Beacon Press.

Westbrooks, K. (1995). *Functional low-income families*. New York: Vantage Press.

Westermeyer, J. (1987). Cultural factors in clinical assessment. *Journal of Consulting and Clinical Psychology, 55*, 471~478.

Wetermeyer, J., & Janca, A. (1997). Language, culture and psychopathology: Conceptual and methodological issues. *Transcultural Psychiatry, 34*, 297~311.

Widiger, T. A., & Trull, T. J. (2007). Plate tectonics in the classification of personality disorder: Shifting to a dimensional model. *American Psychologist, 62*, 71~83.

360

Wilgosh, L., & Gibson, J. T. (1994). Cross-national perspectives on the role of assessment in counseling: A preliminary report. *International Journal for the Advancement of Counseling, 17*, 59~70.

Williams, C. B. (1999). Claiming a biracial identity: Resisting social constructions of race and culture. *Journal of Counseling and Development, 77*, 32~35.

Williams, C. R., & Abeles, N. (2004). Issues and implications of Deaf culture in therapy. *Professional Psychology: Research and Practice, 35*, 643~648.

Witko, T. M (Eds.). (2006). *Mental health care for urban Indians: Clinical insights from Native practitioners.* Washington, DC: American Psychological Association.

Wong, T. M., Strickland, T. L., Fletcher-Janzen, E., Ardila, A., & Reynolds, C. R. (2000). Theoretical and practical issues in the neuropsychological assessment and treatment of culturally dissimilar patients. In E. Fletcher-Janzen, T. L. Strickland, & C. R. Reynolds (Eds.), *Handbook of cross-cultural neuropsychology* (pp. 3~18). New York: Kluwer Academic/Plenum Publishers.

Wood, P. S., & Mallinckrodt, B. (1990). Culturally sensitive assertiveness training for ethnic minority clients. *Professional Psychology: Research and Practice, 21*, 5~11.

World Almanac Education Group. (2007). *The World Almanac 2007.* New York: Author.

World Health Organization. (1992). *International statistical classification of diseases and related health problems* (10th ed., Vol. 1). Geneve, Switzerland: Author.

Wrenn, G. C. (1962). The culturally encapsulated counselor. *Harvard Educational Review, 32*, 441~149.

Yamamoto, J., Silva, J. A., Ferrari, M., & Nukariya, K. (1997). Culture and psychopathology. In G. Johnson-Powell & J. Yamamoto (Eds.), *Transcultural child development: Psychological assessment and treatment* (pp.

34~57). New York: Wiley.

Yeh, C. J., Inman, A. G., Kim, A. B., & Okubo, Y. (2006). Asian American families' collectivistic coping strategies in response to 9/11. *Cultural Diversity and Ethnic Minority Psychology, 12*, 134~148.

Yesavage, J. A., & Brink, T. L. (1983). Development and validation of a geriatric depression screening scale: A preliminary report. *Journal of Psychiatric Research, 17*, 37.

Young, E. (1995). *Third World in the first: Development and indigenous peoples*. New York: Routledge.

Younggren, J. N., & Gottlieb, M. C. (2004). Managing risk while contemplating multiple relationships. *Professional Psychology: Research and Practice, 35*, 255~260.

Zinn, H. (2005). *The people's history of the United States: 1492-present*. New York: HaperPerennial.

Zogby, J. (2003). *Hearing on America after 9/11: Freedom preserved or freedom lost? (The statement before the United States Senate Committee on the Judiciary, November 18)*. Retrieved August 12, 2004, from http://www.aaiusa.org/PDF/JZtestimony111803.pdf

찾아보기

지은이__ 패 멀 라 A . 헤 이 스

패멀라 헤이스(Pamela A. Hays)는 라스크루서스에 있는 뉴멕시코 주립대학에서 심리
학으로 학사학위를 받고, 파리의 소르본 대학에서 프랑스어를 공부했다. 그 후 앵커
리지에 있는 알래스카 주립대학에서 상담으로 석사학위를 받고, 호놀룰루의 하와이
주립대학에서 임상심리로 박사학위를 받았다. 1987~1988년에는 뉴욕 주의 로체스
터 의과대학에서 박사후 과정을 노인심리학 분야에서 밟았고, 1989~2000년에는 안
티오크대학교 시애틀 캠퍼스에서 미국 내 베트남·라오스·캄보디아 난민을 대상
으로 연구를 했다. 이와마사(Gale Y. Iwamasa)와 『문화적으로 적절한 인지행동치
료: 진단, 실제, 슈퍼비전(Culturally Responsive Cognitive-Behavioral Therapy: Assess-
ment, Practice, and Supervision)』(APA, 2006)을 서술했다. 그리고 부부치료, 노인
상담, 다문화상담과 여성주의 상담에 대한 논문을 *Professional Psychology: Research
and Practice*, *Journal of Counseling and Development*, *International Journal of
Psychology*, *Women and Therapy* 등의 저널에 발표했다. 현재는 알래스카에 살고
있으며, 임상심리학자로서 Central Peninsula Counseling Services와 Kenaitze Tribe's
Nakenu Family Center에서 일하고 있다. 또 안티오크 대학교의 겸임교수를 계속하
고 있으며, 세계 각국을 방문하며 워크숍을 진행하고 있다.

옮긴이__ 방 기 연

방기연은 연세대학교 교육학과에서 학사학위와 석사학위를 받은 후 미국의 아이오와 주
립대학에서 상담자 교육과 슈퍼비전 전공으로 박사학위를 받고, 2004년부터 고려사
이버대학교에서 근무하고 있다. 주요 관심사는 상담자 교육과 슈퍼비전이며, 『상담
수퍼비전』이라는 책을 썼고 『상담 수퍼비전의 기초(Fundamentals of Clinical
Supervision)』와 『상담 수퍼비전의 주요 사건(Critical Incidents of Psychotherapy
Supervision)』을 번역했다. 그리고 슈퍼비전에 관한 논문을 *The Counseling Psycho-
logist*, *Asia Pacific Education Review*, *Korea Social Science Journal*, 《한국심리학회
지: 상담 및 심리치료》 등에 발표했다.

한울아카데미 1275

문화적 다양성과 소통하기
다문화상담의 이해

지 은 이 • 패멀라 A. 헤이스
옮 긴 이 • 방기연
펴 낸 이 • 김종수
펴 낸 곳 • 한울엠플러스(주)

초판 1쇄 발행 • 2010년 6월 30일
초판 4쇄 발행 • 2018년 6월 15일

주　　　소 • 10881 경기도 파주시 광인사길 153 한울시소빌딩 3층
전　　　화 • 031-955-0655
팩　　　스 • 031-955-0656
홈페이지 • www.hanulbooks.co.kr
등　　　록 • 제406-2015-000143호

Printed in Korea.
ISBN 978-89-460-6503-1 93180

＊책값은 겉표지에 표시되어 있습니다.